한울정치학강좌

세계를 움직이는 미국 의회

송의달 지음

한울
아카데미

서문

이 책은 미국 의회에 대한 개인적인 흥미와 탐구욕이 워싱턴D.C. 현장 연수를 계기로 결실을 맺은 것이다. 미국 의회에 대한 관심은 1994년 11월 중간선거에서 공화당이 40년 만에 다수당으로 복귀해 화제를 모으던 때부터 싹트기 시작했다. 외무부와 통일원을 출입하던 1995~96년 무렵에는 미국 정부의 동아시아정책 추진과 관련해 백악관이나 국무부와 다른 목소리를 내는 미국 의회를 좀더 주목하게 됐다. 미국 의회의 메커니즘을 본격적으로 파헤쳐보겠다고 마음먹은 것은 1998년 8월부터 1년 동안 연수를 하게 된 것이 결정적 계기가 되었다.

의회 출입기자증을 만들어 현장을 드나들며 지켜본 미국 의회는 좁게는 미국 내 워싱턴 주류사회와 50개의 주정부를, 넓게는 세계 정치와 경제를 근저에서 움직이는 거대한 권력의 용광로 같은 곳이었다. 달리 말해 세계 유일의 제국인 미국의 입법부 차원을 넘어 '세계의 입법부'나 마찬가지였던 것이다. 고도의 의회주의 국가인 미국에서는 모든 것들이 의회에서 결정되고, 행정부는 이를 집행하고 있을 뿐이라고 해도 과언이 아니다. 미국 건국 초기 지도자들이 연방 의회를 정중앙에 놓고 워싱턴D.C.를 설계했던 것처럼 지금도 '모든 길은 미국 의회로 통한다'는 말을 여러 번 실감할 수 있었다. 정치·경제·군사·금융·사회·외교 같은 분야의 주요 사안들은 반드시 의회라는 무대로 총집결돼 각계 전문가와 이익집단, 시민이 참여한 가운데 치열한 토론과 경쟁을 거쳐 법안으로 탄생하거나 정리되고 있었기 때문이다.

미국 의회의 막강한 위상과 힘은 1998년 8월부터 다음 해 2월까지 계속된 빌 클린턴 대통령에 대한 역사적인 탄핵추진 과정에서 여실히 증명되었다. 또한 미국 의회는 행정부가 주도하는 북한정책이나 코소보정책 같은 이슈들에 대해 어느 때보다도 강도 높은 비판과 자체 대안을 내놓고 있었다. 이런 격동의 와중에서 의원들과 보좌관, 그리고 현장 취재기자, 관련 학자들을 접촉하며 살아 있는 미국 의회의 진면목을 체험할 수 있었던 것은 필자로서는 큰 행운이었다.

필자는 이런 개인적 경험을 바탕으로 하되 다음 세 가지 측면에 초점을 맞춰 이 책을 쓰고자 노력했다.

첫째, 일상적인 뉴스를 추적하는 언론보도와 세부 주제를 깊숙하게 파고 드는 아카데미즘의 장점을 적절하게 수용해 우리에게 미지 또는 혼란스런 영역으로 남아 있는 미국 의회에 대한 종합적이며 체계적인 정리를 시도하고자 했다. 그런 의미에서 이 책은 미국 의회 전반을 포괄적으로 소개하는 성격을 지니고 있다.

둘째, 한국의 입장에서 미국 의회와의 관계, 미국 의회에 대한 활용과 연구방안을 모색하고자 했다. 앞으로 한반도 통일과정이나 동북아 국제정치 역학 구도에서 한국의 자율성과 활로를 최대한 신장시키기 위해 미국 의회는 '반드시 넘어야 할 산'이자 주체적으로 활용해야 할 대상이라고 판단했기 때문이다.

셋째, 미국 의회의 현재와 과거에 대한 정확한 통계와 자료를 근거로 삼고자 했다. 미국 정치사회에 대한 개인적인 경험이나 소감을 바탕으로 한 에세이 형식의 책들은 기왕에도 많이 있는 만큼, 가급적 검증된 자료를 토대로 객관성과 보편성을 확보하고자 했다. 여러모로 부족한 필자가 이런 결심을 하게 된 데는 세계 어느 나라 못지않게 미국과 긴밀하고 특수한 관계를 오랫동안 유지해오고 있는 한국 사회에서 정작 미국 의회를 정면으로 다룬 연구서적이 지금까지 거의 없었다는 안타까운 현실도 작용했다.

하지만 스스로 미흡하고 부끄러운 점이 너무나 많음을 절감한다. 워낙 능력이 부족한데다 미국 의회와 외교·통상정책, 의회와 행정부 - 대통령 관계, 전자정치(E-폴리틱스)의 영향 같은 테마들을 다루지 못했기 때문이다. 현장에서 만나 사귀었던 전·현직 의원들이나 보좌관들에 대해 심층적인 소개를 생략한 데 대한 아쉬움도 크다. 그런 점에서 당초 의도와 달리 이 책 역시 미국에 대한 또 하나의 '장님 코끼리 만지기'에 그치지 않았나 하는 자괴감을 떨칠 수 없다.

그런데도 한정된 시간과 여러 제약조건 속에서 나름대로 최선을 다하려 했다는 사실 하나로 위안을 삼고 싶다. 나아가 100여 년 전 구당(矩堂) 유길준(兪吉濬) 선생이 지적한 대로, 이 책이 우리 사회의 참된 실상적(實狀的) 개화를 다지고 미국 의회에 대한 실천적 관심을 불러일으키는 데 조그마한 밑거름이 된다면 필자로서는 더없이 큰 보람이 될 것이다. 아울러 앞으로 기회가 주어진다면 이번에 다루지 못한 미완의 과제들을 달성하고자 한다.

이 책이 나오기까지 많은 주위 분들의 도움과 보살핌이 있었다. 무엇보다도 이 자리를 빌려 그동안 물심양면으로 지원과 격려를 해주신 조선일보 방상훈 사장님을 비롯한 여러 선배님과 동료, 후배 들에게 감사드린다. LG 상남언론재단(이사장 안병훈 조선일보 부사장)과 방일영문화재단(이사장 윤주영 전 문공부 장관)은 IMF 충격이 가시지 않은 어려운 상황인데도 본인의 해외 연수와 저술작업을 흔쾌히 지원했다.

미국 의회의 중요성을 강조하고 지적인 자극과 귀중한 조언을 해준 조지타운 대학의 데이비드 스타인버그(David Steinberg), 세이스 틸먼(Seth Tilman), 존 피니(John Finney) 등 세 분의 교수와 워싱턴의 정책결정과정을 입체적으로 파악할 필요성을 강조한 국제전략연구소(CSIS)의 빌 테일러(Bill Taylor) 전 부소장, 글렌 백(Glenn Baek) 연구원의 후의(厚意)와 성원도 잊을 수 없다.

워싱턴 현지에서 연수중이던 김석우 전 통일원 차관과 문무홍 전 남북회담사무국장은 미국 의회정치와 한반도 통일의 상관관계 등과 관련해 깊은 통찰력을 들려주시고 분발을 촉구했다. 미국 의회의 구석구석을 안내해주고 각종 자료를 성심껏 제공해준 척 다운스(Chuck Downs), 대니얼 밥(Daniel Bob), 데니스 맥더너(Dennis McDonough) 등 공화·민주당 보좌관들과 출판작업을 맡아주신 도서출판 한울의 김종수 사장님과 편집진에게도 신세를 졌다.

밤늦게 원고와 씨름하는 남편을 미국 현지에서부터 시종일관 따뜻하게 격려하며 힘이 되어준 아내 김희진과 선주와 선규에게도 고마움을 표시하고 싶다. 끝으로 필자의 오늘이 있기까지 한없는 사랑과 정성을 베풀어주신 양가 부모님들께 깊은 감사와 함께 이 책을 바친다.

2000년 4월
서울 도곡동 서재에서
송의달

세계를 움직이는 미국 의회 / 차례

서문 • 3

1. 미국 정치 1번지

1. 의사당의 안과 밖 • 13
2. 미국 의회의 특징과 위상 • 27
3. 의회에 대한 시민의 평가와 자기개혁 • 35
4. 미국 의회의 역사 • 40

2. 의원들의 현주소

1. 의원들의 어제와 오늘 • 47
2. 다양한 의원 활동 영역 • 64
3. 엄격한 윤리 규정 • 74
4. 정치자금 감시 • 78

3. 미국 의회의 입법 과정

1. 법안 통과 • 87
2. 복잡한 입법 과정 • 92
3. 양원 합동위원회와 본회의 심의·표결 • 111
4. 대통령과 사법부, 연방예산과정 • 121

4. 위원회 정치

1. 미국 의회와 위원회 제도 • 125
2. 다양한 위원회의 활동분야 • 137
3. 위원회 배정 • 144
4. 미국 의회의 저력, 청문회 • 149
5. 미국 의회 청문회의 특징과 경쟁력 • 157

5. 의회 지도부

1. 의회 지도부의 중요성 • 161
2. 피라미드형 지도부 구조 • 164
3. 의회 내 다양한 상설조직 • 183

6. 보좌관과 로비

1. 선출되지 않은 의원들 • 193
2. 다양한 보좌관과 활동 • 199
3. 부속기관 보좌관 • 213
4. 제5의 권부, 로비 • 220
5. 로비스트들의 파워와 최근 변화상 • 232

7. 미국 의회 정치와 한국

1. 지한파 의원들의 면면 • 241
2. 의회 보좌관 그룹 • 251
3. 대미 의회로비의 경험과 교훈 • 258
4. 한반도정책 관련 상임위원회 • 266

8. 미국 의회 연구와 활용법

1. 의회 관련 연구서 • 275
2. 문헌·서지류와 주요 검색소스 • 276
3. 데이터베이스와 매체 저널 • 284
4. 인터넷과 미국의회 관련 정보 • 290
5. 의회연구기관과 의회감시 시민단체 • 293

참고문헌
부록
찾아보기

미국 정치 1번지

1. 의사당의 안과 밖

1) 의사당은 '주피터의 신전'

12개의 부속건물을 가진 세계 민주주의 1번지

조지 워싱턴 대통령이 1793년 9월 18일 초석을 놓아 신고전 양식의 대리석으로 지어진 의사당 건물은 미국 민주주의의 살아 있는 현장이자 역사의 발원지다. 연건평 약 4,800평 규모에 540개의 방, 658개 창, 850개의 현관 입구를 갖고 있는 의사당 건물은 로마의 성베드로 성당의 이미지를 본떠 지어졌다. 장엄한 경관으로 말미암아 매년 수백만 명이 찾고 있는 워싱턴D.C.의 가장 인기 있는 관광 명소 가운데 하나로 현대 건축의 백미로 꼽힌다. 1800년 11월부터 미국 정치의 중심무대로 자리잡은 의사당이 위치해 있는 곳은 흔히 '캐피틀 힐(Capitol Hill)'로 불린다.[1]

캐피틀 힐은 연방수도를 정할 무렵 가장 먼저 위치가 확정됐다. 포토맥

---

[1] Capitol이라는 용어는 원래 로마의 7개의 언덕 위에 있었던 '주피터의 신전'(the Temple of Jupiter on the Capitoline Hill in Rome)을 뜻했다. 이후에 중요한 국가건물, 공공건물을 의미했는데 미국에서는 유독 국회의사당을 가르켜 Capitol Hill이라고 부른다. 약칭으로 Hill로 쓰기도 한다.

강변에 있는 컬럼비아 특별구가 미국의 수도로 정해진 것은, 이 지역이 지리적으로 건국 당시 13개 주의 중앙에 위치해 있었다는 사실이 중요한 이유였다고 한다. 워싱턴D.C.의 설계 책임자로 임명된 프랑스 공병 소령 출신의 건축가 피에르 랑팡(Pierre Charles L'Enfant)은 젠킨스 언덕 서쪽에 있던 현재의 의사당 위치를 살펴본 다음 "기념물이 들어서기 위해 예비해 있던 자리(pedestal waiting for monument)"라고 격찬하면서 의미를 부여했다.

이곳을 대통령 관저나 대법원이 아닌 의사당이 차지했다는 사실은 헌법 제1조 1항이 의회를 언급하고 있다는 사실과 함께 미국 건국지도자들이 의회를 얼마나 중시했는가 하는 점을 상징한다.[2] 미국의 입법, 행정, 사법부는 의사당 건물을 정점으로 반경 1마일 안에 모두 자리잡고 있다. 전통적으로 워싱턴D.C.에서는 의사당 꼭대기 높이 이상으로 빌딩을 건축할 수 없도록 되어 있어 건물들은 자연스럽게 넓게 퍼져 있다.

의회를 처음 방문하는 사람들은 부속 건물이 많은 데 놀라게 된다. 의회 민주주의를 상징하는 돔형의 지붕과 청동자유상(statue of freedom)을 머리에 이고 있는 의사당 건물은 의회 건물 가운데 하나일 뿐이다. 의원들이 일상적인 입법활동을 하는 6개의 상·하원 부속 건물과 3개의 의회도서관 건물 등 모두 12개의 부속 건물이 일대에 포진해 있다. 의사당 본건물에 입주해 있는 상임위원회는 상원 외교위원회와 세출위원회, 하원 규칙위원회 등이 고작이다.[3] 의사당과 부속 건물은 지하의 간이궤도차로 연결되어 있으며 지하에는 식당과 각종 편의시설이 자리잡고 있다. 지하통로는 복잡한 미로로 의회 직원들이나 출입기자들마저 자칫 길을 잃는 곳으로 악명이 높다.[4]

---

[2] Steven Kelman, *American Democracy and the Public Good*, New York: Harcourt Brace & Company, 1996, pp.393-394. 미국 의회는 흔히 자유와 기회로 상징되는 미국적 이상의 초점(a focal point of American ideals of freedom and opportunity)으로 평가된다.

[3] 의사당 건물은 포토맥 강을 기준으로 고도 88피트에 있다. 최고 높이 287피트 5.5인치, 길이 751피트 4인치, 폭 350피트 규모이다. 무게 4,456.6톤의 돔 주변에는 108개의 창문이 설치되어 태양광선으로 의사당 조명이 가능하다. 돔 위에 세워져 있는 청동자유상은 토마스 크로포드가 제작한 것으로 높이 19.5피트, 무게 1만 4,985파운드다. 자료: Architect of the Capitol.

의회의 본산인 의사당 건물(Capitol Hill Building)은 하루아침에 지어진 것이 아니다. 공사를 시작한 이후 70년 가까운 세월 동안 증개축을 거듭했다. 그래서 의회 건물의 확장사는 미국 국력의 팽창사와 맥락을 같이한다. 1800년에 현재 상원이 쓰고 있는 북쪽 건물이 먼저 지어졌으며, 7년 후 남쪽의 하원 건물이 완성됐다. 1800년 수도를 워싱턴D.C.로 옮겼을 당시, 하원은 의사당 2층에서, 상원은 지하에서 본회의를 열어야 했다. 1814년 영미전쟁으로 남·북쪽 건물의 내부가 불타고 일부는 부서져 1819년에 재건축이 완료됐다. 상·하원을 연결하는 로툰다(Rotunda) 홀이 지어진 것은 1826년이었다. 의회는 연방에 가입한 주가 증가함에 따라 1851년 건물을 재확장하기로 결정했다.

현재의 상·하원 본회의장은 1860년에, 청동자유상이 설치되어 있는 돔은 남북전쟁 후인 1865년에 각각 완공했다. 연방군은 남북전쟁기간 중에 의사당 로툰다 홀은 막사와 병원으로, 지하실은 임시 제빵소로 사용했다. 1864년과 1867년에는 상·하원 양쪽 편 건물의 보충 공사가 이뤄짐에 따라 지금과 비슷한 의사당 건물의 외형을 갖추었다. 의원 사무실과 위원회 등이 입주해 있는 부속 건물은 1908년부터 지어졌다. 그 이전까지 의원들은 의사당 가까운 곳의 호텔이나 상업용 빌딩을 임대했다. 하원의 레이번 빌딩(Rayburn, 1965년)과 상원의 하트 빌딩(Hart, 1982년)이 완공되면서 의회 건물은 현재와 같은 모습을 완전히 갖추게 되었다.[5]

---

4) 지하 간이궤도차는 1909년 본회의장과 상원 부속건물인 러셀 빌딩을 잇는 노선이 맨 먼저 개통됐으며 상원의 덕슨 빌딩(1960년)과 하트 빌딩(1982년)으로 연장됐다. 하원측에서는 본회의장과 레이번 빌딩을 연결하는 노선이 1966년 만들어졌다. 하원 캐논 빌딩과 롱워스 빌딩에는 간이궤도차가 연결되어 있지 않다. 간이궤도차는 일반 방문객이나 관광객도 무료로 이용할 수 있다. 레이번 빌딩~본회의장 구간의 운행시간이 40초로 가장 짧고, 하트 빌딩~본회의장 구간이 65초로 가장 길다. 'Capitol Subways' in Congressional Quarterly's Guide to Congress, Fourth edition, Washington D.C.: Congressional Quarterly Inc., 1991, p.614.

5) 의회 건물의 역사와 구조 등에 관해서는 U.S. Capitol Historical Society, We, the People, The Story of the United States Capitol, Washington D.C.: U.S. Capitol Historical Society, 1991. 인터넷상으로는 www.aoc.gov이다.

그림 1.1 ■ 미국 의회 의사당 건물구조

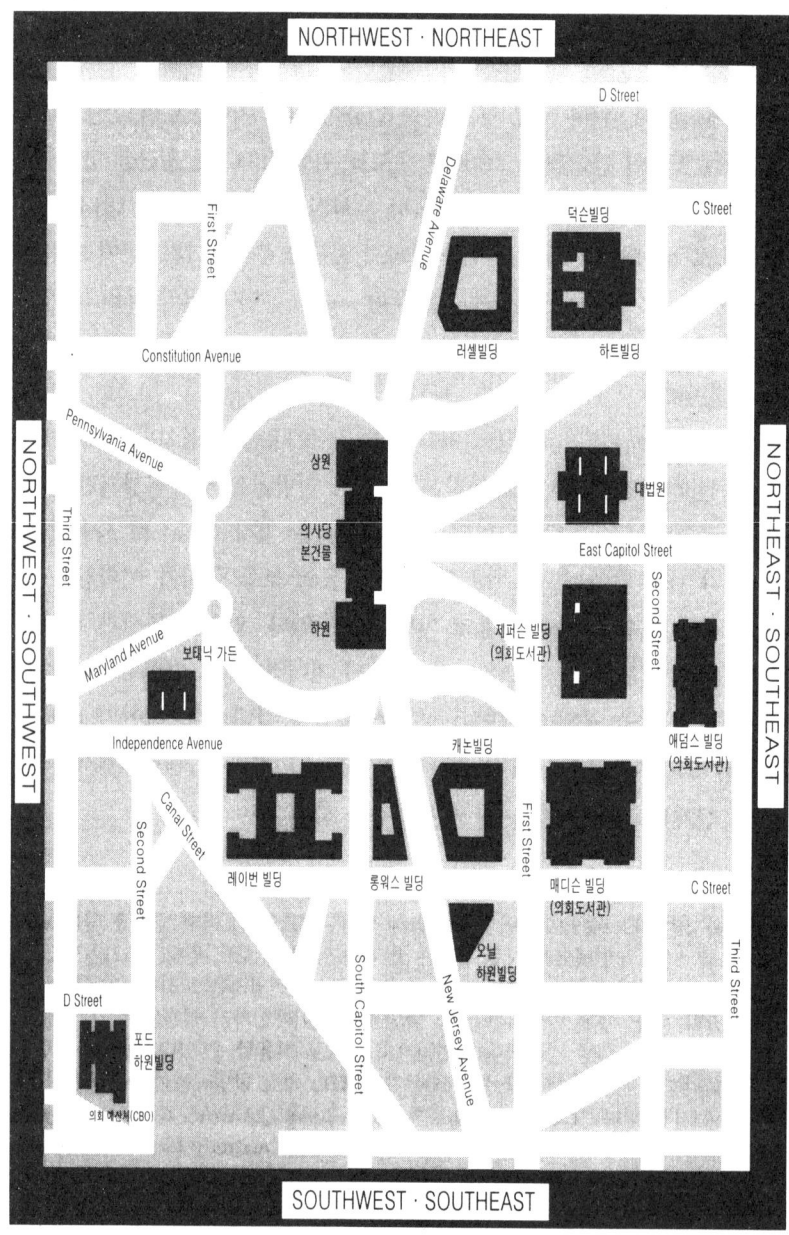

연중 개회·연중 개방

의사당의 특징은 여름, 겨울 등 휴회에도 불구하고 사실상 '연중개회'로 쉴 틈이 없다는 점이다. 또 의사당 남쪽의 하원 본회의장은 컴퓨터, 케이블TV와 전자 투·검표가 이뤄지지만, 북쪽의 상원은 여전히 철촉 펜을 사용하면서 찬반 표결 때도 전자 투표를 하지 않고 '예' 또는 '아니오'라는 호명 표결을 고집, 첨단과 전통이 공존하고 있다. 의사당 건물은 새해 초(1월 1일), 추수감사절, 성탄절 등 3일을 제외하고는 연중 일반인에게 개방되어 있다. 의사당 건물로 들어가는 정문은 북문과 남문 두 군데가 있다.

정문의 통로들은 의회 경찰관들이 경비를 하고 있는데 누구든지 도보로 자유롭게 들어갈 수 있다. 그러나 차량은 사전에 허락받지 않으면 통행이 금지된다. 의사당 건물의 모든 입구에는 검색대가 설치되어 있다.[6] 검색대를 통과해야 건물 안으로 들어갈 수 있다. 물론 의원들은 검색받지 않는다.

일반 시민들이나 관광객들이 방문 티켓을 받아 의회를 둘러볼 때 가장 먼저 찾게 되는 곳은 의사당 정중앙에 있는 로툰다 홀이다. 상·하원 건물은 이 홀의 정중앙을 경계로 구분되는데 이곳에서는 입법활동과는 무관한 국가적 의전행사가 주로 열린다. 링컨 대통령을 시작으로 매킨리, 존 F. 케네디 등 9명의 대통령과 헨리 클레이 하원의장, 더글러스 맥아더 장군, 무명 전쟁 용사, 휴버트 험프리 부통령 등의 장례식이 열렸다. 원형으로 된 로툰다의 벽에는 신대륙 발견과 미국 독립전쟁을 배경으로 한 8장의 대형 유화가 장식되어 있으며, 조지 워싱턴·토머스 제퍼슨·앤드루 잭슨·에이브러햄 링컨 대통령 등의 전신 조각상 7개, 마틴 루터 킹의 흉상 등도 있다. 홀의 천정 꼭대기에는 무게 7.5톤에 이르는 청동 자유상이 의사당과 워싱턴 시

---

6) 의사당 건물 일대에서 의원과 보좌관, 의회 방문객의 신변 보호와 의회 규칙 및 각종 규제사항 집행은 경위장(Sergeant at Arms)이 총책임을 지고 있다. 경위장 직책은 1789년 5월 하원이 처음 마련했으며, 현재는 상원과 하원이 각 1명씩 두고 있다. 경위장은 1천 명이 넘는 의사당 경찰대(Capitol Police Board)를 통솔하며 의사당 건물과 주변의 경찰치안업무 및 주차장 관리, 시위대 처리도 한다. 이 외에 대통령 취임식, 연두교서 연설, 양원 합동회의 같은 행사진행과 외국 국가원수의 의사당 방문 같은 의전행사도 지휘한다.

내를 내려다 보고 있다. 자유상 바로 밑에는 이탈리아 출신의 화가 콘스탄티노 부루미디(Constantino Brumidi)가 미켈란젤로의 시스틴 대성당 벽화를 본떠 11개월 동안 심혈을 기울여 완성한 프레스코화가 장엄미를 더하고 있다.7) 이 그림은 국부(國父) 조지 워싱턴 대통령이 자유와 승리 여신을 비롯한 여러 개의 조형물에 둘러싸여 있는 모습이다.

로툰다 홀과 바로 붙어 있는 남쪽의 하원 건물은 1810년부터 1859년까지 하원 본회의장으로 쓰였던 스태추터리 홀(statutory hall)이다. 이곳과 건물 주변 복도에는 1864년 의회가 각 주마다 '국민적으로 기념할 만한 가치(worthy of national commemoration)'가 있는 2명의 대표적인 시민의 모습을 제출하도록 함에 따라 현재 총 95명의 남녀 전신상이 서있다. 버지니아 주를 대표하는 로버트 리(Robert Lee) 장군의 경우, 그가 남북전쟁 당시 반군인 남군의 총사령관이었다는 점에서 의회 안팎에 열띤 논쟁을 불러일으켰다. 이곳은 20m쯤 떨어진 곳에서 나누는 작은 귓속말도 반대쪽에서 들릴 만큼 완벽한 음향시설을 갖추고 있다.

반대편 북쪽의 상원 건물에는 1810년부터 1859년까지 상원 본회의장으로 쓰였다가 1860년부터 1935년까지는 대법원 법정이 되었던 구(舊) 상원 본회의장이 있다. 이곳은 1950~60년대 막강한 권한을 가진 상하 양원 합동 원자력에너지위원회 청문회가 열려 세계의 이목을 집중시킨 역사의 무대이다. 상·하원의 본회의장은 2층 양끝에 있는데, 상·하 양원 합동회의와 대통령의 국정연설 등은 하원 본회의장에서 열린다.

본회의장은 원칙적으로 일반인에게 항상 공개한다. 그러나 대통령이 연두교서를 발표하는 양원 합동회의는 경호상 등의 이유로 비공개로 진행하

---

7) 부루미디는 미국 의회사가들이 '의사당의 미켈란젤로'로 부르는 이탈리아 출신의 천재적인 화가이다. 정치적 박해를 피해 1852년 미국으로 건너와 미국 시민권을 취득한 그는 1855년부터 25년간 의사당 내부 장식에 심혈을 쏟았다. 특히 유화와 프레스코화 등에 뛰어나 미국 의사당 건물에 탁월한 예술적 미를 부여했다. 그의 유작은 로툰다 홀과 의사당 내 상원쪽에 많이 남아 있다. 상원 외교위원회 등이 있는 1층 건물 복도는 그의 이름을 따 '부루미디 복도(Brumidi Corridors)'라고 한다. *We, the People, The Story of the United States Capitol*, Washington D.C.: U.S. Capitol Historical Society, 1991, p.77.

며, 2년마다 열리는 하원 개원식도 의원들의 가족과 친척 등 지인과 보도진에게만 방청이 허용된다. 일반 시민과 관광객들은 회기중에는 일반 무료 방청권을 얻어 입장할 수 있으며, 비(非)회기 중일 때는 방청권이 없어도 입장이 가능하다. 본회의장을 처음 찾는 일반 시민이나 관광객들은 대체로 본회의장의 평범한 모습에 다소 실망하기 십상이다. 개원중이라고 해도 본회의장에 앉아 있는 의원들은 기껏 30~40명이 고작이기 때문이다.[8]

모두 6개의 의사당 부속 건물에는 의원 사무실과 각 상임위원회, 소위원회, 보좌관실, 청문회장 등이 들어서 있다. 지역구에서 찾아온 시민들과 청문회 방청객, 취재진, 각종 로비스트 등으로 부속 건물은 의사당 건물 못지않게 연중 붐빈다. 하원의 경우, 2년마다 선거가 끝난 후 11월 중에 사무실을 배정한다. 공통적으로 스위트룸 크기의 방 안에 의원 사무실과 리셉셔니스트(receptionist)로 불리는 접대 담당직원 방과 보좌관 사무실 등 3개의 별도 공간이 주어진다.

하원의원들은 캐논(Cannon), 롱워스(Longworth), 레이번(Rayburn) 등 3개의 하원 부속건물에 사무실을 배정받는데 다선 우선 원칙이 기준이다. 전망 좋고 주차하기 편리하며 하원 본회의장에 가까운 방을 배정받는 의원들은 주로 다선 의원들이라는 얘기이다. 의원들이 가장 선호하는 곳은 레이번 빌딩으로 이 빌딩 지하에는 수영장, 사우나, 골프 연습장, 배구 코트 등을 갖춘 고급 체육관이 있다. 초선 의원들은 열흘 동안의 의원 오리엔테이션 마지막날 추첨을 통해 각자 방을 배정받는다. 초선 의원들은 의사당에서 가장 멀리 떨어진 캐논(Cannon) 빌딩을 배정받는 경우가 많다. 캐논 빌딩은 전망이 좋고, 롱워스 빌딩은 의사당 건물과 가까운 편리한 위치가, 레이번

---

8) 형식적인 회의(Pro forma sessions): 상·하원 본회의장 방문객들은 가끔 의원들이 본회의장에서 회의를 시작한 지 1~2분도 되지 않아 갑자기 정회하는 것을 보고 어리둥절해한다. 이는 미국 헌법(1조 5항)이 "상원이나 하원 모두 상대방의 동의없이 3일 이상 정회할 수 없다"고 규정한 데 따른 것이다. 형식적으로 회의를 열자마자 정회하는 것이다. 이 경우에도 상·하원은 개원한 것으로 간주한다. 본회의를 정회했다고 해서 의원들이 쉬는 것은 아니다. 본회의장 바깥에서 열리고 있는 청문회 등에 참석해 바쁘게 움직인다.

빌딩은 최신 건물인데다 상임위원회 청문회장(9개)과 소위원회(16개)가 많이 있다는 게 장점이다.9)

최근 추진되고 있는 주요 변화 가운데 하나는 의사당 동쪽편에 방문객 센터(visitor center)를 설립하는 방안이다. 의회가 1998년 1억 달러의 예산을 지출하기로 확정한 방안에 따르면 이 방문객 센터에는 총기 검색대를 비롯해 휴게실, 카페테리아, 선물 판매소, 비디오 영상시설, 우체국, 대강당 등이 포함되어 있다. 의사당 건축 책임자인 알랜 핸트먼은 "이 건물의 건립 비용만 1억 5,900만 달러를 넘을 것"이라고 추산했다. 18명의 상·하원 의원들로 구성된 위원회가 방문객 센터의 최종 비용과 설계도 등을 확정할 경우, 2004~5년 쯤 본모습을 드러낼 전망이다.10)

2) 의회 운영

상하 의원들은 2년 또는 6년마다 교체되며, 의회는 2년마다 새로 구성된다. 그런 점에서 의회를 연속적으로 유지하기 위해서는 의회사무처를 비롯해 전문 지원조직이 필수적이다. 이들 조직의 의회 자체 예산만 1996년에

---

9) 1955년 4월 착공된 레이번 빌딩은 10년 만인 1965년 봄 총 공사비 8,770만 달러를 들여 완공됐다. 25개의 엘리베이터와 23개의 에스컬레이터를 갖춘 9층 규모의 대리석 건물로 실제 규모는 의사당 본건물보다 더 크다. 지하에 1,600대를 수용할 수 있는 주차장과 수영장, 고급 체육관 시설이 구비되어 있다. 가장 많은 공사비가 소요된 부속 건물은 1982년 완공된 상원 하트 빌딩으로 총 1억 388만 달러였다. *Congressional Quarterly's Guide to Congress*, Fourth edition, op. cit., pp.615-617.

10) Jessica Lee, "A year later, slain officers are honored," *USA Today*, July 23, 1999, 15A. 현재의 의사당 건물은 화가, 내과의사, 발명가 등으로 활동했던 건축가 윌리엄 손튼(W. Thornton)의 디자인을 토대로 한 것이다. 그는 1793년 상금 500달러를 내건 의사당 건물 디자인 공모전에서 당선돼 의사당 건물 초대 건축 책임자(architect of the Capitol)로 선임됐다. 이후 의사당은 건축 과정에서 건물의 독창성을 강조하는 건축가들과 워싱턴 시 행정 당국 간의 마찰로 여러 번 건축 책임자가 바뀌었다. 20세기 들어 의사당 건물책임자는 모두 6명이었다. U.S. Capitol Historical Society, *We, the People, the Story of the United States Capitol*, pp.19-50.

표 1.1 ■ 의회 지출예산 증가 현황, 1946~97년 (단위 : 백만 달러)

연도	1946	1956	1966	1976	1986	1996
예산액	54.0	94.8	197.9	947.1	1,783.2	2,125.0

* 자료: *Vital Statistics on Congress, 1997~98*, Washington D.C.: AEI Press, 1998, pp.145-146.

21억 2,500만 달러에 달했다. 의회 예산은 1946년부터 1996년까지 3,830% 이상 증가했는데, 이는 같은 기간동안 소비자 물가지수 상승분(703.2%)을 5배 이상 능가하는 것이다.

의사당 주변에 근무하고 있는 상근 직원은 1997년의 경우 2만 4,091명에 이른다. 여기에는 1,076명의 의회 경비경찰과 2,104명의 상·하원 의회 사무국 직원, 각종 보좌관과 부속 기관 종사자들이 망라되어 있다.

하원사무처(Office of the Clerk)

하원 규칙 제2조와 3조는 사무총장(Clerk) 선출과 그 직무, 사무처 조직권을 규정해놓고 있다. 초대 사무총장은 1789년 4월 1일 열린 초대 의회 본회의에서 하원의장 선출 직후 선임됐다. 이후 사무총장은 매회기마다 새로 임명되고 있다. 하원 본회의장에서 의장 선출 후 다수당과 소수당 리더가 후보자를 지명, 결의안 형식을 밟아 선임하지만 실제로는 하원의장이 지명한다. 현재 하원 사무처에는 1명의 사무총장과 1명의 사무차장(Deputy Clerk)이 있다. 또 입법활동실(Office of Legislative Operations), 입법자료센터(Legislative Resource Center), 인쇄출판실(Office of publications), 공식기록실(Office of Official Reporters), 하원 고용자문실(Office of House Employment Counsel), 입법컴퓨터시스템실(Legislative Computer Systems) 등 부서에 200여 명의 상근 직원이 일하고 있다.

사무처의 기능은 입법 지원(Legislative Services)과 행정 지원(Administrative Services)으로 대별된다. 입법 지원기능은 개원초 첫 집회의 소집과 '의장선거의 건'을 포함한 모든 의사 일정 준비, 당선 의원(member-elect)의 명단 작성, 의회에 제출되는 모든 법안과 회의 결과 요지 작성과 매 회기 종료시에 이를 ≪하원 저널(*The House Journal*)≫에 게재하는 것을 포함한다. 하원에서 발부되는 모든 문서와 증서, 공식 서류를 확인하고 하원의 봉인(封印)을 첨부해 하원에서 통과된 법안과 결의안에 대한 확인작업, 하원의 공식서한을 상원이나 관련 기관으로 발송하고 의원과 행정부, 지방의 주 의회에 배포하는 일도 한다. 이외에 본회의와 위원회 속기(速記)나 본회의 등 방송녹화, 전자표결장치 운용 지원도 맡고 있다.

행정지원 기능으로는 의사당 전체의 전화관리, 회계업무, 의회직원 보수 지급, 의원실 물품공급, 하원 발행도서와 문서보관, 의회예산 요구서 작성과 지출, 회계업무, 정부윤리법, 연방선거법과 로비활동 규정 등에 규정된 사무 예컨대 로비 활동 보고서와 하원 선거자료 보고서 접수·공개가 있다. 의원 사무실과 각 위원회가 맡기는 인쇄물을 접수해 이를 정부인쇄국(Government Printing Office)에 의뢰하며 인쇄물을 해당 사무실에 배부하는 일도 한다.

상원에서는 상원 사무총장(Secretary of the Senate)이 하원 사무총장에 상응하는 역할을 한다. 상원 사무총장은 상원의 다수당 원내총무가 지명한다. 제104대~105대 의회(1995~98년)에는 미국 하원 사상 최초로 여성인 로빈 카를(Robin Carle)이 하원 사무총장을 맡았다. 제106대 의회에서 사무총장의 연봉은 13만 2,800달러이다. 제프 트랜달(Jeff Trandahl, 하원), 개리 시스콤(Gary Siscom, 상원)이 제106대 의회 사무총장이다.

법제실

1919년 정식 발족한 법제실(Legislative Counsel)은 1911년 컬럼비아 대학 법대의 조셉 챔벌린 교수가 설립한 법제실(Legislative Drafting Service)이 모태가 되어 오늘에 이르렀다. 설립 목적은 상·하 양원 위원회의 요청에 따라 공법(公法), 결의안, 수정안 작성 등과 관련한 법안 작업지원으로 입법활동 수행에서 핵심적인 기능을 한다. 상·하원에 각기 구성되어 있으며 양원 법제실의 최고 책임자(chief counsel) 1명씩은 정치성을 떠나 법률적 능력 위주로 상·하원의장이 직접 임명한다. 설립 초기에는 위원회 입법활동만 지원했으나 1970년 이뤄진 의회재조직법에 따라 개별 의원에 대한 입법지원을 전면 허용하고 있다. 최근에는 본회의와 양원 합동회의 입법지원과 자문활동도 한다.

법제관들은 비당파적으로 직무상의 독립성 유지를 요청받고 있으며, 보안을 엄격하게 유지해야 한다. 같은 법제관이 완전히 상반되는 내용의 법안 작성 지원을 여러 의원들로부터 요청받는 경우가 비일비재하기 때문이다. 법제실은 법안이 심의되거나 마크업 작업이 진행중일 때 위원회 보좌관들과 긴밀하게 활동하며 상·하 양원합동회의중에도 수시로 법안 지원작업을 한다. 때때로 법제관들은 위원회나 소위원회에 위원회 보좌관 형식으로 장기 파견근무를 하기도 한다.

법제실장과 부실장(deputy counsel) 아래 법제요원과 행정직원이 있다. 법제관은 대개 변호사 자격증을 갖고 있다. 일반 법제관은 상원 법제실장이 의장의 승인을 얻어 임명한다. 초임 법제관은 임시 임용된 다음 고참 법제관의 지도와 일정한 업무보조 기간을 거쳐 정규 법제관으로 임용된다. 시보 기간은 보통 1~2년이다.

입법관

입법관(parliamentarian)은 19세기 들어 상·하원 본회의 사회자들이 의사진행상의 의문점이 생길 때마다 자문을 구해 문제를 해결함으로써 필요성이 제기됐다. 20세기 들어 회기가 길어지고 법안심의가 복잡해지면서 정식 직책으로 자리잡았다. 하원은 1927년, 상원은 1937년에 입법관직을 만들었다. 입법관이 내리는 유권해석은 법안의 운명은 물론 본회의 의사진행에 심대한 영향을 미친다. 백악관 입법 담당관이나 의회 지도부와 입법사항 관련 상의를 하며, 의원이나 보좌관들의 법률자문에도 응한다. 입법관은 상·하원의 모든 본회의에 참석하는데, 본회의 사회자 앞(상원) 또는 우측(하원)에 앉는다.

1970년대 상원 입법관을 지낸 플로이드 리딕은 "멀리서 보면 입법관은 본회의장안에서 상·하원의장과 늘 중얼거리는 모습이다. 그것은 법안을 제출하거나 발언중인 의원이 정확한 규칙이나 사실을 모르기 때문에 의장에게 무엇인가 얘기해주고 있기 때문"이라고 말했다. 입법관들은 관례적으로 법안, 결의안과 기타 전달사항을 관련 위원회에 위촉하거나 전달하며 법원의 판례를 정리보관해 입법심의에 참고자료로 활용한다. 이들은 수시로 변화하는 의정상황과 절차에 관해 하원의장 또는 상·하원 본회의 사회자들에게 자문한다. 또 상정된 법안이 순조롭게 통과될 수 있는 전략을 제시하기도 한다. 본회의 논의과정 중 상대방의 반대 시비를 적절하게 저지할 수 있는 방안도 짜낸다. 하원 입법관은 하원의장이, 상원 입법관은 다수당 리더가 상원 사무총장을 통해 임명한다.

입법관이라는 직책은 법률이나 의정 절차와 관련된 전문지식을 요하고 있으므로 정치성을 배제하고 있다. 토머스 폴리(Thomas Foley) 전 하원의장은 "입법관은 의사 규칙과 규범, 전례를 준수함에 있어서 성직자 같은 존재로, 비록 마땅치 않더라도 우리는 입법관의 지적을 따라야 한다"면서 중립성을 강조했다.[11] 로버트 도브(Robert Dove, 상원)와 찰스 존슨(Charles Johnson, 하원)이 제106대 의회 입법관이다.

C-SPAN[12]과 TV 생중계

의회가 개원중일 때 본회의장이나 청문회에서 벌어지고 있는 모든 광경은 대부분 일반 시민에게 그대로 생생하게 전달된다. 그 대표적인 창구가 바로 C-SPAN(The Cable-Satellite Public Affairs Network)이다. 케이블 TV방송사들이 공동 출자해 1977년에 설립한 비영리 케이블방송으로 24시간 내내 광고와 논평·해설이 없이 공공(公共)문제만을 다룬다. 특히 의회가 개원중일 때 의사당 내 각 의원이나 위원회 사무실, 기자실은 C-SPAN 채널을 항

---

11) Paul Dickson and Paul Clancy, *The Congress Dictionary: The Ways and Meanings of Capitol Hill*, New York: John Wiley & Sons, 1993, pp.245~246. 1928년부터 1974년까지 1946년 동안 입법관으로 활약한 루이스 데슐러(Lewis Deschler)는 샘 레이번 당시 하원의장의 측근 출신으로 그와 긴밀한 협조 관계를 구축했다. *Congress A to Z: CQ's Ready Reference Encyclopedia*, Washington D.C.: CQ Press, 1988, p.305.

12) www.c-span.org

상 틀어놓는다. 1979년부터 하원 본회의를, 1987년 1월부터는 상원 본회의 등을 생중계하고 있다.

C-SPAN은 의회 전담 방송사가 아니며, 의회와 C-SPAN은 완전히 별개 조직이다. C-SPAN은 다른 방송사와 마찬가지로 의회로부터 회의과정을 촬영한 것을 배분받고 있다. 주방영 프로그램이 의회 본회의나 위원회 활동이라는 점이 특이할 뿐이다. 1998년 1월 현재 미국 내의 C-SPAN 1 가입 시청 가구는 7,250만, C-SPAN 2는 4,950만 명에 달한다.

1997년 1월에 실시된 한 조사에 의하면 매주 2,240만 명의 미국인이 C-SPAN을 시청하고 있으며, 이 중 72%는 청문회를, 67%는 하원 본회의 장면을, 64%는 상원 본회의 장면을 시청하고 있다(복수 응답). 그러나 약 10년 전인 1988년 조사에서도 2,160만 명이 매주 C-SPAN을 시청하고 있는 것으로 나타나 그동안 시청자 증가 비율은 4% 정도에 불과했다.[13] 1998년 11월 중간선거 전에 상원의원과 주지사 입후보자들의 정치 토론을 모두 103차례 중계하는 등 상업방송과 질적 차별화를 꾀하고 있다.

이에 앞서 하원 TV 중계는 1979년 3월 19일, 본 회의는 1979년 4월 3일부터 C-SPAN을 통해 이뤄졌다. 의사당 본회의를 TV로 생중계하자는 아이디어는 1944년 처음 제기됐으나 본격 논의는 1970년대에 시작되었다. 하원은 1977년 5월 결의안(H.Res. 404)을 채택해 규칙위원회(Rules Committee)로 하여금 의사당이나 위원회 등 의회 건물 내 하원 본회의의 방영문제와 이것이 의사절차와 의회의 안전·권위·위신 등에 미치는 영향을 분석·보고하도록 했다. 하원은 이어 1977년 10월 규칙위원회의 보고를 채택하고 CCTV(폐쇄회로 TV) 시설 등 관련 시스템 설치와 운영을 결의했다(H.Res. 866). 하원의장은 1978년 2월 규칙위원회의 보고를 접수했으며 1979년 3월부터 방영을 허용했다.

---

13) John Schachter, "Congress Begins Second Debate under TV's Watchful Glare," *Congressional Quarterly Weekly Report*, March 11, 1989, pp.507~509; "New Survey: 22 Million Watch C-SPAN Weekly," *C-SPAN News Release*, January 6, 1997; Brian Lamb, *C-SPAN, America's Town Hall*, Washington D.C.: Acropolis Books Ltd., 1988.

상원에서는 본회의를 TV 중계할 경우, 의원들이 위원회 활동에 충실하지 않고 본회의장에 나타나 불필요하게 긴 대중연설을 하는 등 이미지 관리에만 치중하게 될 것이라며 반대하는 의견이 많아 하원보다 8년 정도 TV 생중계가 늦었다. 상원은 1986년 2월 결의안(S.Res.28)으로 본회의 의사절차를 음성과 영상으로 방송할 수 있도록 했다. 그해 3월 12일 라디오 방송이, 5월 1일에는 CCTV를 통한 의사당 내 TV 방송이, 6월 2일에는 일반을 상대로 한 TV 방송이 시작되었다. 상원은 같은 해 7월 21일부터 생방송을 본격 시작하기에 앞서 청문회를 열고 별도 연구팀을 통해 다각적인 검토작업을 마쳤다.

현장을 익히는 페이지들

의사당 안에는 진한 곤색 정장 차림을 한 앳된 얼굴의 젊은이들이 엘리베이터 안내를 하거나 본회의장이나 복도에서 서류를 들고 오가는 모습을 볼 수 있다. '페이지(page, 급사)'라고 하는 이들은 주로 고등학교 1~2학년 남녀 학생들이다. 오전에 의회도서관이 제공하는 정규 수업을 받고 남는 시간동안 의회에서 일한다. 1999년 현재 하원에서 70여 명, 상원에는 30여 명이 있다. 기숙사(page residence hall)에서 숙식하며 최소 1학기 동안 일하지만 일부는 1년 이상 근무하기도 한다. 매달 1,000달러 남짓한 급여를 받는데, 상당 부분은 숙식 비용으로 충당된다.

이 프로그램의 효시는 1829년 다니엘 웹스터(Daniel Webster) 상원의원 등이 소년들을 메신저 보이로 두었던 것이다. 지금의 프로그램은 1980년대 초 확정됐다. 젊은 학생들이 현장에서 의회 경험을 쌓을 수 있다는 점에서 앞다퉈 지원해 경쟁률이 높다. 그래서 유력한 상·하원 의원 같은 연줄을 통해야만 기회를 얻을 수 있다. 1973년부터는 논란 끝에 여학생들에게도 문호를 개방했다.

페이지 출신으로 의원이 된 사례는 제105대 의회까지 모두 18명이다. 제106대 의회에는 하원 민주당의 존 딩글(John Dingell, 미시간 주), 폴 캔조스키(Paul Kanjorski, 펜실베이니아 주), 하원 공화당의 짐 콜브(Jim Kolbe, 애리조나 주)와 상원 민주당의 크리스토퍼 도드(Christopher Dodd, 코네티컷 주) 등 4명이 있다.

2. 미국 의회의 특징과 위상

1) 입법권과 대표권

미국 헌법 제1조 1항은 "모든 입법권은 의회에 속한다"면서 의회를 언급하고 있다.[14] 미국 행정부는 의회의 신임 여부에 상관없이 대통령의 통솔을 받는다. 그러나 대통령은 의회해산권은 물론 법률발안권도 없고, 각료는 의원을 겸할 수 없다. 의회에 출석해 토론할 권한도 인정받지 못하고 있다. 입법·행정·사법 3권의 권력분립론을 확고하게 실천하고 있는 셈이다.

건국 초기 미국 지도자들은 의회가 행정부의 자의적인 권한 행사에 맞설 수 있는 굳건한 보루가 되어야 한다고 확신했다. 특히 제헌의원들은 의도적으로 의회에 이런 역할을 부여했다. 그 배경에는 식민지 시절 영국왕과 총독에 대한 불만스러웠던 경험으로 말미암아 강한 행정부 수반의 출현을 두려워했기 때문이라는 분석이다.

미국 의회는 이런 기대에 부응하듯 건국 후 100여 년 동안 정치력을 발휘했던 일부 대통령의 재임기간을 제외하면 미국 정치 1번지로서 중심적인 역할을 수행했다. 의회는 정부가 제출한 법안을 심사해 통과시키기보다는 법안을 독자적으로 준비·작성하고 갖은 토론과 검증을 거쳐 결정한다는 측면에서 역사상 존재했거나 존재하고 있는 여느 입법기관과도 구별된다.

미국 의회는 유럽식 의회(Parliament)와 달리 콩그레스(Congress)라는 명칭을 갖고 있다. 유럽식 의회의 대표격인 영국의 경우 의회 의원은 어느 정도 자기 선거구를 대표하기도 하지만 당의 공천과 국민의 지지를 받고 국사를

---

14) All legislative Powers herein granted shall be vested in a Congress of the United States, which shall consist of a Senate and House of Representatives.

논의하기 위해 모인다. 반면, 미국식 의회는 이름 그대로 단순한 모임을 뜻한다. 의원 개개인은 자신의 출신 지역만을 대표할 뿐, 이론상으로 전국을 대표하여 국사를 논의해야 할 의무가 없으며 그런 제도적 장치도 없다. 정당이나 중앙 정부의 지지가 도움이 될 수 있지만, 그보다는 실제로 예비선거에서 시민의 직접 지지가 더 중요한 것이다. 그러므로 미국의 의원은 당이나 정치 이념을 대표하기보다는 각자 출신 지역의 주관적인 이익을 대표해서 워싱턴D.C.에 집결한다고 볼 수 있다. 미국 의원들은 정책을 숙고하기보다는 다양한 위원회를 통해 행동한다. 이들은 영국의회와 달리 많은 비용을 들이거나 많은 직원을 동원해 활동하며, 궁극적으로는 선거구의 '이익'을 위해서 투쟁하고 있다.15)

이런 측면에서 미국 의회는 입법권(Law Making)과 대표권(Representation)이라는 양면성(duality)을 지니고 있다고 의회 전문가들은 지적한다. 미국 의회는 정당이나 지역구의 관심사를 초월한 국가적 의제들을 논의하며 법안을 만드는 데 주력할 뿐 아니라, 지역구민들의 이익 대변 역할도 수행한다는 의미이다. 실제로 미국 정치에서 "모든 정치는 선거구에서 시작된다(All politics is local)"는 말이 금언으로 여겨지듯이, 일반 시민들 사이에도 "우리는 (의원들을) 현명한 국가정책을 결정하도록 하기 위해서가 아니라 우리의 이익을 대변하기 위해 워싱턴D.C.에 보냈다"라는 관념이 깊숙이 배어 있다.

하원 의원의 임기가 2년인 것도 임기가 더 길 경우 의원들이 지역구민들의 관심사에서 멀어질 가능성이 높기 때문이며, 지역구민들과 긴밀하게 접촉하라는 메시지를 담고 있다고 한다. 1913년 이전까지 주 의회에서 간접선거로 뽑던 상원의원들을 직접 선거로 바꾼 것도, 상원도 주민(州民)들의 이익을 충실히 반영하라는 의미가 있다는 것이다.16)

시민들도 입후보자의 소속 정당을 보고 투표하기보다는 후보자의 정책, 성향, 자질 같은 요소를 보고 투표한다. 의회의 이런 속성상 의원들은 본연

---

15) 서정갑, 『부조화의 정치』, 법문사, 1998, 279-280쪽.
16) Roger H. Davidson and Walter J. Oleszek, *Congress and its members*, 7th edition, Washington D.C.: CQ Press, 1999, pp.7-9.

의 입법기능과 지역구 관리 어느 하나도 소홀히 할 수 없다. 한 연구 조사에 의하면, 상·하원 의원은 주로 여름 휴회 기간 등을 이용해 각각 연평균 80일, 120일씩을 지역구에서 보내고 있다.

하원의원들이 위원회나 본회의에서 법안 준비나 토론 등을 위해 할애하는 시간은 워싱턴 사무실에서 보내는 시간의 40%가 채 되지 않는다고 한다. 이 때문에 휴회 또는 회기가 종료되기가 무섭게 의원들이 너나할것없이 지역구로 가는 국내선 비행기를 타기 위해 서두르는 모습은 워싱턴 정가의 익숙한 풍속도로 자리잡고 있다.

의원들의 중심 과제는 따라서 국사(national issues)를 다루는 입법가(legislator)와 지역대표자(representative)로서 선거구민들의 기대와 요구사항 충족이라는 상이한 역할을 균형 있게 수행해야 한다는 점이다. 미국 의회의 독특한 면모는 의원들에게 본질적으로 다르면서도 분리할 수 없는 역할 수행을 요청한다는 측면에서 비롯된다.

의회는 이와 함께 직접적인 입법활동은 아니지만 헌법수정, 조약비준과 대통령 임명·인준, 청문회 등을 통한 정부감시감독기능과 사법적 기능 등을 수행한다. 이 중 의회의 대표적인 사법기능으로는 대통령, 부통령, 대법원 판사를 포함한 모든 고급공무원에 대한 탄핵권(power of impeachment)이 있다. 군인과 의회의원들은 의회의 탄핵 대상에서 제외된다. 탄핵은 누군가 탄핵을 받을 만한 중대한 죄가 있다고 판단이 되면, 하원이 먼저 탄핵소송 시작 여부를 결정한다. 하원의 해당 상임위원회가 탄핵할 만한 충분한 사유가 있다고 판단하면, 하원은 전체 표결에 들어간다. 하원은 본회의 과반수 찬성으로 탄핵기소를 결정한 다음 상원의 탄핵재판에서 검사역을 할 의원들을 선출한다. 상원의 재판에서 재적의원 3분의 2 이상이 찬성하면 탄핵이 성립된다.[17]

---

17) 미국 대통령 가운데 상원에서 탄핵재판을 받은 이는 1868년의 앤드루 존슨(Andrew Johnson)과 1999년의 빌 클린턴(Bill Clinton) 두 명이다. 두 사람 모두 상원의 탄핵재판 표결에서 간신히 탄핵을 면했다. 리처드 닉슨(Richard Nixon) 전 대통령은 하원 법사위원회에서 탄핵사유가 충분하다는 조사결과가 하원에 보고된 다음 하원 본회의에서 표결에 들어가기 직전인 1974년 8월 초 대통령직

의회는 이런 다양한 활동에도 불구하고 미국의 행정·사법부와 비교해 그 기능이나 중요성이 제대로 평가받지 못하는 곳에 속한다. 그 이유는 의회의 구성조직과 작동 시스템 자체가 지극히 복잡하기 때문이다. 의회는 대통령이나 사법부와 달리 단일 행위자(unitary actor)가 아니며 혼동과 무질서, 복잡함이라는 인상이 강하게 각인되어 있다. 또 의회가 귀기울여야 하는 이해집단이 다양한데다 상충하는 이해관계로 얽히고 설켜 있다는 점도 작용한다.

의원들은 지역 선거구민들이나 정당지도자, 대통령, 이익단체, 로비스트, 의원 개인의 양심 가운데 어느 하나도 무시하거나 가볍게 여길 수 없다. 그래서 의회는 인간적으로나 제도적으로 '복잡하다'는 이미지를 지울 수 없는 측면이 있다.[18] 의원들은 그런 각도에서 영국의 정치사상가 에드먼드 버크(Edmund Burke)가 말한 고전적 위탁(trustee: 국민의 이익을 위해 정책 수립에 전념한다는 의미)과 지역구민의 심부름을 하는 대의원(delegates) 역할을 사안별로 수행한다.[19] 예컨대 재선에 영향이 미미한 외교문제나 낙태문제 등에서는 위탁의 대의성을 보여주며, 재선에 직접적인 영향을 끼치는 지역경제문제 등에서는 대의원 개념에 가깝게 자신의 역할을 구현한다는 것이다.

미국 의회는 민주주의 원칙을 지키고 시민의 자유와 권리 증진을 위해 많은 역할을 한 것이 사실이지만 때로는 보수적이고 기득권 수호적인 차원에서 행정부의 개혁에 걸림돌이 됐던 적도 적지않다. 제1차세계대전 종전 후 윌슨 대통령이 주창했던 국제연맹(League of Nations)안이 포함된 베르사유조약 비준 거부가 그 중 하나이다.

당시 우드로 윌슨(Woodrow Wilson) 대통령은 관례를 무시하고 상원 외교위원회 소속 의원이나 야당 의원을 대표단에 한 명도 포함시키지 않았는데, 의원들은 윌슨의 이런 오만한 태도를 문제삼아 법안을 결국 부결시켰다.

을 사임했다.
18) Janet M. Martin, *Lessons from the Hill*, New York: St. Martin's Press, 1994, pp.15-18.
19) Roger H. Davidson, *The Role of the Congressman*, Indianapolis: Bobbs-Merrill, 1969, p.120.

또 1937년 1월 프랭클린 루스벨트 대통령이 의회에 제출한 행정부 재편 법안도 의원들의 반대로 1939년 수정되어 간신히 통과됐다. 이런 이유로 미국 의회는 민주주의의 보루인 동시에 변화와 개혁의 걸림돌 역할도 하는 야누스 같은 존재로 평가된다.

2) 양원제의 명암

미국 의회는 상원(Senate)과 하원(House of Representative)으로 이루어져 있다. 초기의 제1, 2차 대륙의회를 단원제로 운영하다가 양원제로 바꾼 것은 적은 주와 큰 주간의 정치적 타협의 산물이었다. 1787년 여름 제헌의회의 격렬한 논쟁을 거쳐 대표성을 둘러싼 대타협(The Great Compromise)이 이루어진 것이다. 대타협의 골자는, 상원은 인구와 관계없이 모든 주가 6년 임기의 상원의원 2명을 뽑고, 하원은 2년 임기에다 인구비례로 선출하며 세입·세출에 관한 모든 것을 하원에서 입안토록 하는 것이었다. 세입·세출을 포함해 세금이나 돈과 관련된 법안(revenue bills)은 제헌의회 당시에도 매우 중요하게 여겼으므로 하원이 입안(originate)하도록 한 것이다. 대신 상원은 조약비준과 대통령의 고위직 임명에 대한 승인여부를 결정짓는 권한을 갖고 있다.

1831년 1년 여 동안 미국을 돌면서 미국 정치·사회 전반을 탐구했던 프랑스 정치철학자 알렉시스 토크빌(Alexis de Tocqueville)은 귀국 후 의회를 이렇게 평했다.[20]

하원 의원들은 대부분 시골 변호사나 무역업자 또는 낮은 신분의 사람들로 구성되어 있어 뛰어난 인물을 찾을 수 없었고 저속한 행동(vulgar demeanor)으로 가득 차 있었다. 그러나 상원은 저명한 장군, 법률가, 유명 정치인들이 많았으며 여느 유럽 의회의 토론에도 뒤지지 않을 정도로 영예로웠다.

---

20) Alexis de Tocqueville, *Democracy in America*, vol.1, New York: Vintage Books, 1971, p.231.

표 1.2 ■ 상·하원의 주요 차이점

구분	상원	하원
의원수	100명	435명
임기	6년	2년
의사규칙	제약 약함	제약 심함
선거구	넓음(1주당 2명)	적음
언론관계	밀접한 편임	비교적 덜 밀접함
의원 상호관계	비교적 균등하며 개인적임	불균등함
정책 전문성	일반 상식 수준	정책 전문가 수준
본회의 심의	느린 편임	비교적 신속함
보좌관 활용	많음	낮음
주요 권한	탄핵심판권, 조약비준 - 동의권, 행정부 고위관리 인준권	세입 및 세출법안 발의권, 탄핵소추권
성향	신속한 행동보다는 심사숙고	심사숙고보다는 신속한 행동

자료: Walter J. Oleszek, *Congressional Procedures and the Policy Process*, 4th edition, Washington D.C.: CQ Press, 1996, p.26.

상·하원은 이처럼 서로 이질적이다. 근래들어 상·하원의 역할이 수렴되거나 전통적인 특징이 바뀌거나 재조정되는 경향이 있지만 양원간에는 분명한 차이가 존재하는 것이다. 상·하원은 지리적으로도 의사당 로툰다를 경계로 남쪽(하원)과 북쪽(상원)으로 떨어져 있다. 법안 제출이나 심의과정, 원내 분위기 등에서도 제도와 관행이 판이하다.

예컨대 하원의 경우 원내 지도부의 영향력이 막강하지만, 상원 의원은 서로 대등한 자격과 권능을 갖고 있다는 의식으로 가득 차 있다. 전체적으로 상원은 화려하고 귀족적인 분위기이지만, 하원은 수수하며 서민적인 편이다. 의사당 내 건물도 이같은 차이를 그대로 반영하고 있다.

상원 건물은 애초부터 화려한 그리스·로마 양식으로 내부 치장을 해 장중한 분위기이지만, 하원이 복도를 새로 단장한 것은 불과 20~30년 전이다. 상원의원을 주의회에서 간접 선출하지 않고 직접 투표로 뽑은 것은 헌법 개정(수정헌법 17조)이 이뤄진 1913년부터였다.

양원간의 가장 큰 차이점은 상원은 6년, 하원은 2년으로 임기가 다르다는 점이다. 하원의원은 당선되자마자 다음번 선거를 걱정해야 하지만, 상원 의원은 대통령보다 임기가 더 긴 만큼 느긋한 의정활동을 할 수 있다. 그런

미국 의회 출입기자

1999년 7월 현재 미국 의회에 등록해 있는 기자는 총 6,200명이라고 상원 기자실(Senate Press Gallery)의 로버트 피터슨 국장은 말했다. 일간 신문(통신사 포함) 기자만 2,100명이며 방송사 기자 2,500명, 주간·격주간·월간 등 정기간행물 기자 1,200명, 사진기자 400명 등이다. 이는 백악관이나 국무부, 국방부 등을 능가하는, 단일 출입처로는 세계 최대 규모이다. 이 가운데 미국 국적이 아닌 외국 기자(특파원 포함)도 650여 명이 있다. 언론사별로는 AP통신 기자가 150명으로 가장 많고 ≪워싱턴포스트≫가 130명, ≪유에스에이 투데이(USA Today)≫가 120명으로 2, 3위다. ≪콩그레셔널 쿼털리(Congressional Quarterly)≫도 100명 정도의 기자를 등록해놓고 있다. 기자실은 일간 신문 - 통신사, 주간 - 월간 등 정기간행물, 방송, 사진기자 등 4개로 나뉘어 있다. 상·하원의 방송기자실은 의사당 건물을 배경으로 한 대형 사진을 벽에 붙여놓고 스튜디오와 조명시설을 구비해놓고 있다. 의원들은 이곳에서 녹음 또는 촬영한 테이프를 자신의 지역구 방송국으로 보낸다. 워싱턴D.C.의 공화 - 민주 두 정당의 상·하원 본부에도 위성송출 기능을 갖춘 방송 스튜디오가 마련되어 있다.

기자실 출입자격 결정권은 취재기자들의 자치조직인 '출입기자위원회(Standing committee of correspondents)'가 갖고 있다. 이 위원회는 매년 기자들의 출입증 갱신 수수료 명목으로 연간 회비(8달러)를 받고 있다. 미국 의회와 언론 관계 전반에 대해서는 Thomas E. Mann and Norman J. Ornstein (eds.), *Congress, the Press and the Public*, Washington D.C.: American Enterprise Institute and The Brookings Institution, 1994; Stephen Hess, *Live from Capitol Hill, Studies of Congress and the Media*, Washington D.C.: The Brookings Institution, 1991; *Congress A to Z : CQ's Ready Reference Encyclopedia*, Washington D.C.: CQ Press 1988, pp. 327~329 참조.

점에서 상원의원직은 하원의원이나 주지사들도 탐내는 미국 내 대표적인 귀족 계급에 속한다.

상원의원들은 여러 상임위원회에 중복 소속되어 있는 관계로 하원의원보다 전문성이 떨어진다. 그러나 상원의원은 좁은 선거구민의 관심사를 뛰어넘어 다양한 이익집단의 요구와 국가적 과제를 우선시한다. 상원의원들은 그래서 위원회 활동에서도 더 자유롭고 관대한 편이며 국가 대사를 다룬다는 자부심이 강하다. 반대로 하원의원들은 일반 시민의 생생한 민의 수렴에 유리하다.

흥미로운 것은 언론, 특히 방송사들이 상원을 우대한다는 사실이다. 지역 신문도 그런 편이지만 워싱턴 일대의 주요 방송사들에게서 이런 경향이 뚜렷하다. 1969년부터 14년 동안 ABC, CBS, NBC 등 3대 방송사가 저녁 뉴스에 다룬 의원들의 비중을 분석한 결과, 해당 기간 동안 매년 평균 상원의 89%가 취급된 데 비해 하원은 37%에 그쳤다. 1981년의 경우, 하원의원들의 55%가 언급됐지만, 같은 해 상원의원들은 99%가 3대 방송에 등장했다.[21]

상원의원들이 미디어의 관심을 더 많이 끄는 이유는 무엇일까. 첫번째, 상원의원은 3~4개 위원회에 소속됨에 따라 광범위한 위원회 업무 관련 지식을 가진 것으로 포장하기 쉽고, 두번째는 상원의원 상당수가 이미 자기 분야에서 명성을 쌓아 시청자들에게 친숙하기 때문이라는 점이다.

신문 편집자들과 TV 프로듀서들도 상원의원 관련 기사 취급을 우선시하는 경향이다. ≪유에스에이 투데이(USA Today)≫의 리처드 베네데토(Richard Benedetto) 기자는 "하원에서 상원으로 출입처를 옮기는 것은 어느 언론사에서든 일종의 승진에 해당된다"고 말했다. 그러나 신문기자들은 하원 취재를 더 환영하고 즐기는 편이다. 상원의원과 취재 약속을 하는 데는 2~3일이 걸리는 반면, 하원의원과는 즉석 전화 통화로 취재를 하거나 부재시 한 시간 이내로 취재 약속을 정할 수 있기 때문이다. 특히 하원 복도 오른쪽의 하원의장 로비(Speaker's lobby)에서 하원의장이 수시로 하는 기자회견(Speaker's daily conference)이 유용하다는 평이다.

상원의원들은 보통 하원의원들이라면 꿈도 꾸지 못할 정도의 영향력과 대우를 누리고 있다. 1947년부터 51년까지 플로리다 주 연방 하원의원을 거쳐 1951년부터 1969년까지 같은 주의 연방 상원의원을 지낸 조지 스매

---

21) Ross K. Baker, *House and Senate*, New York: W. W. Norton & Company, 1989, pp.141-143.

더스(George Smathers)는 "일반 시민들은 당신이 만약 하원에 34년 동안 있었다고 해도 얼굴조차 잘 기억하지 못하지만, 상원의원이라면 상황은 정반대로 달라진다"고 말했다. 때문에 상·하원간에는 '의원간 차별(congressional apartheid)' 감정이 존재하고 있다고 한다. 어떤 상원의원들은 퇴근할 때 하원 건물이 있는 인디펜던스 가(街)를 지나는 게 편리함에도 불구하고, 굳이 상원건물 사이에 난 컨스티튜션 가로 돌아갈 정도라고 한다. 팁 오닐 전 하원의장의 공보 담당 비서를 지냈던 크리스토퍼 매츄(Christopher Mathew)는 이렇게 말했다.

> 로툰다를 경계로 보이지 않는 담장이 있다. 상원의원들은 수년 동안 캐피틀 힐에 있지만, 대통령의 연두교서 발표 때를 제외하고는 결코 (캐피틀 힐의) 가운데를 넘어오지 않는다. 상원의원들이 하원쪽으로 가 스스로를 부끄럽게 할 이유가 없으며, 하원의원들도 창피당할 게 두려워 감히 상원쪽으로 가지 않는다.[22]

양원제는 독재정치를 견제하는 훌륭한 장치임에 분명하나 동시에 양자가 서로를 경원시하고 경우에 따라 갈등과 의심을 낳는 측면도 있다. 그런 이유에서 미국 의회에는 상하 양원이 아니라 상원 공화당, 상원 민주당과 하원 공화당, 하원 민주당 등 모두 4개의 원이 구성되어 있다고 해도 과언이 아니다. 실제로 이들은 모두 별개의 조직과 지도부를 구성해놓고 독립적으로 활동한다.

3. 의회에 대한 시민의 평가와 자기개혁

1) 아무일도 하지 않는 의회(?)

미국 언론과 정치인들은 "의회에서는 되는 일도, 안되는 일도 없다"라며

---

22) Ibid., p.12.

틈만 나면 '아무일도 하지 않는 의회(Do-Nothing Congress)'라고 비판한다. 그러나 미국 건국의 아버지들이 애초에 의회를 만들 때 다소 많은 시간이 걸리더라도 신중한 논의를 거쳐 결론에 도달하도록 했다는 점을 상기해 볼 때, 이같은 비난은 다소 현실을 부풀린 측면이 있다.

일반 시민의 의회에 대한 평가는 경제 상황이나 스캔들, 전쟁 같은 위기 상황, 냉소주의 만연 같은 사회적 분위기에 따라 달라진다. 예컨대 오일쇼크 직후인 1970년대 중후반과 의원 스캔들이 잇따라 터진 1990년대 초반에는 의회활동에 대한 지지도가 급락했지만, 워터게이트 사건을 해결한 직후인 1974~75년과 1994년 11월 선거에서 공화당이 압승을 거둔 시점의 의회에 대한 지지도는 다시 높아졌다. 물론 이 지지도는 얼마 가지 않아 거품처럼 가라앉았다.

1990년대 후반 의회에 대한 높은 지지는 신경제(New Economy)로 상징되는 탄탄한 미국 경제 덕분이다. 1991년의 걸프전 승리 이후와 레이건 대통령이 집권하던 1980년대 중반에도 의회에 대한 일반 시민의 반응은 비교적 좋은 편이었다.[23] 시민들이 의회에 대해 걸고 있는 기대는 비판적인 평가와 무관하게 매우 높다. 시민들은 의회가 대통령을 견제하고 행정부의 각종 조치와 움직임을 면밀하게 감시할 것을 바라는 한편 자신들에게도 유형의 이익을 가져다 줄 것을 바라고 있는 것이다.

의회와 일반 시민과의 관계에서는 언론매체가 중요한 역할을 하고 있다. 하지만 전국적인 전파력과 영향력을 가진 주요 언론 매체들은 의회 관련 보도를 줄이고 있는 추세다. 예컨대 미국의 3대 방송사는 1970년대 초반에는 한 달에 124건의 의회 관련 기사를 다뤘으나 20년 후인 1990년대 초반에는 42건으로 줄였다. 그나마 언론은 정치인들의 비행이나 부정부패 등에 취재력을 집중, 의회에 대한 부정적인 인식을 심화시켰다는 지적이다. 그래서 '미국인들은 자기 지역구 출신의 의원들은 좋아하지만, 의회라는 기관은 싫어하는' 묘한 감정을 갖고 있다.[24]

---

23) Roger H. Davidson and Walter J. Oleszek, op. cit., 1999, pp.413-415.
24) Glenn R. Parker and Roger H. Davidson, "Why do Americans Love their

그림 1.2 ■ 의회에 대한 시민의 평가, 1974~99년

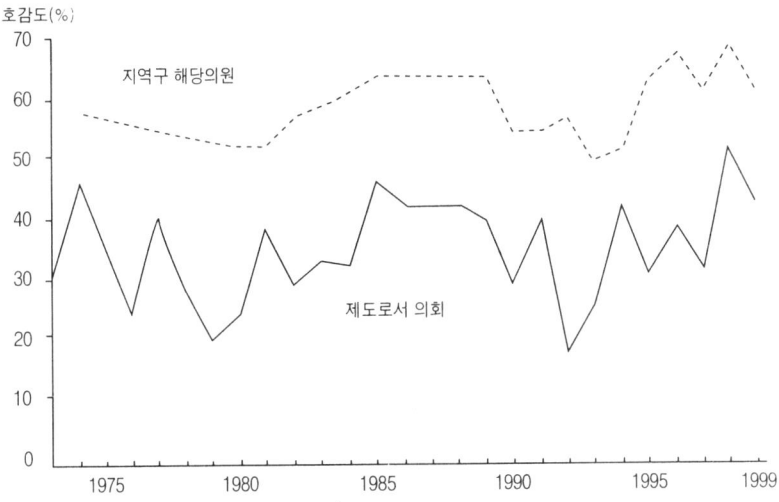

* 자료: *Congress and its Members*, op. cit., 1999, p.414에서 재인용.

전문가들은 미국 의회의 미래상에 대해 엇갈리는 시각을 내놓고 있다. 의회가 200년 이상 변화없이 지속하고 있는 것은 그만큼 의회의 효용과 우수함을 증명하는 것이라는 진단이 있는가 하면, 글로벌화되는 세계에서 과감한 변신이 시급하다는 진단도 있다.[25] 여기다 미국인의 정치적 지향점이 경제적·사회적·지적 또는 이념적인 잣대에 따라 차이를 보이는 상황에서 200년 전과 똑같은 인구비례 의원선출 방식이 여전히 타당한 것인가 하는 원초적인 의문을 제기하는 전문가들도 있다. 나아가 인터넷 등 정보통신혁명이 진행되고 있는 21세기에 시민의 투표를 통해 뽑힌 500여 명의 비전문가(generalist)들이 복잡다단한 첨단 사회의 문제점을 해결할 수 있을지 의문스러워하는 시각도 엄존한다. 그런 점에서 미국 의회는 새 밀레니엄 시대에도 생존과 발전을 위해 도전과 응전을 반복할 것이라는 전망이다.[26]

---

congressmen so much more than their congress?" *Legislative Studies Quarterly* 4, Feb., 1979, pp.53-61.
25) E. J. Dionne Jr., "All Politics Is Now Global," *The Washington Post*, July, 1993, A15.

2) 의회 개혁

의회 개혁은 의회 탄생 이래로 계속되어왔다. 그런 점에서 의회 개혁 노력은 미국 의회사와 호흡을 같이한다. 20세기 들어 의회 개혁은 1946년과 1970년 그리고 1990년대 초에 추진되었다.

1946년의 의회재조직법(1946 Legislative Reorganization Act)은 미국 의회의 현대적 구조와 기능을 명문화시키는 계기가 되었다. 이 법을 통해 방만한 상임위원회의 축소조정, 위원회 보좌관의 전문화를 위한 골격 확보, 상임위원회 업무분장과 절차 명시, 예산과 세출 절차 확립, 로비스트 등록제도 도입, 입법작업의 간결화, 위원회의 조사기능 규정 등이 이뤄졌다.

1970년에 의회의 대폭 개방과 본회의 절차 개선, 조사기능 확대, 의회 예산기능 강화와 소수당의 지위 강화 등을 골자로 하는 의회재조직법(Legislative Reorganization Act)이 통과됐다. 1973년의 위원회개혁특별위원회(The 1973 Select Committee on Committee)는 위원회 내부 운영, 위원회 소관사항, 위원회 직원문제 등 주로 위원회 운영과 관련된 사항을 건의했다. 이 위원회의 건의사항은 1974년 대부분 채택됐으나 위원회 소관사항 재조정 문제는 제외됐다. 1974년의 의회 예산지출통제법(Budget and Impoundment Control Act)에 따라 의회예산과정이 대폭 수정됐으며 의회예산처(CBO)가 신설됐다. 1975~76년에는 상원 개혁위원회(Senate Commission on the Operation of the Senate)가 의사일정 작성문제, 상원 행정기능의 개선, 입법활동 지원 조직 개선, 공간활용 문제, 재정·윤리적 문제, 커뮤니케이션 체계 지원 같은 것들을 건의했다. 1976년에 열린 상원위원회 제도개선 임시특별위원회는 상원 위원회 전문보좌관 개선, 상원 위원회 소관사항 재조정, 상원 위원회 절차개선 등에 대한 개혁을 이루어냈다.

1980년대에 들어서도 수차례 의회 개혁에 관한 연구 검토가 이루어졌으나 본격적인 개혁 추진은 1990년대에 진행되었다.[27] 1991년 6월, 민주당

---

26) Roger H. Davidson and Walter J. Oleszek, op. cit., 1999, pp.418-420.
27) James A. Thurber and Roger H. Davidson, *Remaking Congress: Change and*

의 리 해밀턴(Lee Hamilton, 인디애나 주) 하원 의원이 의회개혁결의안(H.Con. Res. 192)을 제출했다. 이는 1980년대 후반부터 일련의 의원 관련 비리가 속출한데다 특히 1992년의 하원 전용(專用) 은행 부도사건을 계기로 의회에 대한 비난여론이 절정에 이르렀기 때문이다. 그러나 해밀턴 의원이 개혁입법을 제출할 당시만 해도, 의회 지도급 인사들은 여론의 개혁요구에 아랑곳하지 않고 이를 못마땅하게 여겼다. 특히 토머스 폴리(Thomas Foley) 당시 하원의장도 시간과 에너지 낭비라고 부정적 입장을 취했다. 하지만 1992년에 하원 은행부도사건이 터지면서 그동안 의회개혁에 부정적 또는 방관적 입장을 취하던 의회 지도부도 개혁에 나서지 않을 수 없게 됐다. 이런 분위기 속에서 해밀턴 의원의 결의안은 1992년 6월 18일 하원에서 찬성 424표, 반대 4표로 통과되었다. 상원에서도 같은 해 6월 30일 만장일치로 통과됨으로써 상·하원이 함께 의회개혁작업에 착수했다.

상·하 양원은 이에 따라 1992년 11월 5일 양원 합동개혁특별위원회(Joint Committee on the Organization of Congress)를 설치했다. 개혁특별위원회는 상·하원 각 14명씩 모두 28명으로 구성되었으며, 공화·민주당이 동수였다. 상·하 양원의 리더(총 4명)는 당연 위원으로 임명됐으며, 나머지 24명은 각 당에서 추천을 받아 구성되었다. 이 개혁특위는 1993년 12월 말까지 한시적으로 가동했는데, 미국 의회의 조직과 운영전반 등 자기들의 문제 전반에 대해 '메스'를 들었다. 1993년 1월26일 첫 회합을 가진 위원회는 장장 6개월 동안 청문회를 열었다.

이 청문회는 하원의장과 양원의 리더 등 5명이 같은 날 같은 위원회에서 증언한 초유의 기록을 갖고 있다. 모두 36차례 열린 이 청문회에는 243명의 증인이 나왔다. 이 가운데는 133명의 하원의원, 37명의 상원의원이 포함됐으며 44명의 외부인사도 나왔다. 외부 인사 가운데 로스 페로 대통령 후보와 월터 먼데일 전 부통령도 의회를 조목조목 비판했다.[28] 그러나 이 위원회가 작성한 권고안은 제103대 의회(1993~94년)에서는 하나도 입법화되

Stability in the 1990s, Washington D.C.: CQ Press, 1995.
28) *Congressional Quarterly Weekly Report*, Oct., 2, 1993, pp.2613-2618.

지 않았다가 1995년 1월 4일 제104대 의회 하원에서 상당 부분 채택됐다.

4. 미국 의회의 역사[29]

1) 국가 형성기(1789~1815년)

초대 의회 개원식은 1789년 3월 4일 임시 수도이던 뉴욕 월스트리트와 브로드 가 주변에 있던 페더럴 홀(Federal Hall)에서 9명의 상원의원과 13명의 하원의원이 참석한 가운데 열렸다. 1787년 5월 25일 필라델피아 제헌의회에서 헌법을 제정한 지 2년 여가 경과한 시점이었다. 그러나 당시 13개주 가운데 2개 주는 의원을 한 명도 선출하지 않았고, 상·하 양원 모두 정족수를 채우지 못한 상황이었다. 한 의원은 의회 개원식상에서 "일반 시민들은 합중국 의회가 탄생하기도 전에 그 존재를 잊어버릴 것"이라고 개탄했다고 한다.

초대 의회가 통과시킨 최초의 법안은 의원과 의회 직원, 연방정부 관리 등 공직자들의 미국 헌법 준수 등을 의무화한 내용이었다. 초대 의회는 국무부, 재무부, 국방부 등 국가운영에 필수적인 행정부 부처를 설립하기로 결의하고 대법원과 연방법원 설립법 등을 제정했다. 수입상품에 대한 관세 부과를 결의하는가 하면, 포토맥 강변에 위치한 지역을 컬럼비아 특별구(현재의 워싱턴D.C.)로, 필라델피아를 임시 수도로 정했다.

1790년 12월 6일부터 1800년 5월 14일 제6대 의회 첫 회기가 종료될 때까지 의회는 필라델피아의 콩그레스 홀(Congress Hall)에서 개최되었다. 존 애덤스(John Adams) 대통령은 1800년 11월 22일 워싱턴D.C.의 의사당에서

---

[29] 이하 부분은 Stephen G. Christianson, *Facts About the Congress*, New York: The H. W. Wilson company, 1996와 "Part 1, Origins and Development of Congress," *Congressional Quarterly's Guide to Congress*, Fourth edition, Washington D.C.: Congressional Quarterly Inc., 1991, pp.3-122를 참조했음.

열린 상·하 양원 합동회의 연설을 통해 의사당 건립을 축하하고 민주주의 발전을 다짐했다. 이 기간 중에 의회는 건국 초기의 다양한 문제 해결에 주력했다. 급격한 영토확장이 이뤄지면서 새로운 주를 연방의 일원으로 편입하고 주의 영토를 구획하며 미국 시민권 자격을 정하는 일 등이 대표적이었다. 그러나 의회는 정당 내 파벌 움직임에 민감하게 영향받았고 곤혹스러운 선택에 직면하곤 했다.

존 애덤스 대통령의 후임을 뽑기 위해 1800년에 열린 대통령 선거에서 2명의 입후보자[토머스 제퍼슨(Thomas Jefferson)과 아론 버(Aron Burr)]가 선거인단 투표에서 동수를 기록하자 하원이 최종 결정권을 내리게 된 것이 단적인 사례이다. 제6대 의회 하원의원들은 1801년까지 계속된 35번의 투표에서 결론을 내리지 못하다가 그해 2월 17일 36번째 투표에서 제퍼슨을 대통령으로, 버를 부통령으로 확정했다.

건국 초기 의회사에서 주목되는 인물은 1811년 하원의장에 선출되어 하원의장을 세 번 역임한 켄터키 주 출신의 헨리 클레이(Henry Clay)이다. 그는 '매파 전쟁광(War Hawks)'이라고 불리는 일군의 젊은 의원들의 지지를 받아 의장에 선출된 다음 서부 팽창을 주창하고 미국의 해상무역에 대한 영국의 부당 간섭을 비판하며 전쟁 불사를 주장했다. 그는 평화로운 해결을 추구했던 제임스 매디슨(James Madison) 대통령과 마찰을 빚었지만 결국 매디슨 대통령을 굴복시키고, 1812년 영국에 선전포고를 함으로써 영미전쟁 발발을 초래했다. 클레이는 강력한 리더십을 발휘해 민주공화당(Democratic-Republican Party)의 당 간부회의(party caucus)를 주재하며 하원 본회의 안건을 정하고 상임위원회 위원장들도 직접 임명했다.

이 기간에는 하원이 상원보다 중심적인 역할을 했다. 의원들은 대체로 엘리트층에서 충원되는 경향이었으나 7대 대통령인 앤드루 잭슨(Andrew Jackson, 1829~37) 때부터 다양한 계층으로 확대되기 시작했다.

2) 성장기와 남북전쟁

1830년대에 들어서 앤드루 잭슨 대통령을 시발로 행정부가 주도권을 잡았으며, 하원은 의회 지도자들이 노예문제를 둘러싼 분열로 지도력을 급격하게 상실했다. 1831년 클레이가 상원으로 옮겨가면서 상원이 강력한 영향력을 갖게 됐다. 상원은 특히 노예제 문제를 두고 논쟁을 벌였는데 매사추세츠 주 출신의 웹스터(Daniel Webster)와 사우스캐롤라이나 주의 칼훈(John Calhoun)같은 정치가들이 두각을 나타냈다.

의회는 남북전쟁과 링컨 대통령의 암살 이후 정국의 주도권을 되찾았다. 우드로 윌슨은 이 시기 의회의 영향력과 관련해 "대통령은 간혹 중요한 일은 하지만 대체적으로 행정적인 업무만 수행하고 중요한 정책은 오히려 의회 상임위원회의 지시를 받았다"고 지적했다.30) 이 시기 미국 사회의 최대 정치적 이슈였던 노예제도 허용문제를 둘러싼 전국적인 논쟁에서 의회는 한복판에 있었다. 루이지애나 주 합병을 계기로 노예주와 자유주의 비율을 균등하게 하기로 정한 미주리 타협안(1820년)을 이끌어낸 것도 의회였다. 의사당에서는 노예제 문제 같은 첨예한 쟁점을 놓고 밤낮으로 회의가 열렸다. 의원들의 논쟁은 많은 청중들이 지켜볼 수 있게끔 극장에서도 열렸다. 어떤 하원의원은 의사당 내 복도에서 토론을 벌이다 의식을 잃고 쓰러졌으며, 버지니아 주 출신의 한 의원은 노예제도 확대에 대한 정부 개입을 비난하느라 4일 연속 의사당 복도를 점거하기도 했다. 그러나 미주리 타협안은 1854년에 만들어진 캔사스 - 네브래스카 법에 의해 파괴되었으며, 노예제를 희망하는 남부주와 이에 반대하는 북부주 간의 대립은 남북전쟁으로 폭발했다.

이 시기에는 민주당과 공화당의 양당 제도가 확립되었으며, 홈스테드법(Homestead Act), 태평양철도법(Pacific Railroad Act) 같은 법안이 의회에서 통과됐다. 전자는 서부로의 진출을 촉진시키기 위해 싼 값에 토지를 제공한

---

30) Woodrow Wilson, *Congressional Government*, New York: Houghton-Mifflin, 1913, pp.253-254.

표 1.3 ▮ 상·하원 의원의 평균 재임 기간, 1789~1999년

연도	1789~1901년	1901~1995년	1995~1999년	106대 국회(1999~2000년)
상원	9	13.2	14.4	15.6
하원	4.2	9.6	10.0	10.6

* 자료: *Congress and its Members*, 7th editions, Washington D.C.: CQ Press, 1999, p.36 재인용.

다는 게 골자였으며, 후자는 대륙횡단 철도 건설을 촉진시키기 위한 것이었다. 이밖에도 환율과 금융제도 정비, 농업과 공업 관련 대학설립을 장려하는 법안 등이 의회 주도로 마련됐다.

의회 사상 처음으로 제40대 의회가 1868년 현직 대통령인 앤드루 존슨에 대한 탄핵재판을 결의한 것도 특기할 만한 사항이다. 명목상의 이유는 그가 공직자법(Tenure of Office Act)을 어긴 채 국방장관을 해임했다는 것이었지만, 실제로는 남북전쟁 후 복구기간에 남부주에 대해 일련의 관대한 정책을 편 것이 다수당(공화당) 의원들의 미움을 샀기 때문이다. 공화당 내 과격파들의 주도로 진행된 탄핵결의는 하원 본회의에서 통과됐으나 상원에서는 1표 차이로 부결됐다.

의회는 이 시기에 러시아에 720만 달러를 주고 알래스카 주를 사들이는 조약을 승인(1867년 4월)하고 49번째 주로 편입시켰다. 하원 의원들은 이전까지는 2선을 기록한 다음 상원으로 옮기거나 은퇴하는 경향이었으나 남북전쟁 이후부터 점차 당선 횟수를 늘리는 모습이었다.

3) 산업화 - 대공황 - 세계대전(1877~1945년)

산업자본주의 발흥과 해외 무역 증가에 따라 의회는 경제 관련 입법에 주력했다. 관세개혁, 이민 규제, 환율 관련 입법 등이 그런 사례들이다. 의회 내부적으로도 의사절차를 개정했으며 위원회 제도도 재정비했다. 이를 통해 행정부 견제와 입법 활동이 활성화되었다. 산업자본주의의 병폐를 막기 위해 의회는 아동노동 규제, 식품·의약법안 등을 통과시켰고 1913년에는 중앙은행기능을 하는 연방준비제도이사회(Federal Reserve Board)를 창설했다.

정부 활동의 복잡화와 이익단체의 활동이 활발해지면서 각종 청문회가 개최됐으며 의회 지도부의 권한도 강화되었다. 특히 19세기 말부터 강력한 하원의장이 잇따라 출현했다. 토머스 리드(Thomas B. Reed)에 이어 일리노이 주 출신의 공화당 의원인 조지프 캐논(Joseph Cannon) 의장 시절(1903~11년) 의장 권한은 최전성기에 달했다. 하원 규칙위원회 위원장을 겸했던 그는 모든 상임위원회 위원장을 임명하고 의원들의 위원회 배정에서 전횡을 일삼았다. 그는 본회의 진행 중에도 마음에 들지 않는 의원에게는 발언 기회를 봉쇄해 큰 불평을 샀다. 결국 1911년 일부 공화당 의원들까지 민주당 진영에 가세해 캐논 의원을 의장직에서 축출했으며 하원의장의 권한은 눈에 띄게 감소했다.

미국 - 스페인 전쟁(1898년)과 제1, 2차세계대전을 거치면서 대통령과 행정부의 권한은 의회를 압도하게 됐다. 하원은 이 무렵 의원 총원을 435명으로 확정했다. 이 기간 중 대통령을 지낸 테어도어 루스벨트(Theodore Roosevelt, 26대), 우드로 윌슨(28대)은 일련의 조치를 통해 1970년대 초반까지 지속된 강력한 대통령제(Imperial Presidency)를 구축하는 토대를 닦았다. 의회가 이를 용인한 것은 미국의 사활이 걸려 있는 급박한 전쟁상황이라는 외부적 요인이 크게 작용했기 때문이라는 분석이다. 그러나 제66대 의회는 1919년 가을 윌슨 대통령의 전국 지원 유세에도 불구하고 베르사유조약 승인을 거부하고 국제연맹 가입안을 좌절시켰다.

1929년 대공황 발발 후 의회는 경제문제에 관심을 집중했다. 특히 경제대공황이라는 호된 시련을 겪으면서 의회는 과도한 부의 집중에 따른 과잉 생산과 소수 재벌의 과당경쟁에 따른 시장질서 혼란 방지에 주력했다. 1933년에 글래스와 스티걸 의원이 일종의 금융독점방지법으로 공동 제의한 '글래스 - 스티걸 법(Glass-Steagall Act)'이 대표적이다. 이 법은 은행과 증권업이 서로 상대방의 영역에 침범하지 못하도록 겸업을 금지하고 이미 겸업하고 있던 기존의 금융기관은 강제분리시켰다. 또 1934년에는 증권거래위원회(SEC)를 창설해 주가조작과 허위정보의 유포를 감시하고 정보공개를 의무화했다.

1933년 3월 4일 프랭클린 루스벨트(Franklin Roosevelt, 32대) 대통령의 취임일에 개원한 제73대 의회는 상하 양원 모두 민주당이 다수당인 점을 이용, 개원 직후 100일 동안 수백개의 경제회생 관련 법안을 통과시켰다. 그러나 1930년대 미국 의회는 국내문제에 치중한 나머지 소련에서 진행된 스탈린의 대숙청, 히틀러의 나치스 집권 등을 막는 데 실패했다는 비판을 받고 있다. 이 시기에 프랭클린 루스벨트 대통령은 탁월한 정치적 수완에다 전쟁상태라는 특수상황을 활용해 의회를 장악했다.

　4) 세계제국기(1945~)[31]

　제2차세계대전의 종결 이후 미국은 세계 문제에 개입하는 강대국으로서 부상했다. 의회 역시 종전 이후 유럽 재건문제와 냉전의 도래, 한국전쟁, 베트남 전쟁 개입 등에 따라 경제·군사문제에 관심을 집중했다. 이런 사안의 주도권은 대통령과 행정부가 잡았으며, 의회는 소극적인 위치에 머물렀다. 대신에 의회는 1946년 의회재조직법을 제정해 방만한 상임위원회 조직을 축소하고 위원회 업무 분장을 명확히 했고, 로비스트 등록제도 등도 도입했다. 1950년대 후반부터 1960년대 초에 걸쳐 각종 민생관련법 성안에도 주력했는데, 1964년의 민권법(Civil Rights Act) 등이 대표적이다. 제89대 의회는 이런 맥락에서 교육·의료보험·투표권·수질(水質)관리·교통·사회복지정책 같은 중요한 법안을 마련, 프랭클린 루스벨트 대통령 시기의 '100일' 이후 가장 능률적인 입법활동을 했다는 평가를 받았다.

　베트남전쟁을 계기로 불붙기 시작한 의회의 행정부에 대한 불신감은 리처드 닉슨(Richard Nixon, 37대) 대통령의 워터게이트 스캔들을 정점으로 폭발했다. 워터게이트 사건은 행정부에 대한 의회의 소극적 견제를 적극적 견제로 반전시킨 계기이자 20세기 후반 미국 의회의 구조를 결정지은 분수령이었다. 특히 1974년 11월 중간선거에서 당선된 초선 의원들은 의회 운

---

　31) 더 상세한 내용은 *CQ's Political Staff, Congress and the Great Issues 1945~1995*, Washington D.C. Congressional Quarterly Press, 1996 참조.

영방식에 혁신을 가져왔으며 그동안 유명무실하던 소위원회제도를 실질적인 의정 활동의 무대로 탈바꿈시켰다. 의회에 대한 일반 시민들의 불신감은 1980년대 후반 광범위하게 확산되었다. 1994년 11월 '미국과의 계약(Contract with America)'을 기치로 내건 공화당이 40년 만에 상·하 양원의 다수당으로 복귀한 것은 이런 분위기를 극적으로 대변한 사건이었다. 공화당은 1994년 선거에서 지나치게 비대해진 연방정부의 대대적인 개혁과 축소를 공약으로 내걸고 압도적인 승리를 이끌어냄으로써 1955년 이후 만년 소수당의 수모를 떨쳐버렸다.

공화당의 다수당 복귀는 의회와 대통령 - 행정부 간의 팽팽한 긴장관계로의 회귀를 의미했다. 이같은 변화는 미국이 21세기의 국내외 문제를 다뤄나감에 있어서 여느 때보다도 의회의 목소리가 커질 것임을 예고한 것이다. 실제로 공화당 의회 주도로 1998년 하반기부터 다음해 2월까지 진행된 빌 클린턴(Bill Clinton, 42대) 대통령에 대한 탄핵 추진은, 미국 역사상 두 번째이자 20세기 들어 처음 대통령에 대한 탄핵결의(하원)로, 의회와 행정부 간의 새로운 역학관계 변화를 보여준 역사적 사건으로 평가된다.

2
의원들의 현주소

1. 의원들의 어제와 오늘

1789년 개원한 초대 의회 의원들은 상원(26명)과 하원(65명)을 통틀어 모두 91명이었다. 당시 미국 헌법 제정자들은 하원의원 1인당 선거구 규모를 3만 명 수준으로 상정했다. 이 기준을 적용한다면 현재 하원에는 모두 8,300여 명의 의원이 있어야 한다. 현재 435명의 하원의원들은 평균 60만 명의 지역구민을 대변하고 있다.[1] 하원의원 선출은 헌법(제1조 2항)에 따라 10년마다 실시하는 전국 인구 센서스 결과에 따라 각 주 단위로 실시된다. 인구가 증가한 주는 더 많은 하원 의석을 배정받고 인구가 감소한 주의 하원 의석 수는 줄어드는 것이다.[2] 1990년 실시한 인구 센서스로 볼 때, 하원의원은 캘리포니아 주가 52명으로 가장 많았고 다음은 뉴욕 주(31명), 텍사스

---

[1] Roger H. Davidson and Walter J. Oleszek, *Congress and its Members*, 7th edition, Washington D.C.: CQ Press, 1999, pp.25-27.

[2] 미국 전체 인구 센서스는 2000년의 경우, 총 62억 달러의 비용이 소요되는 방대한 프로젝트이다. 미국 상무부 산하 센서스국(Census Bureau)은 비용절감과 효율성 차원에서 표본(sampling) 조사 방법을 제시했지만, 대법원은 정확한 집계를 위해 전통적인 인구 집계방법(head counting)을 채택하기로 최종 결정했다. R. E. Schmid, "Bill is in for Ruling on Census," *The Washington Post*, June 3, 1999, A25.

그림 2.1 ▮ 1990년 인구 센서스에 따른 주별 하원의석 분포

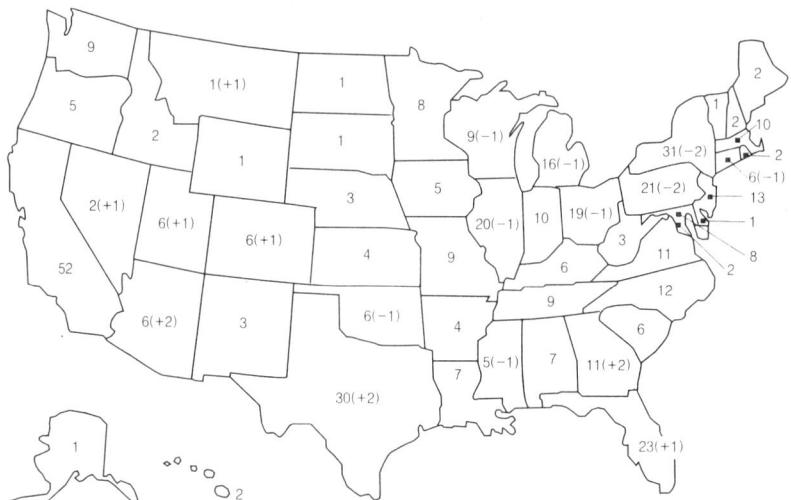

* 자료: David C. Huckabee, *House Apportionment Following the 2000 Census: Preliminary Projections*, Congressional Research Service Report, No.98-135, Dec. 31, 1998.
** ( )안은 2000년 센서스 후 증감 예상치임.

주(30명), 플로리다 주(23명)였다. 미국 남부와 서부 주들의 인구는 증가하고 있는 반면 동부와 중서부 지역 13개 주 인구는 감소하고 있다.

하원의원 규모는 미국의 영토 확장에 비례해 늘어나다가 알래스카와 하와이 주를 영토로 병합한 다음인 1911년부터 435명으로 굳어졌다. 상원의원 숫자는 제88대 의회부터 100명이 됐다. 하원에는 4명의 대표(delegates)와 1명의 거주관리관(resident commissioner)이 있다. 워싱턴D.C., 괌, 버진아일랜드, 아메리칸사모아에서 1명씩 모두 4명의 대표는 출신지를 대표한다. 푸에르토리코는 1900년부터 1명의 관리관을 보내고 있다. 이들 5명은 하원 건물에 별도 사무실과 보좌관을 두고 있으며 위원회에서 투표를 비롯해 의원들과 대동소이한 권리를 행사한다. 하지만 여느 의원들과 달리 중요한 표결에 투표권을 갖지 못한다.

1) 통계로 본 의원 활동

의원들은 공사(公私)에 따른 여러 일로 매우 바쁘다. 최근 들어 의정활동에 쏟아붓고 있는 시간과 에너지가 폭증하고 있다. 그러나 미국 의회 초기에 의원직은 '파트타임' 직업 정도로 여겨졌다. 의원직을 평생 직업으로 생각한 의원은 거의 없었다. 의원 보수가 형편없었던 것도 문제시되지 않았으며, 상당수 의원들은 의원직을 명예직으로 즐겼을 뿐이다. 회기 중 몇달 동안만 워싱턴D.C. 주변에 거주하면서 의정활동을 할 뿐 나머지 대부분은 자신의 지역구에서 보내는 게 당연시됐다. 그래서 의원직은 의원들에게 만족감을 주기보다는 거추장스러운 책무에 가까웠다.

1789년부터 1801년까지 활동했던 94명의 상원의원 가운데 33명이 회기가 끝나기 전에 사임했으며 이 중 6명은 연방 공무원으로 변신했다. 1800년대 전체를 통틀어 하원의원의 6% 정도가 회기중에 자진 사임했다는 통계도 있다. 당시에 의원직은 전문 정치인이기보다는 시민입법가(citizen legislator)와 비슷했다. 남북전쟁 발발 이전까지 의사당 주변에서 의원들이 결투를 벌이는 사례도 자주 있었다. 1856년에는 민주당의 프레스턴 브룩스 의원이 공화당의 찰스 섬너 의원과 노예제 문제로 의견대립을 빚다가 상원 의사당 안에서 지팡이로 섬너 의원을 폭행했다. 느슨하고 무질서한 미국 의회상은 미국이 세계 무대의 전면에 나서기 전까지는 의회가 다뤄야 할 긴박한 현안이 없었다는 사실과도 관계가 깊다. 일례로 1800년대 초 한 회기 동안 하원 외교위원회가 다룬 가장 중요한 안건은 국제동물쇼를 열기 위해 2만 달러의 예산을 집행하는 사안이었다.[3] 19세기 후반까지 의원들이 의사당에 모여 의정활동을 하는 것은 연중 절반 정도에 불과했다.

유유자적한 분위기는 남북전쟁 후 미국이 산업화와 제국주의화의 길을 밟으면서 달라졌다. 특히 미국이 초강대국으로 자리잡은 1950년대 들어 사라졌다. 1870년대 의회에서는 전체 의원의 절반 정도가 초선 의원이었

---

3) Roger H. Davidson and Walter J. Oleszek, op. cit., 1999, p.29.

그림 2.2 ■ 회기별 하원 개원시간

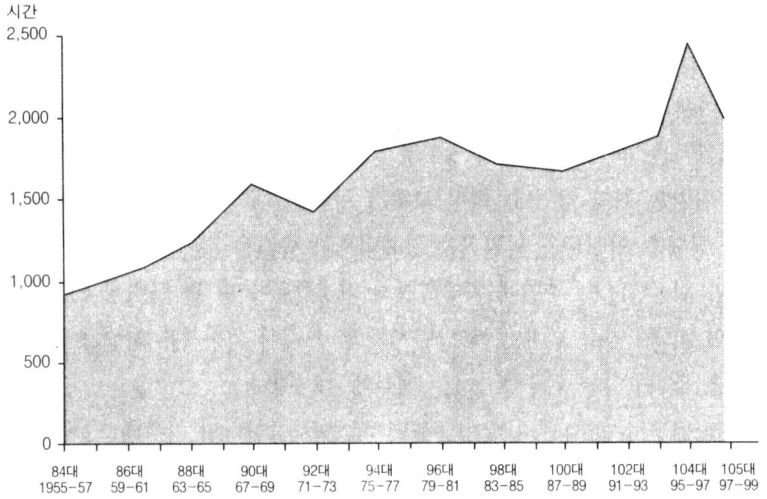

* 자료: *Vital Statistics on Congress, 1997-1998*, Washington, D.C.: AEI Press, 1998, pp.160-161.

고, 이들의 평균 재임기간은 재선(4년)에 불과했다. 그러나 20세기 초반 들어 초선의원의 비중은 30% 정도로 줄었으며, 하원의원의 평균 재임 기간도 3선(6년)으로 늘었다. 1990년대 후반 현재, 의원의 평균 재임기간은 상원은 13.2년(재선), 하원은 9.8년(5선)에 육박한다.[4]

의회가 개회 중인 시간은 1990년대가 1950년대에 비해 두 배 가까이 증가했다. 2년의 회기를 기준으로 할 때, 상원은 매년 300일 정도, 하원은 270~280일 동안 개회한다. 개회 중일 때 상·하원 의원은 하루 평균 11시간에 이르는 고강도 노동을 한다. 제104대 의회(1995~96년)의 경우, 상원은 343일, 하원은 289일 동안 개회했으며 상원과 하원은 각각 919회와 1,340회의 기록투표를 했다. 재미있는 것은 바쁜 의정생활과 비싼 임대료 때문에 워싱턴D.C. 의사당 안에서 먹고 자는 의원들도 적지 않다는 사실이다. 이른바 '홈리스(homeless) 의원'은 106대 의회만 해도 20여 명에 달한

---

4) Ibid., p.35.

표 2.1 ■ 의원 활동 관련 통계

		1998	1997	1996	1995	1994	1993	1992	1991	1990	1989
개원일수	상원	143	153	132	211	138	153	129	158	138	136
	하원	119	132	122	168	123	142	123	154	134	147
개원시간	상원	1,095	1,093	1,037	1,839	1,244	1,270	1,091	1,201	1,250	1,003
	하원	999	1,004	919	1,525	905	982	857	939	939	749
하루 평균 개원시간	상원	7.7	7.1	7.9	8.7	9.0	8.3	8.5	7.6	9.1	7.4
	하원	8.4	7.6	7.5	9.1	7.4	6.9	7.0	6.1	7.0	5.1
공법제정 건수	상원	241	153	245	88	255	210	347	243	410	240
제안된 법/결의안 수	상원	1,321	1,839	860	1,801	999	2,178	1,544	2,701	1,636	2,548
	하원	2,253	3,662	1,899	3,430	2,104	4,543	2,714	5,057	2,769	4,842
기록투표 회수	상원	314	298	306	613	329	395	270	280	326	312
	하원	547	640	455	885	507	615	488	444	536	379

* 출처: *Congressional Quarterly Weekly Report*, March 13, 1999, p.605.

다. 4선의 하원의원인 잭 킹스턴(Jack Kingston, 조지아 주) 의원은 자신이 '집 없는 천사'가 된 이유와 관련해 "주말이면 매주 지역구를 내려가고 주중에는 매일같이 새벽 출근, 자정 무렵 퇴근이 굳어져 있는데 잠만 자기 위해 매달 1,000~2,000달러의 '거금'을 월세로 부어넣은 것은 낭비라고 판단했기 때문"이라고 말했다.

2) 의원 자격·학력·출신

미국 헌법 제1조 2항과 3항은 하원의원과 상원의원의 자격요건을 규정하고 있다. 하원의원에 출마하려면 만 25세가 넘고 7년 이상 미국 시민권을 갖고 있어야 한다. 상원의원이 되려면 만 30세 이상으로 9년 이상 미국 시민자격을 갖추고 있어야 한다. 여기에다 그 주 또는 해당 선거구에 거주해야 한다는 요건이 덧붙는다. 마지막 사항인 해당 지역구나 주 거주 부분은 반드시 지켜야 하는 필수요건은 아니다. 다만 그렇지 않을 때 당선 확률이 낮아질 뿐이다. 의원직 입후보자들을 과거에는 정당 내부에서 결정하는 경우가 많았으나 20세기 중반 이후로는 정당보다는 개인의 자발적인 출마

표 2.2 ■ 제106대 의회 의원들의 전직(前職) 현황 (단위: 명)

직업	하원	상원	합계
농업	22	6	28
비즈니스/금융인	159	24	183
교육자	84	13	97
언론인	9	8	17
법률가	163	55	218
정치인/행정관료	106	18	124
부동산업	20	4	24

* 자료: *Congressional Quarterly Weekly Report*, January 9, 1999, p.63.
** 상당수 의원들이 한 개 이상의 직업을 가졌기 때문에 의원 총원보다 직업 숫자가 많음.

가 큰 비중을 차지하고 있다. 상원의원이 임기중 사망하거나 부득이한 이유로 직을 떠나게 될 경우에는 해당 주지사가 후임을 지명한다. 하원의원의 경우에는 반드시 후임자를 뽑기 위한 특별선거가 열린다.

상원의원직은 하원의원이나 주지사 같은 정치 경험을 쌓은 중견 정치인들이 나서는 경우가 많다. 그러나 대부분의 하원의원직과 일부 상원의원은 정치경험이 없는 무명 신인들로 채워지기도 한다. 특히 상원은 법조계나 기업·대학·언론·스포츠·오락 등 다양한 분야에서 성공한 인물이 진출하는 사례가 잦다. 미국인 최초로 지구 궤도를 비행한 우주비행사 출신의 존 글렌(John Glenn)이나 뉴욕 닉스 프로농구단에서 맹활약했던 빌 브래들리(Bill Bradely), TV 시리즈 <사랑의 유람선>에 출연했던 프레드 그랜디(Fred Grandy) 의원 같은 이들이 단적인 예이다. 106대 의회에 처음 하원의원에 당선된 마크 유달(Mark Udall, 민주당·콜로라도 주), 톰 유달(Tom Udall, 민주당·뉴멕시코 주), 3선 하원 의원인 패트릭 케네디(Patrick Kennedy, 민주당·롱아일랜드 주)처럼 명망 있는 정치 가문 출신 의원들도 적지 않다. 의원들의 공통점은 대기업체 임원이나 군 장성, 언론사 간부, 대학 교수처럼 매우 독립적이며 창조적인 리더십을 갖추고 있는 인물들이라는 사실이다. 그들은 평균적인 미국 시민 구성과 비교해볼 때, 교육수준과 평균 연령이 높으며 백인과 남성의 비율이 높은 편이다.

의원 대부분은 대학 졸업 이상의 고학력자다. 제105대 의회의 하원의원

표 2.3 ■ 역대 하원의원들의 전직(前職) 현황, 1953~1997년(단위: 명)

직업	1953년	1967년	1981년	1995년	1997년
농업	53	39	28	20	22
비즈니스/금융인	131	161	134	162	181
교육자	46	57	59	75	74
언론인	36	39	21	15	12
법률가	247	246	194	171	172
정치인/행정관료	-	-	-	102	100

* 자료: *The Vital Statistics on Congress 1997~98*, Washington D.C.: American Enterprise Institute Press, 1998, pp.22~23.

들 가운데 90%는 대졸 이상이었다. 미국 전체 성인 인구에서 4년제 대졸 이상 학력자가 20% 정도에 불과하다는 사실을 감안할 때 높은 비율이다. 고졸 출신 의원은 2%에 불과했으며 민주당 의원들의 4분의 3은 대학원 이상 고학력자였다. 미국 근로자들의 3분의 1 정도가 육체노동자이지만 정작 육체노동에 종사하는 노동자가 연방의회 의원 후보로 지명되는 것은 사실상 불가능하다. 현재 의원들의 대학 전공은 법학이 40%로 가장 많았다. 제 105대 의회 의원 가운데 박사학위를 소지하고 있는 의원은 상원 3명, 하원 20명으로 모두 23명이었다. 출신별 대학으로 보면 하버드 대학이 상원(14명)·하원(19명)을 통틀어 33명으로 가장 많았고 예일 대학이 19명으로 두번째였다.[5]

당선 전 직업을 살펴보면 하원의 경우, 최근 들어 법률가들의 비중이 감소하는 대신 비즈니스맨 출신이 늘고 있다. 전체 하원의원 가운데 변호사의 비중은 1960년에 55%였으나 1993년에는 42%로 줄었다. 특히 1994년 11월 선거에서 당선된 공화당 초선 의원들 중 상당수가 기업인들이었다. 1995년 1월 개원한 제104대 의회는 역사상 처음으로 비즈니스맨 출신 의원이 법률가 출신을 양적으로 능가한 회기로 기록되고 있다. 그러나 1998년 11월 중간선거에 따라 구성된 제106대 의회 의원들의 전직 직업을 보면 법률가 출신이 가장 많았다. 두번째가 비즈니스/금융인이며 행정

---

[5] Blake Eskin, *The Book of Political Lists*, New York: Villard, 1998, p.167-177.

표 2.4 ▎의원 평균 연령

	평균	상원	하원
제106대	53.7	58.3	52.6
제105대	52.7	57.5	51.6
제104대	52.2	58.4	50.9
제103대	52.9	58.0	51.7
제100대	52.5	54.4	50.7
제98대	47.0	53.4	45.5
제96대	50.9	55.5	49.8

* 자료: *Congressional Quarterly Weekly Report*, January, 9, 1999, p.61.

부나 정치인 출신, 교사, 농업 등의 순서였다. 의원들의 평균 연령도 상향되고 있다. 제106대 의회의 경우, 상원(58.3세)과 하원(52.6세)를 합쳐 평균 53.7세로 105대(52.7세)와 104대(52.2)와 비교해 1.0세 이상 올랐다. 민주당 의원(53.1세)이 공화당(52.1세)보다 평균 1.0세 많았다.

종교적으로는 상하 양원을 통틀어 가톨릭 신자가 151명으로 가장 많았고 침례교(70명) - 감리교(62명) - 장로교(48명)순이었다. 유대교 신자도 34명이 의원으로 활동중이다.[6] 반면 군대 복무 경력이 있는 의원은 상·하원을 합쳐 179명이었다. 이는 105대(188명)와 102대 의회(276명)와 비교해 가장 적은 수치이다.

3) 여성과 소수계 의원의 증가

최초의 여성 연방의원은 자넷 랜킨

1960년대까지 미국 의회는 금녀의 전당이었다. 1959년 하원의원에 당선된 공화당의 캐서린 메이 의원(워싱턴 주)은 원자력에너지 합동위원회 배속을 희망했으나 같은 당 원내총무로부터 "이 위원회에서는 여성 의원을 찾아볼 수 없다"면서 문전박대의 수모를 겪었다. 원자력에너지 합동위원회에서 활동하겠다는 그녀의 희망은 4선을 기록한 다음에야 가능했다. 이런

---

[6] *Congressional Quarterly Weekly Report*, January 9, 1999, p.63.

> ## 의원의 당적 변경
>
> 의원들이 당적(黨籍)을 바꾸는 것은 미국 의회에서 예외적인 사건에 가깝다. 제106대 의회에서는 뉴욕 주 출신의 공화당 의원인 마이클 포브스(Michael Forbes)가 1999년 7월17일 민주당으로 옮긴 게 처음이다. 1994년 11월부터 1999년 7월까지 만 5년 여 동안 당을 바꾼 의원은 리처드 셸비 상원의원(Richard Shelby, 앨라배마 주)과 5명의 하원의원 등 6명으로 모두 민주당에서 공화당으로 이동했다. 당적 변경은 당의 이념과 주장이 선거구 정서와 양립하기 힘들 때 이뤄지는 게 보통이다. 그러나 워낙 예외적이다 보니 구설수를 낳기 십상이다. 마이클 포브스 의원은 정치자금 수수, 고위직 보장과 같은 소문이 워싱턴 정가에 꼬리를 물고다녔다. 그는 특히 공화당 의원으로서는 1994년 11월 다수당 등극후 최초의 당적 이탈이라는 점에서 관심을 모았다.7) 제106대 의회의 최연소 의원은 28세(1999년 기준)의 재선 하원의원인 해럴드 포드(Harold Ford, 민주당·테네시 주)이며, 최고령은 96세의 스트롬 서먼드 상원의원(Strom Thurmond, 공화당·사우스캐롤라이나 주)이다. 가장 오래동안 의원으로 재직했던 이는 애리조나 주 출신의 칼 헤이든(Carl Hayden) 의원이다. 그는 1912년부터 1969년까지 57년 동안(하원 15년, 상원 42년) 연방의원으로 활동했다.

현상은 여성의원들이 흔히 겪었던 일이다.

최초의 여성 연방의원은 1916년에 당선된 공화당의 자넷 란킨(Jeannette Rankin, 몬태나 주)의원이다. 여성에게 참정권을 전국적으로 보장한 미국 수정헌법 제19조가 통과된 1920년보다 4년이나 앞섰다. 그녀는 여성들의 참정권(투표권) 확대와 아동 복지, 미국 근로자들을 보호하기 위한 관세법 개정 등을 공약으로 내걸고 당선된 다음 2년 뒤 상원의원직에 도전했으나 낙

---

7) 상·하원 의원 가운데 무소속(independent) 의원은 하원의 버너드 샌더스(Bernard Sanders, 버몬트 주) 의원과 버질 구드(Virgil Goode, 버지니아 주) 의원 두 명이다. 1990년 11월 처음 당선된 샌더스 의원은 제106대 의회 현재 5선을 기록중으로 자신이 만든 하원 진보 코커스(House Progressive Caucus)의 회장이다. 입법 노선은 반(反)공화당 계열로 보통 민주당으로 분류된다. 제105대 의회 초기에 '진보적 약속: 공정함(Progressive Promise: Fairness)'이라는 11개 항목의 독자적인 정책강령을 공표한 바 있다.

선했다. 평생을 평화주의자로 일관한 그녀는 제1차세계대전 발발 후 미국의 참전을 반대했다. 1940년 하원의원에 재선된 다음해 12월 일본의 진주만 침공을 계기로 전운이 감도는 와중에도, 상하 의원 가운데 유일하게 제2차 세계대전 참전반대 입장을 분명히 했다. 1943년 정계 은퇴 후에도 그녀는 여생을 여권 신장과 평화운동에 바쳤다.8)

최초의 여성 연방 상원의원은 민주당의 레베카 펠튼(Rebecca Felton)의원으로 1922년 조지아 주 보궐선거에서 당선됐다. 20세기 전반부에 연방의원에 당선된 여성들은 남편의 자리를 계승하는 경우가 많았다. 흑인 여성으로 최초의 연방의원은 1968년 뉴욕 주에서 당선된 셜리 치스홀름(민주·하원)이었다. 여성 의원들은 1988년에 상하 양원에 모두 25명에 불과했으나 미국 정치사에서 '여성의 해'로 불리는 1992년 들어 급증했다. 이해 선거에서 당선된 여성의원만 하원(24명)과 상원(4명)을 합쳐 28명이나 되었다. 여기에는 1991년 부하 여직원에 대한 성희롱 혐의를 받던 클라렌스 토머스(Clarence Thomas) 대법관 지명자가 상원 법사위 청문회에서 대법관 지명 인준을 받은 데 격분한 여성 단체들과 여성 유권자들의 여성의원 당선 캠페인이 주효했다.

이 선거에서 흑인 여성으로는 처음으로 캐롤 모슬리 브라운(Carol Mosely Braun, 일리노이 주)이 상원의원에 당선됐다. 시의 문서기록 담당 말단 공무원 출신인 그녀는 예비선거와 본선거에서 남성 후보들을 누르는 기염을 토했다. 제106대 의회에는 역사상 가장 많은 65명의 여성의원[하원 56명(전체의 13%), 상원 9명(전체의 9%)]이 활동중이다. 이 중 블랑시 램버트 링컨(Blanche Lambert Lincoln, 아칸소 주) 상원의원은 32세에 하원의원에 당선됐다.9)

---

8) 몬태나 주의 결정에 따라 의회의사당 안에 세워져 있는 그녀의 동상에는 "나는 전쟁에 찬성표를 던질 수 없다"는 글귀가 적혀 있다.
9) 대학에서 생물학을 전공한 블랑시 의원은 "당초 의약 관련 분야에 종사할 예정이었으나 의원보좌관으로 일하면서 정치에 관심을 갖게 됐다"고 말했다. 1992년에 최연소 여성 하원의원이 된 그녀는 1996년 쌍둥이 출산을 위해 의원직에서 사퇴했다가 1998년에 상원의원으로 복귀했다. "The Mini Page," in *The Washington Post*, March 21, 1999, p.4.

그림 2.3 ■ 미국 의회 여성의원 현황, 1917~99년 (단위: 명)

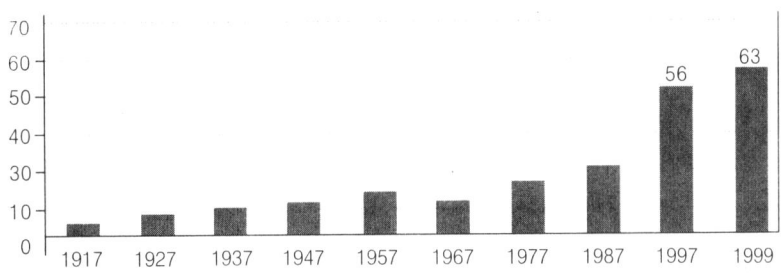

럿거스 대학 부설 미국여성정치연구소의 루스 먼델 소장은 "여성의원의 증가는 기성 정치인에 대한 불신과 실망이 증폭되는데다 미국사회에서 여성들의 활발한 사회적 진출과 성장을 반영하는 것"이라고 분석했다. 1970년대 들어 미국 여성의 상당수가 중간 관리자층에 진입했으며 이 때를 전후해 정치분야에서 여성들의 전국 무대 진출이 활발해졌다는 지적이다.

『의회의 여성들: 그들의 충원, 통합과 행태(Congressional Women: Recruitment, Integration and Behavior)』라는 책을 쓴 어윈 거츠크(Irwin Gertzog) 교수는 "단지 입후보자가 여성이라는 이유로 표를 찍지 않는 경향은 소수에 불과하며, 여성이라는 이유로 표를 찍는 사람이 많다는 증거도 없다"고 말했다. 여성에 대한 성적 차별이 격감하고 있다는 설명이다.[10]

최근 눈에 띄는 변화는 여성 의원들에 대한 정치자금 기부가 늘고 있다는 점이다. 위스콘신 대 정치학과의 바바라 버렐(Barbara Burrell) 교수에 따르면 1988년까지 여성의원 입후보자들에 대한 정치자금 기부금액은 남성후보자들의 4분의 3에 그쳤으나 최근 들어 증가하고 있다고 한다. 이런 성공은 에밀리 리스트(Emily's List), 여성후보기금(Women's Campaign Fund) 같

---

10) 미국 의회에서도 완전한 성 평등은 아직 요원한 과제이다. TV 기자 출신의 민주당 하원의원인 마조리 마거리스 메즈빈스키가 1994년에 쓴 『여성의 위치(A Woman's Place: the Fresh Women Who Changed the Face of Congress)』에 의하면, 여성의원들은 의원 전용 엘리베이터를 타려다가 제지당하는 경우가 잦았으며 여성 탈의실과 화장실 부족으로 고통을 겪었다. 청문회장에서 성적 모욕 사례도 빈번했다고 한다.

은 여성정치인 지원을 표방하는 시민단체가 정치자금을 집중지원하는 탓이 크다. 정당별로는 민주당 소속 여성의원이 공화당보다 2대1 비율로 많다. 여성의 낙태권과 교육의 필요성, 환경개발을 강조하는 민주당측의 주장이 더 호소력을 갖고 있기 때문이다.[11]

모든 주가 여성의원들에게 호의적인 것은 아니다. 1998년 10월 말까지 알래스카, 델라웨어, 아이오와, 미시시피, 뉴햄프셔, 버몬트, 위스콘신 주 등 7개 주는 여성 연방의원을 단 한 명도 배출하지 않았다. 캘리포니아 등 서부지역이 여성 후보자들에게 상대적으로 너그럽다. 그러나 여성의원들은 동료 남성의원들에 비해 여권, 아동, 가족, 복지문제 등에는 활발하지만 군비문제나 대외정책, 핵 같은 이슈에는 취약하다는 분석이다.[12]

흑인과 소수계 출신의 약진

흑인의 의회 진출은 남북전쟁과 노예제 폐지 후 흑인들에게 시민권을 인정한 수정헌법 제15조가 통과된 1868년 이후에 가능했다. 1870년 미시시피주에서 상원의원이 된 히람 레블과 사우스캐롤라이나 주 하원의원으로 당선된 조셉 레이니가 각각 최초의 연방 흑인 상·하 의원이다. 두 명은 모두 공화당 소속이었다. 19세기 후반에 남부의 여러 주에서 흑인의원들이 배출되었지만 백인들의 방해공작과 폭력 등으로 말미암아 1901년부터 1928년까지는 연방 흑인의원은 단 한 명도 없었다.

1928년에 당선된 오스카 드프리스트 의원(일리노이 주)은 자신의 보좌관들이 의사당 주변 식당에서 식사할 수 있도록 싸워야만 했을 정도로 심한 인종차별을 겪었다. 1934년 드프리스트 의원을 물리치고 당선된 아서 미첼 의원은 민주당 소속 흑인이었다. 그의 당선을 계기로 흑인 의원의 소속 정당이 예전의 공화당에서 진보적 정강정책을 표방한 민주당쪽으로 대거

---

11) Terry M. Neal, "As More Women Run, Gains in Congress Predicted," *The Washington Post*, October 1, 1998, A16.
12) Sue Thomas, "The Impact of Women on State Legislative Policies," *Journal of Politics* 53, November 1991, pp.958-976.

그림 2.4 ▮ 소수계 의원 현황 (단위: 명)

이동했는데, 이 경향은 최근까지 지속되고 있다. 1996년과 1998년 중간선거에서 흑인 투표자 가운데 공화당을 지지한 비율은 전체의 18%, 11%에 불과했다.

흑인의원의 숫자는 1950년대부터 북부 도시 지역과 남부의 농촌 지역구를 중심으로 꾸준히 늘었다. 흑인의원의 친목모임격인 흑인 코커스(Congressional Black Caucus)는 1971년에 결성됐다. 현재 2년 임기의 회장은 제임스 클리번(James Clyburn, 사우스캐롤라이나 주) 의원이다. 이 단체는 흑인을 비롯한 소수계 민족의 권익 증진과 남부지역에서 흑인 연방판사의 진출기회 확대와 흑인거주 지역 환경보호, 흑인에 대해 공정한 교육 - 취업기회 제공을 요구하고 있다. 제106대 의회에서 흑인 의원은 모두 39명이지만 공화당은 워츠(J.C. Watts, 오클라호마 주) 의원 한 명뿐이다. 흑인 의원은 하원에 편중되는 경향이다. 20세기에서 흑인 상원의원은 에드워드 브룩(공화·매사추세츠 주)과 캐롤 모슬리 브라운(민주·일리노이 주) 2명뿐이다.

히스패닉계 의원도 1992년 11월 선거에서 많이 당선됐다. 최초의 히스패닉계 연방의원은 1877년 하원의원이 된 로무알도 파체코(공화·캘리포니아 주)이다. 1935년에 뉴멕시코 주에서 상원의원으로 선출된 데니스 차베스 의원(민주당)은 4선을 기록하며 공공사업위원회 위원장을 역임했다. 1950년대 이후 쿠바, 푸에르토리코 등 카리브해 연안 지역을 중심으로 히스패닉계 의원들의 의회 진출이 두드러졌다. 1976년 결선된 히스패닉 코커스(Congressional Hispanic Caucus)의 제106대 의회 회장은 루실레 로이발 알라드 의원(캘리포니아 주)이다. 히스패닉계 의원은 대부분 민주당 소속이며 공화당은 3명에 불과하다. 이들은 플로리다·캘리포니아·텍사스·뉴멕시코 주처럼 중남미 지역과 인접하고 히스패닉 인구가 밀집해 있는 지역에서 주로 당선되고 있다.13)

아시아·태평양계 출신으로서 가장 먼저 의회에 진출한 이는 1903년부터 1922년까지 하와이 주 대표로 활동했던 칼라니아놀 조나 쿠히오(Kalanianaole Jonah Kuhio, 공화당)였다. 연방 의원은 1956년 캘리포니아 주 하원의원에 당선된 인도 출신의 달립 싱 사운드(Dalip Singh Saund, 민주당)가 처음이었다. 중국계와 일본계로는 1959년 하와이 주에서 상원과 하원에 당선된 히람 퐁(Hiram Fong, 공화당)과 다니엘 이노우에(Daniel Inouye, 민주당) 의원이 최초다. 이노우에 의원은 하원에서 재선(1959~63년)을 기록한 다음 1963년부터 상원의원으로 연속 7선을 기록중인 거물이다. 1964년에 하와이 주 연방 하원의원에 당선된 패치 밍크(Patsy Mink, 하와이 주) 의원은 아시아·태평양계 여성 미국인 가운데 연방의회에 처음 진출한 케이스다.

한국계로는 1992년 11월 캘리포니아 주 연방 하원의원에 당선되어 3선을 기록한 제이 킴(Jay Kim, 한국명 김창준) 의원이 유일했다. 아시아-태평양계 출신 의원이 가장 많았던 때는 제101대 의회(1989~91년)로 6명의 하원의원과 3명의 상원의원 등 모두 9명이 있었다. 106대 의회에는 초선의 데이비드 우(David Wu, 민주·오리건 주) 하원의원을 포함해 2명의 상원의원과 5명의 하원의원이 연방의원으로 활동중이다.

아시아·태평양계 전현직 연방의원은 모두 18명이다. 지역별로는 하와이 주(7명)가 가장 많고 캘리포니아 주(5명)·괌(3명)·미국령 사모아(2명)·오리건

---

13) 와츠 의원과 3명의 공화당 소속 히스패닉계 의원들은 106대 의회에서 민주당 측 흑인·히스패닉 의원 코카스의 동참 권유를 의식적으로 거부하고 있다. 이들은 "인종 코카스가 표방하는 이념이 공화당 노선과 맞지 않는다"고 불참 이유를 설명했다. "GOP Hispanics, Rep. Watts, Shun Ethnic Caucuses," *The Hill - The Capitol Newspaper*, January 27, 1999, p.11.

주(1명) 등의 순서이다. 18명의 전현직 의원 가운데 상원의원은 2명, 상하 양원을 모두 지낸 이는 3명이다. 나머지 13명은 하원의원만 역임했거나 재임중이다. 소속 정당별로는 민주당이 12명, 공화당이 6명이다.[14] 제106대 의회에서 유색의원으로는 흑인이 39명으로 가장 많고, 히스패닉이 19명, 아시아·태평양계가 7명이다.

4) 의원들의 세대별 '색깔'

20세기 후반 미국 정치사의 주요 고비때마다 큰 폭의 의원 세대교체가 이뤄졌다. 때문에 공화당이나 민주당에서는 하원의원들이 세대별로 뚜렷한 색깔을 갖고 있다. 이들은 함께 등원했다는 동류 의식을 갖고 행동통일을 기하기도 한다. 때문에 정당 지도부도 적절한 관리의 필요성을 인식하고 있다.

워터게이트 베이비즈

1974년은 의회의 탄핵결의에 앞서 닉슨 대통령이 사퇴한 역사적인 해인 동시에 미국 의회사에서 제2차세계대전 이후 유지되던 정치구조가 혁명적으로 바뀐 계기로 평가된다. 그 주역은 그해 11월 선거에서 당선된 70명의 민주당 초선의원과 6명의 민주당 전직의원들이다. 이들은 프랭클린 루스벨트 대통령 이래로 오랫동안 굳어져 있던 의회에 대한 대통령(행정부)의 우위를 붕괴시키고 의회 본연의 행정부 견제 기능 부활을 이뤄냈다. 의회 내부적으로도 연장자 우선원칙으로 특징지어지는 해묵은 권력구조에 일대 수술을 가해 광범위한 '민주화'를 달성했다.

이들의 노력으로 의회예산처 창설과 소위원회 활성화, 전문보좌관 증가가 이뤄졌다. 여기에는 존슨 행정부에서 시작되어 월남전 패망과 정부 재정압박 등으로 가속화된 행정부에 대한 불신감이 크게 작용했다. 대표적인

---

14) Lorraine H. Tong, "Asian Pacific Americans in the United States Congress," *CRS Report*, April 29, 1999, pp.11-14.

'워터게이트 베이비즈(Watergate babies)' 출신 정치인으로는 민주당의 앨버트 고어 부통령, 스티븐 솔라즈 전 하원 아태소위위원장, 잭 켐프, 아스펜 전의원 등이 꼽힌다. 클린턴 대통령과 뉴트 깅리치(Newt Gingrich, 공화·조지아 주) 전 하원의장은 1974년 하원의원 선거에 출마했다가 나란히 낙선했다. 106대 의회의 현역 의원으로 민주당에서 조지 밀러(George Miller, 캘리포니아 주), 존 머터(John Murtha, 펜실베이니아 주), 헨리 왁스만(Henry Waxman, 캘리포니아 주), 제임스 오버스타(James Oberstar, 미네소타 주) 등이, 공화당에서는 헨리 하이드 하원 법사위원장(Henry Hyde, 일리노이 주)과 윌리엄 구들링(William Goodling, 펜실베이니아 주) 의원이 있다.

1994년 클래스

1994년 11월 선거에서 처음 당선된 초선의원들은 공화당(상원 11명, 하원 73명)과 민주당(하원 13명)을 합해 97명이다. 이 가운데 73명의 공화당 초선 73명을 가리켜 흔히 '1994년 클래스(Class of 1994)'라고 부른다. 이들의 절반 이상은 정치에 특별한 관심이 없는 아웃사이더로 주로 비즈니스맨이었다. 이들은 의회에 대한 국민의 누적된 불만과 깅리치의 '미국과의 계약'에 표출된 정치적 신념에 공감해 정치에 입문했다는 공통점을 갖고 있다.

이들은 의사당 내에서 기존 관행에 얽매이지 않는 자유로운 언행으로 건방지고 저돌적인 강경파로 분류된다. 또 매우 개혁적인 성향을 갖고 있으며 미국과의 계약 공약에 심취해 이를 현실화시킨다는 사명감을 갖고 있다. 그래서 '깅리치 복제(Gingrich Clone) 그룹'이라는 비아냥거림을 받기도 했다. 하지만 40년 만에 공화당의 다수당 복귀를 일궈낸 '공화당 혁명'의 주역들로 당내 파워는 만만찮다.

이들은 1995년 말 미국 헌정사상 초유의 정부폐쇄(government shutdown) 사태와 1997년 깅리치 하원의장 축출 쿠데타 모의를 한 주역이다. 1998년 11월 총선 직후 깅리치 의장이 사퇴한 것도 이들의 강경한 태도에 기인했다는 분석이다. 1999년 현재 의회에 남아 있는 의원은 모두 50명이다. 이들은 정계 입문 당시의 꿈과 열정을 여전히 간직하면서 끈끈한 결속과 동료애를 유지하고 있는 그룹으로 평가된다.

1998년 11월 하원 당내 서열 4위의 전당대회 위원장으로 선출된 J. C. 워츠(Watts) 의원과 공화당 선거위원장에 선임된 톰 데이비스(Tom Davis, 버지니아 주), 공화당 하원 다수당 리더직에 도전했다가 딕 아미 현 리더에게 패배한 스티브 라전트(Steve Largent, 오클라호마 주)가 이 클래스에 속한다.[15]

1998년 세대

1998년 선거에서 당선된 40명의 초선 하원의원들은 이전 세대와 여러모로 대조적이다. 40명 가운데 15명은 주의회 의원 출신이다. 또 27명은 각종 공직 생활 경험이 있는데다 3명은 의회에서 보좌관으로 근무한 경험이 있어 비교적 성숙한 시각을 갖고 있다는 지적이다. 의정활동에서도 당파적 경쟁이나 대립보다는 실용적 관점에서 점진적인 변화와 안정을 바라는 의원군(群)으로 분류된다.[16] 실제로 이들은 초당적 협조와 의원간의 동료애와 화합을 우선적으로 내세우며 행동으로 옮기고 있어 정쟁에 식상해 있는 워싱턴 정가에 신선한 바람을 불어넣고 있다.[17]

이들 가운데 로빈 헤이즈(Robin Hayes, 공화·노스캐롤라이나 주) 의원을 비롯해 9명의 백만장자급 의원이 있다. 케네스 루카스(Kenneth Lucas, 민주·켄터키 주) 의원은 결혼식 전문가 출신으로, 게리 밀러(Gary Miller, 공화·캘리포니아주) 의원은 부동산 거부로 각각 최소 수백만 달러의 재산가들이다.

---

15) Linda Killian, *The Freshmen: What Happened to the Republican Revolution?* Boulder: Westview Press, 1998. 언론인인 저자는 이 책에서 '94년 세대'가 어떻게 의정생활을 시작했는지와 그들의 성공과 좌절의 내막을 제104대 의회 (1995~96년) 기간을 중심으로 심층분석하고 있다.

16) Lizette Alavarez, "House Class of 98, A seasoned Breed," *The New York Times*, November 16, 1998, A17; Charles Pope, "New Congress Is Older, More Politically Seasoned," *Congressional Quarterly Weekly Report*, January 9, 1999, pp.60-63.

17) Betsy Rothstein, "Freshman Class Rises Above Partisan Rancor," *The Hill - The Capitol Newspaper*, April 21, 1999.

2. 다양한 의원 활동 영역

1) 투표권 행사

의원들이 의회에서 하는 중요 결정은 투표로 표출된다. 1998년 한 해 동안만 하원에 547회, 상원에선 314회의 기록투표가 있었다. 개회중일 때 하루에 수차례 투표를 하는 셈이다. 법안이 본회의장에서 투표절차를 밟기까지는 적잖은 분량의 위원회 보고서와 청문회 증언록, 각종 보고서와 자료가 동원된다.

하루에도 여러 개의 법안에 대한 입장을 정해야 하는 의원들로서는 법안 내용을 제대로 소상히 파악하는 것 자체가 불가능하다. 바쁜 일정과 정보 과잉상태에 빠져 있는 의원들을 대신해 법안을 따지고 분석하는 것은 보좌관들의 몫이다. 그러나 법안투표에 대한 최종 책임은 개별 의원들이 지고 있다. 의원들의 찬반 투표 결과는 의회활동을 감시하는 각종 시민단체나 언론매체, 의회자체 채널로 즉각 공개되고 있다. 《워싱턴포스트》만 해도 '전국뉴스/ 의회(National News/Congress)' 코너에 중요 사안에 대한 의원들의 투표 결과를 싣고 있다. 의원들로서는 투표에 대해 한층 신중하고 책임감을 갖지 않을 수 없는 것이다.

의원들은 이런저런 이유로 소속 정당이나 대통령, 행정부 등의 눈치나 간섭을 의식하지 않고 양심에 따라 소신껏 투표한다. 그렇기 때문에 의회 내 여야 구분을 떠나 소속 정당 지도부로서는 난감해하는 사태가 종종 발생한다. 클린턴 대통령에 대한 탄핵심판 착수 여부를 놓고 1998년 10월 8일 열린 하원 본회의 투표에서 민주당 의원 31명이 찬성표를 던져 공화당 측 입장을 지지한 것이나, 그 다음해 4월 28일 하원에서 코소보지역에 한 달 이상 이뤄지고 있는 행정부의 군사적 행동을 의회 차원에서 지지하자는 내용의 결의안 투표가 생생한 사례이다.[18]

---

18) 후자의 경우, 상원에서는 같은 내용의 결의안이 일찌감치 통과된데다 전통적으로 행정부가 이미 대외 군사행동을 진행중일 때는 의회가 다소 못마땅하더라도

의원들이 법안에 대한 입장표명을 하는 기준은 무엇일까? 자신의 소신이 선거구의 이익이나 소속 정당 노선과 일치할 때는 문제가 없다. 그러나 그렇지 않은 경우가 더 많다. 이때 주요 고려 사항으로는 선거구 이익, 자신을 지지해주는 이익단체나 로비스트의 입장, 소속 정당의 노선 등이다. 변수는 이슈별로 다르다고 할 수 있다.

통상적으로 의원들이 자신의 출신 선거구 이해관계와 반대로 투표하는 경우는 극히 드물다. 예컨대 담배생산 농민과 기업들이 많은 노스캐롤라이나 주 출신의 제시 헬름스(Jesse Helms) 상원의원은 십중팔구 흡연규제법안에 찬성표를 던지지 않는다. 또 방위산업체가 많은 캘리포니아 주 출신의 다이앤 인스타인(Dianne Feinstein) 의원 같은 이는 국방비 예산증액 법안을 적극 환영한다. 출신 지역구의 이익은 의원들의 투표행태를 결정짓는 가장 원초적 잣대인 셈이다. 2년마다 열리는 선거를 전후해 의원들에게 '돈줄' 역할을 하고 있는 각종 이익단체와 로비스트의 입김도 무시할 수 없다. 전국총기협회(National Rifle Association), 철강노동자협회(United Steelworkers of America) 같은 이익단체들은 평소에 정치활동위원회(PACs)와 각종 로비활동을 통해 해당 의원들을 밀착관리하고 있다. 따라서 그들의 이해관계와 직결되는 법안이 상정되었을 때, 정면으로 이익단체의 비위를 거스르는 투표를 한다는 것은 쉽지 않다.

이와 함께 소속 정당 지도부와의 관계나 정강정책도 의원들의 결정에 적지않은 영향을 끼친다. 전통적으로 미국 의원들은 소속 정당원이기보다는 선거구민이 뽑은 대표라는 의식이 압도적으로 강하다. 때문에 당의 방침에

지지해주는 것이 관례였다. 그러나 이날 공개된 표결 결과는 그런 관행을 뒤집는 것이었다. 집권당으로서 행정부의 군사적 행동을 마땅히 지지할 민주당 의원 가운데 10%를 넘는 26명의 의원이 결의안에 반대표를 던졌다. 또 공화당 의원들 중에서는 31명의 의원이 민주당이 낸 결의안을 지지했다. 최종 결과는 찬반 모두 213표 가부동수로 결의안은 부결됐다. 전쟁터에서 군사적 행동이 실제로 진행되고 있는 긴박한 상황에서 이같은 표결은 획일성보다는 개인주의 가치를 중시하는 미국 정치문화가 있었기에 가능했다. Allison Mitchell, "Deadlocked House Denies Support for Air Campaign," *The New York Times*, April 29, 1999, A1, 14.

그림 2.5 ■ 정당일체 투표경향 추이, 1970~1998년

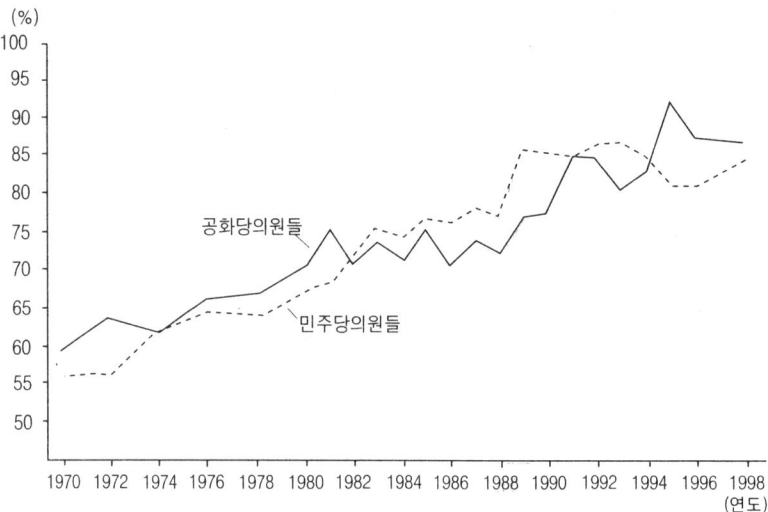

* 자료: Roger Davidson and Walter Olesek, *Congress and its Members*, 1999, p.268에서 재인용.

순응하는 경우는 드물다. 그러나 1990년대 중반 이후로 미국 정치에서 민주·공화당간에 파당적 대립이 심화되면서 표결 행태에도 적지않은 변화가 생기고 있다. 그 결과 당의 방침에 반하는 투표(cross-voting)하는 경우가 감소하고, 당의 노선을 철저하게 수용해 따르는 투표(party-line voting)가 잦아지고 있다. 공화당 하원의원들은 1995년 제104대 의회 개막 직후 수개월 동안 자신들의 선거공약인 '미국과의 계약' 실천을 위해 주요 법안에 대해 일사분란한 찬반 투표를 했다.[19]

19) 《콩그레셔널 쿼터리(*Congressional Quarterly*)》는 1998년 한 해 동안의 투표 실적을 토대로 당의 방침을 수용하거나 거부해 투표하는 의원들을 상·하원과 공화·민주당별로 조사한 바 있다. 상원에서는 당의 방침을 완벽하게 추종해 투표하는 의원으로는 래리 크레이그(Lary Craig, 공화·아이다호 주·99%), 에드워드 케네디(Edward Kennedy, 민주·매사추세츠 주·100%), 하원에서는 사비에 베체라(Xavier Becerra, 민주·캘리포니아·99%) 의원이었다. 반대로 반대편 정당에 동조해 투표하는 의원으로는 상원에서는 제포즈(James Jeffords, 공화·버몬트 주·51%), 로버트 버드(Robert Byrd, 민주·웨스트버지니아 주·28%), 하원에서는 콘스탄스 모렐라(Constance Morella, 공화·메릴랜드 주·60%), 랠프 홀(Ralph Hall, 민주·텍사스 주·77%) 의원이었다. Alan K. Ota, "Partisan Voting on the Rise,"

2) 지역구 관리와 봉사활동

미국사회에서 의원은 지역구 구민들에게는 행정부가 하는 수많은 역할을 대행하는 존재이기도 하다. 사회보장보험 수표나 분실 여권, 주변의 쓰레기 처리문제, 심지어는 자녀가 대학에서 부당 학점을 받았을 때와 같은 자질구레한 문제들을 성실하고 신속하게 처리하는 것은 의원이 되면 숙명적으로 안게 되는 숙제이다. 의원들은 사소한 민원 해결사 역할을 통해 지역구 내에 긍정적인 이미지를 확산시켜 재선을 모색해야 한다. 예컨대 "새로 선출된 OO의원이 지역구민의 이익을 잘 대변하고, 사사로운 일까지 성심성의껏 잘 처리해주는 괜찮은 친구"라는 여론이 퍼지면 선거전에 유리해지기 때문이다. 지역주민 서비스가 다음 선거에서 당락을 좌우하는 주요 변수로 부각된 것은 1950년대 이후이다. 그전만 해도 대다수 의원들은 지역구 사무실을 단 하나만 갖고 있었으며 지역구 활동도 미미한 편이었다.

그러다가 1950년대 행정부의 기능이 팽창하면서 주민 민원사항도 급증했으며, 지역구민 서비스가 현역의원의 재선에 필수적인 수단으로 각광받게 됐다. 의원 한 사람당 지역구에 최소 2개 이상의 사무실을 유지하는가 하면, 사무실에서 멀리 떨어져 있는 유권자들을 찾아다니는 이동사무소 설치도 확산되고 있다. 1960~70년대에 지역구 사무소가 퍼진 추세는 맥도널드 레스토랑이 들어서는 것보다 더 빠르고 광범했다.

1972년에는 상원의원 보좌관의 8분의 1, 하원의원 보좌관의 4분의 1 정도가 지역구에 상주하고 있었지만 1990년대에는 상원의원 보좌관의 30%, 하원에서는 40% 정도가 지역구 사무실에서 일한다.[20]

초선 의원들이 의정생활을 시작하면서 가장 먼저 익혀야 하는 과제는 의원 사무실과 지역구 관리를 어떻게 하는가 하는 점이다. 이와 관련해 의회 연구기관인 의회운영재단(Congressional Management Foundation)은 관리 가이

Congressional Quarterly Weekly Report, January 9, 1999, pp.79-81.
20) Eric Felten, "Chapter 5: The Election Machine," *The Ruling Class-Inside the Imperial Congress*, Washington D.C.: The Heritage Foundation, 1993, pp.57-76.

드북을 내놓고 있다. 이 재단의 『의회운영지침(Setting Course: A Congressional Management Guide)』과 『지역구사무실관리(Frontline Management: A Guide for Congressional Districts/State Offices)』 등 두 권의 책은 지역주민의 요구사항을 정확히 파악하기 위해 고객 시장조사 같은 방법을 적시하고 있는, 초선 의원들의 필독서다.

지역구민 관리에서 빼놓을 수 없는 유용한 무기는, 의원들이라면 누구나 무료로 이용할 수 있는 우편물발송특전(franking privilege)제도다. 1789년 초대 의회때부터 도입된 이 제도를 이용해 의원들은 우표를 붙이지 않고 간단한 서명(현재는 인쇄된 서명으로 대체)만으로 의정 홍보자료와 간행물, 공개된 정부문서 등을 유권자들에게 보내고 있다. 이 제도는 현역의원들의 재선을 돕는 편파적인 제도로 숱하게 비판받았으나 유권자와 의원을 잇는 가교로 특히 현역 의원의 재선에 결정적인 공헌을 하고 있다.

시민감시단체인 전국납세자연합(NTU)이 조사한 바에 의하면 하원의원들이 1997년 한 해 동안 지역구 구민들에게 발송한 우편량은 1억 2,200만 통으로 하원에서 발송한 전체 우편량의 81%를 차지했다. 발송비용만 2,100만 달러. 중간선거가 있었던 1994년에는 훨씬 많은 3억 6,300만 통에 5,300만 달러의 비용이 지출됐다. 이는 만 18세 이상 유권자에게 평균 2통씩 배달됐다는 것을 의미한다.[21]

의회 우편 발송물량은 1990년대 초반까지 급증추세를 보이다가 1990년대 중반부터는 전자우편 등이 보급되면서 감소세로 돌아섰다. 그러나 우편 발송량은 선거가 있는 해에는 폭증하는 경향이다. 1998년에는 총 1억 156만 통의 우편량에, 발송비용만 1,900만 달러를 기록한 것으로 집계됐다.

의원들은 지역구민들의 서한 처리에 최선을 다한다. 윌리엄 로스 상원의원실의 한 보좌관은 "특별한 이슈가 없다면 평균 한 달에 7,000여 건의 서신이나 이메일, 전화, 엽서 등을 받는다"면서 "이 가운데 로비스트나 이익단체가 보내는 우편물은 무시하지만 지역구 주민의 민원 편지는 원칙적으

---

21) John S. Pontus, *Congressional Mail: History of Franking Privilege and Options for Change*, CRS Report No. 96-101, March 11, 1997, p.2.

표 2.4 ▪ 의회 우편 발송량 증감 현황 (단위: 백만 통)

연도	우편 발송량
1974	321.0
1984	924.6
1990	564.2
1992	458.0

* 자료: *Vital Statistics on Congress, 1997~98*, Washington D.C.: AEI Press, 1998, p.172.

로 회신하고 있다"고 말했다.

수년 전에 실시된 한 조사에 의하면 미국 국민의 15% 정도는 자신이나 가족 성원 가운데 한 명 정도는 지역구 의원에게 각종 도움을 요청한 경험이 있었다.[22] 의원들은 때문에 지역구의 선거구민을 위한 민원조사관(Ombudsman) 역할까지 수행한다. 의원들이 회기중 주말을 이용해 선거구를 찾는 것은 십중팔구 이런 선거구내 민원활동을 해결하거나 해결 실적을 홍보하기 위함이다. 대부분의 의원 사무실은 선거구민들의 민원 접수 내용과 해결 실적을 빠짐없이 챙겨 홍보자료로 적극 활용한다. 또 선거구민들이 쏟아내는 불만이나 고충 내용이 특정 사안에 집중될 경우, 의원들은 이를 해결하기 위한 방안을 모색하는 과정에서 자연스럽게 새로운 법안을 만들기도 한다.

의원들은 이런 목적에서 지역구 민원사항을 챙기는 보좌관을 직원으로 고용하고 있다. 이들은 행정부와 관련된 수많은 민원이 제기될 경우, 정부 부처에 마련되어 있는 의회담당관실과 접촉해 신속한 해결을 시도한다. 담당 보좌관은 각종 민원의 해결 진행상황을 수시로 선거구민들에게 보고한다. 사안에 따라 의원이 직접 나서서 해결하기도 한다.

워싱턴의 의원 사무실은 수도를 방문하는 선거구민들에게 본회의장 방청권이나 백악관 방문증을 나눠주며 관광명소, 식당, 숙박시설 등을 담은 관광안내자료나 의회소개 책자 등을 비치해두었다가 무료로 나눠준다.[23]

---

22) Roger Davidson and Walter Oleszek, *Congress and its Members* 3rd, Washington D.C.: CQ Press, 1990, p.139.
23) 일례로 1999년 9월 초 상원의원실에 배포된 72쪽 분량의 *Welcome to Washing-*

지역주민들의 국기(國旗) 구입, 주민 자녀가 사관학교 진학을 희망할 경우 추천서를 써주며 자문도 한다. 공화당 상원 정책위원장인 래리 크레이그(Larry Craig) 의원 같은 이는 매주 화요일과 수요일 오후 시간을 '지역주민과의 커피(constituent coffee) 시간'으로 할애해놓고 있다.[24] 의원들은 특별히 약속이 없는 한 목요일 밤이나 늦어도 금요일이나 토요일에는 지역구를 찾았다가 일요일 오후나 월요일 아침 일찍 워싱턴D.C.로 돌아온다. 그런 측면에서 의원들은 50개 주에서 워싱턴D.C.로 매주 출퇴근하는 생활을 하고 있는 셈이다.[25] 공화·민주 양당은 여름과 겨울 휴회기간을 '지역구 활동시기(District Work Period)'로 지정, 의원들의 지역구 방문을 의무화하고 있다. 지역구 활동 기간은 1~2월과 8~9월에 집중되어 있다.

그러나 의원들의 활동에도 불구하고 유권자들은 이중적이고 모순된 역할을 요구하고 있다. 의원들이 국가적 사안에 충실하기를 바라는 한편 자신의 지역구 봉사에 더 신경쓸 것을 주문하고 있는 것이다. 1994년 10월 ≪워싱턴포스트≫의 여론조사에 따르면, 유권자들의 64%는 의원들이 선거구보다 국가정책에 더 관심을 쏟는 게 바람직하다고 답했다. 의원들이 국가정책보다 선거구에 더 매달려 정력을 낭비하는 게 문제라고 응답한 유권자만 85%였다. 그러나 의원들이 출신 지역구에 연방정부 사업을 더 많이 유치하도록 힘써야 한다고 대답한 비율은 73%로 상반된 모습을 보였다.[26]

---

 *ton; a Guide to the Nation's Capital*은 트렌트 로트 공화당 리더와 톰 대슐 민주당 리더가 초당적으로 합의해 만든 지역구민용 안내책자이다.

24) 초선 의원인 데니스 무어(Dennis Moore, 민주·캔사스 주) 의원 사무실이 제공하는 지역구 서비스는 모두 18가지다. 사회보장, 의료보험, 주택자금·대학 학자금 융자, 여권발급 편의, 사관학교 진학 추천, 농업 관련 지원, 워싱턴D.C. 관광 안내, 의사당에 게양된 미국 국기의 실비 구입 같은 것들이다. Office of Congressman Dennis Moore, *Guide to Constituent Services*.

25) Jonathan Berstein et al.(eds.), *Campaigning for Congress: Politicians at Home and in Washington*, Berkely: Institute of Governmental Studies Press, Univ. of California, 1995.

26) Richard Morin, "You Think Congress is Out-of-touch?" *The Washington Post*, October 16, 1994, C1.

3) 의원 임기

미국 연방 의원은 임기 제한이 없다. 선거에서 당선되기만 한다면 종신제나 다름없다. 그러나 1990년대 들어 연방과 주의회를 포함해 의회가 제 구실을 못하고 있다는 불만감이 확산되면서, 의원 연임 제한 움직임이 거세졌다. 1980년대까지 논의되지 않았던 이런 주장은 정치권 전체에 대한 강한 불신감을 깔고 있었다. 1990년 11월 선거에서 콜로라도, 오클라호마, 캘리포니아 3개 주가 의원의 연임제한에 관한 주민발의안을 통과시켰고 그 후 모두 23개 주에서 의원 연임제한이 주민발의 형식으로 채택됐다.

1994년 11월 중간선거를 앞두고 공화당이 발표한 미국과의 계약의 10대 강령 가운데 정치인의 임기제한이 포함된 것은 이런 분위기를 반영한 것이었다.[27] 많은 주들의 연임제한 움직임은 1995년 5월 연방대법원의 판결로 주춤해졌다. 주가 연방의원들의 임기를 제한하는 것 자체가 연방주의를 표방하는 미국 헌법에 어긋난다고 판시했기 때문이다. 연임제한 찬성론자들은 현직의원이 한번 당선되면 재선을 거의 보장받아 오랫동안 권력을 유지하게 되며, 이 과정에서 의원들이 변화하는 주민여론을 제대로 반영하지 못할 뿐 아니라 부패할 가능성이 높다고 지적한다. 특히 의원들은 재선에 도움을 주는 몇몇 이익단체들과 끈끈한 관계로 맺어져 그들의 이익을 대변하는 법안을 만들거나 보이지 않는 특혜를 베풀 가능성이 있다고 주장한다.

반대론자들은 의원들의 선거는 유권자가 심판하며 인위적으로 간섭해서는 안된다는 논리이다. 현재 활동중인 상·하원의 현역의원의 절반 이상이 1980년대 후반 이후에 의회에 진출했고, 1995년 공화당이 다수당으로 복귀한 데서 드러나듯 연임제한 자체가 민주주의 정신에 위배될 수 있다는 것이다. 또 경륜이 높고 정책에 정통한 의원들이 물러남으로써 행정부를 제대로 견제할 수 없으며 의정활동이 보좌관이나 로비스트 등 워싱턴 토박

---

[27] Sula P. Richardson, *Term Limits for Members of Congress: State Activity*, CRS Report, 1998 참조.

> ### 포크 배럴 폴리틱스(pork barrel politics)
>
> 의원들은 자신의 지역구를 위해 연방정부 예산을 끌어들이는 데 심혈을 기울인다. 미국 정치에서는 이처럼 지역구(연고지) 우선 사업에 치중하는 정치행태를 '포크 배럴 폴리틱스'라고 부른다. 그 실적이 다음번 선거에서 당선에 결정적으로 작용하기 때문에, 의원들은 연방정부가 지원사업을 따내기 위해 백방으로 뛴다. 예전에는 댐, 고속도로, 해운·항만 건설 등이 대상이었으나 근래에는 에너지·방위산업으로 확대되었다.
>
> 스트롬 서몬드 의원의 지역구인 사우스캐롤라이나 주에는 스트롬 서먼드 호수, 서먼드 고속도로, 서먼드 학교처럼 그의 이름을 딴 기반시설이 곳곳에 널려 있다. 선거구를 위해 워싱턴의 떡고물을 열심히 챙겨왔음을 증명하는 사례다. 1999년 초 하원의원직을 사퇴한 밥 리빙스턴(Bob Livingston, 공화·루이지애나 주)도 하원 세출위원장 시절 연방정부 예산을 자신의 지역구에 유치해 숙원사업인 홍수조절사업과 방위산업체 계약 등을 해결해 인기를 모았다.

이들에 의해 좌우되는 문제를 초래할 것이라고 반박한다.

어쨌든 1995년 하원 본회의 표결에서 2년 임기의 하원의원은 6회까지(총12년), 6년 임기의 상원의원은 2회까지(총12년)로 제한하는 헌법수정안은 찬성 227표, 반대 207표로 헌법수정에 필요한 3분의 2 득표에 실패함으로써 부결됐다. 1997년 2월 12일 의원직 연임 횟수를 제한하기 위한 두번째 헌법 수정 동의안 역시 총 435명의 하원의원 가운데 찬성(217표)이 과반수에 못 미쳐, 의원 임기제한 움직임은 사실상 중단됐다.

미국에서 헌법 수정은 상하 양원의 재적 3분의 2 이상의 찬성과 50개 주의회 중 4분의 3의 비준을 요구하고 있기 때문이다. 그러나 2백 명이 넘는 찬성표가 나왔다는 사실은 의원 스스로도 어느 정도 임기제한의 필요성을 인정하고 있으며 국민들 사이에 이런 분위기가 만만찮게 확산되어 있음을 보여준다.

정치인들의 임기제한운동을 추진하는 시민단체 가운데 선봉장격인 임기제한연맹(USTL: U.S. Term Limits) 같은 곳은 법안이 통과되지 않은 데 아랑

의원 급여

미국 의회는 의원은 물론 대통령과 대법관 판사, 행정부와 입법부 주요 고위직의 급여를 결정한다. 미국 헌법은 의회의 권한 남용을 막기 위해 대통령 재임기간 중 그에 대한 급여를 조정하거나 연방 대법원 판사의 급여를 낮추지 못하도록 규정하고 있다(헌법 2조1항, 3조 1항). 제106대 의회의 의원 연봉은 13만 6,673달러이지만 초대 의회에서 의원 급여는 개회기간에 한해 하루당(per diem) 6달러로 1년 통틀어 1,000달러 수준에 불과했다. 개원 후 수년 동안 의원의 주수입원은 사적 모임에서 행한 연설 등에서 번 사례금(honoraria)이었다. 의원 급여는 1856년 연간 3,000달러로, 1866년에 5,000달러로 인상됐다.

의원들의 봉급인상 시도는 1816년에 처음 시작된 이후 번번이 시민들의 반감을 불러일으켰다. 특히 20세기 중반들어 일반 사설단체나 이익집단의 요청에 의한 연설을 통해 받는 사례금은 의원들이 특정 이익을 대변하는 행위로 여겨졌다. 그 결과 1975년 의원들이 받을 수 있는 사례금의 연간 상한선을 규제하는 법(Camoain Finance Law)이 제정됐다. 하원은 1989년 말 사례비 수수를 금지하는 대신, 연간 급여를 12만 5,100달러로 인상했다. 상원은 1991년 7월에 하원과 같이 사례금 수수를 금지하고 급여를 하원과 같이 상향 조정했다. 상·하원은 1993년 또다시 의원들의 급여를 13만 3,600달러로 인상했다. 1997년 가을에 이루어진 급여인상 폭은 1993년 대비 연간 3,000달러(2.3%) 수준이었다. 하원의장 연봉은 17만 5,445달러, 다수당과 소수당 리더는 15만 1,800달러로 평의원보다 조금 많다.

하원의원들은 1999년 7월 18일 열린 본회의에서 2000년 1월부터 의원연봉을 3.4% 올리기로 결정했다. 이에 따라 평의원 연봉은 14만 1,300달러, 지도부 의원들은 15만 6,900달러, 하원의장은 18만 1,400달러가 된다. Stephen Barr, "Federal Salaries Likely to Rise 4.8%: Conferees Double President's Pay; Congress May Get Hike, Too," *The Washington Post*, September 10, 1999, A1. 또 상원으로 재선, 하원으로는 5선 이상을 기록한 만 50세 이상의 전직 의원들은 개인연금과 별도로 '의회 연금'을 지급받는다.

곳하지 않는 분위기이다. 2000년 선거를 앞두고 시민 홍보와 의원의 공약 준수 감시를 위해 1998년 선거에서 지출했던 것(1,140만 달러)보다 훨씬 많이 총예산을 2,000만 달러로 늘렸으며, 자발적으로 임기 제한을 선언했던

10여 명의 의원들에게 약속 준수를 거듭 촉구하고 있다. 스캇 매키니스 (Scott McInnis, 공화·콜로라도 주) 하원의원처럼 3선을 기록한 다음에는 정계를 은퇴하겠다고 공약했다가 2000년 선거에 다시 출마해 4선 의원이 되겠다고 약속을 번복하는 의원들이 적지않은 현실 때문이다.28)

하지만 미국 의원들 사이에는 연령의 많고 적음을 떠나 자신이 떠나야 할 때라고 판단하면 미련없이 의원직을 떠나는 분위기가 정착되어 있다. 단적으로 1996년 11월 중간선거에 앞서 그 해 선거를 앞둔 33명의 상원의원 가운데 1월 말까지 무려 13명이 재출마 포기를 선언했다. 이는 1913년 상원 직선제 실시 이후 현역 상원의원들로선 가장 높은 재선 포기율이었다. 제106대 의회가 개원한 지 100일을 갓 넘긴 1999년 4월 중순까지 다음 선거 불출마를 공식적으로 밝히거나 사퇴한 의원만도 상원 5명, 하원 12명 등 모두 17명에 달했다.29)

의원들의 정계 은퇴 이유나 사퇴의 변은 각양각색이다. 주지사, 상원의원 등 새로운 가능성에 도전해보고 싶다는 부류도 있지만 다음 세대에게 기회를 넘겨주기 위해서라든가 바쁜 의정생활로 미뤄왔던 가족과의 화목한 시간을 갖기 위해서라는 이유도 적지않다. 여기에다 만족스럽지 못한 의원 세비도 불만 요인이다. 특히 변호사나 기업가로 일했던 의원들은 과거에 비해 수입이 10분의 1도 안되는 경우가 많다. 일부 의원들은 그래서 "바쁘기만 하고 보람 없는 의원생활보다는 차라리 변호사나 로비스트로 돈이나 벌겠다"고 말한다.

3. 엄격한 윤리 규정

댄 버튼(Dan Burton, 공화당·인디애나 주) 의원이 제안해 1995년 11월 하원

---

28) Robert Schlesinger, "Term Limiters Thank Members in Advance," *The Hill-The Capitol Newspaper*, February 17, 1999, p.10.
29) "Casualty List-the 106th Congress," *Roll Call*, April 15, 1999.

본회의장을 통과한 선물규제윤리법안은 의원들이 일체의 선물과 향응을 받지 못하도록 하는 획기적인 내용이었다. 이 법안에 따르면 의원들은 공짜 식사나 여행 그리고 일체의 선물을 주고받을 수 없게 됐으며 허용되는 것은 기념품 티셔츠나 모자 같은 값이 헐한 기념품류뿐이었다.

이 법은 또 의원이 한 번에 50달러 이상의 선물을 받을 경우 신고하고 선물의 국가귀속을 의무화하고 지나친 접대를 받는 것 역시 금지했다. 그렇지만 일부 의원들과 의원 부인들은 로비나 청탁을 위해 자녀나 사촌 등 가까운 친척들에게 비싼 선물을 제공한 다음, 이 선물이 의원 당사자들에게 전달되는 사태를 막을 수 없다는 사례 등을 들면서 법의 맹점을 신랄하게 비판한 바 있다.

결국 지나치게 엄격한 하원의 선물규제윤리법은 1999년 1월 통과된 하원 결의안에 따라 50달러 이상의 선물이나 1인당 연간 100달러 이상의 선물을 받을 수 없도록 한 상원 규칙과 동일한 수준으로 재조정됐다. 그럼에도 불구하고 크게는 정경유착을 막고 작게는 의원 개개인의 윤리 수준을 엄정하게 한다는 차원에서 미국 의회에서 윤리적 감시활동은 엄격하기 짝이 없다. 이런 윤리규정은 직위 고하를 떠나 무차별적으로 적용되며 일면 가혹하다는 지적까지 받고 있다. 아무도 지켜보지 않는다고 방심해 법을 어겼다가는 언젠가 큰 봉변을 겪는 것이 미국 정치문화이기 때문이다.

일례로 하원 윤리위원회는 경비 사용상의 잘못을 이유로 하원의장에게까지 벌금을 물리고 있다. 민주당의 짐 라이트(Jim Wright) 당시 하원의장은 1989년 5월 자신의 저서에 책정된 과다한 로열티와 부인 관련 금전 문제로 인해 공화당의 집중 공격을 받아 사임했다. 다수당 원내총무로 권력의 절정기에 있던 토니 코얼호(Tony Coelho) 민주당 의원이 1989년 갑자기 정계를 은퇴한 것은 10만 달러에 이르는 정크본드(Junk Bond) 투자금액의 출처를 명확하게 밝히지 못하고 이와 관련해 윤리적·법적 조사가 착수되면서였다.

깅리치 하원의장도 저서 로열티, 선거자금 모금, 자금 세탁 등 자질구레한 윤리규정 위반으로 말미암아 1997년 1월 의회에서 현역 하원의장으로

표 2.5 ▮ 현행 의회 의원 윤리규정

선물	1회 50달러 이상 수수 금지, 개인이나 기업으로부터 100달러 이상 수수 금지, 개인적 친분에 의한 선물은 250달러가 상한선(초과시 의회윤리위원회 승인 필요)
여행	초청자 여비 부담일 경우 국내 여행은 이동시간을 제외한 4일 이내, 해외여행은 7일 이내
외국정부 선물	외국 정부·기관으로부터 받는 선물은 상한선이 250달러
연설·기고	1회당 2,000달러까지 제한
외부수입	한 해 전체 세비의 15% 이내, 1999년의 경우 2만 505달러

서는 최초로 윤리위원회의 견책 징계를 받고 30만 달러의 벌금을 냈다.[30] 하원 사상 최초의 여성 사무총장이었던 로빈 카를이 1998년 12월 말 사표를 낸 것은 1997년, 1998년 두 해 동안 하원이 발부하는 공적인 신용카드로 500~600달러어치의 개인 물건을 샀다는 게 가장 큰 이유였다.[31]

현행 윤리위원회 규정은 의원들의 겸직을 금지하고 있다. "의원들은 변호사나 기타 전문직종을 겸직하지 못한다"고 규정하고 있으며 합작·동업·중개 등 가족 기업이나 농장 수입의 예외규정을 제외하고는 어떤 형태의 서비스업에도 관여하지 못하게 하고 있다. 외부 수입도 연간 총액 규모로 의원 세비의 15%를 넘지 못한다. 하원의원의 세비(13만 6,600달러)를 기준으로 할 때 외부 수입의 상한선은 2만 500여 달러에 불과한 것이다.

상원윤리위원회도 깐깐하기로 둘째가라면 서러워한다. 강연회 사례비와 출장비 변칙처리건만으로 특정 의원을 상대로 수주일 이상 청문회를 여는 게 다반사이다. 상원의원 경력 12년째인 데이비드 두렌버거 의원(공화·미네소타 주)은 1990년 윤리위원회 청문회에서 자신의 행위가 2주일 여에 걸쳐 샅샅이 파헤쳐지자 사실상 '정치적 사망' 선고를 받고 정계를 떠나야만 했다.

1991년 하원을 통과한 윤리개혁법안에 따르면 이익단체들에 의해 지불되는 여행비와 체류비는 국내 여행의 경우 하원의원은 3박 4일을 넘지 못

---

[30] 하원 윤리위원회의 공식 명칭은 '공직(公職)활동기준위원회(Committee on Standards of Official Conduct)'이다. 하원 윤리규정 전문은 www.house.gov/ethics/ethicforward.html를 참조.

[31] "House Clerk Resigns Under Fire," *The Washington Post*, Dec. 22, 1998, A8.

한다. 해외여행도 상·하원 모두 7일을 초과할 수 없다. 현직의원들을 각종 모임이나 행사에 초빙해 강연료 명목으로 거액의 사례비를 건네주는 관행은 1980년대에 유행했다. 이 강연료는 법적으로 선거자금에 포함되지 않았기 때문에 의원들도 선호했지만, 강연료에 대한 여론의 지탄이 거세지자 하원은 1991년부터 자신들의 연봉을 25% 인상하는 대신 강연료 수수를 법으로 금지하는 조항을 공무원 윤리개혁법안에 삽입시켰다.

이처럼 엄격하기 짝이 없는 윤리규정이 100% 준수되고 있는 것만은 물론 아니다. 1996년 한해 동안 상하의원과 보좌관을 포함한 가족들이 외국기업이나 협회 단체 등으로부터 로비성 뇌물을 받아 국내외를 여행한 경비만도 460만 달러로 집계되고 있다. 특히 대만은 각종 민간단체나 재단 등을 통해 총 139회에 걸쳐 미국 의원들을 초청, 모두 46만 3,068달러를 지출한 것으로 나타났다. 미국 연방법은 외국정부가 의원을 포함한 정부관리들의 항공료 등 여행경비를 지불할 수 없도록 규정하고 있다.

까다로운 윤리규정과 더불어 의원들에게 '특전'은 있을지언정 '특권'이라는 게 존재하지 않는다. 음주운전이나 성범죄 등과 관련해서는 일반 시민과 똑같은 대우를 받으며 면책특권이 주어지지 않는다. 1976년 7월, 당시 워싱턴D.C. 경찰청장인 조 와그너가 "의원 번호판을 단 차량은 간단한 주차위반 같은 경미한 사건을 제외하고는 일체의 범법행위를 일반 시민과 똑같이 다루겠다"고 공식 선언한 데 따른 것이다. 1967년 제정된 친인척 고용금지(ban on nepotism)법에 따라 의원들은 가까운 친인척을 의원사무실 보좌관 등 의회 내 유급 직원으로 둘 수 없으며 인사 청탁도 할 수 없다.[32]

---

32) 반대로 의원들의 각종 스캔들도 끊이지 않고 있다. 부도수표 남발과 의사록 조작은 물론 금품수수나 돈과 여자와 관련된 스캔들이 잇따르는 것이다. 1941년부터 1989년까지 약 50건의 유죄판결이 있었으며 공금유용, 소득신고 누락, 불법 선물수수, 섹스 스캔들도 40건에 달했다. 이와 관련해서는 Ronald Kessler, *Inside Congress*, Pocket Books, 1997. 반대로 미국 의회의 '영웅급' 의원들을 추적한 저술로는 Val J. Halamandaris(ed.), *Heroes of the U.S. Congress: a Search for the 100 Greatest Members of Congress*, Washington D.C.: Caring, 1994.

의원 특전

　현직의원들은 의원사무실과 사무실내 각종 집기를 무료로 제공받는다. 보좌관의 월급, 전화비용, 여행경비, 지역구 사무소 관리비용과 우편비용까지 국고 지원을 받는다. 또 지역구에 있는 로컬 방송국에 보내는 방송 테이프나 출판물도 무료로 제공받는다. 의회 구내에서 은행과 체육관 시설, 카페테리아, 이발소(미장원), 우체국 등을 이용하며, 의원 건물 지하에 무료 주차장도 갖고 있다. 지역구로 비행기 왕래가 잦은 만큼 워싱턴 내셔널 공항(일명 레이건 공항)에 전용 주차장도 갖고 있다. 의회 내에는 의원들의 건강 체크를 위해 내과의사가 상주하고 있으며 완벽한 진찰과 X-레이 검사, 심전도 촬영 등을 의사당 경내에서 받을 수 있다. 의원들은 또 풍족한 의료보험에 자동 가입해 있으며 월터 리드 육군병원, 베데스다 해군 병원 같은 권위 있는 의료시설에서 일반 시민보다 우선 진찰을 받는 특전을 누린다.
　의원직에서 물러나도 10여 가지의 특전을 갖는다. 일정기간 동안 상·하원이 개원중일 때 매일 발행되는 의사록을 현역 의원과 똑같이 받아본다. 의회도서관 등에서 현직 의원과 동일한 조건으로 대출 서비스를 제공받으며 의회 신용협동조합 회원 자격 등도 가능하다. 의원 전용식당과 하원 체육관을 계속 이용할 수 있으며, 전직 상원은 상원주차장에서 무료 주차권을 제공받는다. 일부 예외는 있지만 상·하원 본회의장 출입도 허용된다. 의원직을 떠나도 90일 동안 의회가 제공하는 우편물 무료 이용권을 갖는다. Blake Eskin, *The Book of Political Lists*, New York: Villard, 1998, pp.158-159.

4. 정치자금 감시

1) 천문학적인 정치자금

　연방 하원의원 선거를 앞두고 현직의원은 최소한 60만 달러 이상을 모금해야 한다. 이것은 2년의 임기중 매주 약 5천 달러를 모금해도 빠듯한 액수이다. 정치자금의 대부분은 선거에 지출되기 때문에 흔히 선거자금과 동의어로 쓰인다. 1984년부터 96년까지 하원 입후보자들이 지출한 선거자

금은 평균 114%, 상원의 경우 평균 50%가 증가했다.[33]

　현직 의원에 도전하는 후보자라면 그 두 배인 100만 달러는 족히 모금해 쓸 수 있는 재력을 갖추고 있어야 한다. 6년마다 실시되는 상원의원 선거에는 훨씬 많은 돈이 소요된다. 평균 선거비용은 300만 달러를 상회한다고 한다. 이는 매주 약 1만 2,000달러가 넘는 선거자금을 확보해야 한다는 계산이다.[34] 때문에 돈과 관련해 아무리 투명성을 강조하는 미국사회라고 하지만 이런 엄청난 돈을 조달하는 과정에서 불법과 탈법의 소지는 얼마든지 있으며 실제로 이 때문에 당선후 의원직을 상실하는 경우도 발생한다.

　이런 불상사를 막기 위해 1971년 연방선거운동법(Federal Election Campaign Act)을 제정한 이래로 1974년과 1976, 1979년 잇따라 같은 법안을 수정·보완했다. 특히 1974년 발족한 연방선거관리위원회(FEC)는 대통령이 상원의 인준을 받아 임명하는 위원장을 포함해 모두 6명의 위원과 3백여 명의 직원을 갖고 있는 선거관리 업무 담당 독립기관이자 정치자금 감시의 구심점이다.

　미국에서 의원 또는 의원 입후보자들이 정치자금을 모으는 방법은 네 가지가 있다. 일반 시민의 헌금과 정치활동위원회(PACs)에 의한 후원금, 정당 지원금 그리고 정치인 개인의 사비 출연 등이다. 이 가운데 큰 비중을 차지하는 것은 일반 유권자 개개인에 의한 헌금과 정치활동위원회에 의한 후원금이다. 또 정치인 개인이나 가족의 재산으로 정치자금을 충당하는 경우, 그 규모는 특별한 제한을 받지 않는다. 미국 연방대법원이 1976년 후보 개인이 쓸 수 있는 금액에 어떠한 제한도 가할 수 없다고 판결한 데 따른 것이다(Buckely v. Valeo Case, 1976).

---

33) 하원 입후보자들의 총선거 지출 비용은 1984년에는 1억 7,688만 달러였으나 1996년에는 4억 2,175만 달러로 증가했다. 상원은 같은 기간 중 1억 4,196만 달러에서 2억 3,080만 달러로 늘었다. *Vital Statistics on Congress, 1997~98*, Washington D.C.: AEI Press, 1998, p.81, 84.
34) 1996년 선거에서 당선자가 지출한 평균 금액은 상원의원이 376만 5,000달러, 하원의원은 67만 5,000달러였다. 연방선거위원회(Federal Election Commission)의 자료 참조.

표 2.6 ▮ 1996년 하원의원 선거 출마자 선거자금 수입원 현황(단위: 백만 달러)

	기부금 총액	개인헌금	PACs	정당지원금	후보자 자금	기타
민주당	211.5	44	29	4	12	8
공화당	249.2	58	21	6	9	6

* 자료: FEC, *Vital Statistics on Congress, 1997~98*, Washington D.C.: AEI Press, 1998, p.103.

표 2.7 ▮ 1996년 상원의원 선거 출마자 선거자금 수입원 현황(단위: 백만 달러)

	기부금 총액	개인헌금	PACs	정당지원금	후보자 자금	기타
민주당	116.2	59	12	8	16	5
공화당	125.8	59	20	9	8	4

* 자료: FEC, *Vital Statistics on Congress, 1997~98*, Washington D.C.: AEI Press, 1998, p.104.

하지만 아무리 갑부라고 해도 정치인들은 자신의 재산으로 정치자금을 충당하려고 하지 않고, 개인의 헌금이나 PAC에 의한 지원금을 더 중요시한다. 얼마나 많은 유권자로부터 헌금을 받느냐 하는 문제는 자신의 정치력이나 미래를 가늠하는 잣대가 되기 때문이다.[35] 존 록펠러(John Rockefeller)나 로스 페로(Ross Perot)처럼 수백만 달러를 자기 돈에서 쓰는 경우도 있지만, 대다수의 후보들은 자기부담의 경우 수만 달러를 쓰는 게 고작이다.

2) 정치헌금 실명제와 정치활동위원회

개인은 매년 한 후보에 대해 1천 달러, 한 정당에 대해서는 정치자금 2만 달러, 정치활동위원회(Political Action Committees: 이하 PACs)에 2만 5천

---

[35] 실제 선거에서는 돈 많은 백만장자 후보가 물론 유리하다. 현재 의회에서 대표적인 '백만장자 클럽' 의원들은 다음이다. 애머리 휴턴(Amory Houghton, 하원·공화·뉴욕 주): 가문 소유인 코닝글래스워크스사의 전회장, 재산 4억 달러. 존 록펠러(John Rockefeller, 상원·민주·웨스트버지니아 주): 증조부인 석유왕 록펠러가 창업한 스탠더드 오일의 상속자, 2억 달러. 다이앤 파인스타인(Dianne Feinstein, 상원·민주·캘리포니아 주): 남편인 리처드 블룸과 함께 부동산 예술품 주식 등에 투자, 5,000만 달러. 에드워드 케네디(Edward Kennedy, 상원·민주·매사추세츠 주): 선친 조지프 케네디가 이룩한 가문 재산의 상속자, 4,000만 달러. 로버트 베네트(Robert Bennett, 상원·공화·유타 주): 전 상원의원의 아들, 2500만 달러.

달러 그리고 이 모든 정치자금 헌금액의 연간 총액이 2만 5,000달러를 넘지 못하도록 규제받고 있다. 따라서 정치 지망생들은 거액의 헌금 보다는 평범한 시민들을 상대로 한 소액의 선거자금 모금행사를 자주 갖는다. 이런 행사는 매우 간소하다. 고급 초대장이 사용될 때도 있지만 일반 서신용지에 'Dear Friend'로 시작되는 초대장을 보내며, 행사는 일반 식당이나 가정집에서 간단한 다과와 음료접대로 시작된다.

어떤 때는 후보자의 소견발표도 없이 '1대1' 면담형식으로 적은 수가 참석한 가운데 모금행사 위주로 치르기도 한다. 이런 후보지원 행사에 초대된 시민들은 형편에 따라 25달러, 100달러, 500달러, 1,000달러 등의 단위로 성의껏 지원한다. 그러나 한 개인이 현찰로 100달러 이상은 기부할 수 없으며 100달러 이상의 헌금은 본인이 서명한 수표(check)로 내야 한다. 또 50달러 이상을 기부할 때는 자신의 이름을 밝혀야만 한다. 이처럼 미국에서는 부당한 방법의 정치자금 뒷거래를 원천적으로 방지하기 위해 '헌금실명제'를 실시하고 있다. 입후보자는 전국 및 주정당 위원회로부터도 지원받는다. 1994년 선거의 경우, 공화·민주 양당은 2,300만 달러를 각 당 후보들에게 지원했다. 보통 정당 기부금은 후보의 선거비용 총액에서 5~9%에 불과하다.

후보자들은 PACs를 통해 적잖은 액수의 자금을 모은다. PACs란 1970년대 들어 대중화된 것으로, 기업체나 노동조합, 이익단체 등이 정당이나 후보의 인가를 받지 않은 상태에서 특정후보 또는 다수 후보에게 정치기부금을 후원하기 위해 만든 별도의 조직을 의미한다. 특히 다수 후보를 후원하는 PACs는 미국 연방선거관리위원회에 최소한 6개월 이상 등록되어 있어야 하며, 50인 이상으로부터의 후원과 5인 이상의 연방정부 선거후보자에게 기부하는 조건을 충족시켜야만 결성될 수 있다. 등록된 PACs는 연방선거운동법(FECA)이 효력을 발휘한 1972년 113개에 불과했으나 1974년에 608개로 급증했고, 1984년에는 4,009개로 눈덩이처럼 불어났다. 1996년 말 현재 미국 연방선거관리위원회 집계에 의하면, 미국 전역에는 4,079개의 PACs가 구성되어 있다.

표 2.8 ▌ 정치활동위원회(PACs) 증감 추이

연도	1976	1980	1988	1992	1996
숫자	1,146	2,551	4,268	4,195	4,079

* 자료: 미국 연방선거관리위원회

    기부금 총액으로도 1997년 1월부터 1998년 6월 말까지 18개월 동안 3억 5,940만 달러를 모금해 2억 9,260만 달러를 지출했다. 지출 총액 가운데 상·하원 입후보에게 곧바로 간 돈은 1억 3,430만 달러이며, 나머지는 투표자 교육이나 후보자 훈련비용 등으로 쓰였다. PACs 기부금의 절대 액수는 현역 의원들에게 몰리고 있다. 이는 현역 의원들의 당선 가능성이 객관적으로 높은 현실을 반영하는 것이다.[36]

    정당별로 볼 때, 민주당이 노동조합 등 PACs의 지원을 집중적으로 받고 있다. 그러나 기부금 총액 면에서는 공화당이 민주당보다 우위에 있다. 정치활동위원회의 기부금 총액은 제한을 받지 않지만, 개별 후보당 지원금은 5천 달러를 넘을 수 없다.

    PACs는 대가성 정치자금 유입과 이에 따른 지나친 영향력 증대 등으로 말미암아 미국 정치에서 끊임없는 논란을 낳고 있다. 정치자금법 개혁을 주창하고 있는 시민단체인 커먼코즈(Common Cause)의 앤 맥브라이드(Ann McBride) 회장 같은 이가 대표적이다. 하지만 정치자금 비용에 갈수록 부담감을 느끼는 미국 정치인들로서는 '뭉칫돈'의 매력을 누릴 수 있는 둘도 없이 소중한 존재임이 분명하다. 때문에 PACs의 활동과 영향력을 제한하기 위한 여러 차례의 관련 법규 개정논의는 번번이 결실을 맺지 못한 채 무산됐다.

---

[36] 1998년의 경우 미국 내 최대의 정치활동위원회는 민주당 여성후보 지지를 공개적으로 표방하고 있는 에밀리 리스트(Emily's List)였다. 1997년 1월 초부터 1998년 6월 말까지 810만 달러를 모금했다. 같은 기간 중 기업 PACs 가운데는 UPS(United Parcel Service)가 176만 달러, 노동조합 PACs로는 화물운송 노조인 팀스터(Teamsters)가 597만 달러로 가장 많은 모금 실적을 올렸다. Ben White, "PACs Raise Record $359 Million, Then Spend It Quickly," *The Washington Post*, October 12, 1998, A19.

그림 2.6 ▌ 공화·민주당 정치자금 모금 현황, 1991~98년

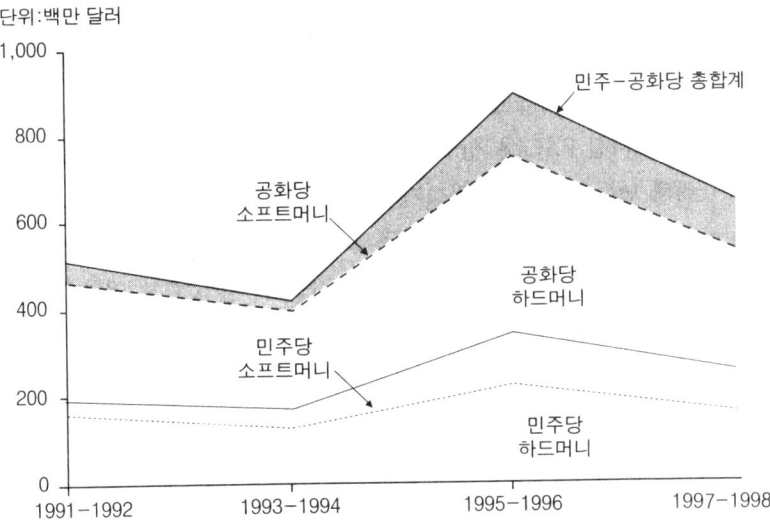

* 자료: Federal Election Commission, *News Release*, Jan. 26, 1999.

    최근 들어 의원들이 선호하는 것은 연방선거법의 적용을 받지 않는 소프트머니(soft money)이다. 미국의 정치자금은 크게 하드머니(hard money)와 소프트머니로 구분되는데, 하드머니는 후보 개인에게 직접 기부되는 자금으로서 앞서 지적한 각종 제약이 따른다. 반면, 소프트머니는 정당에 기부되는 자금으로 상한선이 없고 아무런 제한이 없다.

    2000년 11월 총선을 앞두고 1999년 1~3월까지 석 달 동안의 소프트머니 총액은 민주당이 145만 달러, 공화당 131만 달러에 달했다.[37] 소프트 머니는 정당의 일반 경비와 투표참여운동 같은 용도로 사용할 수 있으며, 그 외에 특정후보를 지원하거나 낙선시키는 데 쓸 수도 있다. 이 지출

---

37) Susan B. Glasser, "Soft Money Cushioning the 2000 Bills Already," *The Washington Post*, May 11, 1999, A4. 소프트머니는 정당에 대한 기부금으로 액수 제한이 없어 1979년에 합법화된 이래로 유용한 정치자금 마련 통로로 쓰인다. 미국 내 정치자금법 개정 노력은 소프트머니의 금지 또는 엄격한 적용에 초점을 맞추고 있다.

내역은 연방선거관리위원회에 보고할 의무도 없기 때문에 규모를 정확히 알 수 없다.

따라서 의원들은 기업이나 개인으로부터 무제한으로 소프트머니를 기부받기 위해 '리더십 PACs'을 잇따라 결성, 자금모금에 경쟁적으로 나서고 있다. 당초 리더십 PACs은 양당 지도부가 자기 당의 취약한 입후보를 지원하기 위해 만든 것으로, 연방선거법의 규제대상인 하드머니만을 모으는 게 일반적이었으나 최근에는 평의원들까지 앞다투어 설치하고 있다.

의원들은 규정상의 사각 지대를 이용해 정치자금을 모으고 있다. 예컨대 로비스트로부터 직접 돈을 받지는 않지만 정당 정치활동헌금처럼 간접적으로 지원받는 식이다. 예컨대 1997년 1월 공화당 선거운동본부가 5천 달러의 회비를 내걸고 마련한 팜스프링스 골프 투어에서 공화당 의원은 20명이었지만 로비스트는 100명이 넘었다. 이 행사는 의원윤리규정의 허점을 노려 의원들에게 정치자금을 편법으로 전달하기 위해 마련된 창구였다. 또 수십 명의 로비스트나 변호사, 그들의 가족까지 총 동원해 목돈을 만들어 특정 정치인들에게 고액의 헌금을 하는 방법도 있다. 1년 동안 개인 정치헌금액이 1천 달러로 정해져 있는 규제를 피하기 위해 '묶음(building)'방식을 활용하는 것이다.

전반적으로 미국 정치인들의 정치자금 실태는 유리지갑처럼 투명하게 파악된다. 정치자금 명세는 회계사의 검증을 거쳐 매 분기별로 연방선거관리위원회에 보고된다. 이 명세서에는 헌금한 개인이나 기업인의 주소·직업·헌금액과 헌금날짜까지 적혀 있다. 선거요원들의 월급이나 우편료는 물론 전화요금·TV 광고비까지 포함하고 있다.

이런 내용은 연방선관위의 인터넷 홈페이지(www.fec.gov)를 통해 낱낱이 리얼타임으로 일반 시민들에게 공개되고 있다. 연방선관위는 직원 300명의 작은 기관에 불과하지만 미국 내 정치자금의 흐름을 완벽하게 감독·감시하는 곳으로 정치인들이 가장 두려워하는 곳 가운데 하나이다. 이외에도 대의정치센터(Center for Responsive Politics)[38]와 커먼코즈(Common Cause) 같은 시민단체들도 정치인들의 자금조달 내역과 사용에 관한 모든 정보를 인터넷에 공개하고 나름대로 면밀히 분석하고 있다. 액수의 많고 적음을 떠나 투명한 정치자금 관리로 음성적인 정치자금거래는 사실상 발붙이기 어렵다.

  브루킹스연구소의 토머스 만(Thomas Mann) 정부행정국장은 "미국의 투명한 정치자금 공개와 운용이 역설적으로 정치자금이 급팽창하는 주요 원인으로 작용하고 있다"고 말했다. 선거자금을 국고에서 일부 지원받는 대통령 선거와 달리 연방의원선거는 일체의 국고 보조금이 없다. 그래서 선거에서 패배 가능성이 높을 것으로 예상하는 일부 정치인들은 다음번 선거를 겨냥해 정치자금을 쓰지 않고 비축해놓는다. 1994년 중간선거가 끝난 후 4개월이 지난 1995년 4월에만 100명의 상원의원 중 16명이 다음 선거를 대비해 100만 달러 이상을 자기 계좌에 넣어놓았다.

---

38) 대의정치센터의 인터넷 웹사이트는 www.opensecrets.org이다.

3
미국 의회의 입법 과정

1. 법안 통과

존 F. 케네디(John F. Kennedy) 전 대통령은 "의회에서 법안 통과를 막는 것은 쉬운 일이다. 하지만 법안을 통과시키는 것은 그보다 몇 배 이상 힘들다"고 재임시절 어려움을 토로한 바 있다. 그의 발언은 의회에서 법안을 발의해 완결시키기까지의 과정이 얼마나 험난하고 복잡한 것인지를 단적으로 보여주고 있다.[1] 이런 이유에서 '정치는 가능성의 예술'이라는 표현이 미국 의회만큼 맞아떨어지는 예도 드물다. 의회의 입법과정은 법안 제안자보다는 오히려 법안 반대자의 입장을 도와주는 듯한 장애물로 가득 차 있다고 해도 과언이 아니다.

의원이 제안한 법안은 대통령의 서명을 받아 최종 공포되기까지 행정부, 선거구민, 이익단체, 소속 정당 등 많은 의견수렴 과정을 거쳐야 한다. 이런 까다로운 절차는 정치적 흥정과 타협을 불가피하게 한다. 이 과정에서 펼쳐지는 각종 정치적 기교와 전술·전략은 현대 선진 민주주의의 살아 있는 교본이 되고 있다. 하나의 법안이 미국 의회만큼 복잡한 경로를 밟는 곳

---

[1] Walter J. Oleszek, *Congressional Procedure and the Policy Process*, 4th ed., Washington D.C.: CQ Press, 1996, p.20.

은 세계 여느 입법부에서도 찾기 힘들다. 흔히 의회에서 법안이 입법화되기까지의 기간을 '시련의 과정(grinding process)'이라고 하는 것은 이런 사정에 근거한다.

때문에 의회의 복잡한 규칙과 운영과정에 대해 얼마나 정확하고 풍부한 지식을 갖고 있느냐 여부가 그 법안이 살아남느냐 또는 중도 폐기되느냐 그리고 얼마나 빨리 입법화되는가를 결정짓는 척도가 되고 있다.[2] 240여 년의 민주헌정사를 경험해온 미국 의회는 성문화된 규정과 더불어 무수히 많은 전례와 관습을 만들어냈다. 때문에 초선 의원들이 복잡한 의회규칙과 관습 등을 파악하는 데만 최소한 1년이 걸린다고 할 정도이다.

상·하원은 독자적인 규칙과 법안 과정을 갖고 있다는 점도 눈여겨볼 만하다. 예컨대 하원은 민의를 있는 그대로 반영하고 400명이 넘는 방대한 의원 규모임을 감안해 효율적으로 의사를 진행한다는 취지에서, 다수당의 의지가 의회 운영과 법안 심의·제정에 깊숙이 작용하고 있다. 반대로 상원에서는 1명의 의원이라도 법안 내용에 동의하지 않는다면 얼마든지 문제제기를 할 수 있는 기회를 부여하는 느슨한 의사운영이 특징이다. 상원에서는 명문화되지 않은 비공식적인 관습과 전통을 무시하지 못한다. 하원에서 오후 한나절 만에 금방 통과되는 법안이라도 상원에서는 수일 또는 수주일 걸리는 경우가 허다한 것은 상·하원간에 근본적인 차이가 존재하고 있기 때문이다.[3]

---

[2] 미국 의회에서 법안 입법과정을 총체적으로 이해하는 데는 찰스 존슨(C. W. Johnson) 하원 입법관(parliamentarian)이 작성한 "How Our Laws Are Made" (http://thomas.loc.gov/home/lawsmade.toc.html)가 유용하다..

[3] 미국 헌법은 의정활동을 신속 공정하게 진행하기 위해 상·하원이 각자 의사진행 규칙(the Rules of Proceedings)을 결정하도록 규정하고 있다. (제1조 5항) 양원은 공식의사규칙 이외에 다양한 전례(precedents), 관습(customs), 관행(practices), 전통을 참조해 의정활동을 한다. 하원의 의사규칙은 '하원 매뉴얼(House Manual)'로 불리는 의사규칙집(Rules of the House of Representatives)과 제퍼슨 매뉴얼(Jefferson's Manual), 헌법 등에 명시되어 있다. 상원의 의사 규칙집은 '상원 매뉴얼(원래 명칭은 the Senate Manual Containing the Standing Rules, Orders, Laws, and Resolutions Affecting the Business of the U.S. Senate)'이다. 하원 의사규칙은 2년마다 내용이 조금씩 바뀌는데, 새 의회 개원일에 다수당 리더가 결

미국의회 법안 종류[4]

① 법안(Bills): 미국 국내외 정책을 다루는 주요 법안을 통칭한다. 하원에서 제안된 법안은 HR, 상원은 S 활자가 각기 붙는다. 2년 단위로 의회 회기에 제안된 순서와 법안의 중요성 등을 감안해 일련번호를 붙인다. 회기초마다 의원들은 맨 앞자리 일련번호를 얻기 위해 법안 제출을 서두른다. 하원에서 HR1, HR2 등은 의회 지도부가 법안의 비중이나 상징성을 부여한다. 상·하원 가운데 어느 한 곳을 통과한 법안은 act, 대통령의 서명까지 마친 법안은 law로 명명하지만 경우에 따라 계속 act로 부르기도 한다. 일례로 1995년 상·하원을 통과한 로비활동공개법(Lobbying Disclosure Act)은 PL 104-65이다. 이는 제104대 의회에서 65번째로 통과된 공법(Public Law)라는 의미이다.

② 합동결의안(Joint Resolution): 회기별로 S J Res(상원) 또는 H J Res(하원)라는 약자와 번호가 매겨진다. 법안과 마찬가지로 상·하원의 승인절차를 밟는데, 대통령의 서명을 받으면 일반 법안과 동등한 효력을 갖는다. 법안이 다소 포괄적인 범위를 포괄하는 데 비해, 긴급하거나 지속적인 지출사안이 발생할 때 또는 단일한 특정 사안을 다루는 경우에 자주 쓰인다. 대통령의 서명은 필요없다. 헌법 수정안을 제안할 때도 합동 결의안이 필요하다. 이 경우에는 상·하원에서 재적 의원 3분의 2 이상의 찬성을 받아야 하며 전체 주의 4분의 3이상의 비준을 받아야 된다.

③ 공동결의안(Concurrent Resolution): 법률을 입안하기 위함이 아니라 상·하원의 의정활동, 의사진행 관련 사안을 취급한다. 다른 결의안과 구별하기 위해 H Con Res., S Con Res. 이라는 약자를 붙인다. 흔히 의회 회기 종료를 결정하거나 여러 외교정책과 국내 사안에 대한 의회의 견해를 공식 표명할 때 주로 쓰인다. 대통령의 서명절차가 필요 없으며, 법적인 구속력도 없다. 그러나 상·하원에서 동일한 내용이어야 한다.

④ 결의안(Resolution): 공동 결의안과 마찬가지로 대통령 서명이 필요 없으며 법적 구속력도 없다. 상·하원이 내부적으로 규칙 수정, 위원회 경비 지출, 특정 사안에 대한 해당 원의 입장을 밝힐 때 만든다. 상·하원 별개로 진행되며 제안된 원의 결의만으로 효력을 갖는다.

의안 형식으로 본회의에 상정하며 토론을 거쳐 표결로 확정한다. 상원은 의원의 3분의 1이 2년마다 새로 선출되는 관계로 하원과 달리 규칙을 2년마다 새로 정하지 않는다. 상·하원은 의사규칙과 더불어 오랫동안의 경험과 전례를 참고한다.

표 3.1 ■ 제안된 법안과 통과된 법안, 1789~1999년

연도	회기	제안된 법안			통과된 법안		
		총계	법안	공동결의안	총계	공법	사법
1789~1791	제1대	144	144	-	118	108	10
1803~1805	제8대	217	217	-	111	93	18
1819~1821	제16대	480	480	-	208	117	91
1835~1837	제24대	1,107	1,055	52	459	144	315
1851~1853	제32대	1,167	1,011	156	306	137	169
1867~1869	제40대	3.723	3,003	720	765	354	411
1883~1885	제48대	11,443	10,961	482	969	284	685
1899~1901	제56대	20,893	20,409	484	1,942	443	1,499
1915~1917	제64대	30,052	29,438	614	684	458	226
1931~1933	제72대	21,382	20,501	881	843	516	327
1947~1949	제80대	10,797	10,108	689	1,363	906	458
1963~1965	제88대	17,480	16,079	1,401	1,026	666	360
1979~1981	제96대	12,583	11,722	861	736	613	123
1989~1991	제101대	12,555	11,247	1,308	387	385	2
1997~1999	제105대	9,143	7,532	200	404	394	10

* 자료: Roger Davidson and Walter Oleszek, *Congress and its Members*, 1999, p.30.
** 결의안, 공동결의안은 제외

 법안 제정을 둘러싼 의회 내부규칙과 진행과정은 시대에 따라 조금씩 다르다. 여기에는 최근 30여 년 동안 의회 안팎에서 이뤄진 변화와 개혁 움직임이 중요한 동인이다. 1970년대 들어 상임위원회나 소위원회는 물론 상·하 양원 합동위원회 회의까지 일반에게 낱낱이 공개하는 것이 한 예이다. 이는 폐쇄적이며 부정한 정치활동의 표본으로 지목된 워터게이트 사건 이후 이뤄진 변화이다. 워터게이트 사건 비판 공세를 주도했던 민주당은 1975년부터 1980년까지 자기 당의 하원의원총회까지 일반 시민과 언론에 공개했다.

 요즘도 위원회가 국가안보나 정보, 군사 등 국가이익에 직결되는 사항 등을 다룰 때는 비공개 회의를 열기도 하지만 이를 위해서는 위원장과 의원들이 반드시 합의해야 한다. 법안에 대한 수정안 제출 움직임이 1970년

---

4) Steven S. Smith, *The American Congress*, New York: Houghton Mifflin Company, 1995, p.33.

표 3.2 ▮ 미국 의회에서 최근 통과된 법안(Public bills)과 분량, 1947~96년

	통과된 법안 수	통과 법안의 총분량	한 법안당 평균 분량
80대(1947~48년)	906	2,236	2.5
90대(1967~68년)	640	2,304	3.6
100대(1987~88년)	713	4,839	6.8
104대(1995~96년)	333	6,369	19.1

* 자료: *Vital Statistics on Congress, 1997~98*, Washington, D.C.: AEI Press, 1998, p.167.
** 분량단위는 쪽.

대 초 이래 활발해진 것은, 이 무렵 의회의 자체 개혁 노력이 진행된데다 언론의 경쟁적인 의회 취재 활동 그리고 젊고 의욕적인 신진 의원들이 의회에 진출한 데 따른 것이다. 특히 1971년 법안 수정안에 대한 의원들의 찬반투표 기록을 외부에 공개를 허용하기로 하원 규칙을 개정하면서 이런 추세는 더욱 분명해졌다.

1980년대 이후 하원 지도부가 효율적인 의사 진행을 위해 수정안 발의를 제한하는 일련의 조치를 취하면서, 의원들이 경쟁적으로 수정안을 제출하는 현상은 수그러들고 있다. 그러나 1974년에 의회예산지출통제법(Congressional Budget and Impoundment Control Act)이 통과된 이후 여러 종류의 법안을 한데 묶은 패키지형의 '옴니버스 법안(omnibus bill)'이 늘고 있다.

사회적으로 논쟁을 불러일으킬 가능성이 높거나 포괄적인 내용을 담고 있는 법안은 한 회기가 아니라 법안이 처음 제출된 시점으로부터 여러 해가 경과한 다음에 통과되는 경우도 심심찮게 벌어지고 있다. 예컨대 1990년 상·하원에서 최종 통과된 '대기정화법(Clean Air Act) 종합수정안'은 1977년에 의회에 제안되었지만 산성비 같은 이슈가 사회적 논란을 불러일으킴에 따라 13년 여 동안의 진통 끝에 결실을 보았다.

법안 분량은 최근 들어 늘어나고 있다. 1950년대에서 1960년대 중반까지 한 법안당 분량은 평균 2.5쪽이었지만 1970년대 중반에는 5쪽, 1970년대 중반에서 1980년대까지는 8~9쪽으로 증가했다. 1990년대 중반 현재 19.1쪽 정도로 늘었다.

2. 복잡한 입법 과정

법안의 내용은 상원이든 하원이든 입법과정의 어느 단계에서든지 바뀔 수 있다. 법안이 '입법의 무대(dance of legislation)'[5]에 올라 법으로 통과되어 서명되기까지 합의점을 찾아 수없이 반복되는 과정을 거쳐야 한다. 이런 과정은 지극히 느리게 진행될 수도 있고 성과가 없을 때도 있다.

1) 법안 제출과 배정

법안 제출은 의원의 고유 권한이다. 의원들은 사적인 동기에서 법안을 제안하기도 하지만 대부분 선거구민이나 이익단체, 행정부, 학자, 입법보좌관, 선거구민이나 여론을 통해 아이디어를 구하는 게 보통이다. 특히 행정부 각 부처는 대통령이 매년 초에 밝힌 그 해의 입법계획에 맞춰 법안의 초고를 만들어 의회에 전달한다. 그러나 법안제출은 행정부가 아니라 대통령이 의회 다수당 소속일 때는 상임위원회 위원장이, 대통령이 소수당일 때는 상임위 소수당 간사 의원을 통해 이뤄진다.

법안은 하원의장 연단 옆에 있는 마호가니 함(函, hopper)에 의원들이 넣음으로써 입법과정에 들어간다. 의원들은 회기중 법안이나 결의안을 무제한으로 제출할 수 있으며 시간 제약도 받지 않는다. 의회가 개원중일 때는 거의 하루도 빠지지 않고 새로운 법안이 제출되고 있다. 의원들은 법안 통과에 유리한 환경을 만들기 위해 공동 제안자(co-sponsor)를 가능한 한 많이 확보하려고 하는데 상·하원은 물론 양당간의 경계를 넘나드는 경우가 비일비재하다. 괌, 버진아일랜드, 푸에르토리코, 워싱턴D.C. 대표들도 법안 제출권을 갖고 있다.

회기마다 최소한 수천 개의 법안이 제출되지만, 대부분은 사장된다. 제105대 의회에서는 상하 양원을 합쳐 모두 7,732개의 법안과 공동결의안이

---

5) Eric Redman, *The Dance of Legislation*, New York: Touchstone, 1973.

그림 3.1 ▮ 법안 입법 과정

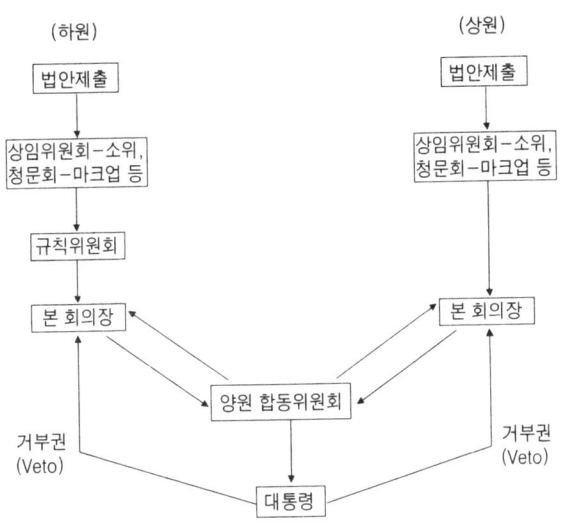

제안됐지만 법안으로 확정된 것은 394개에 불과했다.6) 그런데도 의원들이 경쟁적으로 법안을 내는 데는 여러 목적이 있지만 무엇보다도 자신이 의원 본연의 입법활동에 열심이라는 확증을 남기기 위한 것이라는 분석이 유력하다.7)

법안통과에는 법안 내용 못지않게 법안 명칭을 어떻게 포장하느냐가 중요하다. '무하마드 알리 복싱개혁법(Muhammad Ali Boxing Reform Act)' '마크 맥과이어 고속도로 70법(Mark McGwire Interstate Route 70 Act)'처럼 사회적으로 유명 인사의 이름을 붙일 경우, 통과가능성이 한층 높아진다. "법안 명칭을 지배하는 의원이 법안 내용 토론을 주도한다"는 말이 회자되고 있을 정도다. 법안의 세부 내용은 입법 자문관이나 해당 위원회의 입법 전문가들이 실무적으로 돕고 있다.

---

6) U.S. Congress, *Congressional Record*, daily ed., 106th Cong., 1st sess., Jan. 19, 1999, D29.
7) Walter J. Oleszek, op. cit., 1996, p.93.

상원 임시의장 또는 하원의장은 제안된 법안 내용을 양원의 입법관 등과 상의해 사안별로 가장 적합해 보이는 상임위원회에 배정한다. 제안된 법안을 어느 위원회에 배정하느냐(referral decisions)는 법안의 생사를 결정짓는 데 심대한 영향을 끼친다. 따라서 입법관의 영향력은 상당하다. 입법관은 하원에서는 하원의장이, 상원에서는 다수당 리더가 각각 지명한다.

법안 배정은 예컨대 조세 관련 법안이라면 상원 재무위원회, 하원에서는 세입위원회가 맡는 방식이다. 양 위원회에는 각기 조세와 관련된 온갖 종류의 법안을 다루는 소위원회가 있는데, 실질적인 법안 심의는 소위원회 몫이다. 특정 사안의 내용이 명확하고 세분화될수록 법안의 위원회 배정이 쉽고 그만큼 심의과정도 속도를 내게 된다.

대부분의 법안은 소속 위원회가 분명하게 구분되지 않은 상태에서 제출된다. 무역정책 관련 법안이 국제관계위원회로 가거나, 국제경제정책에 대한 법안이 상업위원회에 배정되는 등 관할 위원회가 엇갈리는 예가 빈번하다. 이 때, 하원의장은 어느 한 곳을 지명할 수도 있으나 여러 군데 모두에 배정하는 경우도 드물지 않다.

하나의 법안을 여러 위원회에 복수배정(multiple referral)하는 현상 때문에 의회 지도부의 권한은 강화된 반면, 법안심의가 지연되고 혼선이 빚어지는 부작용이 발생하고 있다. 이에 따라 최근에는 여러 위원회 가운데 하원의장이 주(主) 위원회를 배정한 다음, 나머지 몇 개의 관련 위원회는 부차적으로 법안논의에 참여하는 방향으로 규정이 바뀌었다. 하나의 법안을 여러 위원회가 맡으면서 심의에 많은 시간이 소요된 예로는 1988년의 종합통상·경쟁법(Omnibus Trade and Competitiveness Act of 1988)이 있다. 이 법안 심의에만 모두 25개의 상·하원 상임위원회와 소위원회가 관여했다. 법안을 배정받은 위원회는 특정 법안에 대한 소위원회 심의 여부를 결정하는데, 위원회의 승인 없이는 법안에 대한 심의착수가 원천적으로 불가능하다.

2) 각종 위원회와 마크업 단계

상임위원회와 소위원회

　법안의 존망을 결정짓는 최대 고비는 상임위원회(또는 소위원회)단계이다. 해당 위원회의 의원이나 전문보좌관들이야말로 의회 안에서 해당 분야의 최고 전문가로 깐깐한 심의를 하기 때문이다.[8] 법안에 대해 가장 많은 수정이 이뤄지는 것도 이 곳이다. 위원회와 소위원회를 통과한 법안에 대해 본회의장에서 포괄적인 수정을 가하는 것은 불가능하다. 그러나 위원회의 법안 심의는 정작 소위원회에서 이뤄진다. 따라서 해당 상임위원회와 소위원회 위원장 권한이 막강하다. 위원장이 해당 법안이나 제안 의원에 대해 우호적이냐 비우호적이냐 하는 여부가 법안의 운명을 좌우한다. 위원장이 선호하는 법안은 신속히 심의하지만, 마음내키지 않는 법안은 의도적으로 처리를 늦추거나 무시할 수 있다.

　소위원회에 배정된 법안은 대부분 청문회를 열어 의회 안에서 관심을 환기시키고 일반 대중을 상대로 검증절차를 밟는다. 그러나 상당수 법안은 의회 안에서 청문회도 열어보지 못한 채 사장된다. 특히 법안의 성격이 지역구나 출신주의 이익을 대변하는 특별한 내용일 경우, 제안 의원은 청문회 개최를 이끌어내기 위해 동료의원들의 지지확보에 심혈을 쏟는다. 이를 위해 자신이 제안한 법안을 심사할 해당 위원회 위원장은 물론 소속 의원들 앞으로 '동료의원 귀하(Dear Colleague)'로 시작되는 서한을 보내 법안의 취지와 내용을 설명하거나 기자회견 등을 통해 여론에 직접 호소한다.

　의원들은 청문회 개최를 유도하기 위해 행정부나 백악관을 끌어들인다. 백악관이나 행정부가 적극적인 관심을 표명한다면, 청문회 개최 가능성이 높아지기 때문이다. 종국적으로는 소위원회 위원장의 관심을 이끌어내는 것이 중요한 열쇠가 된다. 일단 소위원장이 청문회 개최 결정을 내리면, 법안 내용에 따라 다양한 부류의 증인이 청문회에 출석해 증언을 한다. 위원

---

[8] Congressional Quarterly, *How Congress Works*, Washington D.C.: CQ Press, 1999, p.62.

회와 소위원회의 위원장은 청문회 일정을 잡는 데서부터 법안심의에 유리하거나 불리한 증언자를 출두시키는 등 세부 사항에 이르기까지 영향력을 행사한다.

본격적인 법안 심의는 청문회가 끝난 다음 해당 위원회에서 이뤄진다. 청문회 종료후 소위원회가 아무런 행동을 취하지 않는다면, 해당 법안은 자동 소멸된다. 그렇지 않을 경우, 위원회 소속 의원들은 위원회 전문 입법 보좌관들의 도움을 받아 법안의 자구 하나하나까지 면밀히 검토한 다음 수정안을 내놓는다.

마크업

위원회나 소위원회에서 입법을 실제로 토의하고 수정하는 과정을 흔히 마크업(법안수정회의, markup session)이라고 한다. 의원들이 법안 심의를 위해 시간과 정력을 집중적으로 쏟는 시점이다. 전통적으로 역대 미국 의회는 비공개 마크업을 열었으나, 1973년 상·하원이 각 위원회의 마크업 과정을 일반에 공개하도록 규칙을 개정함에 따라 최근에는 거의 모든 위원회가 마크업을 공개하고 있다. 일부 의원들은 로비스트들이나 지역구 구민, 이익단체들의 방청을 배제하고 정치적 타협을 수월하게 하기 위해 비공개회의를 주장하고 있다.

그러나 1995년 공화당이 의회 다수당으로 복귀한 이후 비공개 청문회를 더욱 어렵게 하도록 규칙을 수정하면서 비공개론은 잠잠해지고 있다. 따라서 위원회는 특별한 일이 없는 한 청문회 날짜를 사전에 공개하고 일반인과 취재진, 로비스트, 관료 등의 방청을 허용한다. 로비스트들이 가장 분주하게 드나들며 로비를 하는 시점도 이때다. 동시에 법안 입법화 여부를 둘러싸고 진지한 고민과 정책 아이디어, 대안이 경쟁적으로 쏟아져나오기도 한다.

이 단계에서는 법안에 대한 실질적인 기안(起案)이 시작되며, 소위원회 소속 의원들이 나름대로 수정안을 내놓기도 한다. 법안 내용에 동조하거나 반대하는 로비스트, 이익단체, 행정부 관련 부처의 노력이 얼마나 성과를 거두느냐 여부가 판가름난다. 로비스트들은 위원회 소속 의원 가운데 평소 친분 있는 의원들을 집중 공략, 그들의 힘을 빌려 특정 조항에 대한 삭제나 변경을 시도하며 막판까지 법안 세부사항을 바꾸려고 힘쓴다. 로비스트와 끈끈한 관계를 맺고 있는 위원회 위원들은 이때 로비스트들의 요구를 뿌리치기가 쉽지 않음을 실감한다.

소위원회의 마크업 단계에서 만들어진 수정안들은 법안에 첨부되어 위원회에 회부된다. 위원회 차원에서 추가로 청문회를 열기도 하며, 다른 수정안들이 제안되기도 한다. 예컨대 특정 로비단체는 소위원회 심의과정에서 수정안 채택이 좌절됐을 경우, 전체 위원회 심의과정에서 지지 의원들을 확보해 재상정을 시도한다. 어떤 경우에는 소위원회의 마크업 단계를 생략하고 본위원회가 법안을 직접 관장해 심의하기도 한다. 마크업 회의는 특별한 쟁점이 없는 법안이라면 보통 한 개당 10~15분 만에 끝나는 경우가 많다.[9]

위원회 보고서

일단 상임위원회에서 법안 심사가 끝나고 투표를 통해 법안 채택이 확정되면, 위원회 소속 전문보좌관들은 법안에 첨부되는 위원회 보고서(committee report)를 준비한다. 이 보고서는 법안의 수정 부분과 법안에 대한 평가와 해석, 법안 작성시 예상되는 정부지출 비용, 해당 법안이 통과될 경우 관장하는 행정부 관료들의 평가 등을 상세하게 싣는다. 법안 자체에 반대하거나 일부 조항에 이견을 갖고 있는 의원들의 견해도 보고서 별도 섹션의 소수 견해항에 포함시킨다.

---

[9] 1999년 2월 25일 오후 4시 하원 레이번 빌딩 2200호에서 하원국제관계위원회 아태소위원회 주관으로 열린 마크업 회의를 보자. 이 회의에서는 중국의 인권개선을 촉구하는 하원 공동결의안(H.Con.Res.28)과 인도네시아의 자유공정한 총선거 요구 결의안(H.Res.32), 1999년 미국-마카오 정책법 (H.R.825) 등 세 개의 법안을 다뤘다. 더그 뷰라이터 소위원장을 비롯해 총22명의 소속 의원 가운데 9명이 출석한 이 회의에서 참석 의원들은 관련 법안에 대해 각자의 의견을 개진했다. 소요된 시간은 모두 50분 정도였다.

1995년부터 보고서는 위원회와 소위원회 단계에서 해당 법안 또는 수정안에 대한 개별 의원들의 표결 현황을 상세하게 담고 있다. 일반 시민들이 요청하면 이를 즉각 공개토록 하고 있다. 보고서는 표지에 상·하원과 의회 회기에 따라 각기 S Rept 106-1(106대 의회 상원에 제출된 첫번째 보고서), H Rept 106-1(106대 의회 하원에 제출된 첫번째 위원회 보고서) 같은 번호를 부여받는다. 위원회 보고서는 향후 법안을 실제 적용해야 할 이들에게 중요한 지침서가 되는 동시에 많은 의원들이 법안 자체보다 더 즐겨읽는 핵심적인 자료이다. 원래 법안과 함께 본회의 심의를 위한 기초자료로 활용된다.

그러나 표결을 통해 위원회를 통과한 법안이라고 해도 위원장이 행사할 수 있는 권한은 아직 남아 있다. 위원장은 위원회 전문보좌관들에게 위원회 보고서 작성 과정에 소요되는 시간을 최대한 늘리도록 지시할 수 있기 때문이다. 이 경우, 법안은 본회의에서 심의할 시간적 여유조차 갖지 못하는데, 의회가 폐회되면 법안도 자동폐기된다.

3) 본회의 심의와 표결

상임위원회를 통과한 법안은 통상 상원보다는 하원에서 먼저 심의된다. 하원에서 어느 정도 법안이 마무리될 무렵, 같은 법안이 상원 위원회에서 통과되고 법안을 제안한 의원들은 의회지도부와 본회의 심의일정을 상의하게 된다. 그러나 법안을 다루는 방식은 상·하원별로 크게 다르다. 상원은 대개 만장일치 방식으로 주요 안건을 결정짓는다. 또 법안에 대한 수정안은 하원과 달리 본회의장에서 아무때고, 어느 의원에 의해서도 제안될 수 있다. 논의시간에도 제한이 없어 의원 1명이 오랫동안 발언권을 독점하기도 한다. 하원에서는 이런 의사 진행상의 융통성을 발휘할 여유가 없다. 법안 토론시간에 제한이 있으며, 법안의 성격에 따라 본회의장에서 수정 여부가 미리 정해진다. 일단, 법안이 하원 상임위원회 표결을 거치면 통상적으로 캘린더(Calendar)라고 불리는 의사일정표에 등재된다. 위원회 심의와 표결에서 올라온 법안이라도 상당수가 의사일정에 올라 논의되다가 부결

> ### 법안 진행 사례
>
> 2000년 2월 1일 하원 본회의를 통과한 대만안보강화법(Taiwan Security Enhancement Act, H.R.1838)의 법안 진행일지를 보자. 미국 의회는 1999년 대만관계법(Taiwan Relations Act) 제정 20주년을 맞아 3월부터 이 법의 의미를 재조명하기 시작했다. 상원에서 친타이완 노선의 선봉장격인 제시 헬름스(Jesse Helms, 공화당, 노스캐롤라이나 주) 상원의원이 그 해 3월 24일 대만안보강화법안(S.693)을 제출했다. 하원에서는 5월 18일 톰 들레이(Tom Delay, 텍사스 주) 원내총무가 같은 이름의 법안(H.R.1838)을 제출했다.
>
> 법안의 진행속도는 훨씬 빨랐다. 이 법안은 당초 하원 국제관계위원회와 군사위원회 두 곳에 배정됐으나, 국제관계위원회가 주심의를 맡았다. 그 해 9월 9일 국제관계위원회 아·태 소위원회로 넘어왔으며, 아·태 소위는 9월 15일 청문회를 열었다. 이어 10월 26일 국제관계위원회 마크업을 거쳐 위원회에 정식 상정해 표결을 한 결과 32대6으로 통과되었다.
>
> 하원규칙위원회는 이 법안에 대해 1시간의 일반토론(general debate)을 허용하기로 토론 규칙을 정했다(H.Res.408). 하원 본회의는 2000년 2월 1일 이 법안을 상정해 표결에 부친 결과 341대70이라는 압도적 표 차이로 통과시켰다. 이 법이 정식으로 효력을 발생하려면 상원 본회의에서도 통과된 다음 대통령의 서명을 받아야 한다. 그러나 상원에서는 외교위원회에 회부돼 1999년 8월 4일 외교위원회 청문회까지 마쳤으나 2000년 2월 현재 본회의 표결 단계까지는 이르지 못한 상태이다. 이처럼 의회에서 법안을 탄생하려면 상·하원에서 동료법안(companion bills)이 제출돼 진행되어야 한다. 동료법안이 없는 경우라면 그만큼 법안의 성사 가능성이 낮아진다.

되는 경우가 태반이다.

하원 본회의에서 법안에 대한 심의 방식은 하원 규칙위원회(Rules Committee)가 결정권을 쥐고 있다. 1970년대 전까지만 해도 규칙위원회의 권한은 지금보다 더 막강해 의회지도부나 대다수 의원들이 심의하려는 법안까지 봉쇄하는 사례가 비일비재했다. 그러다 1975년부터 하원의장이 규칙위원회 위원장을 다수당 의원 가운데서 임명하도록 하면서, 규칙위원회는 다수당 지휘부의 통솔 아래 움직이고 있다. 예컨대, 하원의장이 선호하는 법안에 대해서는 수정에 상당한 제약을 가하고, 반대로 그가 못마땅해하는 법안에 대해서는 활발한 법안 수정을 가능토록 하는 식이다. 어쨌든 규칙위원회는 하원 본회의의 법안 흐름에서 하원의장의 수족 역할을 한다.

법안 제안자들은 이런 이유에서 지도부와 긴밀한 논의를 통해 규칙위원회를 상대로 자신이 제안한 법안을 언제, 어떻게 하원 본회의에 올려 심의할지를 놓고 진지하게 협의한다. 법안에 대한 토론을 얼마나 오래하고, 법안에 대한 수정안 상정을 얼마만큼 허용할 것인가, 최종 표결은 언제쯤 할 것인지 하는 제반 사항이 규칙위원회에서 결정되기 때문이다. 하원 업무를 총괄하는 하원의장의 의지와 권한도 당연히 이 위원회를 통해 반영된다. 그런 점에서 규칙위원회는 하원의장의 본회의 운영전략이 구현되는 장치이다.[10]

이처럼 하원에서는 본회의의 최종 표결 전에 법안의 방향과 운명이 상당 부분 규정된다. 하원에서 법안에 대한 수정을 수시로 하게끔 방치한다면, 의사진행이 제대로 되지 않는다. 그래서 느슨한 상원의 의사진행과 반대로 하원은 엄격한 규칙을 적용하고 있다.[11] 법안이 본회의장에서 심의되는 절차를 하원과 상원 순서로 살펴본다.

하원 본회의

① 입법 의사일정표를 통한 본회의 상정 : 위원회를 통과한 모든 법안은 본회의 심의에 앞서 캘린더라는 의사일정표에 등재된다. 행정부의 예산지출 또는 조세와 같은 비중 있는 법안은 유니언(Union) 캘린더에, 일반결의안과 공동결의안을 포함한 비(非)세출 관련 법안과 헌법수정안 등은 하우스(House) 캘린더, 이민청구·행정부에 대한 소송 같은 법안은 프라이비트(Private) 캘린더 등으로 구분된다. 또 비(非)쟁점 법안들(non-controversial bills)은 커렉션스(Corrections) 캘린더에 나눠진다. 커렉션스 캘린더 법안들은 매

---

10) Roger Davidson and Walter Oleszek, *Congress and its Members*, 7th edition., Washington D.C.: CQ Press, 1999, pp.236-238.
11) Graeme Browning, "A Band's Debut: The Inside Story," *National Journal* 26, July 2, 1994, p.1580.

월 2, 4번째 화요일 본회의장에서 일괄 처리된다. 이 법안들에 대해서는 하원의장이 강력한 통제권을 갖고 있으며, 본회의장에서 법안 토론시간도 1시간으로 제한되어 있다. 위원회에서 심의를 마쳤지만 더 이상 추가 심의가 필요 없는 것으로 판명된 법안들은 방출(Discharge) 캘린더에 실린다. 여기에 포함된 법안들은 매월 2, 4번째 월요일 본회의에서 20분간의 찬반토론을 거쳐 과반수 의원의 서명을 받아 의회에서 공식 심의를 마친다.

모든 법안은 이상 5가지 종류의 캘린더로 구분되어 실리지만 하원 캘린더(Calendars of the United States House of Representatives and History of Legislation)라는 자료집에 일목요연하게 인쇄되어 의사당 주변에 배포되고 있다. 이 캘린더는 의회가 개원중 일때는 매일 인쇄된다. 또 매주 첫번째 호는 위원회에서 통과되어 본회의장에 도착한 모든 법안의 명칭을 도착 순서에 따라 정리해놓고 있다.

그러나 의사당에서 법안 심의는 법안이 본회의장에 보고된 순서에 따라 이뤄지지 않는다. 오히려 이와 상관없이 하원의장, 다수당 리더, 하원 규칙위원장과 법안을 관장한 해당 위원회 위원장이 어떤 법안을 언제 본회의장에 넘겨 심의할 것인가를 결정한다. 도착 순서에만 따를 경우, 정작 중요한 법안은 제대로 심의하지 못한 채 넘기게 될 가능성이 높기 때문이다. 별다른 쟁점이 없는 법안이나 상대적으로 비중이 낮은 법안에 대해서는 시간절약상 정식 절차를 생략한다. 이를 위해 의장은 의원들로부터 만장일치 동의를 얻거나 또는 규칙유예(suspension of rules)를 시도해 정식 절차를 밟는다. 두 경우 모두 다수당과 소수당을 떠난 초당적 협조가 필요불가결하다. 후자인 규칙유예가 특히 선호되는데, 법안 수정 없이 단 40분간의 제한된 토론을 거쳐 재적의원 3분의 2 이상의 찬성투표를 얻어 한꺼번에 통과시킨다. 규칙유예 관련 표결은 개원 중일 때는 매주 월요일과 화요일에, 회기 종료를 앞둔 무렵에는 바로 직전 1주일 동안 집중적으로 이뤄진다. 찬성표가 모자라는 것으로 판명될 때, 해당 법안은 일반 법안과 똑같이 정상적인 절차를 거쳐야 한다.

세출 관련 법안이나 예산 관련 공동결의안, 2년 단위로 위원회 재정지원문제를 다루는 결의안, 규칙위원회 규칙 변경건처럼 긴급하면서 중요한 법안은 '특별법안(privileged matters)'으로 분류돼 복잡한 절차를 생략한 채 하원 본회의장에 곧바로 상정되기도 한다. 이들 법안은 그러나 본회의장에 보고된 다음 법안 종류에 따라 1~3일 동안 대기해 있다가 심의된다.

② 규칙위원회의 활동 : 상·하 양원 합동위원회 보고서나 대통령이 거부권을 행사한 법안은 더 신속하게 본회의장에서 처리된다. 논쟁적인 법안이나 특별법안으로 분류된 법안도 본회의장에서 정식 심의되기 이전에 하원 규칙위원회를 거치는 게 보통이다. 중요한 법안일수록 캘린더 도착 순서에 구애받지 않고 본회의장에서 충분한 여유를 갖고 면밀하게 다루기 위해 규칙위원회의 '특별규칙(special rule)'을 적용받게 된다. 주목할 만한 것은 하원 규칙위원회가 갖는 힘과 입법과정에서 차지하는 독특한 역할이다. 특히 하원의장이 직접 임명하는 규칙위원회 위원장은 필요할 때마다 언제든지 '비상회의'를 열어 법안심의의 우선 순위를 바꾸곤 한다.

1970년대 이뤄진 일련의 의회개혁조치에 따라 규칙위원회의 위상이 다수당 지도부의 한 부분으로 축소됐으나, 규칙위원회는 해당 법안에 대해 특별 규칙 적용에 앞서 그 타당성을 둘러싼 찬반의견을 청취하기 위해 간이 청문회를 수시로 연다. 규칙위원회는 또 본회의장에서 법안 제출을 서두르거나 지연시키는 방법 또는 토론 및 수정안 제출과 관련해 다양한 조건을 붙이기도 한다.12)

예컨대 하원 규칙위원회는 법안 수정과 관련해 대개 원래 법안에 대한 전면적인 수정을 허용(open)하거나, 반대로 전혀 허용하지 않거나(closed 또는 restrictive) 또는 특정 부문에 대해서만 수정을 용인하는(modified) 3가지 종류 가운데 하나의 조건을 결정짓는 권한을 갖고 있다. 어느 것을 적용받느냐에 따라 법안의 존망은 물론 그 내용 자체가 크게 달라지게 된다.

---

12) 규칙위원회로부터 아무런 룰을 부여받지 못한 법안(유니온 또는 하우스 캘린더에 있음)들은 매주 수요일 한꺼번에 본회의장에서 처리된다. 이 관행을 'Calendar Wednesday'라고 한다.

참고로 1980년대 이전까지 하원 규칙위원회는 본회의장에서 법안 전체에 대한 수정을 허용하는 오픈 룰(open rule)을 채택하는 경향이었다. 그러나 1970년대 내내 본회의장에서 법안 수정안이 급증하고 의사 일정이 지연되고 복잡해짐에 따라 수정안 제출과 관련해 제한 룰(restrictive rule) 방향으로 선회했다. 그 결과 본회의장에서 법안 수정을 허용하지 않는 법안 비율은 제95대 의회(1977~79년)에서는 15%였으나 제101대 의회(1989~91년)에서는 55%로 급증했다. 그러나 공화당이 다수당이 되면서 이런 패턴은 다시 바뀌었다. 제105대 의회(1997~99년)의 경우, 172개 법안 가운데 72개에 대해 오픈 룰을 부여했으며 70개에만 제한 룰을 적용했다.[13]

③ 본회의 심의 : 비논쟁적인 법안이나 방출이 확정된 법안 등을 제외한 대부분의 법안은 본회의장에서 4단계를 차례로 거치면서 심의된다. 첫 단계는 해당 법안을 토론하거나 수정하는 것과 관련해 적용되는 규칙을 확정하는 일(adoption of rule)이다. 하원의장이 사전 논의를 거쳐 해당 법안에 적합한 규칙을 본회의장에서 밝히기로 정해진 규칙위원회 소속 의원을 지명하면, 특별한 사정이 없는 한 규칙위원회의 규칙을 그대로 수용하는 게 일반적이다. 그러나 소수당에서 해당 법안에 적용되는 규칙과 관련해 이의를 제기할 경우, 최대 1시간 동안 토론을 벌일 수 있다.

일단 규칙이 확정되면 하원은 본회의에 앞서 전원회의(Committee of the Whole on the State of the Union)를 열어 법안에 대한 찬반토론과 수정안을 논의한다. 전원회의는 상원에서는 비슷한 예를 찾아볼 수 없는 하원만의 독특한 시스템으로, 재적 의원의 과반수(218명)가 출석해야 열리는 본회의와 달리 100명 이상의 의원만 참석하면 성원이 되어 열린다. 하원에서 신속한 입법진행을 하기 위한 장치인 셈이다. 전원회의는 법안 통과 여부를 결정짓거나 법안을 새로 만들 수 없으며 법안에 대해 각종 수정을 가한 다

---

13) Congressional Quarterly, op. cit., 1999, p.80; *Survey of Activities of the House Committee on Rules*, 105th Cong., 2nd sess., Washington D.C.: U.S. Government Printing Office, 1999.

그림 3.2 ■ 하원 본회의장 구조

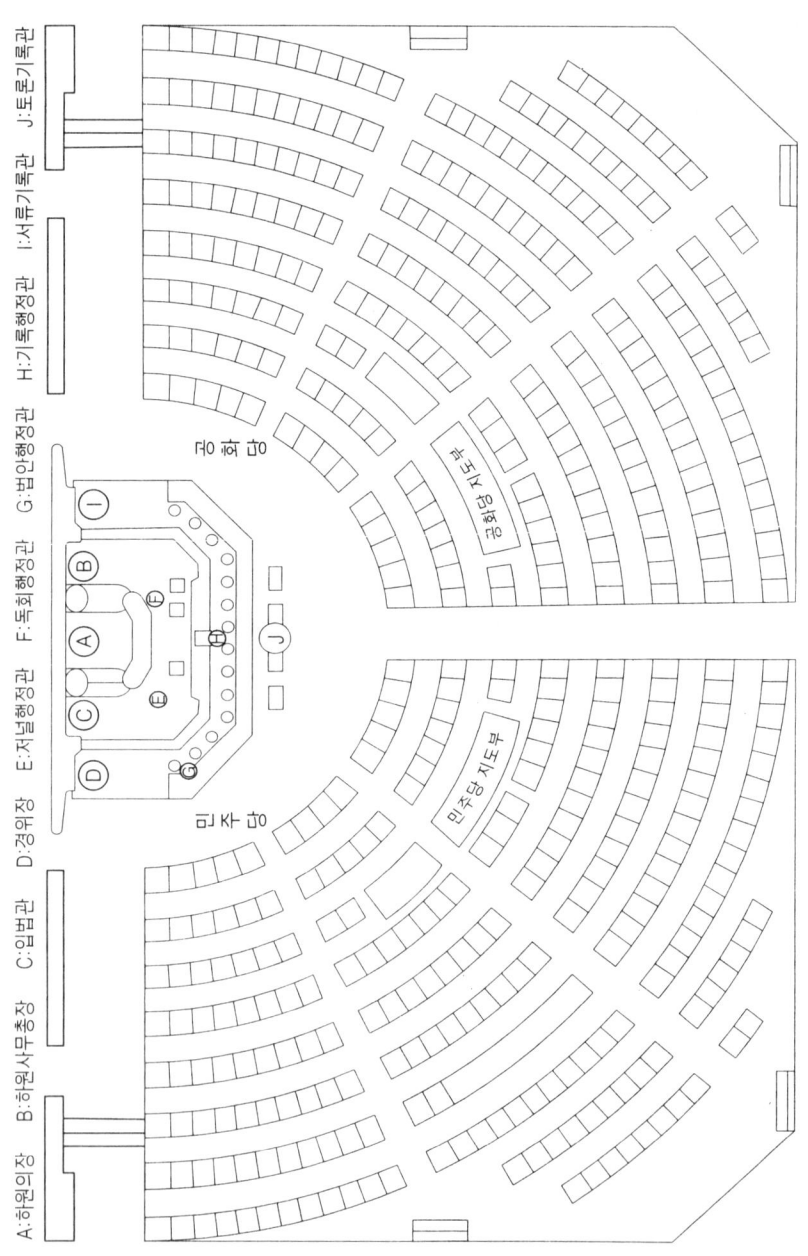

음 본회의에 넘기는 기능을 수행할 뿐이다.

수정안은 찬반 각 5분 동안의 토론이 이뤄진 다음 구두 또는 기립 표결로 확정 여부를 정한다. 하원의장은 전원회의 사회를 맡지 않으며 다수당 의원 가운데 한 사람이 대신 진행하는 게 보통이다. 전원회의를 통과한 법안은 본회의장에서 종합 토론(general debate)을 거쳐야 한다. 정도의 차이가 있으나 대부분의 법안에는 1시간 안팎의 토론시간이 주어진다. 토론시간은 다수당과 소수당에 고른 비율로 배분된다. 찬성 발언은 법안이 발의된 상임위원회나 소위원회의 위원장이 본회의장 매니저(floor manager) 자격으로 주도하며, 반대 발언은 법안에 반대하는 당을 대표하는 의원이 주로 한다.

본회의장 매니저는 당초 위원회에서 만들어 본회의장으로 넘긴 법안이 토론 및 심의과정에서 왜곡되지 않고 원래대로 통과되도록 최대한 노력하는 게 본연의 임무다. 그러나 종합토론이 법안에 대한 의원들의 관심이나 견해 그리고 표결에 직접적인 영향을 미치는 빈도는 매우 드물다. 토론 시간에 상당수 의원들은 다른 활동을 위해 본회의장을 떠나는 등 형식상의 절차로 흐르는 경향이 두드러지고 있다고 의회연구자들은 문제점을 지적한다.[14] 법안 수정은 내용의 일부를 고치거나 별도의 내용을 추가하는 경우 등이 있다.

전원회의를 거친 법안은 본회의장에 정식 상정된다. 하원의장이 본회의장 사회석에 되돌아와 앉고, 전원회의 진행을 맡았던 위원장은 회의에서 채택된 수정안, 결의안 등과 법안을 정식으로 본회의장에 보고한다. 의원들은 전원회의에서 이뤄진 수정안에 대해 호명 투표를 요청할 수 있다. 수정안에 대한 의문이 모두 해소되고 의원들의 입장이 정리되면 하원의장은 법안의 제목을 낭독한 다음 "법안에 반대하는 의원이 있습니까(Is the member opposed to bill?)"라고 묻는다. 이때 어느 의원이라도 "예(yes)"라고 대답하면, 그 법안은 해당 위원회에서 재심의(recommit)될 가능성이 열리게 된다. 그러나 이 단계에서 법안이 재심의되는 사례는 극히 드물다. 최종 투표에서 법

---

14) Thomas E. Mann and Norman J. Ornstein, *Renewing Congress: A First Report*, Washington, D.C.: The Brookings Institution and The American Enterprise Institute Press, 1992, p.49.

안이 통과되면 해당 법안은 하원을 공식 통과한 것으로 인정된다.

상원 본회의

① 탄력적 운영 : 하원의원을 지냈던 상원의원들은 하나같이 상원과 하원의 의사진행이 너무나 다른 데 놀란다고 한다. 상원의 절차가 하원에 비해 한층 탄력적인데다가 거의 모든 의원들의 만장일치 동의를 거치고 있기 때문이다. 단 한 명의 의원이라도 법안에 반대하거나 타협을 거부한다면 입법 절차는 당연히 지연된다. 효율적인 의사진행을 위해 상원이 때로 새로운 규칙을 만들고 기존 절차를 부단히 재검토하고 있지만, 상원의 이같은 골격은 변함이 없다.

1982년 공화당의 하워드 베이커(Howard Baker) 상원 다수당 리더는 "상원은 개인의 견해를 아무런 제약 없이 표명할 수 있는 유일한 곳이다. 상원은 잠시 동안 다수당으로 있는 일부의 독재에 맞서 사용되는 최후의 보루다. 나는 여기에 대해 조금도 변경을 시도하지 않을 것이다"고 말했다.[15] 베이커 총무의 발언은 상원에서 입법활동이 어떻게 이뤄져왔으며, 상원의원들이 상원의 전통과 분위기를 어떻게 생각하고 있는지를 보여준다.

개별 의원의 권리와 발언권을 최대한 보장해주는 상원이지만 정작 본회의장에서 어떤 법안을 어떻게 다루느냐 하는 일정 조정(scheduling)은 리더와 원내총무 등 상원 핵심지도부의 몫이다. 그렇지 않고 개별 의원들에게 맡겨놓는다면 걷잡을 수 없는 무질서가 예견되기 때문이다. 특히 리더는 당 정책위원회나 해당 상임위원회는 물론 법안을 제안한 의원들과도 두루 친한 만큼 그에게 힘을 실어주는 것이다. 당연히 다수당 리더는 소수당 리더나 보좌관들과도 긴밀하게 협의한다. 본회의장에 법안을 공식적으로 제출하는 데도 전체 상원의원의 만장일치 동의가 있어야 한다

따라서 특정 법안에 대해 동의하지 않는 상원의원은 법안이 본회의장에서 공식 심의되기 이전부터 의사진행방해(filibuster)를 걸 수 있다. 어쨌든

---

[15] Steven S. Smith, *Call to Order: Floor Politics in the House and Senate*, Washington, D.C.: Brookings Institution, 1989, p.243.

법안 제출 단계에서부터 필요불가결해지는 양당간의 초당적 협조 정신은 하원과 확연히 구별되는 상원의 특징적인 면모이다. 원내총무통지문(whip notices)이나 의원 사무실을 잇는 자동연결 전화망 또는 TV 중계 등을 통해 그날 그날의 법안 처리 스케줄이나 다음 일정 등을 의원들에게 빠짐없이 알리는 것도 다수당 지도부의 역할이다.

양당의 리더와 원내총무 등은 소속 의원들의 희망을 최대한 충족시키기 위해 노력하지만 자신을 제외한 99명의 의원들의 제각기 다른 취향을 만족시킨다는 것은 불가능하며 수시로 원성을 살 수밖에 없다.16) 그런 점에서 양당 리더가 갖추어야 하는 첫번째 자질로서 동료 의원과의 원만한 관계 유지 능력이 꼽히고 있다.

② 만장일치 동의방식 : 각 상임위원회에서 상원 본회의장에 보고된 모든 법안은 일반 캘린더(Calendar of General Orders)에, 상원의 동의 및 조언을 필요로 하는 조약이나 고위 공직자 인준 관련 사안은 행정부 캘린더(Executive Calendar)에 분류된다. 상원규칙은 법안이나 보고서는 본회의장 심의에 앞서 하루 동안, 위원회 보고서는 최소한 이틀 동안 공개하도록 규정하고 있다. 또 상원은 통상적으로 날짜가 바뀌더라도 정회(adjournment)하지 않고 가급적 휴회(recess)하는 경향이다. 정회할 경우, 새로운 입법일이 시작되어 처음부터 입법 절차를 시작해야 하는 번거로움이 있기 때문이다.

상원에서 수시로 쓰이는 만장일치 동의요구 방식에는 두 종류가 있다. 단순 만장일치 동의 요구는 본회의가 개원 중일 때 상임위원회 개최를 요구하거나 보좌관들의 본회의장 출입허용 요청, 의회 회의록에 자료첨부 요청 등과 같은 별다른 논쟁이 예상되지 않으며 일상적인 업무와 관련된 내용을 다룰 때 제기된다. 반면, 복합 만장일치 동의요구는 주요 법안들을 언제 본회의장에서 심의할 것이며 토론시간이나 수정안 등에 제한을 둘 것인

---

16) 1972년부터 1995년까지 상원의원을 지낸 루이지애나 주 출신의 J. 베넷(Bennett, 민주당) 의원은 "상원은 99명의 불편을 감수하고서라도 단 한 명의 의원 편의를 위해 움직이는 곳"이라고 말했다.

가, 제한을 가한다면 얼마나 어떻게 할 것인가 하는 문제를 다룬다. 주로 시간을 제약하는 측면이 많아 일명 시간합의(time agreement)로 부르기도 한다. 만장일치 동의요구는 여러 목적에서 이뤄지지만 무엇보다도 법안에 대한 개인별 또는 소속 정당별로 입장이 서로 다른 점을 감안해 본회의 심의에 앞서 대략적인 법안 심의의 틀을 확보해놓겠다는 의미가 강하다. 하지만 만장일치 동의요구 자체가 소수당의 입장을 보호하고 의원들의 개인주의적 성향이 강한 상원의 본질을 바꾸지는 못한다.17)

의원 개인이나 소수당의 의견을 존중하는 대표적인 장치가 홀드(holds)이다. 홀드는 상원의원이 지도부에 대해 '해당 법안 심의와 관련해 어떤 제한 조치도 취하지 말아달라'고 요청하는 행위이다. 지도부는 의원의 요청을 들어주는 게 관례이다. 지도부가 수락하지 않을 경우, 해당 의원이 다른 법안을 다루기 위한 만장일치 동의요구에 반대함으로써 상원 지도부를 곤란하게 만들 수 있기 때문이다. 홀드는 의원과 지도부 간에 비밀리에 이뤄져 왔으나 1999년 1월 개원한 제106대 의회부터 공개적으로 사용하도록 규칙을 바꾸었다. 그러나 비공개 홀드가 여전히 이뤄지고 있는 게 현실이다.

해당 의원은 법안 심의 과정에서 적대적인 법안 제출을 봉쇄하거나 진행을 지연할 때 그리고 다른 법안에 대한 반대급부를 이끌어내기 위한 목적으로 홀드를 쓰고 있다. 그런 점에서 홀드는 정치적 협상을 위한 일종의 '흥정 카드' 성격을 갖는다. 제시 헬름스(Jesse Helms) 상원 외교위원장이 행정부의 대사직 인준 요청에 수시로 홀드를 거는 것은, 자신이나 지역구 또는 이익단체의 입맛에 맞는 정책을 행정부가 취하도록 압력을 가하는 조치로 풀이된다.18) 한편, 위원회에서 다뤘던 법안을 본회의장에서 더 이상 심의하지 않고 끝내고자 할 때는 대부분 '모닝 아워 비즈니스(Morning Hour Business)'에 처리한다. 모닝 아워 비즈니스가 끝날 때까지 찬반토론이 종결되지 않을 때는 캘린더에 다시 실어 다른 날짜에 토의를 하게 된다.

---

17) Steven S. Smith, op. cit., 1989, p.128.
18) Congressional Quarterly, op. cit., 1999, p.93.

필리버스터와 클로처

해적을 의미하는 네덜란드어에서 비롯된 필리버스터(Filibuster)라는 용어는 1850년대 미국 상인과 모험가 들이 카리브해 연안국가 정부를 전복시키려는 활동을 하면서 미국 내에 퍼졌다. 지금은 주로 상원에서 법안이나 수정안에 대해 논의나 표결을 의도적으로 지연시키기 위한 의사진행 방해 행위를 뜻한다. 논의에 시간 제약을 두지 않는 상원 규정에 의해 가능하지만, 하원에서는 필리버스터가 불가능하다.

초대 의회에서 소수당 의원들이 고의로 연설을 길게 해 자신들이 반대하는 법안 논의를 의도적으로 막았을 정도로, 필리버스터의 역사는 비교적 길다. 현재까지 가장 오랫동안 진행된 필리버스터는 공화당의 스트롬 서먼드 의원이 민권법안에 반대해 1957년 8월 28일부터 29일까지 24시간 18분 동안 계속 연설한 것이다.

클로처(Cloture)는 상원에서 필리버스터의 남용을 막고 효율적인 의사진행을 하기위해 만든 '토론종결절차'를 의미한다. 클로처 제안에는 16명의 의원 서명이 있어야 하며, 상원의원 재적 5분의 3(공석이 없는 경우 60명)의 결의가 있을 때 필리버스터는 자동 종결된다(상원규칙 22항).[19]

③ 독특한 토론 전통 : 앞서 살펴본 대로 만장일치 동의 합의에 따라 본회의장에 상정된 법안에 대해서는 합의된 시간의 절반씩을 찬반 진영이 나누어 토론한다. 반대로 만장일치 동의를 이루지 못한 채 본회의장에 상정되었을 경우에 발언권을 사회자로부터 받은 상원의원은 상원규칙에 어긋나지 않는 범위에서 시간 구속이나 발언 주제에 제약을 받지 않은 채 얼마든지 발언할 수 있다.

상원 본회의장에서 토론은 1830~40년대 다니엘 웹스터, 존 칼훈처럼 기라성 같은 상원의원들이 노예제도와 각주의 권리에 대해 명연설을 하던 때가 최전성기로, 이른바 상원의 황금시대로 불린다. 그때와 비교하면 요즘의 상원은 너무나 사무적이고 조용해졌다는 평이다. "국가 대사를 놓고 (상원 본

---

19) Steven S. Smith, *The American Congress*, New York: Houghton Mifflin Company, 1995, p.37.

그림 3.3 ■ 상원 본회의장 구조

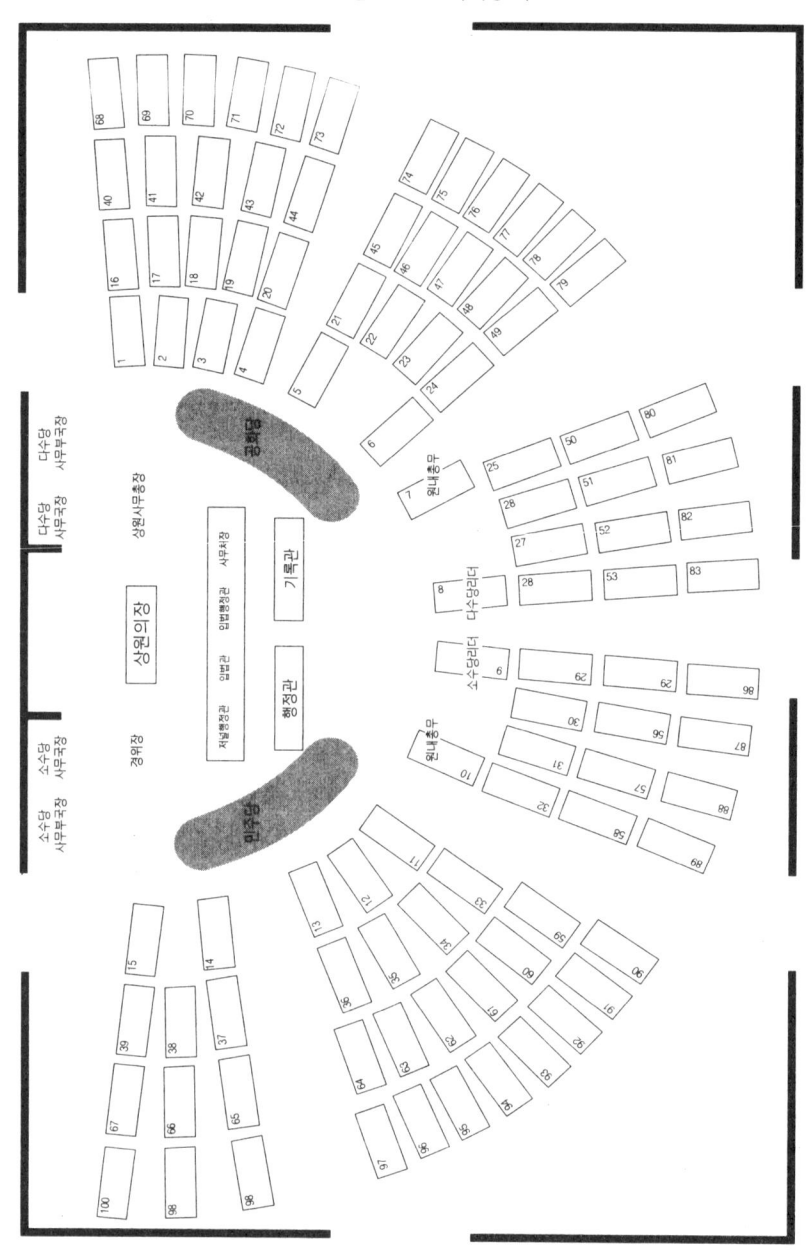

회의장에서) 벌어지던 위대한 토론은 이제 과거의 추억일 뿐이다. 진지한 정책심의도 매우 드문 일이다. 단지 일상적인 사무처리가 이뤄지고 있다"는 한 상원의원의 지적이 달라진 분위기를 압축적으로 전한다.20)

하원과 달리 상원에서는 수정안에 대한 토론에서 '5분 규칙'에 원칙적으로 제약받지 않는다. 만장일치 동의함의나 클로처(cloture)가 성립되지 않는 한 법안수정안에 대한 토론시간은 무제한이다. 법안에 반대하는 의원은 이런 제도를 악용해 발언권을 의도적으로 독점, 의사진행을 방해하거나 지연시키는 전술을 구사하는데 이것이 필리버스터(filibuster)이다. 필리버스터를 옹호하는 측은 성급한 입법을 막고 소수의 견해를 반영시킨다고 긍정적인 측면을 부각하는 반면, 반대 진영은 소수파가 다수파의 의지를 좌절시키고 질서정연한 의사진행을 막는 조치라고 비판한다.

수정안에 대한 토론과 투표가 끝나고 더 이상 의원들이 발언 신청을 하지 않을 경우, 최종 투표가 이뤄진다. 대부분의 법안은 기록되지 않는 구두투표로 이뤄진다. 그러나 의원들은 누구나 언제든지 기록이 남는 호명 투표를 요구할 수 있다. 호명투표가 이뤄지려면 참석 의원 5분의 1 이상의 지지를 받아야 한다. 개원에 필요한 실질적인 상원 정족수를 51명이라고 봤을 때 최소한 11명의 지지가 있어야 한다. 최종 투표를 통과한 법안은 공식적으로 상원을 통과한 것으로 간주된다.

3. 양원 합동위원회와 본회의 심의·표결

1) 양원 합동위원회

미국 의회에서 모든 법안은 상·하 양원의 승인을 거쳐 대통령이 서명함으로써 법의 효력을 갖는다. 그러나 상·하 양원에서 각기 단순 과반수로 통

---

20) Nancy Landon Kassebaum, "The Senate is Not in Order," *The Washington Post*, January 27, 1988, A19.

과된 법안은 대개 세부 내용이 조금씩 다르다. 따라서 상·하원 간의 이견 해소가 필수적이다. 이 경우에도 상·하원 다수당이 다르다면 상황은 복잡해진다. 그런 이유에서 상·하원 간에는 꼭 통과시켜야 하는 법안과 그렇지 않은 법안을 정한 다음 상대당과 일종의 정치흥정이 벌어지곤 한다. 이때 협상에 따라서는 법안이 졸지에 사라져버리기도 한다. 상·하원 간의 이견이나 쟁점 해소는 '제3의 원'으로 불리는 합동위원회(Conference committee)에서 이뤄진다. 사안에 따라 완전히 뜯어고쳐져 새로운 내용의 법안으로 환골탈태하는 예도 심심찮게 발생한다.

양원의 차이점을 해결하는 데는 세 가지 방법이 있다. 상·하원 가운데 한 쪽이 양보해 다른 쪽 안을 수용하는 것과 양원이 합의에 이를 때까지 계속 수정안이 양원을 오가거나 마지막으로 합동위원회를 열어 이견을 해소하는 것이다. 별다른 논쟁이 필요 없는 많은 법안들은 먼저 법안이 통과된 곳의 의견을 존중해 늦게 법안을 통과시킨 원이 양보하는 경향을 보인다. 이 경우, 법안은 손쉽게 동일한 내용으로 되어 대통령의 서명을 받기 위해 보내진다.[21]

그러나 여러 법안에 대해서 양원이 많은 차이점을 보이는 사례가 종종 있다. 이때 상·하원은 각기 상대방에 대해 양보를 촉구하면서 법안을 되돌려보내거나 또는 상·하 양원 합동위원회 소집을 요구한다. 레이건 행정부 시절이던 1985년의 예산법안은 그 다음 해에 최종 합의에 도달하기까지 상·하 양원을 9차례나 오갔다. 이는 당시 상원은 공화당이, 하원은 민주당이 다수당으로 있어 이견 조율이 순탄치 못했기 때문이다.

상·하원이 같은 법안을 다른 내용으로 통과시킨 것이 판명될 때, 해당 법안을 맡은 위원회 소속 의원들과 보좌관들은 즉각 비공개 회합을 갖고 양원간의 타협안을 적극 모색한다. 필요할 때는 합동위원회를 공개적으로 열어 단일 법안으로 만들기 위해 힘쓴다. 합동위원회에서도 타협이 이뤄지지 않은 채 해당 의회가 폐회한다면, 그 법안은 사멸해 다음 번 의회에 다

---

21) Congressional Quarterly, op. cit., 1999, pp.102-103.

시 상정된다. 합동위원회까지 왔지만 양원의 현격한 입장 차이로 무산된 1990년의 선거자금법(campaign finance bill)이 그런 예이다.

상·하원이 법안 내용을 놓고 마지막 순간에 줄다리기를 벌이는 이견 조정은 미국 의회 입법과정에서 타협의 기술이 가장 절실히 요구되는 단계이다. 이 단계는 로비스트, 각종 정치활동위원회, 선거구민이나 백악관이 대통령의 서명을 통해 입법화되기 전에 법안의 최종 문안에 자신들의 이해관계를 반영할 수 있는 마지막 기회로 여기고 각자의 이해관계에 따라 필사적인 노력을 경주하는 시점이다. 대통령이 강력히 지지하는 법안이 양원 합동회의 심의과정에서 좌절되는 것도 이들의 적극적인 활동에 상당 부분 원인이 있다.

합동위원회 개최 요구는 상·하원 모두가 할 수 있다. 일반적으로 법안을 먼저 통과시킨 원이 뒤늦게 통과시킨 원의 법안 내용을 확인하고 합동위원회 개최를 요구하지만, 반대로 늦게 법안을 통과시킨 원이 먼저 통과시킨 원에 대해 요구하기도 한다. 그러나 상·하 양원이 모두 개최에 합의해야만 위원회가 열린다. 합동위원회는 각 법안별로 구성되며 상·하원에서 통과된 두 개의 법안 모두를 대상으로 한다. 그러나 법안의 고유 번호는 변함없다.

합동위원회 심의위원(conferee)은 하원의 경우, 하원의장이 해당 법안을 심의해온 상임위원회 위원장과 소수당측 간사 의원과 협의해 선출한다. 1993년에 개정된 하원 규칙에 의해 하원의장은 자신이 원할 경우 심의위원을 임의로 교체할 수 있게 되었다. 이는 상·하원 간에 마찰보다는 협상과 대화를 통해 법안에 대한 합의를 최대한 이뤄내겠다는 의지를 반영하고 있는 것으로 해석된다. 상원도 상원의장이 만장일치 동의 형식을 밟아 해당 위원회 위원장과 간사 의원과 협의해 심의위원을 선정한다. 대체로 관련 상임위원회 소속 의원들로 구성되지만, 법안과 관련해 특출한 전문지식을 가진 의원이 있다면 소속 위원회와 상관없이 포함시키기도 한다. 사안에 따라 합동위원회의 규모가 매우 커지기도 한다.

예컨대 1989년의 '저축 및 대출 법안(Savings and Loan Bill)'에는 102명의 의원이, 1981년의 예산법안에는 총 250명의 의원들이 합동위원회에 참가했다. 법안이 여러 위원회에서 심의된 경우에는 여러 위원회 의원들이 합동위원회에 나오기 마련이다. 1988년에 제정된 종합무역법안(omnibus trade bill)에는 모두 23개 위원회에서 제각기 심의위원을 보냈다.22)

1990년대에는 신속한 법안 처리와 상·하원 지도부의 리더십 강화를 위해 의식적으로 합동위원회 구성 인원을 줄이는 사례가 잦아지고 있다. 해당 법안을 심의한 위원회의 위원장과 다수당 의원, 소수당 의원 등 3명으로 단출하게 구성되는 경우가 늘고 있다. 반대로 심의위원의 권한은 강화되고 있는 추세이다. 예전에는 양원의 이견을 해소하는 범위에 국한됐으나 최근 들어 의회 지도부의 동의 아래 협상에서 탄력적인 자율성을 예전에 비해 가능한 한 많이 부여받고 있다. 심의위원들은 협상에 도달하지 못할 것이라고 판단할 때는 지도부에 이같은 사실을 통보하고 지시를 기다린다. 하원 규칙은 심의위원들이 20일의 입법일 동안 합의에 이르지 못할 경우 교체될 수 있다고 규정하고 있다.

위원회 활동은 짧게는 몇 시간 만에 끝날 수도 있지만 때로는 몇주, 또는 몇개월이 소요되기도 한다. 위원회의 위원장은 임시로 선정된다. 하지만 선출된 위원장은 회의의 일정과 심의 진행속도 조절과 협상 중재 역할 등을 수행한다. 전문보좌관들도 수정안 기안과 타협안 절충 모색, 합동위원회의 최종안 작성 등을 통해 법안 심의에 깊숙이 개입한다.

합동위원회에서 합의가 이뤄지면 합동위원회 보고서(conference report)가 작성된다. 이 보고서는 위원회의 다수당측의 서명을 반드시 받은 다음 상·하원의 승인을 받기 위해 문서로 제출된다. 본회의장에서 보고서 내용(최종법안)에 대한 수정안 제출은 허용되지 않는다. 합동위원회에서 만든 최종안이 본회의에서 거부되는 사례는 매우 드물다.

의회 내에서 해당 법안에 가장 정통한 것으로 평가되는 심의위원들의 견해와 식견을 존중해 가급적 통과시키는 게 보통이다. 물론 최종안이 상·하원 어느 한 곳에서라도 부결되면, 의회를 통과했다고 할 수가 없다. 상·하

---

22) Ibid., p.105.

원에서 단일 문안으로 단순 과반수에 의해 각기 통과된 법안은 공식 입법화에 앞서 대통령의 서명 절차만을 남겨놓게 된다.

2) 상·하원의 본회의 진행절차와 표결방식[23]

상원

임시의장이 상원의장(부통령)을 대신해 사회봉을 잡는다. 그러나 일상적인 사회는 다수당 소속 의원들이 돌아가며 맡는다. 상원 목사의 기도로 시작해 전날 의사목록인 저널(Journal) 낭독과 승인을 한다. 저널 내용에 대한 토론은 허용되지 않으며, 수정안 제출이 가능하다. 이어 다수당과 소수당 리더가 발언권을 얻어 양자가 협의를 거쳐 합의한 그날의 상원 의사일정을 간략하게 밝힌다. 다음 순서는 상원이 새로운 입법일(legislative day)을 시작하느냐 또는 휴회로 전날의 입법일을 계속하느냐에 따라 달라진다.

만약 휴회를 결정해 같은 입법일이 지속되는 상태라면 전날 마치지 못한 업무에 착수하는 게 보통이다. 정회를 한 다음 새 입법일을 시작한다면, 대개 2시간에 걸친 모닝 아워 비즈니스를 갖는다. 모닝 아워 비즈니스는 반드시 오전에 열리는 것이 아니며 의원들의 만장일치 동의로 시간 변경이 가능하다.

이 시간에는 대통령이나 행정부처 장관의 전갈내용이나 하원의 전달사항, 각 상임위원회와 소위원회의 보고 사항들을 접수하며 법안이나 결의안을 제출할 수도 있다. 사전 발언을 신청한 의원들은 자신이 제안한 법안(결의안) 또는 특정 주제에 대해 제안 설명이나 연설을 할 수 있다. 두 시간 가

---

[23] Congressional Quarterly, op. cit., 3rd. ed., 1999, p.68, 92. 하원 본회의장은 길이 139피트, 폭 93피트로 현존하는 세계의 입법부 가운데 최대 규모이다. 모두 448개의 좌석이 있다. 의원들은 지도부와 법안 제안자 등을 제외하고는 무작위로 앉는다. 양당 지도부와 법안을 제출하는 의원들은 더 넓은 책상에 자리를 잡는다. 반대로 상원 본회의장에는 개별 의원들의 명패가 붙어 있다. 상원의원 좌석은 바닥에서 떼어내 움직일 수 있게 되어 있어 선거 결과 의석 변화에 따라 공화당 또는 민주당측으로 옮길 수 있다.

운데 처음 한 시간 동안에는 만장일치로 결의한 경우를 제외하고 법안심의와 관련된 활동조치를 할 수 없다. 두번째 시간에는 법안심의는 하지만 원칙상으로 토론은 할 수 없다.

모닝 아워 비즈니스는 절차가 워낙 번거로워 상원규칙에 언급된 것처럼 그렇게 자주 열리지는 않는다. 정오에 개원했을 경우에는 보통 오후 2시쯤 '모닝 아워' 비즈니스가 끝나는데 이때부터 본격적인 법안 심의를 한다. 법안을 심의한 상임위원회 위원장이나 반대당의 간사 의원이 매니저로 본회의장 토론 등을 주도한다. 대부분의 법안은 만장일치 동의요구를 받아 토론시간에 일정한 제한을 둔다.

만장일치 동의요구가 성립되지 않은 법안은 의원들이 시간 제약 없이 무한정 발언할 수 있다. 근래들어 상원 리더는 효율적인 의사진행을 위해 논란의 여지가 많은 법안과 적은 법안을 별개로 나눠 처리하기도 한다. 본회의가 열리고 있을 때 정작 본회의장에 앉아 있는 의원들은 기껏 20~30명에 불과하다. 상당수 의원들은 위원회 청문회에 참석하거나 본회의장 바로 옆에 있는 클로크룸(cloak room)에서 동료 의원들과 대화를 나누거나 의원 사무실 또는 회의장 주변에 머무른다. 그러다가 투표 벨이 울리면 본회의장에 참석한다. 100명의 의원들의 이름을 일일이 불러 찬반을 묻는 호명투표를 하는 데는 평균 15~20분이 걸리지만 좀더 오래 걸릴 때도 있다.

본회의가 종료될 무렵, 다수당과 소수당 리더는 정리(wrap-up) 단계에 들어간다. 이때 의원들이 심의를 마친 비교적 비중이 낮은 법안들을 한꺼번에 만장일치 동의로 통과시킨다. 종료 직전에 다수당 리더는 다음번 회의를 언제 열며 누가 연설할 것인지 그리고 법안심의를 위한 시간 합의를 위해 의원들의 만장일치 동의를 구하게 된다.

하원

하원의 본회의는 대개 월요일부터 목요일까지 열린다. 특별한 경우에는 금요일이나 토요일에 열기도 한다. 예외적으로 빌 클린턴 대통령에 대한 탄핵표결을 위한 본회의 같은 경우는 토요일(1998년 12월 19일)에 열렸다.

월요일은 대개 논란의 여지가 없어 보이는 법안(non-controversial bills)을 심의하는 데 할애한다. 이는 하원의원들이 지역구 활동을 위해 지역구에서 주말을 보내고 월요일에 워싱턴으로 돌아오는 것을 배려하는 차원에서다.

공식 의사 시작에 앞서 모닝 아워가 배정되어 있다. 월요일과 화요일에는 특히 의원들이 5분 동안 연설을 하는 게 관례다. 보통 1시간에서 1시간 30분 정도 계속된다. 이때는 투표 등 입법 관련 활동은 하지 않는다. 모닝 아워가 끝나면 정식 의사 개시까지 휴회한다.

의사는 목사의 기도와 의원들의 충성서약(Pledge of Allegiance)으로 시작된다. 이어 하원의장은 전날의 의회활동 기록인 저널(Journal) 낭독과 이에 대한 승인을 시도한다. 때때로 의원들은 저널 승인을 결정짓기 위해 공식적인 호명투표를 요구하기도 한다. 1970년의 의회재조직법에 따라 하원 저널은 하원의장이나 참석 과반수가 특별히 요구하지 않으면 낭독하지 않을 수도 있다. 이어 의원들의 1분 연설(one minute speech)이 계속된다. 연설의 주제는 자유이며 의사록에도 기록된다. 이어 의사록 삽입 또는 수정이 이뤄지며 상원이나 대통령, 상임 위원회로부터 전달사항이나 각종 보고를 접수해 처리한다. 본격적인 법안 심의와 처리는 이때부터다. 특정 내용에 대한 의원들의 발언은 사전허락을 받아야 가능하다.

한편, 의사당에서는 벨의 울림으로 본회의장 진행사항을 의원들에게 알린다. 의사당 내 곳곳에, 의원 사무실 내부와 주변, 지하 식당에서도 벨이 연결되어 있어 본회의장에서 표결이 곧 진행될 때 의원들에게 회의장 출석을 알린다. 본회의장안 벽에 있는 전광판에는 벨의 울림 회수를 불빛으로 표시한다. 1979년부터 하원 본회의 장면을 TV로 중계함에 따라, 의원들은 의원 사무실에서도 의사진행 상황을 파악할 수 있다.

표결방식[24]

미국 의회에서 실시되는 표결은 표결방식과 표결결과의 기록여부에 따

---

24) *Congressional Quarterly's Guide to Congress*, 4th edition, Washington D.C.: CQ Inc., 1991, p.430.

라 구분된다. 표결방식으로는 구두표결·기립표결·전자표결·지명표결 등이 있다. 기록 여부로는 결과를 기록하는 표결(Recorded Vote)과 기록하지 않는 표결로 나누어진다. 전자표결과 지명표결은 전자에 속하며, 구두표결과 기립표결은 후자에 속한다.[25]

① 구두표결(Voice Vote) : 의장 또는 위원장이 어떤 안건에 대해 찬반의사를 묻거나 하나의 의제가 처음 상정되었을 때 흔히 하는 표결방식이다. 의장은 먼저 "찬성하는 의원은 '찬성'이라고 하시오(As many as are in favor, say 'Aye')"라고 묻고, 다음으로 "반대하는 의원은 '반대'라고 하시오(As many as are opposed, say 'No')라고 한다. 의원들은 이에 대해 의석에 앉은 상태에서 '찬성(Aye)' 또는 '반대(No)'라고 말한다.

② 기립표결(Division or Standing Vote) : 구두 표결이 미심쩍거나 어떤 의원이라도 재표결을 제안할 경우 실시되는 방식이다. 찬성 의원들이 먼저 일어나 표수를 계산한 다음, 반대하는 의원들이 기립해 표수를 셈으로써 결정을 내린다. 표결결과만 발표될 뿐 개별의원들의 표결결과는 발표되지 않는다. 그러나 불참의원들이 투표를 앞두고 시간여유 없이 의사당에 출두하는 게 현실적으로 어려우므로 기립투표로 중요사안을 결정하는 경우는 드물다.

③ 기록표결(Recorded Vote) : 의원은 누구든지 표결을 행함에 있어서 기록표결을 요구할 수 있다. 이 경우에 재적 과반수 의원의 5분의 1(하원의 경우, 44명)의 찬성이 있으면 된다. 기록표결은 원칙적으로 전자표결로 하지만, 의장이 관계직원으로 하여금 표결결과를 기록하도록 할 수 있다. 기록표결은 미국 의회의 오랜 투표관행으로 지역구 유권자와 전국적 규모의 시

---

[25] 어떤 안건에 대해 상반된 견해를 가진 두 명의 의원들이 표결에 불참할 때 '상호 기권(棄權, pair) 제도'가 있었다. 이 상호기권에는 특정상호기권(specific pair), 일반상호기권(general pair), live pair 세 종류가 있다. 상호기권 의원은 표결 진행 전 서로 약속을 맺어 의회 지도부 등에 통보하며, 상호기권 의원의 명단은 공식적으로 발표되고 의사록에도 등재된다. 그러나 제106대 의회는 1999년 1월 6일 개원식 직후 통과시킨 하원 결의안(H.Res.5)을 통해 더 이상 상호 기권제도를 인정하지 않기로 결정했다.

민단체, 이들 단체의 지방 지회 등은 기록투표 행태기록을 근거로 현역 의원을 감시한다.26) 특히 기록투표에 근거한 시민단체들의 평가는 의정활동 기간과 선거기간에 걸쳐 공개되어 유권자들에게 중요한 정보가 되는 동시에 시민단체가 현역 의원에 대해 지지 또는 반대활동을 벌이는 명분이 되고 있다.

제102대 의회(1991~92년)까지 기록표결의 하나로 확인관표결(Teller Vote) 제도가 있었다. 이는 의장이 지명한 2명의 의원이 확인관이 되어 동료 의원들의 찬성과 반대 숫자를 세어 각 의원들의 표결 결과를 기록하는 방법이다. 상원에서는 이 방식을 처음부터 채택하지 않았다. 하원에서도 103대 의회(1993~94년)부터는 더 이상 사용하지 않는다.

기록표결 방식은 전자표결과 호명표결(Roll Call Vote) 두 가지가 있다. 호명표결은 관계 직원이 의원 이름을 부르면서 직접 찬반의사를 묻는 방식이다. 재적 과반수의 5분의 1에 해당하는 의원들이 기록표결을 요구해오면 통상 전자표결 방식에 따른다. 의장은 재량권을 발동해 지명표결 방식을 행할 수 있다. 미국 헌법은 하원이 대통령의 법안거부권을 번복하기 위한 표결일 경우, 호명표결을 반드시 하도록 의무화해놓고 있다.

전자표결은 1970년의 의회개혁법에서 처음 도입방침이 정해졌으며, 1971년 제92대 의회에서 의회규칙에 명문화된 다음 시험가동 기간을 거쳐 1973년 1월 23일(제93대 의회)부터 실시되고 있다. 전자표결의 단점은 표결을 앞두고 정치적 타협과 설득, 협상을 할 수 있는 기회가 줄어든다는 점이다. 절충방안으로 하원규칙은 어떤 안건에 대한 표결이 선언되면 그때부터 15분까지는 표결을 종료하지 않도록 명문화해 일정한 유예시간을 두고 있다. 이 15분은 최소한의 시간이며, 의장은 15분이 경과한 어느 시점에서 표결

---

26) 일례로 1947년 결성된 ADA(Americans for Democratic Action)라는 시민단체는 민권(民權)을 포함한 국내외의 사회·경제적 이슈에 관한 의회 투표를 분석하면서 중요한 사안에 대해 각 의원의 투표를 'r(right: 옳다)'과 'w(wrong: 그르다)'로 구분한 다음, r 투표 횟수가 차지하는 비율을 중심으로 각 의원의 자유주의(liberalism) 점수를 매긴다. 점수가 높을수록 그 의원은 진보적 인사로 평가된다. ADA는 이를 토대로 개별의원에 대한 지지 또는 반대의 입장을 공개 표명한다.

표 3.3 ■ 의사당에서 벨 회수와 의미

회수	상원	하원
1	기록투표시	짧은 벨: 확인관표결(거의 쓰이지 않음)시, 긴 벨: 전원회의(Committee of the Whole) 개최 신호시
2	개회정족수 필요시	기록투표 또는 전자투표시
3	표결정족수 부족시	정상적인 표결정족수 필요시
4	휴회(adjournment) 또는 정회(recess)시	휴회시
5	기록투표 7~12분 전	전자기록투표시
6	일시 정회(temporary recess) 또는 모닝비즈니스 종결	정회시

* 자료: The 1999 U.S. Congress Handbook, 106th Congress, VA, McLean, 1999, p.10.
** 벨과 불빛 회수는 동일한 것으로 간주됨

종결을 선언한다. 전자장치에 의한 표결이 선포되면, 이를 알리는 벨이 의사당 건물(의원회관 포함)에 울리며, 전광판의 불빛도 회의장 안에 깜박거린다. 의원들은 이때부터 15분 이내에 본회의장으로 모여들게 된다.

이때 의사당의 모든 통로나 엘리베이터, 구내 지하철궤도차 등은 의원 우선체제로 바뀐다. 본회의장에 도착한 의원들은 입장하는 대로 출입구에 가까운 곳에 있는 의자에 설치되어 있는 개인 카드 투입함에 개인별 플라스틱 카드를 넣고 찬성 또는 반대 단추를 누르면 된다.

의장석 위의 뒷벽에 설치되어 있는 전광판에는 의원들이 투표를 하는 동안 찬성과 반대 숫자가 계속 바뀌어 돌아가는데, 의원들의 투표가 모두 끝나면 전광판의 숫자도 정지한다. 투표 시작 벨이 울린 지 15분이 지난 다음 의장은 표결종결을 선언한다. 의장의 종결선언 당시 전광판에 나타난 찬성표수와 반대표수로서 가부가 결정되며, 안건처리도 종료된다. 상원은 의원 규모가 하원보다 훨씬 적기 때문에 전자표결 방식을 실시하지 않고 있다.

4. 대통령과 사법부, 연방예산과정

1) 대통령과 사법부의 역할

상하 양원을 통과한 법안은 하원의장 → 상원의장(또는 상원 임시의장)순으로 서명을 받아 백악관으로 전달된다. 법안을 통과시킨 직후에 의회가 폐회하더라도 법안은 대통령 앞으로 보내진다. 대통령은 법안을 의회로부터 접수한 날로부터 일요일과 공휴일을 제외한 10일 이내에 가부 결정을 내려야 한다. 이 기간 동안 대통령이 '승인(approved)'이라고 문서에 서명을 하면 법으로 확정된다.

1980년대에 로널드 레이건(Ronald Reagan)과 조지 부시(George Bush) 대통령은 법안에 서명을 하면서 법안의 특정 부분에 대한 개인적 견해를 피력하는 '서명성명(signing statements)'으로 의회에 논란을 불러일으켰다. 의회가 개원중일 때, 법안 접수 후 10일 동안 대통령이 서명을 하지 않고 있더라도 그 법은 자동적으로 법적 효력을 갖는다. 또 대통령이 의회에서 통과된 법안에 대해 거부권(veto)을 행사했지만, 상·하 양원이 이에 대해 재적의원 3분의 2 이상의 찬성표결로 번복(over-ride)할 수 있다.[27]

이 경우 양원에서 모두 거부권 번복 표결이 성공해야 한다. 만약 첫번째 원(院)에서 거부권 번복투표가 필요한 찬성표를 얻는 데 실패했다면, 그 법안은 두번째 원에 갈 필요 없이 즉시 폐기처리된다. 상·하 양원에서 번복투표에 성공했다면, 법안은 대통령의 거부권 행사와 무관하게 법적 효력을 갖는다. 그러나 양원을 통과한 법안이 대통령에게 회부된 다음 10일이 경과하지 않아 의회가 폐회(Adjourment Sine Die: 일시 휴회가 아닌 회기 종료시)되

---

[27] 역대 미국 대통령 가운데 비토권을 가장 많이 행사한 이는 프랭클린 D. 루스벨트 대통령으로 총 635회다. 이 가운데 정상적인 비토권 행사는 372회, 포켓 비토(Pocket Veto)는 263회였다. 그로버 클리블랜드(Grover Cleveland, 414회), 해리 트루먼(Harry Truman, 250회), 드와이트 아이젠하워(Dwight Eisenhower, 181회) 대통령이 뒤를 잇는다. 반면, 존 애덤스, 토머스 제퍼슨, 존 퀸스 애덤스 등 7명의 대통령은 재임기간 중 비토권을 한 번도 행사하지 않았다.

> ## 의원 출신 대통령
>
> 1789년 미국 건국 후 의원직 경험을 갖고 있는 대통령은 1999년까지 모두 23명이다. 12년 동안 하원의원을 지냈던 제임스 매디슨(James Madison) 제4대 대통령이 첫번째이며, 최근 24년 동안에는 하원 소수당 리더 등을 지낸 제럴드 포드(Gerald Ford) 대통령이 해당된다. 이 가운데 8명은 하원의원, 6명은 상원의원 출신이며 9명은 상·하 의원을 모두 지냈다.
>
> 6대 대통령인 존 퀸시 애덤스(John Quincy Adams)는 대통령 당선 전 상원의원으로 5년간 활동했으며 대통령 퇴임 후 18년간(1831~48년) 하원의원으로 활약했다. 하원과 상원의원을 지냈던 앤드루 존슨 17대 대통령은 퇴임후 상원의원으로 복귀했다.
>
> 링컨 대통령은 2년간 하원의원을 역임했다. 아론 버, 헨리 클레이(Henry Clay), 로버트 태프트(Robert Taft), 휴버트 험프리(Hubert Humphery), 밥 돌(Bob Dole) 등은 의원직을 발판으로 대통령직에 도전했으나 쓴맛을 봤다. 레이건 대통령은 의원 경험은 없었지만 백악관 내 의회관계 담당 보좌관들의 도움과 특유의 친화력으로 대의회활동에서 성과를 거두었다. 반면, 카터 대통령은 의회 메커니즘에 대한 인식이 박약한데다 의회를 중심으로 한 워싱턴 기득권(The Establishment)층과도 원만한 관계를 형성하지 못했다.28)

는 경우, 대통령이 폐회 이전에 서명하지 않고 아무런 조치를 취하지 않으면 법안은 자동 소멸된다. 이를 가르켜 '주머니거부권(pocket veto)' 또는 '입법거부권(legislative veto)'이라고 부른다. 최근 들어 대통령이 이런 거부권을 행사할 때 법안에 서명하지 않은 이유를 명시한 '메모(memorandum of disapproval)'를 발표한다. 의회는 대개 메모의 내용을 의사록에 싣는다.

사법부도 입법 과정에서 일정한 역할을 하고 있다. 이는 미국 건국 초기 역사에서 의회가 통과시킨 법안에 대해 대법원이 법적 검토를 하면서 가능해졌다. 미국 헌법은 최상위 법원인 대법원이 대통령까지 서명을 마친 법안에 대해 위헌판정을 내릴 권한이 있는지 명확하게 규명하지 않고 있다.

---

28) 의회와 대통령의 전반적인 관계에 대해서는 James A. Thurber(ed.), *Rivals for Power: Presidential-Congressional Relations*, Washington D.C.: CQ Press, 1996.

> ### 표결 정족수(quorum)
>
> 상·하 양원의 개회에 필요한 정족수는 재적 의원의 과반수이다. 원칙적으로 이에 미달할 때 상·하원은 그날 의사진행을 할 수 없다. 미국 헌법은 특별한 사항이 아닌 경우, 재적 의원 과반수 출석에 출석의원 과반수 투표로 결정하도록 규정하고 있다.
>
> 그러나 대통령의 거부권 행사를 번복시키거나 헌법 수정안을 통과할 때는 상·하원 각각 재적의원 3분의 2 이상의 찬성표가 있어야 한다. 상원에서 대통령 등에 대한 탄핵재판이나 조약 비준시에도 재적의원 3분의 2 이상의 찬성이 필요하다. 상·하원에서 동료 의원에 대한 최고 중징계인 축출(expulsion) 결정을 내릴 때도 재적의원 3분의 2 이상의 찬성투표가 필수적이다.[29]

그러나 1803년의 판결(Marbury v. Madison Case)은 그것이 가능하다고 판시했다. 3권 분립하의 정부형태에서 사법부가 법안에 대한 위헌 판정행위를 내릴 수 있다는 판례는, 사법부가 입법과정에 일정한 영향력과 최종 심판권을 갖는다는 근거가 되고 있다.

2) 연방정부 예산편성과정

상·하원의 입법과정에서는 복잡한 규칙과 절차를 더 정확하고 풍부하게 꿰뚫고 있는 의원이 초심자 의원보다 훨씬 효율적으로 법안을 통과시킬 수 있다. 예컨대 상원 규칙에 해박한 로버트 버드(Robert Byrd, 민주·웨스트버지니아 주) 의원 같은 이는 법안 통과와 관련해 다양한 방안을 숙지하고 이를 능수능란하게 활용할 수 있으므로 유리한 위치에 있다.[30]

하지만 의회 규칙에 대한 지식이나 경험이 만사형통을 보장하는 것은 결코 아니다. 대화와 타협술, 타이밍, 끈질긴 인내와 치밀한 전략전술 수립 그리고 운이 들어맞아야만 법안 탄생이 가능하다. 그래서 의회에서 법안

---

29) Congressional Quarterly, op. cit., 3rd. ed., 1999, p.60.
30) Barbara Sinclair, *Un-orthodox Lawmaking: New Legislative Processes in the U.S. Congress*, Washington D.C.: CQ Press, 1997 참조.

통과는 체스 게임과 비슷하다고들 한다. 이런 점에서 거래와 협상을 비롯한 미국정치의 특질이 가장 극명하게 드러나는 입법과정이 바로 예산편성 과정이다. 의원 상호간의 협상(log-rolling)은 물론 위원회 상호간, 상·하원간, 백악관과 의회, 행정부 부처간, 행정부 부처와 의회 해당 상임위원회 간의 협상과 이해관계를 가진 이익집단들과 의원들 간의 밀고당기는 협상이 미로처럼 얽혀 있는 것이다.

1999년의 미국 연방정부 예산은 1조 7,000억 달러 정도의 규모이다. 그 규모가 엄청나게 크고, 의회와 행정부 그리고 외곽에서 예산과정에 진입할 수 있는 창구와 주체가 무수히 많기 때문에 미국 내에서도 예산과정 전체를 꿰뚫어 보는 전문가가 사실상 없다는 말까지 나돈다. 이런 예산과정의 복잡성을 가리켜 리처드 페노는 '예산과정의 미로(labyrinth)'라고 표현했고, 어떤 이는 '바벨탑'이라고 비유했다.31)

---

31) 김종림, 「미국의 예산과정: 다원민주정치의 중심축」 대한민국 국회개원 50주년 기념학술대회 발표논문, 서울: 대한민국국회, 1998; 미국 문헌으로는 Richard F. Jr., *The Power of the Purse*, Boston: Little and Brown, 1966.

4
위원회 정치

1. 미국 의회와 위원회 제도

행정부의 모든 부처에 상응해 분야별로 나누어 조직되어 있는 상·하원의 위원회는 미국 정치제도 가운데 '분업을 통한 효율성'의 원리를 구현하는 분야이다. 의회의 가장 견고한 하부구조로서 입법과정에서 중심적인 역할을 수행하는 입법과 정책의 산실이기도 하다. 개별 의원 입장에서 볼 때 위원회는 자신의 전문 분야를 특화해 명성과 정치적 영향력을 쌓을 수 있는 기회의 장이자 선거구민에게 생색내며 봉사하는 핵심 활동무대이기도 하다.

의회활동을 감시하는 각종 시민단체도 의회의 움직임과 의원 개개인의 활동상을 위원회를 통해 면밀하게 관찰하고 있다. 성공적인 위원회 활동을 한 의원이야말로 정치인으로 성공이 보장된다고 할 수 있다. 제105대 의회(1997~98년)에서 하원의원의 경우, 평균적으로 1.8개의 상임위원회와 3.2개의 소위원회, 0.1개의 특별·합동위원 등 총 4.8개의 각종 위원회에 배정되어 있다. 세출·규칙·상업위원회 등 막강한 권한을 행사하는 위원회에 속한 의원은 예외적으로 보통 1개의 상임위원회만을 맡는다. 제103대 의회(1993~94년)부터 하원의원 1명당 2개의 상임위원회와 4개의 소위원회까지

소속되어 활동할 수 있다

의원 규모가 훨씬 적은 상원에서는 한 명의 의원이 보통 3.1개의 상임위원회와 6.5개의 소위원회, 0.7개의 특별·합동위원회 등 모두 10.3개의 위원회에 속해 있다.[1] 상원의원은 하원보다 두 배 이상 많은 위원회에서 활동하는 셈이다. 예컨대 민주당의 에드워드 케네디 상원의원은 제106대 의회에서 군사·법사·건강 및 교육·경제 공동위원회 등 4개의 상임위원회와 7개의 소위원회에서 활동하고 있다. 의원들로서는 이처럼 열려 있는 위원회 무대에서 기량을 발휘해서 언론과 유권자들로부터 좋은 평가를 받느냐 여하가 정치인으로서의 생명력을 좌우한다.

위원회는 나아가 행정부를 비롯한 국가정책의 여러 영역을 폭넓고 세밀하게 다루며 감시하는 역할을 수행하고 있다. 이는 위원회와 소위원회 차원에서 연중무휴로 열리는 각종 청문회를 통해서 이뤄지고 있다. 그런 의미에서 위원회 제도는 입법과 행정부 감시활동이 이뤄지는 의회의 중심지인 동시에 역동적인 면모가 가장 생생하게 드러나는 곳이다. 위원회가 '소(小)입법부' 또는 '그림자 정부'라고 불려진 것은 이런 연유에서다.[2] 하지만 위원회 제도의 중요성을 반영하기라도 하듯 미국 의회에서 위원회제도만큼 비판과 개혁의 대상이 되어온 곳도 드물다. 1970년대 이후 제기되어 온 숱한 의회개혁 프로그램에서 빠지지 않고 등장하는 단골 메뉴가 바로

---

1) Thomas Mann & Norman Ornstein et al.(eds.), *Vital Statistics on Congress 1997~98*, Washington D.C.: American Enterprise Institute Press, 1998, pp. 122-123.

2) 고전에 속하는 저작으로 George Goodwin Jr., *The Little Legislatures: Committees of Congress*, Amherst: Univ. of Massachusettes Press, 1970; Woodrow Wilson, *Congressional Government: A Study in American Politics*, Boston: Houghton Mifflin, 1885(Cleveland: Meridian Books, 1956)을 참조. 이들은 미국 의회정치의 본질을 '위원회 정치'라는 각도에서 파악하고 있다. 특히 우드로 윌슨 전 대통령은 자신의 저서에서 "의회가 본회의를 열고 있을 때가 공공전람회를 개최중이라고 한다면, 위원회가 활동하고 있을 때야말로 의원들이 일을 하고 있는 시기(Congress in session is on public exhibition, whilst Congress in committee-rooms is Congress at work)"라면서 "의회 정부는 '위원회 정부(Committee government)'이며 개회 중인 의회는 일반에 공개되어야 한다"고 주장했다.

위원회이다. 그런데도 위원회제도의 기본 골격은 크게 바뀌지 않았다.

1980년대 이후 상·하원 본회의장에서의 법안에 대한 수정논의가 활발해지면서 입법활동이 전적으로 위원회에 의존하는 단계는 벗어났다. 그런데도 위원회의 토론과 심의를 거쳐 본회의장에 보고된 법안에 대한 대폭적인 수정은 사실상 불가능하다. 무엇보다도 위원회 소속 의원들과 전문보좌관이야말로 다른 일반 의원들에 비해 해당 법안에 관한 한 독보적인 전문지식을 갖추고 있는 것으로 인정받고 있기 때문이다.3)

1) 위원회 제도의 모태

미국 헌법은 위원회 제도를 명문화하고 있지 않다. 따라서 위원회 시스템은 헌법상에 보장된 제도가 아니다. 위원회 방식은 영국 하원의 운영을 본떠 만든 것으로 제헌의회 이후 의회가 처리해야 할 입법량이 꾸준히 증가함에 따라 점차 세분화되고 제도화되었으며 상설 조직의 면모를 갖추게 됐다. 19세기 초반까지 상임위원회 활동은 상·하원에서 모두 매우 미미한 편이었다. 각종 법안이 제안될 때마다 본회의가 먼저 심의를 한 다음 별도의 특별위원회가 구성돼 이를 검토하고 보고서를 만들어내는 식이 고작이었다. 제7대 의회(1801~03년)의 경우, 2년 동안 이런 특별위원회만 350개가 만들어졌다가 회기가 끝나면서 모두 해체됐다.

식민지 입법부 시절과 영국 의회에 이미 존재했던 위원회 시스템은 미국 의회에서도 개원 초부터 존재해왔다. 그러나 대부분의 의원들은 위원회가 정치적 도당으로 변질, 의회 본연의 입법기능 수행에 장애가 될 것을 우려해 별다른 권한을 부여하려 하지 않았다. 위원회 시스템이 현재와 비슷한 형태로 운영되기 시작한 것은 1820년대 초반부터다.

이런 와중에도 하원에서는 상임위원회가 꾸준히 만들어졌다. 1810년까지 선거위원회(1789년), 규칙위원회(1789년), 세입위원회(1792년), 상업 및 공

---

3) Walter J. Oleszek, *Congressional Procedures and the Policy Process*, 4th ed., Washington D.C.: CQ Press, 1996, p.121.

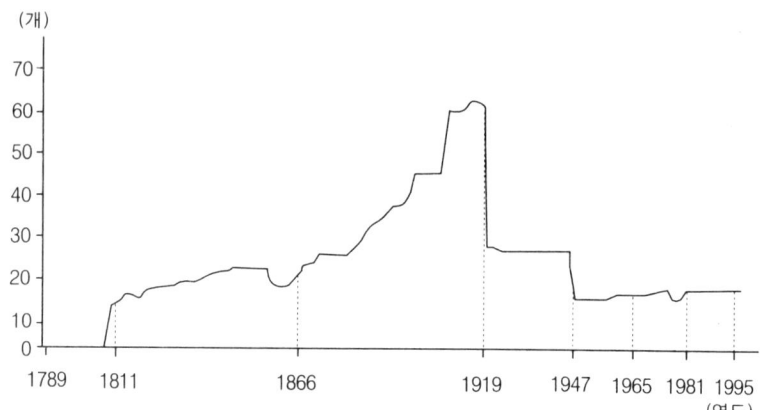

그림 4.1 ▍상원 상임위원회 증감 추이, 1789~1997년

* 자료: Christopher Deering and Steven Smith, *Committees in Congress*, 3rd ed., 1997, p.27에서 재인용.

업위원회(1795년), 공공토지위원회(1805년) 등 10개에 이르렀다. 상임위원회 설치는 1811년 헨리 클레이 의원이 하원의장직에 취임, 12년 동안 재임한 것을 계기로 활발해졌다. 클레이 의장은 초기 의회 지도자들 가운데 드물게 효율적인 입법활동을 위해서는 상임위원회가 효과적이라고 판단, 위원회 설립을 장려했다.[4] 1812년의 영미 전쟁을 겪고 난 다음 의회의 전반적인 분위기는 위원회 필요성을 인정하는 방향으로 바뀌었다.

그러나 의회 출범 후 처음 25년이 경과할 때까지 상원 상임위원회는 4개에 불과했다. 그나마 대부분의 법안 심의는 임시로 구성되는 특별위원회의 몫이었으며 위원회 활동은 유명무실한 편이었다. 그러다가 1816년에 상원에서는 11개의 상임위원회가 추가로 설치되었다. 오늘날까지 활동 중인 외교·법사·재정·군사위원회 등은 이때 만들어졌다. 1863년 당시 상원에서 상임 위원회는 모두 19개로 늘었다.

의회 안에서 위원회가 차지하는 비중은 남북전쟁 종결전까지는 그다지

---

4) Christopher J. Deering and Steven S. Smith, *Committees in Congress*, 3rd ed., Washington, D.C.: CQ Press, 1997, p.26.

그림 4.2 ■ 하원 상임위원회 증감 추이, 1789~1997년

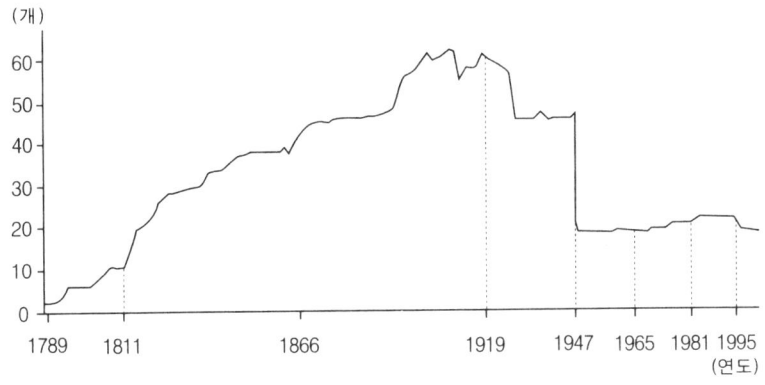

* 자료: Christopher Deering and Steven Smith, *Committees in Congress*, 3rd ed., 1997, p.27에서 재인용.

주목되는 수준이 아니었다. 상임위원회 체제가 정착된 것은 19세기 후반부터다. 그 이유는 남북전쟁 후 경제적, 사회적 움직임과 인구 이동이 활발해지면서 의회에서 다뤄야 할 입법 수요가 급증했으며, 정당제도가 양당 체제로 정착된데다 이때부터 의원들이 의원직을 유망한 직업으로 인식하면서 의정활동에 성의를 보이기 시작했기 때문이라는 분석이다.5)

19세기 후반 들어 위원회는 강력한 권력을 가진 조직으로 부상했다. 그러나 대부분의 위원회 활동은 밀실에서 비공개리에 진행됐으며 이 과정에서 독재적인 권한을 행사하는 위원장의 영향력은 압도적이었다. 위원장을 남작(男爵·baron)이라고 별칭하기 시작한 것도 이 무렵이다. 상원의 재정위원회와 세출위원회, 하원의 세입위원회와 세출위원회는 국가의 조세와 세출입 사항을 담당하는 위원회로서 이때부터 가장 막강한 힘을 가진 위원회로 평가되었다.

---

5) Ibid., p.33.

2) 부단한 변화와 개혁

상임위원회는 1913년에 상원(74개)과 하원(61개)을 합쳐 총 135개가 될 정도로 순식간에 불어났다. 상·하원은 효과적인 상임위원회 운영을 위해 1920~30년대에 불필요한 위원회를 상당수 정리했다. 위원회 구조에 일대 혁신을 가져온 것은 1946년의 의회재조직법(Legislative Reorganization Act)이다. 이 법은 각 위원회의 관할범위를 명확히 규정하고 위원회 운영규칙을 마련함으로써 현대적인 위원회 운영을 목표로 했다. 이에 따라 상원에는 15개, 하원에는 19개의 상임위원회만이 남게 되었다. 이 법은 소위원회 설립을 촉진했는데 제84대 의회(1955~56년)에 171개이던 상·하원 소위원회는 제98대 의회(1983~84년)에는 233개로 증가했다.

하원은 1993년 일부 예외와 함께 대부분의 상임위원회는 5개 이상의 소위원회를 둘 수 없도록 규정을 바꾸었다. 그 결과 전체 소위원회 숫자는 1955년 전과 비슷한 수준으로 감소했다. 하원은 또 1993년에 4개의 특별위원회를, 1995년에는 3개의 상임위원회를 폐지하고 의원 한 명당 상임위원회 2개, 소위원회 4개까지만 배정받을 수 있도록 했다.

소위원회의 양적 팽창이 권한 증가를 의미한 것은 아니었다. 1970년대 초에 이를 때까지 대부분의 상임위원회 운영은 막강한 권한을 가진 위원장과 소수의 다선 의원들이 사실상 독점했다. 여기서 파생된 여러 문제점과 좌절감은 1970년대 초반의 의회개혁 움직임을 촉발시켰다. 위원회 제도에 대한 일대 수술은 1970년대에 구체화됐다.

전환점은 1974년의 워터게이트 사건 이후 등장한 초선의원들이 의회에 진출하면서였다. 1970년대 초까지 상원에서는 20여 년 이상, 하원에서는 30여 년 이상 재직하며 위원회에 가장 오래 배속된 다수당 의원들이 상임위원회 위원장직을 차지하고 많은 권한을 누렸다. 초선의원들은 의회 내에 불문율이나 다름없던 연장자(seniority) 우선원칙에 이의를 제기하면서 위원장에게 집중된 권력의 분산을 요구했다. 1970년대 전반까지 상임위원장의 권한은 의회 지도부를 오랫동안 이끌었던 샘 레이번(Sam Rayburn) 하원의장

표 4.1 ▌의회 내 각종 위원회수 증감 추이, 1955~97년

	상원	하원	전체
84대	133	130	242
94대	205	204	385
100대	118	192	298
102대	119	185	284
105대	92	112	200

* 상임위원회, 특별위원회, 합동위원회와 소위원회를 모두 합친 것임
** *Vital Statistics on Congress, 1997~98*, Washington D.C.: AEI Press, 1998, p.119.

이나 린든 존슨(Lyndon Johnson) 상원 리더에 비견될 정도였다.

신진 의원들이 공세적으로 나온 것은 위원장들과의 세대간 감정도 작용했다는 분석이다. 1973년 당시 하원 상임위원회 위원장의 평균 연령은 66세였고 30년 이상 의원으로 재직하고 있었다. 상원의 경우, 상임위 위원장의 평균 연령은 64세로 21년의 의원경력을 갖고 있었다. 이런 상황에서 젊은 의원들이 좌절감과 분노를 표출한 것은 어쩌면 당연한 현상이기도 했다.6) 이에 따라 1975년부터 1990년까지 6명의 하원 상임위원장(모두 민주당 소속)이 당내 투표를 통해 위원장직에서 물러났다.

연장자 우선원칙에 따라 선출된 위원장이 독단적인 권한을 행사하는 사태를 막기 위해 위원장의 권한을 대폭 축소하려는 시도가 진행되었다. 그 결과 상임위원장의 권한은 1970년대 후반에 이르러 회의소집권 제한, 다수결 원칙에 따른 법안상정, 대리투표 제한 등으로 대폭 축소되었다. 또 그동안 정치적 흥정과 타협을 위한 목적으로 비공개리에 진행되어온 각종 위원회 활동이 일반 대중과 언론매체에 대부분 공개되었다.7) 위원회에 집중

---

6) Roger H. Davidson, "Subcommittee Government: New Channels for Policy Making," in T. Mann and N. J. Ornstein(ed.), *The New Congress*, Washington D.C.: The American Enterprise Institute Press, 1981, pp.105-108.
7) 위원회와 각종 청문회 활동이 대폭 개방된 것은 1970년의 의회재조직법 발효 후 1973년과 1975년에 각각 하원과 상원을 통과한 '선샤인 룰(sunshine rules)'에 따른 것이다. 선샤인 룰은 위원회 소속 의원 과반수가 투표를 통해 비공개 회의를 열기로 결정하지 않는 한 모든 위원회 회의를 공개하도록 규정하고 있다. 나아가 언론매체의 취재활동도 적극 허용하기로 했다. 하원규칙 제36조는 비공개 회의 회의록은 30년간, 비공개 청문회 회의록은 50년간 보존한 다음 위원회

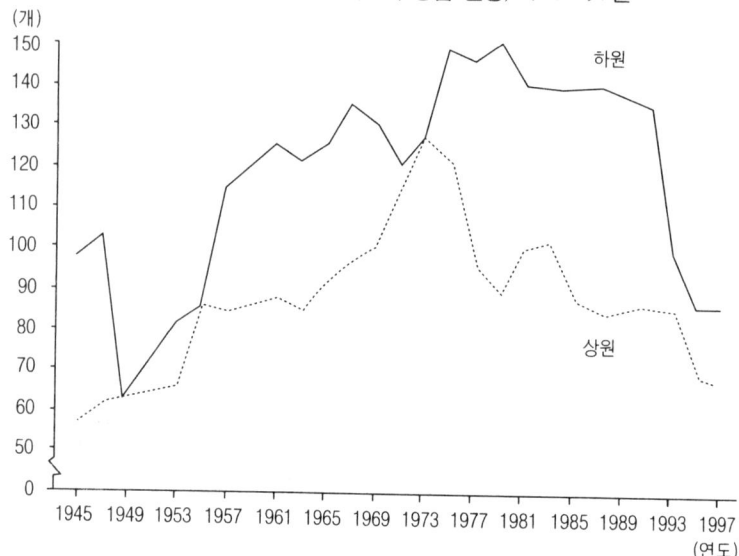

그림 4.3 ▎상·하원 소위원회 증감 현황, 1945~97년

* 자료: U.S. Congress, Joint Committee on the Organization of Congress, 103rd Cong. 1st sess.

된 권력을 분산해 의회 운영을 민주화하려는 신진 의원들의 열망은 법규 개정과 함께 소위원회의 양적 팽창을 낳았다.

1970년대 중·후반에 이뤄진 위원회 제도의 개혁조치에 대해 당시 대부분의 의원들은 만족하는 분위기였다. 많은 의원들이 최소한 소위원회 위원장직을 맡을 가능성이 높아졌기 때문이다. 여기에다 1971년 다수당인 민주당 주도로 의원 1인당 1개씩만 위원장직을 맡도록 운영규칙을 개정함에 따라 1975~76년 당시 다수당인 민주당 의원의 절반 정도가 상임위원회 또는 소위원회의 위원장직을 맡고 있었다. 때문에 민주당 의원의 이름이 생각나지 않을 때는 '미스터 체어맨(Mr. Chairman)'이라고 부르면 되었다고 한다.8)

결정에 따라 공개하도록 하고 있다.
8) 다수당 하원의원이 각종 위원회 위원장을 맡는 비율은 1960년대 이래 소위원회 등의 증가로 점증, 1970년대 후반 54%로 절정기에 이르렀다. 그러다가 1980년대 이후 하강곡선을 그리고 있다. 다수당 상원의원이 각급 위원장을 맡는 비율

표 4.2 ■ 상·하원 상임위원회와 소위원회 증감 추이, 1955~99년

	상원 상임위원회	상원 소위원회	하원 상임위원회	하원 소위원회
84대(1955~56년)	15	88	19	83
94대(1975~76년)	18	140	22	151
100대(1987~88년)	16	85	22	140
102대(1991~92년)	16	87	22	135
104대(1995~96년)	17	68	19	84
106대(1999~2000년)	16	68	19	86

* 자료: *Vital Statistics on Congress, 1997~98*, Washington D.C.: AEI Press, 1998, pp.120-121.
** 상·하원의 상임위원회 산하 소위원회만 집계한 것임.

하지만 소위원회의 양적 팽창은 의회가 소화해야 할 법안이 그만큼 늘어났음을 의미했다. 또 의원들의 폭증하는 업무를 지원하기 위한 보좌관 인력의 대폭 증가가 불가피해졌다. 동시에 소위원회의 숫자가 지나치게 많아지고 입법절차가 복잡해짐에 따라 의회의 법안심의 및 처리가 늦어지는 경우가 잦아졌다. '아무 일도 하지 않는 의회(Do-nothing Congress)'라는 비아냥거림이 보편화되고 의회가 비능률의 상징으로 미국 시민들에게 각인된 것은 이런 측면에서 비롯됐다는 분석도 있다.[9] 제106대 의회의 소위원회는 상원(68개)과 하원(86개)을 합쳐 모두 154개이다.

위원회 개혁 시도는 상원보다 하원에서 활발했다. 상원에서 위원회 활동이 차지하는 비중이 하원만큼 크지 않기 때문이다. 상원 의원에 대한 위원회 배정권을 정당이 직접 행사하고 있는데다, 100명의 소규모 집단으로 대부분의 의원이 서로 친숙하므로 하원과 같은 엄격한 규정을 만들어 시행하는 것 자체가 불가능에 가깝다는 이유에서다.

실제로 1975년 다수당이던 민주당 상원의원들은 상임위원장 선출을 하원과 마찬가지로 원내총회에서 비밀투표로 하기로 했지만 정작 여태 지속되어오던 연장자 우선원칙이 그대로 반복되었다. 그나마 1977년에 이뤄진

은 1979~80년에 98.3%까지 이르렀다가 1990년대 들어 80%선으로 줄었다. *Vital Statistics on Congress, 1997~98*, Washington D.C.: AEI Press, 1998, pp. 124-125.

9) *Congressional Quarterly*, op. cit., 1999, p.118.

상원 재조직(senate reorganization) 노력의 일환으로 3개의 상임위원회와 3개의 합동위원회를 폐지하고 상원 의원의 상임위원회 및 소위원회 위원장직 임명을 엄격하게 제한했을 뿐이다. 1993년에 발족된 상·하 양원 합동의회 기구위원회(Joint Committee on the Organization of Congress)가 상원의 위원회 조직과 입법절차 등을 개선하기 위해 다양한 제안을 했지만 정작 채택된 제안은 전무했다.10)

3) 상임위원장의 권한과 한계

모든 상임위원회와 소위원회의 위원장은 예외없이 다수당 의원이 맡고 있다. 20세기 들어 위원회에 대한 비판과 개혁 요구는 상당부분 위원장직을 겨냥한 것이었다. 19세기 후반 이후 미국 의회에서 상임위원회 위원장 자리는 해당 위원회에 어느 의원이 오래 재직했는가 하는 단 하나의 기준에 의해 결정되었다. 1946년의 의회재조직법도 연장자 우선원칙에 근거한 위원장 선출구조를 손대지 못했다. 오히려 위원회 운영에서 위원장의 관할 범위를 보장하고 확고한 권한 행사를 가능하게 했을 뿐이다.

그 결과 의원 개인 능력이나 자질, 당의 정책노선과의 불화 정도, 상이한 이데올로기 등에 상관없이 해당 위원회의 최다선 의원이라면 누구나 위원장직에 올라 의회 안팎에서 마찰을 빚었다. 예컨대 민권법안 처리 등과 관련해 당 지도부와 의견 마찰을 끊임없이 빚었던 제임스 이스트랜드(James Eastland, 미시시피 주) 하원의원의 경우, 연장자 우선원칙에 따라 법사위원장직을 1956년부터 1979년까지 23년간 수행, 민주당 내에서조차 비판의 목소리가 드높았다. 78세에 상원 세출위원장이 된 민주당의 칼 헤이든 상원의원은 91세로 은퇴할 때까지 같은 직책을 맡아 업무 수행상의 효율성과

---

10) 상원 위원회 제도의 전반적인 변천사를 살펴보려면, Robert C. Byrd, "The Committee System," in *The Senate, 1789~1989: Addresses on the History of the United States Senate*, Vol.2, Washington, D.C.: Government Printing Office, 1991 참조.

능력을 의심받았다.[11]

이런 상황에서 진보적(liberal)인 성향의 신진 의원들은 보수적이며 자의적인 위원회 운영으로 일신의 명예욕 충족에 급급한 위원장들의 폐단을 지적하면서 1960년대 후반부터 일련의 의회개혁을 요구했다.[12] 특히 1974년 중간선거에서 당선된 75명의 초선 의원들은 다른 소장파 의원들과 함께 기존 관행을 정면 공격했다. 민주당은 1975년 연장자 우선원칙에 따라 결정되던 위원장 선출방식을 원내총회에서 비밀투표를 통해야 한다는 내용으로 규정을 바꾸었다. 그 해 민주당 의원총회는 3명의 상임위원장에 대한 재신임을 거부함으로써 워싱턴 정가에 신선한 충격을 던졌다.

나아가 민주당 원내총회는 1973년 '소위원회 권리장전(subcommittee bill of rights)'을 통과시켜, 위원장이 더 이상 자신이 반대하는 법안을 일방적으로 폐기시키지 못하도록 했다. 또 해당 법안을 반드시 소위원회에서 다루도록 해 위원장의 권한을 대폭 축소했다. 1975년 하원에서 초당적 합의로 통과된 '한센 플랜(Hansen Plan)'은 각 상임위원회의 보좌관 숫자를 기존의 6명에서 18명까지 늘릴 수 있도록 허용, 의회의 독자적인 입법능력을 제고시키는 한편 이 가운데 3분의 1은 소수당 몫으로 할당했다.[13]

위원장은 다수당의 의원총회에서 선출해 내정한 다음 새로운 회기 본회의에서 공식 투표로 선출하는 방식으로 바뀌었다. 그렇지만 위원장의 권한을 '이빨 빠진 종이 호랑이'쯤으로 간주해서는 안된다. 위원장의 권위는 하원보다 상원에서 더 강하게 남아 있는데, 양원에 공통된 위원장의 주요 권한과 직무를 정리해보면 다음과 같다.

위원회 회의운영에 관한 사항으로 위원회 회의소집권, 위원회 의사일정

---

11) Congressional Quarterly, op. cit., 1999, p.125.
12) 위원장직 선임 원칙에 변화가 이뤄진 한 배경요인으로 남부지역 출신 위원장들이 과다했다는 시각도 있다. 실제로 1967년까지 상·하원에서 남부 출신 의원의 위원장 비율은 각기 56%와 50%였다. 그러다 개혁을 단행한 다음인 1975년에는 33~41%로, 1997년에는 24~17%로 급감했다. *Vital Statistics on Congress, 1997~98*, op. cit., p.126.
13) Congressional Quarterly, op. cit., 1999, pp.129-131.

작성권, 위원회 청문회일정 결정권, 위원회 질서유지권, 위원회 보고서 제출권, 상·하 합동위원회 위원임명권이 있다. 또 위원회 행정과 관련해 위원회의 행정·회계·예산을 총괄하며 위원회 소속 직원과 보좌관들에 대한 임면권을 갖고 있다. 마지막으로 대외적으로 본회의에서 소관 법안이 상정되어 다뤄질 때 법안에 대한 매니저(floor manager)로 주도적인 역할을 할 수 있다. 위원회의 대변인으로서 대언론 공식 창구역을 맡기도 한다. 위원장은 물론 소수당 간사와 긴밀하게 협조하려고 노력하는 게 보통이다. 위원장과 소수당 간사는 해당 위원회의 모든 소위원회 활동에 참여할 수 있다.14)

위원장의 임기와 관련해 명문화된 특별한 규정은 없다. 다만, 1994년 11월 선거에서 상·하원에서 다수당으로 복귀한 공화당이 뉴트 깅리치 하원의장 주도로 의회쇄신 차원에서 하원의장과 위원장들의 임기를 6년으로 제한하겠다는 공약을 발표함에 따라 공화당 내부적으로는 6년 임기로 정해져 있다. 그러나 제안자인 깅리치 의원 스스로가 6년을 채우지 못한 상태에서 1998년 11월 중도 하차함에 따라 이 약속이 지켜질지 여부가 주목된다. 공화당이 원내 다수당으로 이 공약을 준수한다고 가정할 때, 2001년 1월에 시작되는 제107대 의회는 거의 모든 위원장이 바뀌게 된다.

공화당 하원 지도부는 편법으로 한 위원회에서 6년 임기를 채운 위원장은 다른 위원회로 옮겨 위원장직을 맡도록 하는 방식의 도입을 검토하고 있다. 물론 민주당은 이런 식의 공약을 한 적이 없다. 이런 움직임은 연장자 우선원칙의 불가침적인 권위를 더욱 떨어뜨리는 한편 소장파 의원들과 하원의장의 영향력을 높이는 원동력이 되고 있다.15)

---

14) Ibid., p.146.
15) 상임위원장에 비견되는 소수당 의원은 '간사 의원(ranking minority member)'이다. 대부분 해당 위원회 소수당 의원 가운데 최다선 의원이 맡는데, 해당 위원회에서 자기 당을 대표하며 위원장의 회의 운영 관련 자문 등에 응한다. 위원장이 궐석일 때 회의 사회를 맡기도 한다. 다수당이 됐을 때, 위원장 선출 0순위 자리다.

2. 다양한 위원회의 활동분야

위원회는 성격상 수권(授權)위원회(Authorizating Committee)와 세출위원회(Appropriations Committee)로 구분된다. 전자는 정부재정으로 시행되는 사업과 관련된 법을 입안하는 사업수립위원회와 소위원회를 총칭한다. 그러나 신규 사업이 확정되었다고 해서 곧장 사업을 시행하기 위한 예산이 지출되는 것은 아니다. 사업을 재정적으로 지원하는 권한은 상·하원의 '돈줄(power of the purse)'을 쥐고 있는 세출위원회에 속해 있기 때문이다. 상·하원의 세출위원회는 연방정부의 각 부처가 분야별로 어느 정도의 예산을 쓸 것인지를 결정한다.

따라서 대부분의 법안은 수권 관련 각종 위원회를 거쳐 수권 여부가 확정된 다음 세출위원회에서 구체적인 예산액수가 결정된다. 예컨대 농업 신규 프로그램을 다루는 법안의 경우, 상·하원 농업위원회에서 논의를 거쳐 사업시행이 확정된 다음 세출위원회의 농업소위원회에서 구체적인 예산지출 규모가 확정된다. 여기서는 농업위원회가 수권위원회가 되는 셈이다. 세출위원회에서 지출예산은 최악의 경우 한 푼도 배정되지 않을 수 있으며 일부만 배정되거나 반대로 더 많이 배정되기도 한다. 세출위원회의 결정에 따라 추진 사업의 성패가 확연히 달라지는 것이다. 따라서 의회 세출위원회의 권한은 연방정부의 예산지출을 통제하고 있다는 점에서 어느 곳보다 막강하다. 그래서 상·하원 의원들은 세출위원회로 배정받기 위해 각 정당 지도부를 상대로 치열한 경쟁을 벌인다.

제106대 의회에서 세출위원회 소속 의원은 상원 28명, 하원 61명이다. 시민들에 대한 조세 관련 입법사항은 하원 세입위원회(Ways and Means Committee)와 상원 재정위원회(Finance Committee)에서 다룬다. 특히 미국 헌법은 조세입법권을 하원에 부여하고 있는 만큼, 하원 세입위원회의 권한이 막강하다. 형태별로는 상임위원회(Standing Committees)와 공동위원회(Joint Committees), 특별위원회(Select Committees), 양원 합동위원회(Conference Committees) 등 4개가 있다.

표 4.3 ▌ 제106대 의회(1999~2000년) 하원 상임위원회 현황 (단위: 명)

위원회	소속 의원수(공화/민주)	소위원회 수
농업	51(27/24)	4
세출	61(34/27)	13
군사	60(32/28)	5
은행·재정	59(32/27)	5
예산	43(24/19)	-
상업	53(29/24)	5
교육·노동	49(27/22)	5
정부개혁	43(24/19)	7
행정	9(6/3)	-
국제관계	49(26/23)	5
법사	37(21/16)	5
자원	52(28/24)	5
규칙	13(9/4)	2
과학	47(25/22)	4
소기업	36(19/17)	5
공직활동기준	10(5/5)	-
교통·인프라스트럭처	75(41/34)	6
재향군인	31(17/14)	3
세입	39(23/16)	5

* 자료: *Congressional Quarterly Weekly Report*, March 13, 1999.
** 1명의 무소속 의원은 하원 은행·재정위원회에 배속되어 있음.

1) 상임위원회와 소위원회

제106대 의회에는 모두 35개의 상임위원회가 있다(상원 16개, 하원 19개). 세출위원회 등 일부 예외를 빼면 행정부 부처 편제와 비슷한 형태이다. 제105대 의회에서 가장 규모가 컸던 위원회는 하원의 교통·인프라스트럭처 위원회(Committee on Transportation and Infrastructure)로 모두 75명의 의원이 소속되어 있었다. 예산위원회(Budget Committee) 등 극소수 예외를 제외한 대부분의 상임위원회는 소위원회를 두고 있다. 1970년대 이후 '소위원회에 의한 통치(government by sub-committee)'라는 표현이 널리 퍼질 정도로 소위원회의 비중은 크다. 제103대 의회(1993년)부터 1개 상임위원회당 6개 이내의 소위원회를 두어 위원회의 소관사항을 분장(分掌)하고 있다. 이같은

표 4.4 ■ 제106대 의회(1999~2000년) 상원 상임위원회 현황 (단위: 명)

위원회	소속 의원수(공화/민주)	소위원회 수
농업	18(10/8)	4
세출	28(15/13)	13
군사	20(11/9)	6
은행	20(11/9)	5
예산	22(12/10)	-
상업·과학·교통	20(11/9)	7
에너지·천연자원	20(11/9)	4
환경·공공사업	18(10/8)	4
재정	20(11/9)	5
외교	18(10/8)	7
정부문제	16(9/7)	3
건강·교육·노동	18(10/8)	4
법사	18(10/8)	7
규칙·행정	16(9/7)	-
소기업	18(10/8)	-
재향군인	12(7/5)	-

* 특별위원회: 하원에서는 정보위원회 1개가 있음, 상원에서는 윤리·정보·노령·컴퓨터 2000년 인식문제(Y2K 2000) 등 4개가 있음(1999년 10월 현재).
** 공동위원회: 하원에서만 3개(경제·의회도서관·조세)가 있음.
*** 자료: *Congressional Yellow Book, Spring 1999*, Washington D.C.: A Leadership Directory, 1999.

제한 규정은 소위원회의 난립을 막기 위한 것이다. 위원수가 20인 이상인 위원회는 4개 이상의 소위원회를 두며, 세출위원회와 세입위원회는 업무 성격상 예외적으로 필요한 수만큼의 소위원회를 설치할 수 있다.

하원 세출위원회의 소위원회는 현재 13개로 상·하원을 통틀어 가장 많다. 세출위원회 소위원회는 각기 관할 범위가 명확하게 나뉘어져 있고 상당한 자율성과 권한을 갖고 있다. 상임위원회에 회부되는 모든 안건은 전체 위원회나 소관 소위원회로 회부되는데, 소위원회로 회부되는 경우가 일반적이다. 소위원회는 소위원장과 야당 간사를 두는 등 상임위원회 조직과 거의 비슷하다.

소위원회가 입법과정에서 차지하는 역할은 하원에서 두드러진다. 하원에서는 청문회나 각종 법안 심의가 본위원회보다 소위원회 주관으로 열릴 때가 많으며 그만큼 적극적이다. 반면, 규모가 적은 상원에서는 대부분의 중요 법안을 상임위원회에서 다룬다.16)

  2) 특별위원회

  특별위원회는 범죄, 기아, 마약, 컴퓨터 2000년 인식문제(Y2K) 등 특별한 문제가 생길 때마다 구성되어 문제점을 조사하고 대응방안을 마련하기 위해 설치된다. 1973~74년에 닉슨 전 대통령의 워터게이트 스캔들 조사 특별위원회와 1987년의 이란 - 콘트라(Iran-Contra) 사건 조사를 위한 상·하 양원 특별위원회가 이 경우이다. 특별위원회의 규모와 활동기간은 위원회 구성과 운영을 규정한 결의안의 내용에 따라 달라진다.
  1999년 5월 말 중국이 20년에 걸쳐 미국의 비밀 첨단 핵무기 개발 기술을 빼내왔다는 콕스 보고서를 낸 하원 특별위원회는 공화당의 크리스토퍼 콕스(Christopher Cox, 캘리포니아 주·위원장) 의원과 민주당의 노먼 딕스(Norman Dicks, 워싱턴 주·부위원장) 등 5명의 공화당 의원과 4명의 민주당 의원 등 9명으로 구성되어 있다. 이 위원회는 1998년 5월 깅리치 당시 하원의장의 제안으로 탄생해 1년 여 동안 집중적인 조사활동을 벌였으며 최종 보고서만 3권 분량에 이르는 872쪽에 달했다.
  특별위원회는 원칙적으로 입법활동을 하지 않는다. 그러나 예외적으로 입법을 하는 경우도 있다. 정보위원회(Intelligence Committee)가 이에 해당된다. 정보위원회는 3개의 소위원회를 갖춘 사실상 상근 기구이다. 특별위원회는 의원들이 전국적인 지명도를 높이는 도약의 발판으로 활용되기도 한다. 조지 맥거번(George McGovern), 월터 먼데일(Walter Mondale) 전 상원의원 등은 각기 국민영양과 일상생활의 필요사항에 관한 특별위원회(Special Committee on Nutrition and Human Needs)와 평등교육기회 특별위원회(Special Committee on Equal Education Opportunity)에서 주도적인 활동을 해 전국적인

---

  16) Christopher Deering and Steven S. Smith, op. cit., 1997, p.141.

주목을 받았다.

특별위원회가 주관하는 청문회에서 노약자, 사회사업가, 원주민 등 특정한 부류의 사람들이나 로비단체들은 권익신장을 위해 문제점을 거리낌 없이 토로한다. 실제로 이런 특별위원회 활동과 건의를 반영해 법안이 만들어지는 경우도 종종 있다.

3) 공동위원회

공동위원회는 공동결의안이나 의회 내 규정에 의거해 위원회 규모가 정해지는 상설 조직이다. 하지만 독자적인 법안심사나 본회의 제출권한은 없는 상태다. 법안 심사와 제출권을 가졌던 최근의 공동위원회는 1977년 폐지된 원자력 에너지 공동위원회(Joint Committee on Atomic Energy)가 마지막이다.

공동위원회에 상·하원 의원들이 같은 숫자로 참여하며 위원장직은 상·하원이 교대로 맡는 게 관례이다. 또 위원장이 상원이면, 부위원장은 하원 의원이 맡는 게 일반적이다. 제106대 의회에는 4개의 공동위원회가 구성되어 있다. 이 가운데 경제·조세 공동위원회는 각기 경제와 조세문제에 관한 정책건의를 위한 청문회를 주관하며 경제문제 전반 및 재정·예산 프로그램 검토, 조세문제 연구를 한다. 장래의 법안 입안을 위해 심층연구를 하고 분석결과를 의원들에게 제공한다.

인쇄 공동위원회는 정부인쇄국을, 도서관 공동위원회는 의회도서관 운영을 지휘·감독한다. 1993년에 한시 기구로 활동했던 의회기구 공동위원회(Joint Committee on the Organization of Congress)는 상·하원의 조직 개혁을 위한 보고서를 제출한 바 있다.[17]

---

17) 양원 합동위원회(Conference Committee)는 3장을 참고할 것.

4) 비공식 위원회

별도로 구성되는 비공식 위원회에는 두 가지가 있다. 하나는 해당 법안 심의에 여러 위원회가 참여해 법안처리가 번거로울 것으로 예상될 때, 하원의장이 하원 본회의의 과반수 찬성표결로 승인받아 직권을 발동해 만드는 임시위원회(ad hoc committee)이다. 다른 하나는 의회 바깥에서 개별 정당 또는 양당이 초당적으로 합의해 만드는 태스크포스(task force) 위원회이다. 1989년에 하원 공화·민주당이 함께 참여해 구성한 '의원 윤리 태스크포스'는 의원들의 사례금 수수 금지와 급여 인상을 결정했다.

태스크포스 위원회는 1995년 공화당이 의회 다수당으로 복귀한 이후 자신들의 정책플랜인 '미국과의 계약'을 달성하기 위해 한동안 자주 가동했다. 그러나 일반 대중과 동떨어진 채 폐쇄적인 회의를 하는데다 기존의 위원회 제도를 약화시킨다는 이유에서 바람직스럽지 않다는 비판의 목소리가 많다.[18]

5) 국가재정 관련 상임위원회들

의회의 권능은 무엇보다 국가재정에 대한 심사와 통제기능에서 나오는 만큼 이에 해당되는 세입·세출·예산위원회는 노른자위 위원회로 꼽힌다. 이 3개 위원회의 위원장이나 소수당 간사는 소속 정당의 정책위원회 또는 운영위원회의 당연직 위원으로 참석하고 있다. 편의상 하원의 3개 관련 위원회를 살펴본다.

예산위원회(Committee on Budget)

1974년 의회예산법(The Congressional Budget Act of 1974)에 근거해 설치되었다. 현재 의원 총수는 위원장(John Kaisch, 오하이오 주)을 포함해 모두 43

---

[18] Congressional Quarterly, op. cit., 1999, p.145.

명이다. 예산에 관한 모든 의안의 심사·처리를 하며 예산지출의 효과분석과 결과 등을 의회에 보고하는 책무를 갖고 있다. 의회예산처(CBO)를 감독하며 그 기능에 대한 검토작업도 맡고 있다. 위원회 내부 규정에 따르면 매월 두번째 수요일에 정기회의를 개최한다.

세입위원회(Committee on Ways and Means)

1789년 특별위원회로 발족됐다가 1802년 7명의 의원으로 정식 상임위원회가 되었다. 설치 당시에는 세입과 세출 업무를 동시에 맡았으나 1865년에 세출위원회가 분리됨에 따라 세입 업무만 관장한다. 전통적으로 미국 헌법이 세입 권한은 하원에 부여하고, 인사권은 상원에 부여했다는 점(헌법 1조 7, 8항)에서, 세입과 관련한 재정통제 기능을 수행하는 의회 내 유일한 조직이자 세출위원회와 함께 의회의 기능을 수행하는 양대 산맥으로 평가된다. 14선 경력의 빌 아처 위원장(Bill Archer, 텍사스 주)을 비롯해 39명의 의원이 소속되어 활동중이다. 세입 법안에 관한 모든 사항과 세관·출입국·항구, 사회보장, 국고(國庫), 정부보증채무, 호혜무역협정 등에 관한 사항도 함께 다룬다. 제106대 의회에는 무역·조사·건강·사회보장·인력 등 5개의 소위원회를 두고 있다.

세출위원회(Committee on Appropriations)

모두 13개의 소위원회가 구성되어 있어 소위원회의 활동이 가장 활발한 위원회이다. 제103대 의회(1993~94년) 당시 소위원회의 난립을 막기 위해 상임위원회별 소위원회 숫자를 6개 이하로 제한했지만 세출위원회는 유일한 예외 대상이다. 13개는 정부기관을 분야별로 담당하고 있다.

정부활동을 위한 재정지출에 관한 사항을 전담할 뿐 아니라 이미 확정된 정부운영 및 사업에 대한 구체적인 지출권한을 행사하고 지출항목 이용 및 전용(轉用) 사항도 취급해 가장 막강한 힘을 가진 위원회다. 위원장인 빌 영 (Bill Young, 플로리다 주) 의원 이외에 60명의 의원이 소속되어 있다.

3. 위원회 배정

1) 위원회 배정 경쟁

의원들은 의정활동에서 위원회의 중요성을 십분 인식하고 있는 만큼 중간선거가 끝나기 무섭게 희망하는 위원회에 배속받기 위해 치열한 경쟁을 벌인다.[19] 이들은 위원회에서 자신의 전문분야를 특화하고, 다음번 선거에서 당선에 유리한 위원회에서 일하고자 한다. 특히 막강한 권한을 가진 위원회에 배정받을 경우, 정치자금 모금이 훨씬 용이하다는 점이 매력이다. 그래서 각당 지도부는 위원회 배정 시즌마다 오히려 비인기 위원회를 자원하는 의원들을 찾아 나서기에 바쁘다.

양당 지도부는 중간선거 결과에 따라 다수당과 소수당이 바뀔 때 몹시 바빠진다. 상당수 의원들의 위원회 배정을 새로 해야 하기 때문이다. 2년마다 전체 의원의 3분의 1만 바뀌는 상원에서 의원간 경쟁이 하원보다 덜하지만, 위원장직이나 위원회 배정을 둘러싼 암투가 벌어지는 것은 마찬가지다.

상·하원은 의사운영 규칙에 위원회 배정과 관련해 명문화된 규정을 갖고 있지 않다. 하지만 의원들은 최소한 어떤 위원회가 자신에게 맞지 않는가 하는 정도는 알고 있다. 가령 아이오와 주 같이 내륙 농업지역 출신 의원이라면 상선이나 수산물을 다루는 위원회는 피하는 게 마땅하다. 또 출신 지역에 군사시설이 많으면 국방예산을 다루는 군사위원회 같은 곳으로 배정받기를 원한다.

위원회 배정에는 정당이나 상·하원별로 일정한 규칙이 있는데 초선 상원의원은 대개 A급과 B급 위원회에 한 군데씩 배정되는 게 보통이다. 특히 1950년대 이래로 상원에서는 거의 모든 의원이 '슈퍼 A급위원회'인 세출·군사·외교·재정 위원회 가운데 적어도 어느 하나에 소속되도록 해놓고 있다. 하원에서는 공화당과 민주당이 자체 배정 원칙을 세워놓고 있다.

---

19) Deering and Smith, op. cit., 3rd ed., 1997, p.60.

민주당은 세입·세출·규칙 위원회를 배타적(exclusive) 위원회로 분류한 다음 의원들의 선호도와 영향력 등에 따라 나머지 위원회를 주요(major) 위원회와 비주요(non-major) 위원회 등 세 종류로 구별해놓고 있다. 민주당은 배타적 위원회에 속한 의원은 다른 주요 위원회에 소속되지 못하게 하고, 배타적 위원회에 속하지 못한 의원들은 주요 위원회와 비주요 위원회에 활동하도록 하고 있다.

공화당은 세출·에너지 및 상업·규칙·세입위원회 등 네곳을 홍(紅) 위원회로, 민주당의 주요 위원회는 백(白) 위원회로, 비주요 위원회는 청(靑)위원회로 나누어 가능한 한 공정을 기하고 있다. 각 정당의 의원 총회나 위원회 등 당내 기구를 통해 공식적인 위원회 배정이 이뤄지지만 실제로는 각당 지도부가 위원회 배정에 절대적인 영향력을 행사한다. 다선 의원들은 지도부와의 오랜 인간관계 등으로 말미암아 초·재선 의원들보다 유리한 입장이다. 예컨대 제106대 의회에서 막강 부서인 하원 규칙위원회(Rules Committee)에 배속된 톰 유잉(Tom Ewing, 일리노이 주) 의원은 데니스 해스터트 하원의장과 주의회 의원을 같이 한 막역한 친구 사이라는 점이 작용했다. 그는 5선 의원임에도 불구하고 의사당 본관 건물의 위치 좋은 곳에 특급 사무실까지 얻어 한동안 의사당 안팎에서 입방아에 올랐다.

2) 슈퍼 A위원회

특별한 요인이 없는 한 의원들은 한 위원회에 장기간 배속되어 활동하기를 원한다. 단, 6년으로 임기가 제한되어 있는 하원 예산위원회는 예외이다. 의원들이 한 위원회에 오래 머무는 것은 위원회에서 꾸준히 선수(選數)를 쌓으면 언젠가는 위원장을 맡을 수 있으리라는 기대감이 있기 때문이다. 하지만 상·하원에서 각기 '슈퍼 A위원회'로 인정되는 세출·상업·세입·규칙 위원회(하원)와 군사·외교·세출·재정 위원회(상원)는 사정이 다르다.

이곳에 어느 한 곳이라도 공석이 생기면 다른 위원회에 속해 있던 의원들이 배정받기 위해 양보 없는 경쟁을 벌인다. 이들 위원회는 막강한 권한을 누리는 동시에 로비스트들의 집중적인 로비 대상이 되는 인기 위원회인 만큼, 대부분의 의원들이 하나같이 소속되기를 희망한다.

초선 의원들은 자신의 정치적 미래가 위원회 배정 여부에 달려 있다고 믿고 중간선거에서 당선이 확정된 직후부터 다음 회기의 의회가 열리는 다음 해 1월 초까지 지도부를 상대로 집중적인 위원회 배정 로비를 펼친다. 초선 의원들이 세입·세출·재정 등을 다루는 막강한 위원회에 배정되는 것은 이같은 로비가 주효했거나 중진 의원들의 적극적인 지지가 없이는 불가능하다. 예외적으로 위원회 배정 과정에서 어부지리를 얻는 경우도 심심찮게 있다. 제104대 의회(1995~97년)에서 초선 의원으로서 막강한 하원 세입위원회에 배속됐던 필 잉글리시(Phil English, 펜실베이니아 주) 의원은 "내가 왜 선정됐는지 모르겠다"며 어리둥절했다는 후문이다. 그러나 상당수 초선 의원은 자신의 희망과 관계없는 위원회에 속하게 되는 경우가 훨씬 많다.[20]

위원회 배정은 각당 지도부의 판단과 당시 정치적 역학관계에 의해서도 좌우된다. 깅리치 하원의장은 1994년 선거 승리의 공신으로 자신에 대한 충성파 초선 의원들을 세입위원회나 규칙위원회 같은 핵심 위원회에 배치했으며, 위원장 선정시에도 고참 서열을 무시하고 충성도가 높은 측근을 임명했다. 예컨대 당시 세출위원회에서 서열 5위에 불과했던 밥 리빙스턴 의원(Bob Livingston, 루이지애나)이 일약 위원장으로 발탁된 것이 그런 예다.

다음번 선거에서 취약해 보이는 의원들이나 열심히 선거자금을 모아 당에 실질적으로 기여한 의원들을 향후 정치활동에 도움이 되도록 상업위원회나 세입위원회 등 모든 의원들이 탐내는 위원회로 배정하는 식의 정치적 융통성도 수시로 발휘되곤 한다. 깅리치 의장 사퇴 후 공화당 지도부는 유력 위원회일수록 가능한 한 다선 의원을 우선적으로 배정하고 있지만 당에 대한 충성심과 기여도가 여전히 위원회 배정에 중요한 요인이 되고 있다.[21]

개별 상임위원회의 위상이나 인기도는 고정되어 있지 않고 미국민의 관

---

20) Ibid., p.61.
21) Juliet Eilperin, "GOP Members' Loyalty Helps Land Plum Committee Seats," *The Washington Post*, November 24, 1998, A4.

심사와 미국의 국제적 지위, 세계적 이슈에 따라 바뀐다. 일례로 1960~70년대에는 상원 외교위원회, 하원 국제관계위원회 등이 큰 인기를 모았다. 그러다 1970년대 들어 오일쇼크 등을 겪으면서 에너지 정책과 정부의 에너지 규제완화 등이 본격 거론되자, 에너지 관련 위원회가 영향력 있는 인기 위원회로 부상했다. 1990년대에는 미국민의 대외문제에 대한 관심도가 눈에 띄게 줄어든 대신 예산 배정과 관련해 막강한 힘을 행사하고 있는 세출·세입위원회와 정보통신·증권보험사 등 알짜배기 기업들에 대한 규제문제 등을 다루는 상업위원회, 그리고 선거구민들에게 지역개발이라는 선물을 안겨주기 쉬운 교통·인프라스트럭처 위원회가 선호되는 분위기다. 그러나 앞서 지적한 대로 다른 위원회의 위상 변화와 상관없이 세출·재정·세입위원회는 연방정부의 돈 흐름을 통제하고 있다는 점에서 영향력이나 권위에서 거의 변화가 없다.

3) 시대에 따른 위원회 선호도

의회전문 연구가인 디어링(Deering)과 스미스(Smith)는 의원들이 선호하는 위원회를 의원의 개인적인 정치적 목표와 연결시켜 정리하고 있다.[22] 먼저 하원에서는 권위와 영향력을 중시하는 의원이 선호하는 위원회(prestige & influence committees)로 규칙·세입·세출·예산 위원회 등 네 곳이 지적된다. 국민적 관심사인 공공정책을 다루는 위원회(policy committees)는 시대별로 다르지만, 1960~70년대에는 외교·상업·법사·교육 및 노동위원회가, 1980년대 이후에는 범죄, 균형예산, 규제완화, 의료보험, 교육 등의 이슈를 다루는 위원회가 해당된다는 것이다.

지역구 이익을 대변하는 데 유리한 위원회(constituency committees)로는 농업·군사·교통 및 인프라스트럭처·과학·중소기업 및 재향군인·자원위원회

---

22) 의회 연구가인 리처드 페노는 "의원들은 재선을 노리느냐, 영향력에 비중을 두느냐 또는 정책형성에 관심이 있느냐 등 세 가지 가운데 어느 것을 목적으로 하느냐에 따라 선호하는 상임위원회가 달라진다"고 말했다.

> ### 언제든지 개원 가능한 위원회
>
> 위원회는 휴회기간을 제외한 모든 기간 중에 언제든지 회의를 열 수 있다. 그러나 위원회 활성화 차원에서 의회규칙(상원규칙 제26조 제3항, 하원규칙 제11조 제2항 B)은 최소한 매달 1회씩 정기회의를 열도록 규정하고, 구체적인 회의 일자를 각 위원회의 규칙에 명문화해놓고 있다. 각 위원회는 이에 따라 최소한 월 1회의 정기회의를 연다. 그러나 이 정기회의 규정은 큰 의미가 없다. 상임위원회의 위원장이 심의할 안건이 없다고 판단할 때는 정기회의를 열지 않을 수 있으며 필요에 따라 다른 일자에 열 수도 있기 때문이다. 또 위원장은 위원회에 계류 중인 의안의 심사 및 기타 업무를 처리하기 위해 필요하다고 생각되면 임시회의를 소집할 수 있다.
>
> 한편, 상임위원회에 소속된 3인 이상의 의원은 특별회의 소집을 요구할 수 있다. 특별회의 소집요구서가 제출된 지 3일 이내에 위원장이 회의 소집 의사를 밝히지 않으면, 소속의원 과반수의 서명으로 회의를 직접 소집할 수 있다. 이 경우에는 심의안건과 소집시기를 별도로 정해야 한다. 1970년의 의회재조직법에 따라 상·하원 위원회는 위원회 단계에서 이뤄진 수정안, 마크업, 법안에 대한 의원들의 투표 현황과 회의록을 공개하고 있다. 또 위원장과 소수당 간사나 위원회 전체 표결에 의한 별도 결정이 없는 한 청문회 개최 일정을 최소한 1주일 전에 외부에 공개한다.

등 7개가 거명된다. 이들 위원회는 시대 변화에 영향받지 않고 지속적인 인기를 유지하고 있다. 반면, 행정위원회나 동료 의원들의 비행과 이에 대한 징벌을 다루는 공직활동기준위원회는 대부분의 의원들이 그다지 달가워하지 않는 위원회(un-requested committees)로 분류된다.[23]

상원의 경우, 정책위원회로는 외교·예산·법사·노동·정부문제위원회 등 5개가 있다. 특히 상원 외교위원회 소속 의원들은 글로벌 이슈를 다룬다는 데 상당한 자부심을 갖고 있다. 지역구 이익대변 위원회로는 농업·상업·에너지·환경·세출위원회가 '톱5'에 포함된다. 정책개발과 지역구 이익을 신장시키는 데 유리한 위원회(mixed policy/constituency committees)로는 군사·재정·금융·소기업 위원회 등 네 곳이 있다.[24] 반면, 윤리위원회는 같은 동료

---

23) Deering and Smith, op. cit., 3rd ed., 1997, pp.63-78.

의원들의 비행을 조사해야 하고 본인이나 선거구민에게 아무런 소득이 없다는 이유에서 늘 기피되는 곳이다. 하원이 윤리위원회의 명칭을 공직활동위원회(standards of official conducts)로 바꾼 것은 이런 이유에서다.25)

4. 미국 의회의 저력, 청문회

청문회(Hearings)는 당초 미국 의회만이 채택한 독창적인 제도였다. 그러나 20세기 후반부터 세계 각국이 비슷한 방식의 청문회를 도입하고 있다. 청문회는 개방적으로 운영되므로 취재기자나 이익단체 관계자들은 물론 일반 관광객들도 특별한 제한이 없는 한 청문회장에 들어가 참관할 수 있다. 청문회 회의록은 청문회가 끝난 직후에 신속하게 배포된다.

청문회는 대통령 탄핵과 같은 큰 사건을 의회가 논의할 때도 변함없이 열린다. 청문회 그 자체가 법안 심의, 즉 의회 활동에 필수적인 절차가 되고 있기 때문이다. 클린턴 대통령에 대한 탄핵심판투표가 상원에서 이뤄진 1999년 2월 12일에도 청문회는 의사당 주변 건물 곳곳에서 열렸다. 대통령을 바꾸더라도 의회의 청문회 활동은 쉬지 않고 열리는 것이다.26)

청문회장에 참석해보면 관련 의원들이 자유롭게 수시로 들락거리는 모습이 보인다. 때에 따라서는 청문회장에 1~2명의 의원만 자리를 지키는 경우도 심심찮게 있다. 그러나 이 경우에도 보좌관들이 반드시 자리를 지키고 청문회의 내용과 진행사항을 꼼꼼하게 체크하고 있다. 청문회가 형식

---

24) Ibid., pp.80-86.
25) 상임위원회 명칭은 수시로 바뀐다. 1999년 1월 6일 개원한 제106대 의회(하원)는 개원 직후 결의안(H.Res.9)을 통해 3개의 상임위원회 이름을 변경했다. 하원의 정부개혁·감시위원회(government reform & oversight)는 정부개혁위원회(government reform)로, 하원감시위원회(oversight)는 행정위원회(administration), 국가안보위원회(national security)는 군사위원회(armed service)로 각각 바뀌었다.
26) 하원 청문회에 대한 개괄적인 안내는 Carol Vincent and Richard Sachs, "Hearings in the House of Representatives: A Guide for Preparation and Conduct," CRS Report, 1996.

보다는 실질을 더 중시하고 있는 사례다.

위원회 주관 청문회에는 네 가지 종류가 있다. 어떤 법안이 의회에 접수되었을 때 그 심의를 위해 의회 안팎의 전문가와 관계자, 일반 대중을 상대로 한 입법청문회가 대종을 이루지만 심사청문회(oversight), 조사청문회(investigations)와 인준(confirmation)청문회도 있다.

앞의 3개 청문회는 상·하 양원을 가리지 않고 열리지만, 인준청문회는 헌법 규정에 따라 상원에서만 열린다. 이외에도 상·하원의 각 위원회는 법안을 제정한 다음 일반 시민의 반응을 듣거나 중요한 긴급 현안에 대한 사회적 공론을 모으기 위한 목적으로 청문회를 수시로 열기도 한다.27)

워싱턴의 의사당 울타리를 벗어나 하원의원 지역구나 상원의원의 출신주에서 열리는 청문회는 현지 청문회(field hearings)라고 부른다. 청문회의 장소와 구체적 논의 내용과 개최 시점 등은 관할 위원회 위원장과 위원회의 전문보좌관들이 입법의 필요성, 지역 구민의 이익과 관심도, 로비스트들의 영향력 등을 종합적으로 고려해 결정한다.

청문회는 철저한 사전조정을 거쳐 의원들이 TV 뉴스 등 언론에 비춰지기 위해 연출된 행사라는 비판을 받는다. 위원장과 위원회 전문위원들이 청문회의 일정과 시간, 장소 등을 사전에 협의해 계획한다는 점에서 근거 없는 주장만은 아니다.

1) 입법청문회

입법청문회는 새로운 법안을 만들거나 현행법에 수정을 가하기 위해 소집되는 청문회로 가장 흔한 형태이다. 연방정부의 새로운 계획수립이나 법안 작성은 물론 기존 사안에 대한 수정이나 폐기까지 광범위하게 다룬다. 예컨대 1999년 5월 19일 벤저민 길먼(Benjamin Gilman) 하원 국제관계위원장이 제출한 북한위협감축법안(North Korea Threat Reduction Act)은 같은 해

---

27) 청문회와 의회의 입법 능력과 관련해서는 George Costello, *Legislative Powers of Congress: A Brief Reference Guide*, CRS Report, 1998 참조.

3월 24일 하원 국제관계위원회 주최로 열린 북한청문회가 결정적인 계기가 되었다.

당시 입법청문회에 증인으로 출석한 폴 월포위츠 전 국방차관과 제임스 릴리 전 중국주재 미국대사가 탈북자 지원문제를 정식으로 제기했으며, 북한위협감축법안은 이들의 견해를 상당 부분 반영해 중국 등으로 탈출한 북한 난민을 지원할 것과 이들의 실질적인 정착 지원을 골자로 하고 있다.

대부분의 위원회는 화·수·목요일에 열리므로 청문회도 보통 이때 열린다. 청문회 진행과정에서 위원장의 권한은 막강하다. 청문회에 나올 증인과 증인들의 발언 순서를 정한다. 또 청문회에서 다루는 의안이 부정적이라고 판단할 경우, 청문회 일정을 연기하거나 증인 숫자를 늘림으로써 심의 자체를 무력화시킬 수 있다.

청문회와 증언자들을 지켜보는 일반 시민들은 청문회장에 한두 명의 의원들만이 앉아서 회의를 진행하는 모습을 보고 실망하는 경우가 있다. 이런 모습은 의회의 독특한 규칙에 근거한 것이다. 즉 하원규칙에 따르면, 공화·민주 각 당의 소속의원 한 명 이상이 참석하면 위원회 개회정족수(Committee Quorum)가 된다는 것이다. 상원에서는 다수당 소속 의원 1명만 참석해도 청문회를 열 수 있다.

그러나 더 큰 이유는 청문회의 증언문 자체는 청문회 개최 전에 위원회에 제출되며 전문보좌관들이나 때로는 의원들이 읽은 다음, 위원회 보고서(Committee Report)에 게재되기 때문이다. 그래서 각종 스케줄로 바쁜 의원들이 청문회에 반드시 참석해야 할 필요성을 느끼지 못하는 것이다. 그러나 TV, 뉴스, 카메라 등 언론이 특정 사안에 관한 청문회를 보도하는 경우, 의원들의 청문회 출석률은 높아진다.

청문회장에서 가장 바쁜 이들은 보좌관들이다. 의원이 출석해 있는 경우, 의원석 뒷편에서 의원과 부지런히 귀속말을 나누면서 증인에 대한 질문자료를 제공하고 청문회의 논점을 주지시킨다. 의원이 출석하지 않았을 때는 청문회장에 남아 현장 분위기를 정리해 의원들에게 보고해야 한다.

≪워싱턴포스트≫를 비롯해 워싱턴D.C.에서 발행되는 주요 유력지들은

청문회 개최일정을 당일자 신문에 자세하게 게재한다. 청문회에서 증인들은 대개 5~10분 정도 발표를 한 다음, 위원회 소속 의원들과 질의응답 시간을 갖는다. 증인들은 특정 사안을 담당하는 정부 관리나 이익집단 대표, 일반 시민 등 다양하다. 최근에는 법안에 대한 언론과 일반 대중의 관심을 끌기 위해 로버트 레드포드(Robert Redford), 엘리자베스 테일러(Elizabeth Taylor) 같은 스타급 연예인들도 종종 청문회 증인으로 출석한다. 헨리 키신저(Henry Kissinger) 전 국무장관, 케네스 스타(Kenneth Starr) 독립검사 등 특정 분야의 전문가나 명망 있는 인사들은 단독 증언하는 경향이다.

2) 심사청문회

의회는 행정부 각 부서의 활동을 심사·조사하는 권한도 갖고 있다. 이 기능은 새 법안을 만드는 것보다 많이 알려져 있지 않기 때문에 의회의 기능 가운데 방치되어온 분야이다. 그러나 근래들어 심사기능에 대한 중요성이 재인식되면서 심사청문회도 활발해지고 있다. 특히 1946년과 1970년의 의회재조직법과 1974년의 의회예산법, 1978년의 정부윤리법(Ethics in Government Act) 등을 통해 의회가 행정부의 소관 부처를 면밀하게 조사할 수 있는 권한, 즉 넓은 의미의 국정조사 권한을 부여받게 되면서 이런 기조가 확고해지고 있다.[28]

의회의 기능 가운데 심사 분야처럼 심사자(reviewer)와 심의자(deliberator)의 역할이 잘 발휘되는 분야도 드물다. 행정부의 주된 활동이 제정된 법을 집행하는 데 있다면, 의회는 법안을 만들고 집행을 감시한다는 의미에서다. 위원회는 심사결과 연방정부의 계획이 제대로 집행되지 않고 비효율적인 것으로 판명될 경우, 연방정부의 지출계획을 철회(de-authorize)할 수 있다.

예컨대 세출위원회는 특정 계획에 대한 재정지원을 거부할 수 있으며,

---

[28] 미국 의회의 대행정부 감시와 심사기능은 Frederick M. Kaiser, *Congressional Oversight*, CRS Report, 1997. 한국 사례와의 비교는 김민전, 「한·미 의회의 국정감사 비교분석」, 대한민국 국회개원 50주년 기념학술대회 발표논문, 1998 참조.

이에 따라 계획 자체가 수행되지 못하게 하는 권한을 갖고 있다. 의회는 연방정부에 대한 심사를 세 가지 분야를 통해 행한다. 일반 상임위원회와 정부 개혁위원회, 특정위원회에 의한 포괄적인 감사·조사이다.

이 가운데 상원 정부문제위원회(Committee on Governmental Affairs)와 하원 정부개혁위원회(Committee on Government Reform)는 연방정부기관의 낭비와 비효율적인 업무행위 심사에 초점을 맞추고 있다. 하지만 정도의 차이가 있을 뿐 상·하원의 모든 위원회가 해당 분야별로 심사기능을 수행하고 있다고 보는 게 더 정확하다. 각 상임위원회는 소관 사항에 대해 언제, 어떤 문제에 대해서도 감사와 조사 활동을 벌일 수 있다.[29] 다만, 상원에서는 세 가지 종류의 감사·조사 과정이 각 상임위원회 수준에서 자율적으로 진행되지만, 하원은 형식적인 조정체계를 갖고 있다. 즉 하원규칙[제10조 2항 (d)(1)]은 매 의회의 전반기 2월 15일까지 감사계획서를 하원 정부개혁위원회와 감독위원회에 제출하도록 규정해놓고 있다.

일부 상임위원회는 다른 위원회의 소관 사항에 대해서도 포괄적인 검토를 행할 수 있는 특별감사권(special oversight)을 갖고 있다. 예컨대 상원 농업위원회는 기아, 농촌문제 등에 대해 포괄적 정책감사 책무를, 하원 교육·노동 위원회는 교육프로그램과 학생보조사업을 다루는 정부활동과 각종 사업·법률에 대한 특별감사권을 지닌다.

의회의 행정부 심사기능은 1974년 의회예산지출통제법 통과 후 일반회계감사원(GAO)이 설립되면서 탄력이 붙었다. 일반회계감사원의 보고서와 전문 조사인력은 실제로 상·하원의 행정부에 대한 심사에 결정적으로 중요한 단서를 제공하는 경우가 빈번하다. 나아가 워터게이트 사건 이후 정부 윤리법에 의해 독립검사제를 도입, 행정부 고위관리들의 비리혐의를 심층 조사할 수 있도록 된 것도 이런 분위기를 강화시켰다. 상·하원 위원회에서 이뤄진 심사청문회 개최일자를 계산해보면, 1961년에 총 146일이던 것이 1973년 290일, 1983년 587일로 급증했다.[30]

---

29) Walter J. Oleszek, *Congressional Procedures and the Policy Process*, 4th ed., Washington D.C.: CQ Press, 1996, p.301.

심사청문회는 거의 매년 정례적으로 개최되고 있는 관계로, 언론이 특별한 관심을 기울이지 않는 편이다. 그렇다고 결코 중요성이 덜한 것은 아니다. 심사청문회가 갖는 다른 의미는 미국 의회에 공식적으로 존재하지 않는 대정부 질문제도를 실제로 수행한다는 점이다. 청문회장에서 행정부 관료들은 장시간 의원들의 날카로운 질문에 답해야 한다.

청문회장에서 의원들은 얼핏 보기에는 상관없는 듯한 질문을 자주 하지만, 다양한 질문공세 와중에 의원들은 문제점을 파악하게 되는 것이다. 청문회는 특정 사안에 대한 진실을 규명하고 책임소재를 밝히며 해결책을 모색하는 장인 셈이다. 따라서 의회는 청문회를 통해 행정부와 관련된 실수나 비리재발을 방지할 법적 방안을 강구하고 자연스럽게 행정부에 대한 감사기능도 수행하고 있다.

3) 조사청문회

1998년에 진행됐던 클린턴 대통령의 섹스 스캔들 문제를 다룬 하원 법사위 헌법소위원회의 청문회나 1986년 여름 상·하 양원 합동위원회가 행정부의 이란 및 콘트라(니카라과 반정부군)에 대한 비밀공작 의혹 추적사건에 대한 조사를 벌인 것이 조사청문회의 전형적인 케이스다. 조사청문회는 국내외적으로 중대하면서도 민감한 사안을 다루는 경우가 빈번하며 때로는 역사를 바꿀 정도로 비중도 크다.

1973년에 워터게이트 빌딩에 입주해 있던 민주당 전국위원회 본부에 대한 절도 사건이 닉슨 대통령의 백악관과 관계가 있다는 사실을 밝혀낸 워터게이트 조사청문회가 그런 예이다. 시민들의 폭발적인 관심을 모으기 십상이며, 일반 대중들이 가장 친숙하게 느끼는 의회활동 분야이다. 한국 국회의 청문회와 가장 비슷한 개념의 청문회이다.

조사청문회는 행정부의 활동에 대한 불법 또는 비리활동이 지적되는 경

---

30) Joel D. Aberbach, *Keeping a Watchful Eye: The Politics of Congressional Oversight*, Washington, D.C.: The Brookings Institutions, 1990, p.35.

우에도 열린다. 제99대 의회에서 챌린저 우주선 폭발사고의 원인을 놓고 여러 위원회가 미항공우주국(NASA)을 대상으로 폭넓은 조사활동을 전개했다. 또 1983년 하원의 6개 위원회가 특별청문회를 열어 환경보호위원회 (Environmental Protection Agency: EPA)의 업무 비리를 조사한 바 있는데, 청문회 결과 EPA의 책임자가 사임하고 부책임자는 투옥되었다.

조사청문회의 기원은 의회 개원 초기인 1792년까지 거슬러 올라가지만 19세기에 들어 활성화되었다. 남북전쟁 당시 과도한 군사적 행위에 대한 진상조사청문회와 러시아로부터 알래스카를 구입한 경위와 타당성을 따지는 청문회가 19세기 후반 잇따라 열렸다. 20세기에 1954년 조지프 매카시 (Joseph McCarthy) 상원의원 주도로 열린 조사청문회는 미국 역사상 최초로 TV 중계된 청문회로 많은 화제를 남겼다. 1960년대 후반 상원 외교위원회가 주관한 베트남전쟁 관련 청문회의 TV 중계는 미국민들의 반전 분위기 확산에 결정적으로 기여했다는 평이다.[31]

4) 인준청문회

인준청문회는 의회가 갖는 준조사기능의 하나로, 대통령이 지명하는 고위직 인사의 사생활 문제와 재산형성 과정, 과거 전력과 성향 등 본인은 물론 주변 가족에 관련된 문제들까지 세밀하게 조사하는 것으로 유명하다. 상원의 인준청문회 절차를 통과해야 하는 대상은 약 600여 명이다. 행정부의 장관들과 400여 명 안팎의 차관보급 이상 각 부처 고위관리, 150여 명

---

31) 1960년대 후반 행정부의 베트남 정책과 관련해 상반된 주장을 펴는 청문회가 의회에서 열려 관심을 모았다. 민주당의 윌리엄 풀브라이트 위원장 주도로 열린 상원 외교위원회는 존슨 행정부의 베트남 전쟁 수행을 강력 반대했다. 그러나 같은 당 소속의 존 스테니스 상원의원과 멘델 리버스 하원의원이 각기 위원장으로 있던 상·하원 군사위원회는 무력 동원에 적극 찬성하는 입장을 보였다. 같은 시기에 진행된 청문회의 내용이 이처럼 극명하게 다른 것은 해당 위원장의 입장이 청문회 진행에 강력하게 반영되고 있음을 증명하는 사례이다. *Congressional Quarterly's Guide to Congress*, 4th edition, Washington D.C.: Congressional Quarterly Inc., 1991, p.235.

의 대사급, 연방대법관 등이 해당된다.

"대통령은 임명(Nomination)하고, 상원은 인준(Confirmation)한다"는 미국 헌법 제2조 2항이 법적 근거이다. 인준청문회는 한동안 통과의례로 여겨졌으나 1960년대 이후 엄격해졌다. 특히 청문회에 앞서 행해지는 예비조사 기간이 대폭 길어지고 강화됐다. 흔히 '대기 시간'으로 불리는 이 기간 동안 피지명자는 상원의 해당 상임위원회가 요구한 정책 관련 질의내용들에 대한 자신의 견해들을 소견서 형식으로 자세히 만들어 제출해야 한다.

재산신고서도 의회 제출 대상이다. 상임위원회는 피지명자의 적격성 여부를 사전에 조사하는데, 의회 차원의 조사반을 구성해 인준대상자의 과거를 '뒷조사'한다. 여기에 소요되는 시간은 조금씩 다르다.[32] 만약 여러 이유로 의회의 반감을 가진 인물이 인준대상이 될 경우, 대상자는 엄청난 시련을 겪게 된다.

대표적인 것이 1997년 2월 중앙정보국(CIA) 국장으로 지명됐다가 청문회 심사과정에서 자진 중도하차한 앤소니 레이크(Anthony Lake) 전 백악관 안보보좌관의 경우다. 그가 미움을 산 것은 1970년대 초반 닉슨 대통령의 캄보디아 확전에 항의, 백악관 비서로 있으면서 사표를 제출해 파문을 일으켰기 때문이다. 그가 CIA 국장으로 지명되자 공화당은 기다렸다는 듯이 주식투자와 관련된 재산증식 의혹사건부터 레이크의 각종 발언과 정책결정 등을 집중적으로 터트렸으며 결국 레이크는 견디다 못해 사표를 던졌다. 클린턴 1기 행정부에서 무역대표부(USTR) 대표와 상무장관 등을 지냈던 미키 캔터, 해럴드 이키스 백악관 비서실 차장, 스트로트 탈보트(Strobe Talbot) 국무부 부장관 등도 이런 사정 때문에 상위직 진출을 포기했다. 탈보트 부장관의 경우, 클린턴 대통령과 옥스퍼드 대학을 함께 다니는 등 막역한 관계로 클린턴 2기 행정부에서 국무장관 등 요직 기용이 점쳐졌으나, 상원

---

32) 제2차세계대전 후 대통령의 임명직 인준에 소요된 평균 기간은 9주라는 통계가 있다. 3주 내에 완료된 경우가 8%인 반면 무려 22주 이상 소요된 경우도 10%에 이른다. 인준 절차에 말썽이 잦았던 레이건 행정부 시절에는 인준 기간이 평균 15주에 달했다.

인준청문회를 의식해 부장관에 머물렀다는 해석이 지배적이다.

이런 탓에 백악관은 대통령의 정식지명에 앞서 인사 대상 후보자들에 대해 미 연방수사국(FBI)까지 동원한 철저한 사전 검증 절차를 밟는다. 정부 고위 인사로 지명된 인물이 의회청문회 과정에서 탈락할 경우 정치적 부담이 크기 때문이다.[33] 이런 엄격한 공식 검증 절차에 숨어 있는 '사각지대'의 허점을 이용하기도 한다. '대통령의 사람들'로 불리는 백악관 직속기관 또는 비서진들은 인준청문회 대상이 되지 않는 점을 노린 것이 그런 경우다. 대통령이 흔히 인준 청문회에서 논란을 낳을 만한 인사들을 백악관 보좌관 형식으로 기용하는 사례가 빈번한 것은 이런 배경에서다.

인준 청문회는 정략적으로 이용되는 경우가 잦다.[34] 비집권당이 행정부로부터 특정 현안에 대한 정치적 양보를 끌어낼 필요가 있을 때 흔히 대통령이 임명한 고위관료의 인준 절차를 끈질기게 물고늘어지곤 한다. 일례로 제시 헬름스 상원 외교위원장은 신임 대사들이 임명될 때마다 인준 절차를 지연시키면서 자신의 지역구문제 처리 같은 보상을 챙겨왔다.

5. 미국 의회 청문회의 특징과 경쟁력

1) 진실규명을 위한 노력

청문회의 최대 과제는 진실규명이다. 모든 노력이 감춰진 진실을 끄집어내느냐에 집중되고 있으며 불성실한 답변이나 위증에 대해서는 엄하게 대응하고 있다. 청문회에 나온 증언자들은 수정헌법 제5조에 의거해 자신의 이익에 반하는 증언을 거부할 권리를 갖고 있다. 또 자기 방어를 위해 어정

---

33) 상원 인준 절차의 강도는 행정부와 의회 간의 역학관계에 좌우되는 측면이 많다. 존 타일러(John Tyler, 1841~45년) 대통령은 취임 직후부터 야당인 휘그당과 충돌을 빚어, 자신이 임명한 각료와 대법원 판사가 4명씩 상원 인준청문회에서 거부당하는 곤욕을 치렀다.

34) "Backlog of Nominations," *The Washington Post*, May 27, 1999, A13.

쩡하거나 두리뭉실한 답변으로 일관할 수도 있다.

하지만 증인의 증언이 거짓으로 밝혀질 경우에는 가차없이 위증죄로 고발할 수 있다. 또 어정쩡한 답변이나 자료제공 거부, 인터뷰 요청 거부 등 수사에 비협조적인 이들에 대해서는 청문회 위원들의 의견을 바탕으로 강제소환장 발부나 의회모독죄로 기소할 수 있다. 상·하원 규칙에 의해 모든 상임위원회와 소위원회는 증인의 출석·증언·서류 제출을 요구할 수 있는 소환장 발부권한을 갖고 있다[상원규칙 제26조 1항, 하원규칙 제11조 2항(M)(1)]. 소환에 불응할 경우, 의회 자체에서 모독죄로 처벌할 수 있으며 형사법에 의거해 고발조치해 사직당국에 처벌을 의뢰할 수도 있다.

의회모독죄는 위증죄 못지않는 중벌로 처벌이 가능해 증언자들의 진실 증언을 압박하는 요인이 된다. 하지만 증인이 위증죄로 고발되더라도 증인에게 부분적 형사면책권을 부여해 증언내용을 유일한 증거로 증인을 형사 고발할 수 없도록 함으로써, 증인들이 가능한 한 자발적으로 입을 열도록 유도하고 있다. 일종의 사전 양형(量刑) 조절과 같은 방식으로, 증언자는 이 제도에 따라 의회 및 검찰당국과 사전에 협의해 처벌을 경감받는 조건으로 진실을 밝히기도 한다.

상·하원에 별도로 있는 법제실은 청문회 진행시 발생할 수 있는 모든 법적 문제에 대한 조언을 하며, 의회모독죄와 위증죄에 대한 고소와 증인들의 발언을 분석해 이에 대한 의회모독죄 등의 적용이 가능한지에 대한 조언도 하고 있다.

2) 완벽한 준비와 치밀한 사전조사

'수박 겉핥기식 청문회'를 막기 위한 철저한 준비도 주목된다. 청문회 사전 준비를 위해 지정된 상·하원 위원회는 의회에서 배정한 특별예산으로 조사관을 구성하는데, 조사관에는 경험 있는 노련한 수사관이나 전직 검사 같은 외부 전문가들이 함께 참여한다. 1973년의 워터게이트 청문회는 5개월여 간의 사전준비를 거쳤으며, 1987년 이란·콘트라 청문회도 준비에만

4개월이 걸렸다. 워터게이트 사건의 수사 요원은 43명의 변호사를 포함해 100명이 넘었다.

1957년부터 1959년까지 3년간 활동했던 상원 부당노동행위 특별위원회의 소속 보좌관들은 청문회 사전 준비작업으로 1,726명의 증인들을 면담했으며, 면담록만도 4만 6,150쪽에 이르렀다. 보좌관들이 수집해 위원회에 제출한 자료만도 12만 8,000여 건이고, 작성 보고서도 1만 9,000여 건이 됐다고 한다. 이 때문에 청문회는 새로운 사실을 확인하기보다는 사전 조사활동 과정에서 드러난 전모를 공개적으로 확인하는 자리에 지나지 않는다고 한다. 청문회장의 질의 응답만으로 새로운 사실을 밝히는 것이 불가능한 만큼 증인들이 꼼짝 못하도록 사전 포위작업을 완벽하게 한다는 것이다.

또 의회는 청문회에 앞서 정보공개법에 의거해 행정당국이나 필요한 기관에 자료를 요청할 수 있다. 이 정보공개법은 국가기밀에 어긋나는 일부를 제외하고 공식문서와 비망록 메모까지 공개하도록 해 자료제출 거부나 은폐를 원천적으로 불가능하게 하고 있다. 이와 함께 의회는 청문회 진행 전에 직원이 증인으로부터 증언을 채취할 수 있는 권한을 인정하고 있을 뿐 아니라 청문회 당시에도 직원이 직접 신문할 수 있도록 하고 있다.

의회 직원들에 의한 증언채취는 비공개적으로 이뤄져 공개청문회에서 정직한 증언을 유도한다. 청문회에서 심문할 사항을 사전에 준비하도록 하고 불필요한 증인을 소환할 필요성을 없애는 여과 과정으로 작용한다.[35] 실제 청문회는 장기간 진행되는 게 보통이어서 '초읽기' 청문회와는 본질적으로 다르다. 워터게이트 청문회는 1973~74년에 걸쳐 9개월여 동안, 이란·콘트라 청문회는 1986년 11월부터 1988년 3월까지 15개월 동안이나 진행됐다. 클린턴 대통령의 주지사 재임 시절 비리 의혹을 다룬 화이트워터 스캔들에 대한 상원 조사청문회는 1995년 5월부터 1996년 2월까지 9개월 동안 계속됐다.

---

35) Morton Rosenberg, "Investigative Oversight: An Introduction to the Law, Practice and Procedure of Congressional Inquiry," CRS Report, 1995, pp.7-8.

청문회의 또다른 목적은 비리의 진상을 파헤치는 데 그치지 않고 유사한 비리의 재발을 방지하는 데 있다. 때문에 의회는 청문회 결과를 반드시 방대한 보고서 형태로 펴낸다. 이 보고서들이 의회 입법활동의 중요한 참고자료가 되는 것은 물론이다. 예컨대 1974년 7월에 워터게이트 조사위원회가 발간한 2,217쪽의 보고서에는 행정부의 권력남용을 막기 위한 35가지의 제안을 포함하고 있었고, 이 중 상당수가 그해 말 제정된 정치자금개혁법에 반영됐다. 마지막으로 청문회는 상호 예의와 의원으로서의 품격을 철저히 지킨다. 의원들은 자료에 입각해 추궁하거나 확인을 할 뿐 목청을 높이지 않는다.

아울러 특별 목적의 청문회를 개최할 때는 상·하 양원의 예비비를 써서 전문보좌관과 직원 이외에 정부기관으로부터 인력을 차출받거나 변호사를 고용해 심도 있는 조사를 벌인다. 상원 정부문제위원회는 1997년에 별도 전문보좌관으로 70여 명을 고용했는데 이 가운데 50여 명이 변호사이다. 위원회 직원들이 증언채취권 등을 바탕으로 주도면밀하게 청문회 준비를 하며 일반회계감사원, 의회조사국, 의회예산처 같은 의회 지원 부속기구들도 청문회 준비와 진행에 일조하고 있다.36)

---

36) *Congressional Oversight Manual*, CRS Report, 1995, pp.81-109.

5
의회 지도부

1. 의회 지도부의 중요성

2년마다 상·하원 각 정당의 소속 의원들이 선출하는 지도부는 20세기 후반 들어 적지않은 역할 변화를 경험했다. 양당 지도부는 전통적으로 소속 정당을 대표해 상대편 정당과 행정부·대통령 등을 접촉하며 원만한 의정활동을 돕는 수준의 리더십 발휘에 만족했다. 그러나 1990년대 이후 지도부의 역할은 다양해지고 있으며, 그 수행에 대한 기대치도 높아지고 있다. 선거기간 전이나 기간 중 막대한 선거자금을 마련해 의원들에게 지원하고 신문·텔레비전·인터넷 등 각종 매체의 취재공세 전면에 응하며 선거를 앞두고 시의적절하면서도 호응도 높은 의제(agenda)를 개발, 대중에게 제시하는 일 등을 한다. 지도부의 판단과 정책제시 그리고 대중적인 인기도에 따라 개별 의원이나 입후보자의 당락은 물론 당의 위상도 바뀔 수 있기 때문에 지도부의 일거수 일투족은 한층 주목받고 있다.[1]

---

[1] 의회 지도부 가운데 역대 하원의장은 미국 역사의 진행에도 심대한 영향을 미치고 있다. 이런 맥락에서 건국 후 9명의 하원의장을 소개한 저작으로는 Richard B. Cheney and Lynne V. Cheney, *Kings of the Hill: Power and Personality in the House of Representatives*, New York: A Touchstone Book, 1996이 있다. 저자들은 헨리 클레이, 제임스 폴크(James Polk), 토머스 리드(Thomas Reed), 조지프 캐

이같은 흐름을 대표하는 사람이 뉴트 깅리치 전 하원의장이다. 그는 독특한 리더십과 미국과의 계약(Contract with America)으로 상징되는 획기적인 선거공약 등으로 공화당을 40년 소수당에서 다수당으로 도약시켰다. 그는 하원 본회의 등을 주재하는 재래적 의미의 수동적인 하원의장상에서 탈피, 의회와 미국 정치구조 자체에 일대 변혁을 낳은 인물로 평가된다. 상대적으로 민주당은 40년간 하원 다수당으로 군림하는 동안 깅리치를 견제할 만한 특출한 하원의장이나 강력한 지도부를 갖지 못함으로써 소수당으로 위상 전락을 감수해야 했다.2)

정당 지도부가 의원들에게 얼마나 강력한 영향력과 리더십을 발휘하느냐에는 여러 요인이 작용한다. 하지만 무엇보다도 개별 지도자들의 능력과 성격에 달려 있다는 지적이 우세하다. 이런 측면에서 깅리치는 능숙한 미디어 활용술과 정치활동위원회(Political Action Committees: PACs)를 통한 풍부한 정치자금 모금, 대중의 변화하는 기호를 정확히 꿰뚫고 시의적절한 정책과 선거전략을 개발한 인물로 하원의장의 모델이 되고 있다.

특히 1970년대 이후 의회 내부의 위계적인 서열구조의 붕괴, 평의원들의 발언권 강화, 정치영역의 미디어 영향력 증대, 정치자금 모금과정의 정치활동위원회 비중 확대 같은 환경변화는 의원들로 하여금 지도부에 대한 기존 인식을 바꾸도록 하고 있다. 아울러 1990년대 중반 이후 공화·민주당의 파당적 경쟁과 대립이 심화되면서 당 지도부의 중요성은 새롭게 평가되고 있다. 따라서 의회 각 정당의 지도부도 의원들이 필요로 하는 바를 정확히 인식, 효과적으로 지휘하기 위해 예전과 다른 관점에서 접근하고 있다.

논, 니콜라스 롱위스(Nicholas Longworth), 샘 레이번, 뉴트 깅리치 등 9명의 하원의장 리더십을 다양한 각도에서 조명하고 있다. 이와 함께 Roger H. Davidson et al, *Masters of the House: Congressional Leadership over Two Centuries*, Boulder: Westview, 1998도 유용하다.

2) 깅리치는 1979년 초선 의원으로 등원한 다음 본회의장 연설에서 "의회가 대통령보다도 더 극적으로 미국을 바꿀 수 있을 것이다. 나는 하원을 백악관과 대등한 존재(co-equal)로 만들겠다"고 포부를 밝혔다. 이 목표는 그후 20년에 걸친 그의 의정생활의 지표가 됐으며 또 대부분 달성했다. Richard B. Cheney and Lynne V. Cheney, op. cit., 1996, pp.190-191.

한 예로 의회 지도부가 의원들을 상대로 지지를 얻고 통제하는 가장 효과적인 방법 가운데 하나는 선거자금을 모아 지원하는 일이다. 중간선거 시즌이 되면 당의 리더, 전국위원회 의장, 원내총무를 비롯한 지도부는 하루가 멀다 하고 자기당 의원 또는 후보 선거구에서 열리는 선거자금모금 만찬이나 리셉션 행사에 참석한다. 이들은 기업이나 노동조합, 각종 유력 개인 등 기부자들로 구성된 자신의 정치활동위원회를 통해 막대한 정치자금을 모아 마음에 드는 의원이나 후보자들에게 나눠준다. 이를 흔히 평범한 정치활동위원회와 구분해 '지도부 정치활동위원회(Leadership PACs)'라고 부른다.

1988년 민주당(다수당) 리더로 뽑힌 조지 미첼(George Mitchell, 메인 주) 의원의 사례를 보자. 그가 원내총무로 선출된 것은 민주당 선거위원회 위원장으로 임명된 1986년부터 독자적인 정치활동위원회를 구성, 동료 상원 입후보자들의 선거자금을 지원해 민주당의 상원 다수당 복귀에 결정적으로 기여했기 때문이라는 분석이다. 린든 존슨 전 대통령도 하원의원으로 있던 1940년, 지역구인 텍사스주의 정유업자들로부터 받은 정치자금을 동료 의원들의 선거자금으로 열심히 나눠주었다. 이는 결과적으로 자신의 당내 입지를 굳히는 데 일조했다.

정치자금 분야에서 1999년 현재까지 최고 기록 보유자는 뉴트 깅리치 전 하원의장이다. 의장 재임 시절 '돈 모으는 자석'이라는 별명을 가졌던 그는 1997~98년 동안 공화당 후보자들에게 총 1천만 달러, 공화당 하원 선거위원회(NRCC) 앞으로 5000만 달러를 모아 전달했다. 그는 의장 재임 중 로비스트·이익단체·기업·정치전략가 등으로 구성된 '뉴트 주식회사(Newt Inc.)'라는 애칭을 가진 독자적인 정치자금모금 사조직을 가동했다.[3]

당 지도부는 다수당이 되기 위해 차기 선거에서 당선이 불투명한 취약 후보들을 집중 지원한다. 2000년 11월 선거를 17개월이나 앞둔 1999년 6

---

3) Juliet Eilperin, "Hastert Drawing Crowds-of Lobbyists," *The Washington Post*, March 10, 1999, A11; Thomas B. Edsall, "Newt Inc. Faces Uncertain Fate," *The Washington Post*, November 19, 1998, A25.

월 공화당의 톰 딜레이(Tom Delay) 원내총무는 로비스트들을 총동원해 모은 돈 102만 달러를 제임스 로간(James Rogan, 캘리포니아 주), 잭 퀸(Jack Quinn, 뉴욕 주) 등 다음 선거에서 당선이 위태로운 10명의 하원의원들에게 10만 달러씩 긴급 지원했다.4) 반대당의 리처드 게파트(Richard Gephardt) 민주당 리더도 2000년 11월 총선거를 16개월 여 앞둔 1999년 7월 동료 후보 지원용으로 이미 400만 달러를 모금했다.5)

2. 피라미드형 지도부 구조

미국 헌법에 명문화되어 있는 의회 지도부는 부통령이 겸하는 상원의장과 하원의장(Speaker), 상원 임시의장(President Pro Tempore)이다. 이 가운데 1789년 개원 이래로 변함없이 지속되는 직책은 하원의장이다. 다수당 리더(Majority Leader), 소수당 리더(Minority Leader), 원내총무(Whip) 등이 공식 직책으로 굳어진 것은 하원에서는 1899년, 상원에서는 1920년대부터다.6)

상원과 하원에서 지도부의 역할은 조금 다르다. 하원에서는 다수당의 의사진행 주도권이 보장되어 있는 데 비해, 상원은 소수당의 권리를 적극 보호하고 있기 때문이다. 그러나 지도부의 역할은 본질적으로 대동소이하다.

---

4) Jim Vandehei and Tom Curran, "Parties pushing for Early Money, Delay plans to distribute $1M TO 10 members," *Roll Call*, June 14, 1999, p.1.
5) 당 지도부의 개인 재산 규모는 일반의 예상과 달리 조촐하다. 데니스 해스터트(Dennis Hastert) 하원의장은 증권시장이 활황이던 1999년 봄 기준으로 주식을 단 한 주도 보유하지 않고 있으며 농장, 건물 수입 등을 합쳐 1998년 한 해 동안 의원 세비 이외에 35만 달러의 수입을 올렸다. 공화당의 리처드 아미 리더의 1998년 수입은 의원 세비와 연금, 강연 사례금을 제외하면 전무하다. 게파트 민주당 리더도 의원 세비와 1만5,000달러에 이르는 무추얼 펀드 주식이 고작이다. Susan B. Glasser, "The Low-Flying Leadership," *The Washington Post*, June 17, 1999, A3, 22.
6) 일부 국내 정치학자와 언론은 Majority Leader와 Minority Leader를 다수당 원내총무, 소수당 원내총무로, Whip는 수석부총무 또는 간사로 쓰고 있다. 그러나 다수당 리더, 소수당 리더 그리고 원내총무로 표기하는 것이 다수 의견인 점을 감안해 이에 따라 표기하기로 한다.

그것은 여느 나라 입법부보다 개인주의적이며 탈권위적인 성향이 돋보이는 미국 의회에 일관성과 질서를 부여하며 효율적인 입법활동을 가능하게 하는 일로 요약된다.

구체적으로 의원들과의 원만한 인간관계 및 친화력, 커뮤니케이션 능력, 의정 활동에 대한 풍부한 지식과 정보, 의원들과 선거구민들의 관심사와 동향에 민감해야 하며 유능한 정치 신인들을 영입하고 선거전략 개발과 정치자금모금 등에 능력발휘를 하는 역할 같은 것들이다. 입법활동과 관련해서 지도부가 갖고 있는 힘은 각종 법안을 심의하는 과정에서 드러난다. 어떤 법안이 제안되었을 경우, 어느 위원회에 언제 어떻게 배정할 것인가 또는 몰래 폐기시킬 것인가 하는 결정권은 지도부가 갖고 있다. 이런 맥락에서 토머스 오닐(Thomas O'Neill) 전 하원의장은 "하원의장의 힘은 일정조정(scheduling)의 힘이다"라고 말했다.

근래 들어 지도부의 자질 가운데 중시되고 있는 것이 미디어 활용 능력이다. 의회에서는 1995년 이래로 하원 회기가 시작될 때마다 하원의장을 상대로 하는 기자회견이 열린다. 상원의 다수당·소수당 리더와 상임위원장들도 개원중일 때 기자들을 수시로 만나 당의 입장을 공개한다. 상·하원 의원들도 개별적으로 주말 TV 토크쇼 같은 곳에 부지런히 출연하거나 각종 언론매체 기고를 통해 자신의 정견과 정책 아이디어를 부각시킨다.[7] 하지만 양당 지도부는 명실상부하게 당 또는 의회 전체를 대표하는 인물들인 만큼 자연스럽게 언론의 단골 취재 대상이 되고 있으며 그들의 발언에도

---

[7] 미국 의원들에게서 미디어(media)는 월터 크롱카이트(Walter Cronkite)가 지적했듯이 '장군(將軍)의 무기(heavy guns)'와 같다. 1987년부터 1995년까지 민주당 하원의원을 지낸 데이비드 프라이스(David Price, 노스캐롤라이나 주)는 의원 시절 수시로 보도자료(press release)와 성명서 등을 지역구 언론사에 보냈다. 또 매주 5분짜리 라디오 방송용 프로그램과 본회의장 연설문, 위원회 성명서 등을 전달했다. 여기에다 매월 지역구 방송(유선방송 포함)의 토론 프로그램 등에도 꼬박꼬박 출연했다. 공화당 하원은 매일 또는 매주 단위로 '테마 팀(theme team)'을 구성, 주요 사안에 대한 당의 입장을 언론매체에 먼저 알리고 있다. 민주당 하원도 1994년 선거 패배 이후 딕 게파트 소수당 리더 주도로 '커뮤니케이션 팀'을 가동하고 있다. Robin Toner, "GOP Mobilizes for Contract Deadline," *The New York Times*, March 30, 1995, A21; *Roll Call*, Jan. 16, 1995, p.16.

훨씬 무게가 실린다.

조지 미첼 전 상원의원이 재선에 불과한 일천한 경력에도 1988년 11월 민주당 상원 의원총회에서 다수당 리더로 선출된 것은 그가 언론을 상대하면서 보여준 간명하게 핵심을 집어내 대응하는 능력이 주효했다고 한다. 깅리치 전 하원의장 역시 초년병 의원 시절부터 의회전문 TV채널인 C-SPAN을 십분 활용해 원내총무로 발탁됐으며, 이어 언론의 집중적인 조명을 받으며 하원의장으로 입신했다. 깅리치 전 의장은 전·현직 하원의장 가운데 전자 미디어를 가장 잘 활용, 자신의 명분과 논리를 효과적으로 전파했다는 분석이다.[8]

1) 하원

하원의장의 파워와 지명도

하원의장은 일반적으로 의회에서 가장 막강한 권한을 갖고 가장 높은 지명도를 누린다. 대통령 유고시 부통령(상원의장) 다음으로 대통령직을 수행해야 한다. 통상적으로 대통령과 부통령은 같은 정당 소속이므로, 하원의장은 명실공히 야당을 대표하는 정치지도자로 평가된다.

미국 헌법은 하원의장이 하원의원들 가운데 선출되어야 한다고 못박고 있지 않다. 그러나 하원의장은 예외없이 하원의원 가운데 선출된다. 어느 의원이 하원의장이 되느냐 하는 것은 당내 막후 조정과 권력게임, 당 안팎의 역학관계에 달려 있다. 435명의 하원 의원들이 회기 개원식날 호명 투표로 직접 선출하는 의장 선출은 요식 절차일 뿐이다. 의원들이 소속 정당 후보에게 찬성표를 던지는 것은 불문율로 굳어져 있기 때문이다.

오히려 2년마다 실시되는 하원의원 선거결과가 다수당 최고 사령탑인 하원의장직의 수명을 좌우한다. 1998년 11월 중간선거에서 공화당의 사실상 패배에 대한 책임으로 깅리치 의장이 전격 사퇴하고, 48명의 부총무 가

---

[8] Richard B. Cheney and Lynne V. Cheney, op. cit., 1996, p.215.

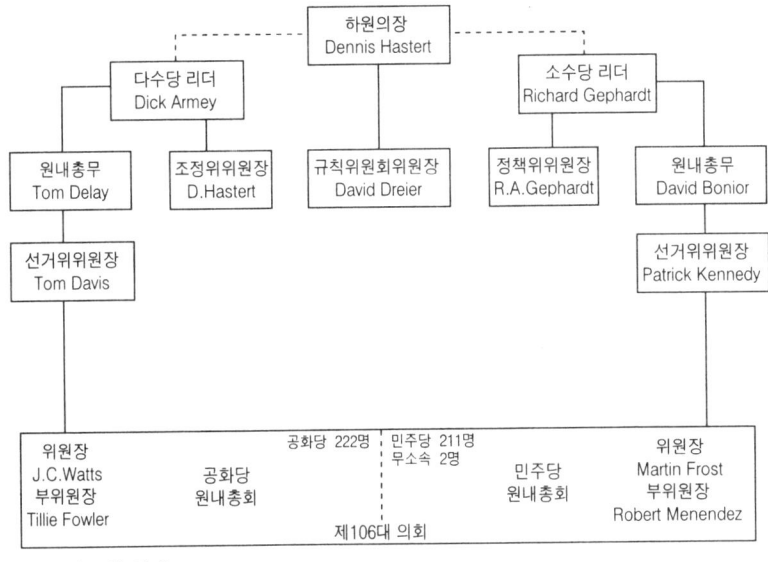

그림 5.1 ■ 제106대 의회(1999~2000년) 하원지도부

* 2000년 2월 현재.

운데 한 명이었던 무명에 가까운 해스터트 의원이 하원의장으로 선출된 게 그런 예다.

하원 상임위원회 위원장들이 일부 실권을 갖고 있지만, 하원의장직은 여전히 가장 막강하고 영향력 있는 자리이다. 하원의장은 특히 의원의 위원회 배정권을 쥐고 있으며 본회의에서 특정 의원에게 발언권 허용 여부도 갖고 있다. 각종 법안의 상임위원회와 본회의 상정과정에도 깊숙이 개입한다. 하원의장은 규칙위원회의 의원배정권을 갖고 이 위원회를 사실상 통제하고 있다. 의장은 규칙위원회를 통해 하원 본회의에서 논의되는 법안을 결정하는 '교통순경' 역할을 한다. 그러나 이런 하원의장의 권한은 오랜 기간에 걸쳐 확립되었다.[9]

---

[9] 역대 하원의장의 인물과 역할을 소개한 평전으로는 Ronald M. Peters et al., *The American Speakership: the Office in Historical Perspective*, Baltimore: The Johns Hopkins University Press, 1997이 유용하다.

① 역대 유명 하원의장 : 초대 하원의장인 프레드릭 뮬렌버그(Frederick A. C. Muhlenberg, 펜실베이니아주)는 목사 출신으로 의장의 역할을 하원 본회의 주재와 의원출석 체크, 투표결과 발표, 필요한 경우에 캐스팅보트권 행사 정도로 제한했다. 이런 경향은 1811년 헨리 클레이가 하원의장으로 취임할 때까지 계속됐다. 19세기 내내 하원의장의 권한은 의장에 따라 부침을 거듭했다. 하원의장직에 강력한 권한을 부여한 이는 1890년 취임한 공화당의 토머스 리드(Thomas Reed, 메인 주) 의원이다. 그는 다수당의 입법활동을 소수당이 방해할 수 없도록 제도적 장치를 마련해 '전제군주 리드(Czar Reed)'로 불렸다.

리드에 이어 1903년부터 1911년까지 하원의장을 지낸 조지프 캐논은 독재적인 하원 장악으로 악명이 높았다. 그는 당시 의원들보다 더 보수반동적이었으며 단독으로 태프트(Taft) 대통령의 개혁안을 묵살시킬 정도였다. 결국 그는 민주·공화 양당 의원들에 의해 1910년 말 의장직에서 축출됐고, 양당은 의장의 권한을 약화시키기로 초당적 합의를 보았다.

캐논 의장이 남긴 후유증은 1970년대 중반까지 계속되었다. 하원의장의 권한을 축소시키고 상임위원회 위원장에게 필요 이상의 힘을 실어주었던 게 그것이다. 당시 철저히 다선(seniority)우선원칙에 따라 임명된 위원장들은 하원의장에 버금가는 영향력을 행사했다. 워터게이트 사건 이후 진행된 일련의 의회개혁조치에 따라 하원의장이 누리던 권한 가운데 많은 부분이 부활했다. 하지만 하원의장의 권한이나 영향력은 반드시 제도적 틀 안에서 규정되기보다는 개인적인 능력, 즉 협상력·설득력·인품 같은 요소에 의해 좌우되는 측면이 크다.

이런 범주에 속하는 대표적인 인물이 민주당의 샘 레이번 전 의장이다. 1940년부터 1961년까지 17년 동안 하원의장으로 최장수한 그는 역대 하원의장 가운데 강력한 권위와 더불어 가장 존경받는 인물로 첫손에 꼽힌다. 그의 성공 비결은 천성적으로 타고난 성실성과 솔직함 그리고 소수당 의원에 대해서도 소홀하게 대하지 않는 공정함과 철저한 약속 준수 같은 것들이었다. 그는 나이를 떠나 초선 의원부터 상임위원장 등 고참 의원들까지

격의 없이 어울리면서 원만한 관계를 맺었다. 초선의원들을 만날 때마다 소속 정당을 떠나 "서로 어울려라(To get along, you've got to go along)"고 주문했으며 "설득과 합리성이야말로 의원들을 이끄는 유일한 방법이다"고 말했다. 그는 민주당의 입법목표 달성에 동조하는 의원들에게 좋은 위원회를 배정해주는 방법으로 의원을 관리했다. 결과적으로 그의 하원의장 재임 동안, 하원은 유례없는 초당적 협조관계를 구축해 내실 있는 운영을 했다는 평이다. 1965년에 완공된 하원 부속건물인 레이번 빌딩은 그의 이름을 딴 것이다.

1977년부터 10년간 하원의장직을 맡았던 토머스 오닐은 리더십의 원천을 동료 의원들과의 우정 등 사적인 관계에서 모색했다. 천성적으로 부드러운 성격의 그는 탁월한 대중 정치인인 레이건 대통령에 맞서 폐쇄적으로 운영되던 하원의장실을 개방하고 사안별 입장을 언론에 적극적으로 알렸다. 그러나 오닐 의장은 1983년 레이건 대통령이 추진하던 MX미사일 개발지원법안과 관련해 반대 의사를 분명히 했는데도 같은 당의 짐 라이트 다수당 리더, 토머스 폴리 원내총무 등 핵심부까지 이탈, 공화당안을 지지하는 정치적 쓰라림을 맛보았다. 37세에 최연소 주하원의장 취임이라는 기록을 세운 그는 하원의원 17선(34년), 하원의장 5선(10년)을 역임한 거물 정치인이었다. 그는 재임 시절 틈날 때마다 "내가 만난 어떤 대통령보다 모든 문제에서 식견이 모자라는 인물"이라며 레이건 대통령을 겨냥한 독설을 퍼부은 것으로 유명하다.

② 워싱턴 정가의 풍운아 뉴트 깅리치 의장과 그 이후 : 뉴트 깅리치 전 의장은 제101대 의회에서 하원 원내총무로 있으면서 당시 짐 라이트(Jim Wright, 텍사스 주) 하원의장을 중도 퇴진시키는 데 결정적인 역할을 해 정가의 이목을 집중시켰다. 그는 짐 라이트 의장이 1987~88년 연이어 공화당 입장과는 정반대의 법안을 잇따라 통과시킬 때부터 그에 대한 반대 캠페인을 벼르고 있었다. 마침 1988년 5월 하원 규칙위원회가 라이트 의장의 하원 규칙 위반사실을 문제로 삼자 적극적인 공세를 펼쳐 1989년 마침내 그

의 사임을 이끌어냈다.10)

깅리치는 의사당 안팎을 가리지 않고 민주당 정책에 사사건건 트집을 거는 전술을 구사했다. 법안작성에 관심을 갖기보다는 외부 선동가로서 이미지를 분명히 했던 것이다. 그는 독특한 비전과 기금모금(fund-raising)술을 제시해 많은 신진 의원들이 그의 주장에 동조했다. 1992년과 1994년 초선의원들이 그의 핵심 추종세력이었다.

1994년 11월 총선거에서 공화당을 상·하원의 다수당으로 복귀시킨 핵심 주역으로 그는 다음해 1월 5일 제104대 의회가 열리기 전까지 55일 동안 생애 최고의 권력을 만끽했다. 이 기간 동안 하원의 모든 상임위원장들을 임명했으며, 의원들의 위원회 배정에도 막강한 힘을 행사했다. 또 3개의 상임위원회를 폐지해 의회의 구조조정을 주도했으며 선거공약인 '미국과의 계약'을 실현하기 위한 전략구상에 몰두했다. 그때부터 취임 후 100일 동안 깅리치의 영향력은 절정에 달해 백악관을 최고 권부 출입처로 여기던 상당수 기자들이 하원의장 기자회견을 더 분주하게 찾아다닐 정도였다.11)

깅리치는 의장 취임 후에도 예산위원회나 규칙위원회 등을 거치지 않고 의장직권으로 각종 법안에 깊숙이 개입하는가 하면 하원의장실에 태스크포스팀을 가동하며 강력한 의장상을 구축했다. 그러나 그는 1994년에 당선된 73명의 공화당 초선의원들과 잦은 마찰을 빚으면서 당내 강경파와 온건파 모두로부터 비난받게 되었다. 특히 그의 극단적 강경노선은 1995년 12월의 연방정부폐쇄(government shutdown)라는 미국 역사상 초유의 사태를 초래했다. 연방정부폐쇄는 제105대 의회의 두번째 회기가 시작한 1996년 1월 3일까지도 해결되지 않다가 공화당 지도부와 백악관 간의 막판 절충으

---

10) 짐 라이트 의장의 사임은 소수당을 전혀 배려하지 않는 독선적 스타일이 최대 원인이었다. 후임자인 토마스 폴리(Thomas Foley) 의장은 라이트 의장과 비교해 반대당의 입장을 중시하려고 노력했지만, 같은 당의 백악관과는 원만한 관계를 유지하는 데 성공했으나 공화당과의 앙금을 씻는 데는 실패했다. 그는 1994년 중간선거에서 패배해 30년의 의정생활을 불명예스럽게 마감했다. Roger Davidson and Walter Oleszek, *Congress and its Members*, 7th edition, Washington D.C.: CQ Press, 1999, pp.168-169.

11) ≪타임≫은 1995년 '올해의 인물(Man of the Year)'로 깅리치를 선정했다.

로 1996년 1월 중순 가까스로 해결됐다. 이 과정에서 천정부지로 치솟던 그의 인기는 당연히 곤두박질쳤다.

결정적 위기는 반대당인 민주당으로부터 나왔다. 데이비드 보니어(David Bonior, 미시간 주) 원내총무 등이 깅리치 의장의 저서 로열티, 선거자금모금, 자금세탁 같은 이슈들을 모아 윤리적 위반사례를 무자비하게 공격했던 것이다. 깅리치는 하원 윤리위원회의 2년간의 조사결과 면세받은 기금을 개인 용도로 사용한 비윤리적 행위가 확인됨에 따라 1996년 12월21일 의회 역사상 현역 하원의장으로서는 처음으로 징계(reprimand)를 받고 30만 달러의 벌금을 내게 됐다. 또 1997년 여름에는 공화당 내 신진 강경파들과 일부 지도부의 묵인하에 그를 의장직에서 축출하려는 불발 쿠데타가 추진됐다.12)

깅리치 의장의 결정적인 패착은 1998년 11월 중간선거전략이었다. 그는 일반 유권자들이 클린턴 대통령의 성추문에 대해 비판적인 점을 공략하기 위해 공화당 선거홍보광고에 클린턴 스캔들을 대대적으로 부각시켰다. 그러나 이 전술은 오히려 민주당이 선거에서 5석을 추가하고 공화당의 패배라는 반대 결과를 낳았다. 그 충격으로 깅리치는 선거결과에 책임을 지고 의장직은 물론 의사당까지 떠났다.13) 결론적으로 깅리치는 탁월한 대중선동가형 정치인이기는 했지만 대안을 제시하고 리더십을 발휘하는 하원의장으로서는 역할수행에 적지 않은 어려움을 겪었던 셈이다.14)

제106대 의회 하원의장인 데니스 해스터트 의원은 고등학교 교사 겸 레

---

12) Sandy Hume, "Gingrich Foils Coup by Deputies," *The Hill*, July 16, 1997, p.1.
13) 깅리치 하원의장과 클린턴 대통령은 비슷한 시기에 정치활동을 시작한 숙명적인 정치적 경쟁사였다. 두 사람의 대결은 1998년 11월 깅리치 의장의 사퇴와 함께 클린턴의 승리로 판가름났다. 양자간의 갈등과 대결을 분석한 흥미로운 연구서로는 Elizabeth Drew, *Showdown: The Struggle between the Gingrich Congress and the Clinton White House*, New York: A Touchstone Book, 1996.
14) 깅리치는 "정치(the art of politics)란 피흘리지 않는 전쟁(war without blood)"이라고 정의했다. 그는 항상 아이디어가 넘쳤지만 정작 그것을 행동으로 옮기는데 상당한 어려움을 겪었다. Brian Lamb, *Book Notes Life Stories: Notable Biographers on the People Who Shaped America*, New York: Random House, 1999, pp. 417-418.

슬링 코치 출신으로 깅리치와는 정반대로 언론 노출을 싫어하며 양당간의 조화와 합의를 중시한다. 톰 딜레이 원내총무 휘하의 부총무단 가운데 수석부총무(chief deputy whip)로 재임하는 동안 타협술이 장기라는 평가를 받았다. 그는 깅리치 의장이 독점했던 권한의 상당 부분을 상임위원장에게 돌려주었으며 당 대변인으로서 역할도 동료 의원들에게 양보하고 있다. 이런 변화는 해스터트 의장의 개인적인 성향과 더불어 공화당의 원내 의석우위가 매우 근소하다는 사실에서 기인하고 있다.

그는 공화·민주 양당 간의 초당적 협의와 화해의 필요성을 강조하면서 원만한 하원 의사진행에 주력하고 있다. 실제로 민주당 내 중도파 의원들과도 수시로 접촉하고 있다. 이런 행동은 깅리치 의장 시절에는 상상조차 할 수 없었다. 그러나 그의 잠행 스타일은 워싱턴 정가에서 그가 실권 없는 형식상의 하원의장이라는 혹평을 낳기도 한다.15)

양당 리더의 위상과 권한

다수당 리더는 하원의장에 이어 다수당 제2인자로 법안처리에 상당한 발언권을 갖고 있다. 1899년까지 다수당 리더직을 세입위원회 또는 세출위원회 위원장이 겸임하던 전통은 다수당 리더가 법안처리와 밀접한 연관이 있음을 의미한다. 다수당이나 소수당의 리더는 회기 시작 전 의원총회에서 비밀투표로 뽑는다. 최초의 선출직 다수당 리더는 민주당의 오스카 언더우드(Oscar W. Underwood, 알래스카 주) 의원이다. 1911년부터 1915년까지 다수당 리더로 활약한 그는 챔프 클라크(Champ Clark, 미주리 주) 당시 하원의장의 양해와 지원 아래 역대 하원 다수당 리더 가운데 가장 강력한 권한을 휘둘렀다. 그는 원내총회 개최권 등을 쥐고 하원규칙에 영향력을 행사했으며 세입위원회 위원장도 맡았다. 이후 다수당 리더의 권한은 약화되는 추세를 보이고 있다. 1976년 짐 라이트 당시 민주당 리더는 다수당 리

---

15) 워싱턴의 정치평론가들은 해스터트 의장의 독특한 스타일에 주목, 그를 '느리면서 꾸준한 하원의장(A Slow-and-Steady Speaker)'이라고 부른다. *The Washington Post*, December 28, 1998, A25.

더의 역할을 "하원의장을 지원해 함께 일할 뿐 결코 그에 반대해서는 안된다"고 규정했다.

리더의 구체적인 역할은 양당의 규칙에 나와 있다. 이들은 위원회에 배속되지 않고 전반적인 하원 운영에만 주력한다. 다수당 리더는 법안 처리 과정에 완급을 주거나 의원들의 선거유세를 선별 지원함으로써 의원들을 관리한다.

소수당의 명목상 지도자이자 다수당이 됐을 때 '예비 하원의장(Shadow Speaker)'으로 불리는 소수당 리더는 다수당에 대해 소수당의 견해를 대표해 밝힌다. 대통령이 같은 당 출신일 경우, 의회에서 대통령의 입장을 대변하고 옹호하기도 한다. 소수당 리더는 위원회와 본회의에서 법안 심사시 당의 결속을 다지는 데 중추적인 역할을 한다. 또 다수당 의원들 가운데 동조자를 규합해 소수당의 입장을 관철시키기도 한다.

이런 측면으로 성공적인 역대 하원 소수당 리더로는 공화당의 로버트 미첼(Robert Michel, 일리노이주) 의원이 꼽힌다. 제97대 의회에서 공화당 리더였던 그는 1981년 여름 예산·세금 대폭 삭감을 골자로 한 레이건 대통령의 '포괄적 경제조치'법안(Gramm-Latta bill)을 통과시키기 위해 남부와 남서부 지역 출신의 민주당 의원 40여 명을 끌어들여 다수당인 민주당 진영에 패배를 안겼다.

1999년 현재 소수당 리더인 민주당의 리처드 게파트 의원은 1976년 하원의원에 첫 당선된 다음 1988년 민주당 대통령 후보 지명전에 나선 바 있는 백전노장이다. 1989년부터 1995년까지 다수당 리더를 역임, 의회 안팎의 사정에 정통하다. 우유 트럭 운전사인 아버지와 법률회사 비서였던 어머니를 두고 성장한 탓에 의료보험·사회복지 같은 분야에서 빈곤층과 약자의 입장을 옹호한다. 정치초년생이나 다름없는 자신의 심복인 패트릭 케네디(Patrick Kennedy, 로드아일랜드 주)의원을 하원 민주당 선거위원회 위원장에 기용하고 당내 리더십 직책에 소속 의원의 3분의 1 정도를 배치했다. 특히 1998년 12월 클린턴 대통령에 대한 하원의 탄핵추진 과정에서 소속 의원들을 효과적으로 결집해 당내 장악력과 리더십을 인정받았다.[16]

딕 아미(Dick Armey) 다수당 리더는 텍사스 주 출신의 8선의원으로 경제학 교수 출신이다. 그는 『자유혁명(Freedom Revolution)』을 비롯한 여러 저서를 통해 "시장은 항상 현명했으며, 정부는 우둔했다"는 소신을 견지하고 있다. 시장개입은 미국의 세계적 헤게모니를 침식시킨 주범이며 복지개혁도 시장원리에 충실해야 한다는 입장에서 보수적인 미국 시민의 정서를 대변하고 있다.

야전사령관, 원내총무

원내총무(whip)[17]는 각 당의 리더를 도와 입법과정에서 당의 규율과 결속을 도모한다. 상대적으로 당내 기율이 약한 미국 의회에서 드문 역할을 수행하는 셈이다. 원내총무는 당내 지역담당 간사들의 도움을 받아 특정 법안에 대한 지지나 표결 동향을 미리 점검한다. 또 주요 이슈에 대한 당내 의원들의 분위기와 각종 동향 정보를 지도부에 전달한다. 당 지도부와 일반 의원들을 잇는 연락책(liaison) 역할을 하는 것이다.

원내총무는 매주 부총무단 회의를 열어 원내전략을 가다듬는다. 부총무들은 이 모임에서 다뤄진 주요 내용을 의원들에게 알려 단합된 표결을 유도한다. 실제로 다수당과 소수당 간에 예상 표결이 팽팽하게 맞설 때, 부총무나 보좌관들은 하원 본회의장 입구에서 출석을 체크하면서 엄지손가락을 아래 또는 위로 표시해 표결에 대한 당의 방침을 알려준다. 개원중일때 양당 원내총무는 본회의장 의사일정, 처리할 법안번호와 제목, 공지사항 등을 담은 통지서를 회람하고 있다. 공화당은 주간 단위로 ≪휩 노티스(Whip Notice)≫를, 민주당은 일간 단위로 ≪더 휩 와인드업(The Whip Wind-up)≫을 만들고 있다.

---

16) Michael Grunwald, "Gephardt's Tireless Quest: Put Democrats Atop House," *The Washington Post*, July 12, 1999, A1, 8.

17) 'whip'의 어원은 'whipper-in'이다. 영국에서 늑대 사냥(fox hunt)을 할 때 사냥개를 모는 사람을 뜻하는데 영국 하원에서 처음 사용했다. '결정을 못하고 망설이는 의원들을 설득하거나 독려한다(whipping)'는 의미다. 1769년 영국의 보수주의 정치철학자 에드먼드 버크(Edmund Burke)가 처음 사용했다.

그림 5.2 ■ The Whip Wind-up (1999년 4월 27일자)

 # The Whip Wind-Up

Tuesday, April 27, 1999	
House Meets Today At	GOP Leadership Predicts Last Vote
12:30 pm / 2:00 pm (Morning Hour) (Legislative Business)	**2:00 pm / Around 4 pm** (First Vote Possible) (Last Vote)
Number of "One-Minutes" Today: Unlimited	

Floor Schedule and Procedure

➡ **Suspension Bills**: Today, the House is scheduled to consider **three** Suspension bills. Suspension bills are debatable for 40 minutes each, may not be amended, and require a two-thirds majority for passage.

H.R. 1554	- Satellite Home Viewer Act
H.R. 1034	- A Bill to Declare A Portion Of The James River And Kanawha Canal In Richmond, Virginia, To Be Nonnavigable Waters of the United States for Purposes of Title 46, United States Code, and the Other Maritime Laws of the United States
H.Res. 148	- Expressing the Sense of the House of Representatives with Respect to the Tragic Shooting at Columbine High School in Littleton, Colorado.

Important Notice

➡ There is an important Caucus meeting today to discus legislation on Kosovo at 4:00 pm in HC-5.

➡ Reminder, the Republican Leadership has announced that no votes are expected Friday, April 30.

  David E. Bonior
Democratic Whip
U.S. House of Representatives

Office of the Democratic Whip
http://davidbonior.house.gov
(202) 225-3130

의회 지도부

양당은 원내총무를 경선하고 있는데 최근 들어 하원의장 등 요직으로 가는 코스로 통한다. 토머스 폴리, 뉴트 깅리치 의원 등이 원내총무를 거쳐 하원의장이 된 케이스이다. 역대 원내총무 가운데 가장 영향력 있는 의원으로는 민주당의 토니 코얼호와 깅리치 전의원이 꼽힌다. 특히 코얼호는 탁월한 정치자금 모금술과 기민한 정치전략으로 인기가 높았다. 레이건 대통령 시절 민주당 선거위원장으로 취임해 위원회를 막강한 선거자금 모금 센터로 탈바꿈시켰다. 그는 10만 달러 규모의 정크본드 투자자금 출처 관련 의혹으로 1989년 의원직에서 물러났다가 1999년 5월 앨 고어 부통령의 대통령 선거운동본부장으로 정계에 복귀했다.18)

1995년부터 공화당 원내총무를 맡고 있는 톰 딜레이(Tom Delay, 텍사스주)는 105대 의회에서 깅리치 의장과 함께 미국과의 계약 공약 입법화에 앞장선 당내 강경 보수파 그룹의 핵심 멤버이다. 1998년 하반기 하원에서 클린턴 대통령에 대한 탄핵 추진을 강력하게 밀어붙여 '해머(hammer)'라는 별명을 얻었다. 워싱턴 정가에서는 해스터트 의장을 능가하는 파워를 가진 '진짜 하원의장'이라고도 한다.

로비회사와 대기업을 비롯해 각계에 폭넓은 인맥을 구축해 1997~98년 기간에 75만 달러를 따로 모아 동료 의원들에게 정치자금을 지원했다.19) 현재 딜레이 휘하에는 1명의 수석부총무, 16명의 부총무, 48명의 원내총무 보좌역(assistant whip)이 있다.

민주당에서는 1989년 역사상 처음으로 흑인인 윌리엄 그레이 의원이 원내총무로 임명됐다. 제106대 의회의 원내총무는 105대에 이어 데이비드 보니어 의원이 맡고 있다. 1976년 하원에 진출한 12선 경력 의원인 그는 딜레이 공화당 총무와 날카로운 경쟁관계를 유지하고 있다는 평이다. 미국 언론은 양당 원내총무간의 판이하게 다른 스타일과 개인적으로 치열한 경

---

18) Dan Balz, "Coelho To Chair Campaign For Gore," *The Washington Post*, May 12, 1999, A4.

19) Juliet Eilperin, "House GOP's High-Risk Front Man," *The Washington Post*, March 20, 1999, K1, 6.

쟁심리가 1990년대 중반 이후 격화되고 있는 당파적 대립을 더욱 부추기고 있다고 분석한다.[20]

2) 상원

다니엘 웹스터 상원의원은 1830년 상원 본회의 연설에서 "(상원은) 대등한 의원들의 모임이며, 의원들은 개인의 독자적인 명예와 개성 그리고 절대적인 독립성을 인정받는다. 우리는 어떤 주인도 두지 않으며, 독재자도 인정하지 않는다"라고 했다. 이런 분위기에서 상원은 20세기 초반까지 상원의장을 제외한 일체의 지도부를 뽑지 않고 자율적인 의정활동을 해왔다.

그 이후 상원지도부가 구성되고 있으나 하원처럼 실질적인 권한 행사는 불가능에 가깝다. 상원의 특성상 지도부의 리더십은 친화력이나 협상력 같은 개인적인 자질과 능력에 달려 있다. 미국 헌법도 상원지도부와 관련해 "부통령이 상원의장을 맡으며 상원은 부통령이 자리를 비웠을 때 임시의장을 선출할 수 있다(제1조 3항)"고 규정하고 있을 뿐이다. 그러나 부통령이 본회의를 직접 주재하는 일은 거의 없으며 찬·반 표결이 동수를 이룰 때, 결정권(일명 캐스팅보트)을 행사하는 게 고작이다. 이 결정권은 미국 행정부가 의회에서 합법적으로 행사할 수 있는 유일한 투표권이다.[21]

임시의장(President Pro Tempore)

상원 서열 제2인자인 임시의장은 상원 본회의를 주재한다. 전통적으로 이 자리는 상원에서 가장 오랫동안, 지속적으로 재직한 다수당 의원이 맡

---

20) Guy Gugliotta, "Whipping up a Role Reversal," *The Washington Post*, May 4, 1999, A3.
21) 부통령의 캐스팅보트 회수는 개인별로 다르다. 역대 부통령 가운데 존 애덤스(1789~98년) 초대 부통령이 총 29회로 가장 많다. 1945~97년까지 재임한 12명의 부통령은 그 동안 모두 34번만 캐스팅보트를 행사했다. 이 가운데 린든 존슨, 제럴드 포드, 넬슨 록펠러, 댄 퀘일 등 4명의 부통령은 한 번도 캐스팅보트를 행사하지 않았다.

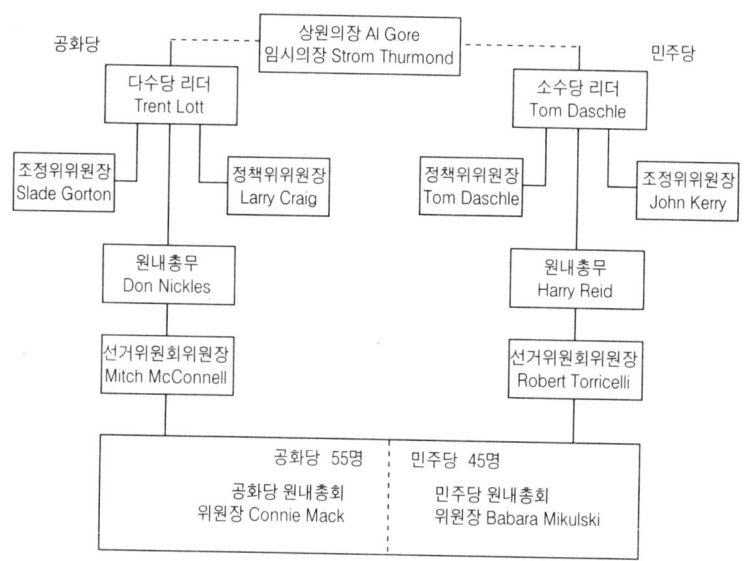

그림 5.3 ▍ 제106대 의회(1999~2000년) 상원지도부

* 2000년 2월 현재.

는다. 그러나 상원의장이나 임시의장은 하원의장이 누리는 것처럼 본회의를 실제 주관하는 권한은 없다. 이런 흐름에서 예외적인 인물은 공화당의 아서 반덴버그(Arthur Vandenberg, 미시간 주) 의원이다. 그는 상원 임시의장과 상원 외교위원장을 겸했다. 제106대 의회의 임시의장은 최고령(1903년생)이자 최다선 의원인 공화당의 스트롬 서먼드 의원이다. 그는 이미 1981년(제97대 의회)부터 4년 동안 임시의장직을 지냈다.

양당 리더

하원과 마찬가지로 2년마다 실시되는 중간선거 이후 선출되며 본회의에서 법안 논의일정을 수립한다. 대통령과 같은 당 출신의 리더는 백악관과의 업무협의 중개역할도 맡는다.

상원에서 법안심의에 관한 본회의 규정은 하원에 비해 덜 엄격하며, 규정도 상세하지 않다. 하원과 달리 상원 규칙위원회는 본회의에서 법안의 수정·규제보다는 법안의 흐름에 대한 교통정리 역할만을 한다.

소수당 리더는 다수당의 일방적인 의사진행을 막고 소수당의 입장을 적극적으로 의사활동에 반영하는 데 주력한다. 대통령 소속 정당이 의회의 소수당일 경우, 대통령이 원하는 입법안을 상원에서 통과시키기 위해 백악관과 긴밀하게 협의한다.

상원의 유명 리더들

강력한 리더십을 발휘한 상원 리더로는 민주당의 존 컨(John Kern, 인디애나 주)과 공화당의 헨리 로지(Henry Lodge, 매사추세츠 주) 등이 꼽힌다. 1913년부터 1917년까지 다수당 리더로 활동했던 존 컨 의원은 민주당 운영위원회(steering committee) 위원장을 겸하면서, 소속 의원들의 위원회 배정과 의사 운영 등에 깊숙이 관여했다. 1919년부터 24년까지 다수당 리더를 지냈던 로지 의원은 반대로 윌슨 대통령에 맞서 상원의 권위와 힘을 과시했다. 로지 의원은 제1차세계대전 이후 베르사유조약안에 대한 비준과 윌슨 대통령이 주창한 국제연맹가입안을 모두 부결시키는 데 결정적 역할을 했다.[22)]

제2차세계대전 후에는 공화당의 로버트 태프트(Robert Taft, 오하이오 주) 의원과 민주당의 리처드 러셀(Richard Russel, 조지아 주), 공화당의 에버레트 덕슨(Everett Dirksen, 일리노이 주) 의원 등이 유명 리더로 평가된다. 두개의 상원의원 부속 건물(러셀·덕슨 빌딩)은 두 의원의 이름을 딴 것이다. 이 중에 '미스터 공화당원(Mr. Republican)'이라는 애칭으로 불렸던 태프트 의원은 명석한 판단력과 지적인 통찰력이, 덕슨 의원은 협상력과 타협술이 장기였다.

특히 덕슨 의원은 1959년부터 1969년 사망하기까지 소수당 리더로서 양당으로부터 두터운 신망을 받았다. 그가 상원의원 재임중 밝힌 '정치의 3가지 법칙(Three Laws of Politics)'은 요즘도 미국 정계에 회자된다. 그 내용은 첫째, 당선되라(Get elected), 둘째 재선되라(Get re-elected), 셋째 흥분하지 말고 침착하라(Don't get mad, get even)이다.[23)]

---

22) Congressional Quarterly, *How Congress Works*, Washington D.C.: CQ Press, 1998, pp.38-39.

20세기 들어 양당을 통틀어 가장 성공적이면서 눈부신 활약을 한 다수당 리더로는 민주당의 린든 존슨 전 대통령을 빼놓을 수 없다. 의원보좌관으로 출발해 하원의원을 거쳐 상원의원 경력 4년째인 1953년 리더로 발탁되어 미국 의회정치를 평생 동안 체득하고 실천한 그는 1961년 존 F. 케네디의 러닝메이트로 부통령 후보가 될 때까지 다수당 리더로 활동했다.

존슨의 최대 장점은 동료 의원들에 대한 설득력과 조정술이다. 그는 상원의원들은 물론 의원 가족과 보좌진에게도 세심한 관심을 쏟아 자기편으로 끌어 들였다. 활동이 유명무실하던 민주당 상원 정책위원회를 활성화했으며 참모들을 활용해 특정 사안에 대한 동료 의원들의 입장 등 구체적인 정보를 챙겨 의원들과 친밀하게 접촉하며 능수능란한 정치력을 발휘했다. 샘 레이번 하원의장을 의원생활의 사표(師表)로 삼아 의사당에서 32년을 보낸 그는 아이젠하워 공화당 행정부와도 유연한 관계를 유지하며 상원 역사상 가장 생산적인 의정활동을 했다는 평가를 받고 있다.

존슨의 후임인 마이크 맨스필드(Mike Mansfield, 몬태나 주) 의원은 1961년부터 1977년까지 최장수 다수당 리더 기록을 세웠다. 그의 운영 스타일은 부드럽고 관용적인 편이었다. 그는 "모든 상원의원은 대등하며 어떤 정치인에 의해서가 아니라 자신의 책임의식에 따라 행동해야 한다"는 지론을 줄곧 견지했다. 그는 또 의원 상호간에 존중의 미덕을 강조했다.[24]

로버트 버드 의원은 1977~81년, 1987~89년까지 두차례 다수당 리더를 지냈다. 그는 상원 역사에 깊은 관심을 갖고 리더직에서 물러난 후 1789년부터 1989년까지 미국 상원사를 집필했다. 1999년 1월 상원에서 클린턴 대통령에 대한 탄핵재판이 논의될 무렵, 탄핵 대신 견책(censure) 방

---

23) *The Congress Dictionary*, 1993, p.95.
24) 1952년 상원의원에 당선된 맨스필드 의원은 다수당 리더직에서 물러난 다음 1977년부터 1988년까지 일본주재 미국 대사로 근무했다. 그는 일찍부터 아시아에 깊은 관심을 갖고 있었다. 워싱턴D.C. 소재 '맨스필드 연구소'는 그의 활약을 기념해 미국의회가 재정지원을 하는 아시아 전문연구기관이다. 정치평론가 데이비드 브로더(David Broder)는 맨스필드 의원을 가리켜 20세기 미국인의 한 전형을 보여주었다는 의미에서 '미스터 아메리카'로 명명했다. David S. Broder, "Mr. America," *The Washington Post*, March 21, 1999, B7.

안을 제시, 동료의원들의 호응을 얻었다. 1953년 연방 하원의원에 당선된 후 1999년 초까지 1만 4,000회의 원내 투표로 미국 의정 사상 최다 표결 기록을 갖고 있어 '걸어다니는 의회규범집'으로 통한다.

연방판사 출신인 조지 미첼 다수당 리더는 1986년 레이건 행정부가 니카라과 반정부군에게 불법적으로 무기를 건네주었는지의 여부 등을 따진 이란-콘트라 스캔들 양원 합동위원회 위원으로서 TV 생방송에 출연, 세련된 화술로 좋은 인상을 남겼다. 인내심과 정확한 판단력에 바탕을 둔 그의 특징은 예전의 정서적인 호소와 차원을 달리하는 것이었다. 그는 1994년 말 의원직 사퇴를 전격적으로 발표하고 정계를 떠난 후 아일랜드 평화 협상 타결을 이끌어내는 개가를 올렸다.

제106대 의회에서 민주당 리더인 톰 대슐(Tom Daschle, 사우스다코다 주) 의원은 1986년에 상원의원에 처음 당선된 다음 민주당 정책위원회 공동위원장 등을 지냈다. 그는 1994년 민주당 리더 경선에서 다선 기준으로 선배인 크리스토퍼 도드(Christopher Dodd, 코네티컷 주·1980년 당선) 의원을 한 표 차이로 제치고 승리를 낚아챘다. 1999년 1~2월 클린턴 대통령에 대한 상원 탄핵재판 과정에서 민주당 소속 의원들을 결집시키고 공화당의 트렌트 로트(Trent Lott, 미시시피 주) 리더와 당당하게 협상해 언론의 주목을 받았다.

역대 공화당 리더 가운데 주목되는 이는 1977년부터 1985년까지 직책을 맡았던 하워드 베이커(Howard Baker, 테네시 주) 의원이다. 그는 1973년 상원 워터게이트 청문회장에서 같은 당 닉슨 대통령의 위법행위를 거리낌없이 들춰내 화제를 모았다. 베이커 의원의 후임을 뽑기 위해 1984년 말 열린 공화당 상원 원내총회에서는 테드 스티븐스(Ted Stevens), 리처드 루거(Richard Lugar), 피트 도미니치(Pete Domenici), 제임스 매클루어(James McClure), 밥 돌(Bob Dole, 캔사스주) 의원 등 5명이 격돌해 유례없는 접전을 벌였다.

4번에 걸친 투표에서 최후의 승리자는 상원 재정위원장 출신의 밥 돌 의원이었다. 그는 공화당 대통령 후보로 지명된 1996년까지 리더로 활약했다. 대중정치인치고 딱딱하고 유머가 없다는 세간의 혹평에도 불구하고 당내에서는 협상력과 결단력을 갖춘 지도자로 평가받았다. 그러나 공화당이

다수당으로 복귀한 1995년부터는 공화당 하원 강경파와 원만한 관계를 이루지 못했고 상원 민주당 의원들로부터 배척당해 지도력에 한계를 보였다.

제106대 의회의 공화당 리더인 트렌트 로트 의원은 합리적인 실용주의자다. 미시시피 대학 재학 시절 응원단장으로 활약했던 그는 밥 돌 의원의 어두운 얼굴 표정과 대비되는 늘 웃는 부드러운 인상이 최대 무기이다. 깅리치 당시 하원의장의 공격적이며 혁명적인 의회 운영전략과 달리 상원의 기존 관행과 제도를 존중하면서 실리를 취하는 운영방식으로 양당 의원 모두로부터 호감을 샀다.25)

클린턴 대통령에 대한 상원 탄핵재판 진행중에 당내 강경파들이 요구한 모니카 르윈스키(Monica Lewinsky)에 대한 상원 공개증언 등을 마지막까지 뿌리치고 대슐 민주당 리더와 긴밀한 의견조율을 통해 초당적 합의를 도출하는 데 주력했다.

그림자처럼 활동하는 원내총무

상원 원내총무도 하원과 비슷하게 법안 표결을 예측하고 표수를 점검해 당의 방침을 관철시키고 결속을 다지는 게 주임무다. 많은 부총무들을 두고 엄격하게 운영하는 하원과 달리 상원 원내총무는 그림자처럼 보이지 않게 활동한다. 실제로 상원 원내총무는 하원에서 부총무들이 하는 일을 수행하는 경우가 허다하다. 원내총무는 원내총회에서 경선을 통해 선출되지만 각 당의 리더 등 당 지도부와 견해를 달리해 충돌하는 사례도 심심찮다.

1965년부터 1969년까지 민주당 원내총무였던 러셀 롱(Russell Long, 루이지애나 주)의원은 당시 다수당 리더였던 맨스필드 의원과 마찰을 빚었던 것으로 유명하다. 상원에서 원내총무직이 공식화된 것은 민주당은 1913년, 공화당은 1915년이다.26)

---

25) Congressional Quarterly, op. cit., 1998, pp.45-46.
26) Ibid., pp.46-47.

> ### 리더와 정당과의 관계
>
> 미국의 정당조직은 하향적인 중앙집권이 아니라 밑으로부터 위로 조직된 상향형이다. 따라서 중앙당은 의원의 원내활동과 지구당 운영을 지휘하거나 감독하지 않는다. 자기 당의 선거운동과 후보자 지원, 선거자금 모금운동 등 선거에 관련된 일들을 하기 위해 주나 지방에 독립적으로 설치되어 있는 지구당을 지원할 뿐이다.
>
> 양당의 리더는 따라서 '정당' 보직이 아니라 '의회'에서 선출하는 의회의 공식 보직이다. 리더의 구체적인 역할은 다음과 같다. ▲ 당의 입법프로그램 개발 ▲ 당내 중진의원들과 원만한 협조체제 구축 ▲ 원내활동 총괄 ▲ 각 위원장들과 우호적인 관계 유지 ▲ 의사일정 준비 등이다. 리더직의 장점은 본회의에서 우선 발언권을 갖는다는 점이다. 또 각종 언론매체의 취재원으로 지명도를 높일 수도 있다.

3. 의회 내 다양한 상설조직

의회 안에는 여러 기능을 수행하는 상설 또는 임시조직이 있다. 이 가운데 의원총회와 각종 상설위원회, 특정 사안을 취급하는 코커스(Caucus)가 대표적이다. 의원들은 이들을 통해 자신들의 활동에 일관성과 다양성을 함께 추구하고 있다.

1) 원내총회

공화당과 민주당은 상·하원별로 원내총회를 갖고 있다. 원내총회는 정당별, 상·하원별로 구성원과 의제, 관심사가 모두 다른 만큼 의회 내에 사실상 4개가 있다.[27] 총회가 공통적으로 수행하는 역할은 매회기 개막에 앞서 지

---

[27] 공화당 원내총회는 상·하원 모두 공화당 의원총회(Republican Conference)이지만, 민주당은 하원(Democratic Caucus)과 상원(Democratic Conference)의 명칭이 다르다. 'Caucus'라는 이름은, 1910년 하원 민주당 의원들이 'King Caucus'

도부 선출, 의원들의 위원회 배정, 당의 입법 전략과 정책의 골간을 논의하는 일 등이다. 때로는 의원을 해당 위원회에서 축출하는 징계조치도 내린다.

공화당 하원 원내총회는 소속 의원들의 단체 연수(retreats)나 회합을 통해 소속 의원들의 결속을 유지하고 사안별 보고서와 입법 안내자료 등을 나눠주고 있다. 특정 이슈에 대한 하원 공화당 의원들의 입장을 집약한 결의안을 의원 전체 이름으로 발표한다. 1995년 공화당의 다수당 복귀 후, 깅리치 하원의장은 수시로 의원총회를 열어 미국과의 계약 관련 법안 관철을 독려했다. 공화당 원내총회 위원장은 임기제한이 없지만, 민주당은 총회 위원장과 부위원장의 임기를 2회(4년)로 제한하고 있다. 총회 위원장은 당의 리더 → 원내총무에 이은 서열 3위(다수당은 하원의장 → 다수당 리더 → 원내총무에 이은 4위)의 중요 직책이다.

민주당은 1909년 열린 하원 원내총회에서 3분의 2의 다수결로 통과된 사안에 대해서는 소속 의원들이 당의 방침에 따라 투표하도록 결의했다. 이 결의는 윌슨 대통령과 프랭클린 루스벨트 대통령 초기에 의회와 행정부가 협조해 행정부가 원하는 법안을 의회가 전폭 수용해 통과시키는 데 큰 힘이 됐다.

민주당 하원은 매주 수요일 오전 9시부터 1시간 정도 캐논 빌딩 3층 등에서 회합을 갖는다. 공화당과 민주당은 정기적으로 원내총회를 열고 있지만 하루 단위로 의원들과 보좌관들에게 매일 일정과 활동지침을 제공한다. 원내총회장에는 수시로 행정부 고위 관리들이 찾아 행정부의 입장과 향후 전망과 대책을 의원들에게 설명한다. 1999년 4월 말 미국과 나토군에 의한 코소보 공습이 장기화되는 상황에서, 샌디 버거(Sandy Berger) 백악관 안보보좌관은 양당의 원내총회장을 교대로 찾았다. 원내총회장에는 원칙적으로 언론 보도진이나 로비스트 등의 출입이 통제된다.

하원 공화당 원내총회 위원장은 당내 유일한 흑인 의원인 워츠(J. C. Watts)이다. 그는 오클라호마 대학 재학시절 미식축구팀의 쿼터백 출신이다.

라는 모임을 만든 게 효시다. 이후 민주당 하원의원들만 유독 Caucus라는 명칭을 고집한다.

1994년 의원직에 당선된 다음 1998년 11월 중간선거 직후 당내 공식 서열 4위인 하원 원내총회 위원장직에 도전해서 성공했다. 틸리 파울러(Tillie Fowler, 플로리다 주) 의원과 데보라 프라이스(D. Price, 오하이오 주) 의원이 각각 부위원장과 간사다.

민주당에서는 마틴 프로스트(Martin Frost, 텍사스 주) 의원이 위원장이며 로버트 메넨데즈(Robert Menendez, 뉴저지 주) 의원이 부위원장이다. 양당 위원회가 가동중인 인터넷 홈페이지는 의원과 보좌관 들은 물론 의사당의 '안과 밖'을 연결하는 채널이다.[28] 상원에서는 코니 맥(Connie Mack, 공화당·플로리다 주) 의원과 여성의원인 바바라 미쿨스키(Barbara Mikulski, 민주당·메릴랜드 주)가 양당 원내총회 위원장이다.

2) 정책위원회

공화당 하원 정책위원회는 하원 지도부와 세입·세출·예산 등 핵심 위원회 위원장, 10명의 지역별 대표, 제104~106대 의회의 초선의원 대표 각 1명씩 등 모두 39명의 의원들로 구성되어 있다. 위원회는 각종 정책사안에 대한 당의 입장을 보고서나 성명서 등으로 발표하며 당의 입법의제와 전략 구상도 한다. 공화당 정책위원회의 모태인 운영위원회(Steering Committee)는 1919년부터 1925년까지 하원의 주요 업무를 총관장했다.

이후 롱워스 의원이 하원의장에 취임한 1925년부터 역할이 대폭 축소되었다가 1949년 정책위원회로 개명하면서 위원회의 규모와 역할이 다시 확대됐다. 1959년부터 1965년까지는 공화당 다수당 리더의 핵심 정책자문기관으로 활동했다. 1969년부터는 정책관련 연구에 초점을 맞추고 있다.

제106대 의회의 하원 공화당 정책위원장은 5선 경력의 크리스토퍼 콕스(Christopher Cox, 캘리포니아 주) 의원이다. 그는 1998년 11월 깅리치 의장의

---

28) 공화당 하원 원내총회의 인터넷 웹사이트는 hillsource.house.gov, 공화당 상원 원내총회는 www.senate.gov/~src, 민주당 하원 원내총회는 dcaucusweb.house.gov이다.

표 5.1 ▮ 하원 양당 주요 위원회 현황 (단위: 명)

정당	정책위원회(Policy)	조정위원회(Steering)	선거위원회(Campaign)
공화당	39	27	33
민주당	36	44	40

표 5.2 ▮ 상원 양당 주요 위원회 현황 (단위 : 명)

정당	정책위원회	조정위원회	선거위원회	기술·커뮤니케이션위원회
공화당	26	9	11	-
민주당	24	20	15	13

* 자료: *Congress and its Members*, 7th ed., p.189에서 재인용.
** 조정위원회는 Committee on Committees(공화당)와 Steering and Coordination Committee (민주당)로 명칭이 서로 다르다.

사임 발표 후 하원의장 당내 경선 출마의사를 비춘 바 있다. 20년 동안에 걸친 중국의 핵개발기술 스파이 행위를 밝힌 콕스 보고서로 언론의 주목을 받았다. 부위원장은 일리노이 주 출신의 제리 웰러(Jerry Weller) 의원이며, 위원회 실무 활동은 8명의 분야별 보좌관들이 담당하고 있다.

상원에서는 래리 크레이그(Larry Craig, 아이다호주) 의원이 위원장이다. 상원 공화당 의원들은 매주 화요일 정책위원회 주관으로 점심을 함께 하면서 주요 정책의제들을 점검한다. 이 모임에는 행정부 고위 각료나 연구기관 등 각계 저명 전문가가 수시로 초청된다. 예컨대 1999년 5월 4일 오찬 정책위원회 모임에는 앨런 그린스펀 연방준비제도이사회(FRB) 이사장을 초청, 종합지수 1만 1천 포인트에 육박한 증권시장과 미국경제 전망을 놓고 토론을 벌였다.

민주당에는 정책위원회(Democratic Policy Committee)가 당의 입법전략을 검토하고 방향을 제시한다. 민주당은 1933년 운영위원회(Steering Committee)를 만들었다가 1956년에 폐지했다. 그러다가 1962년에 다시 부활했다. 운영위원회는 1974년부터 2년마다 소속 의원들의 상임위원회 배정활동에 주력한다. 제106대 의회에서는 소수당 리더인 게파트 의원과 스테니 호이어(Steny Hoyer, 메릴랜드 주) 의원이 공동위원장이다. 여기에다 12명의 지역 대표와 민주당 지도부가 지명한 16명의 의원과 4명의 부총무 등 모두 44

명이 위원으로 참가한다. 1973년 별도 조직으로 신설된 상원 민주당 정책위원회는 당의 리더, 원내총무, 부총무, 의원총회 위원장과 주요 지역별 대표의원 등 30명으로 구성되어 있다. 상원 리더와 그가 지명한 의원[106대 의회에서는 바이런 도간, (Byron Dorgan) 의원]이 공동 위원장이다. 민주당은 다수당으로 있던 1992년 '하원의장 정책개발연구그룹(Speaker's Working Group on Policy Development)'을 만들었으나 1995년 해체됐다.

상원 민주당은 1995년 3월 톰 대슐 의원 주도로 기술·커뮤니케이션 위원회(Technology and Communication Committee)를 만들었다. 초대 위원장은 존 록펠러 의원이 맡았다. 이 위원회는 민주당 상원의 입장과 정강정책을 일반 시민들에게 효과적으로 전달하고 당내 의원 사무실간의 원활한 의사소통 그리고 정보통신분야의 중요성을 법안에 반영하는 것을 목적으로 한다.[29]

'민주당 의원연구회(Democratic Study Group)'도 최근까지 활발하게 움직였다. 1959년 의원들의 정책개발 촉진과 지원을 목적으로 발족한 이 연구회는 의사당 건물 안에 독자적인 사무실과 인력을 갖고 있었다. 민주당 시각에서 법안 내용과 정치적 함의를 평가분석한 보고서는 공화당 진영에서도 관심 있게 읽을 정도로 충실했다는 평가다. 의회의 입법서비스기구(Legislative Service Organization: LSO) 가운데 하나로 기능했으나 1995년부터 공화당 주도로 진행된 의회 슬림화 과정에서 의회의 각종 지원이 중단됨에 따라 활동을 마감했다. 그 결과 민주당은 정책개발 분야에서 적지않은 타격을 입고 있다. 민주당의 하원운영 및 정책위원회 위원장은 리더인 게파트 의원이 겸하고 있다. 민주당 상원의원들도 의회가 개원중일 때 매주 화요일 오찬을 함께 하면서 입법과제와 전략을 논의하고 있다.

3) 선거 – 전국위원회

상·하원에서 양당은 선거전에 나선 소속 후보들을 지원하고 현직 의원

---

29) *The Hill*, March 8, 1995, p.15; *The Washington Post*, April 24, 1995, A4.

들의 재선을 돕기 위해 전담조직을 두고 있다. 공화당의 하원선거위원회(National Republican Congressional Committee)와 상원선거위원회(National Republican Senatorial Committee), 민주당의 하원선거위원회(Democratic Congressional Campaign Committee)와 상원선거위원회(Democratic Senatorial Campaign Committee)가 이에 해당된다. 이들 위원회는 2년마다 실시되는 선거에 대비해 정치자금 모금(fund-raising)과 선거전략 개발, 입후보자에 대한 정치자금 지원에 주력한다.

이와 함께 하원의장을 비롯한 핵심 지도부와 긴밀하게 논의해 포괄적인 선거전략을 마련하기도 한다. 1996년 중간선거의 경우, 민주당 선거위원회(상·하원 포함)는 5,700만 달러, 공화당은 1억 3,900만 달러를 모았다. 현재 공화당 하원 선거위원장인 톰 데이비스(Tom Davis, 버지니아 주) 3세 의원은 클린턴 대통령에 대한 탄핵심판이 막바지이던 1999년 2월 첫째주 버지니아주 윌리엄스버그 시에서 연례 공화당 하원의원 동계연찬회를 열었다. 그는 이 자리에서 공화당이 2000년 선거에서 민주당에 패배, 소수당이 된다는 가상 시나리오의 비디오를 보여주면서 의원들의 경각심을 촉구하고 민주당과의 적극적인 정책경쟁을 주문해 눈길을 모았다.

민주당 하원 선거위원회 위원장은 당의 리더가 직접 임명한다. 제106대 의회에서는 패트릭 케네디(Patrick Kennedy, 로드아일랜드 주) 의원이 이 직책을 맡고 있다. 상원에서는 공화당의 미치 매코넬(Mitch McConnell, 켄터키 주) 의원과 민주당의 로버트 토리첼리(Robert Torricelli, 뉴저지 주) 의원이 선거위원회의 수장이다. '횃불(Torch)'이라는 별명을 가진 토리첼리 의원은 선거자금 모금의 귀재로 평가된다. 그는 취임 직후인 1999년 상반기에 전년 대비 30% 늘어난 1,200만 달러의 정치자금을 모금했다.[30] 선거위원장직은 당 지도부와 더불어 후보들에게 분배하는 당의 재정지원금 액수를 일일이 결정하고 있는 정당조직상의 실세로 통한다.

1848년과 1856년에 각각 조직된 민주당 전국위원회(DNC: Democratic

---

30) Robert Schlesinger, "Sen. Torricelli Spearheads DSCC in Record-breaking Fundraising Drive," *The Hill*, June 16, 1999, p.1.

표 5.3 ■ 공화·민주 양당의 주요 위원회 인터넷 사이트

위원회	공화당	민주당
전국위원회	www.rnc.org	www.democrats.org
상원선거위원회	www.nrsc.org	www.dscc.org
하원선거위원회	www.nrcc.org	www.dccc.org

National Committee)와 공화당 전국위원회(RNC: Republican National Committee)는 전당대회 준비와 선거 캠페인을 효과적으로 하는 게 주 목적이다. 일종의 중앙당 같은 기능을 수행하는 것이다. 대통령 선거 관련 전략수립, 정치자금 마련, 여론조사와 홍보전략 마련에 총력을 쏟기 때문에 의원들과 관계는 약한 편이다. RNC는 각 주별 대표자 수가 똑같으며, DNC는 주의 인구나 공헌도 등을 감안해 대표자 수가 다르다. 전국위원회 위원장은 대통령 선거기간 중에는 대통령이나 후보 지명자가 선정하지만, 비선거 기간일 때는 위원회에서 뽑는다. 1999년 말 현재 민주당은 조지프 앤드류(Joseph Andrew)가, 공화당은 짐 니콜슨(Jim Nicholson)이 각각 위원장으로 있다.

4) 의원 코커스와 각종 비공식 그룹들

토머스 오닐(Thomas O'Neill) 전 하원의장은 미국 의회의 특징으로 "(의원들이) 어느 당에 소속되어 있는가보다는 어떤 코커스에 속해 있는가가 더욱 중요하다"고 말했다. 의회에 있는 다양한 '이슈 코커스(Issue Caucus)'는 의원들이 국가적 관심사 못지않게 선거구의 지역주민 이익대변에 열성적임을 보여주는 대목이다. 당적을 떠나 사안에 따라 특정한 목적을 달성하기 위해 의원들이 참여하고 있는 이슈 코커스는 상원에도 존재하지만, 상대적으로 선거구 규모가 작은 하원에서 활동이 두드러진다.

하원 코커스는 1970년대부터 우후죽순처럼 생겨나 1999년 현재 공식적인 것만도 100개에 달한다. 상원에서는 30개 이상이 결성되어 있으며 상하 의원들이 함께 참가하는 공동 코커스도 50개에 육박한다. 이중 일부는 자체 전문위원과 사무실, 규정까지 갖추고 있다. 코커스는 여러 종류가 있

지만 지역구와 밀접한 관계를 갖고 해당 지역구에 위치한 특정 산업의 이해관계를 반영하는 경우가 가장 흔하고 결속력도 강하다.

예컨대 미국 북동부와 중서부의 지역이익을 대변하는 의원 모임인 북동·중서 의원연합(Northeast-Midwest Congressional Coalition)이나 하원의 의류 코커스(Congressional Footwear Caucus), 상원의 쇠고기 코커스(Senate Beef Caucus), 북동부 지역의 농업 코커스(Northeast Agricultural Caucus), 수입버섯으로부터 펜실베이니아주 버섯생산업자들의 이익을 보호하기 위한 버섯 코커스, 섬유산업 출신지역 의원들로 구성된 섬유 코커스 등이 그런 예이다.

콩재배지역 출신이거나 콩 관련 업체와 밀접한 관계가 있는 콩 코커스(Congressional Soybean Caucuses), 구리 코커스(Congress Copper Caucuses)도 이런 범주에 속한다. 철강 코커스(Steel Caucus)는 1990년대 후반 한국·일본·브라질 등의 미국 내 철강수출에 대해 가장 먼저 반덤핑관세 부과를 주창하고 나섰다.

흑인 코커스(Black Caucus), 히스패닉 코커스(Hispanic Caucus), 여성 코커스처럼 특정 인종집단의 이익을 대변하는 것들도 있다. 우주항공 프로그램에 관심이 많은 의원들의 모임인 우주 코커스(Congress Space Caucuses)를 비롯해 자전거 코커스(Bicycle Caucus), 스포츠맨 코커스(Congressional Sportsmen's Caucus), 마이너리그 야구 코커스(Minor League Baseball Caucus) 등 친목모임 형태도 다수 있다.31) 상·하원의 군비통제 및 외교정책 코커스(Arms Control and Foreign Policy Caucus)는 의원들이 스스로 외교정책 관련 이슈들을 다루고 있다.

이들 코커스는 1995년까지 의회에서 입법서비스기구(LSO)로 지정받아 하원 부속건물 안에 사무실을 갖는 등 각종 지원을 받았다. 각종 코커스의

---

31) 얼 블루메나워(Earl Blumenauer, 민주·오리건 주) 하원의원 주도로 1996년 결성된 자전거 코커스(bicycle caucus)에 회원으로 활동하는 의원은 데이비드 민즈(David Minge, 민주), 제임스 오버스타(James Oberstar, 민주·미네소타 주), 애머리 휴턴 의원(Amory Houghton, 공화·뉴욕 주) 등 모두 35명이다. 그 중 10여 명은 주말마다 함께 자전거를 탄다. 블루메나워 의원은 의사당 근처 아파트에 살면서 의사당 출퇴근시는 물론 백악관 회의에 참석하러 갈 때도 자전거를 탄다. 이들은 자전거를 타면 건강과 환경 보호에 모두 좋다며 예찬론을 편다.

증가는 의원들이 통상적인 소속 위원회 활동에서 다루지 못하는 세부사항에 참여해 폭넓은 의정활동을 할 수 있다는 점이 가장 큰 이유이다. 이와 함께 각종 이익단체들도 자신들의 이익과 입장을 의원들에게 효과적으로 알리려면 로비스트를 통하는 것 못지않게 해당 코커스를 이용하는 게 실리적이라고 판단하고 있다.

그래서 일부 이익단체들은 의원 코커스의 사무직원 지원이나, 출판 보조, 세미나 개최 등 각종 경비 지원까지 하고 있다. 그러다 1980년대 들어 하원이 사적인 기부금이나 정부기금을 제공받지 못하도록 규정을 개정, 코커스에 대한 지원을 대폭 축소했다. 이에 따라 많은 이익단체들은 별도 재단이나 연구소를 만들어 비공식적으로 지원을 계속하는 경우가 늘고 있다.

'환경에너지 의원 연구모임(Environmental Energy Study Conference)'을 지원하기 위해 만들어진 환경에너지연구소(Environmental Energy Study Institute)나 '의원인권코커스(Congressional Human Rights Caucus)'를 후원하고 있는 의회인권재단(Congressional Human Rights Foundation)이 대표적인 사례이다. 의원 코커스와 이들 연구소 또는 재단은 밀접하게 연결되어 있다. 일부 분석가들은 "연구소나 재단은 단지 코커스 활동을 위한 사적인 자금 조달 창구"라고 비판하고 있다. 이들 연구소나 재단은 의원 코커스에서 이미 다뤘던 것과 비슷한 기능을 반복하는 경우가 다반사이기 때문이다.

의원들의 입법과정에 로비스트 못지않은 영향을 미치는 것은 의원들이 사안별·지역별로 가입해 있는 비공식적인 의원그룹들이다. 의원들은 예전부터 특정한 정치적 이익을 공동으로 달성하기 위해 비공식적인 그룹을 만들었다. 비공식적인 의원그룹은 1800년대 초반 워싱턴D.C. 이외의 출신 의원들 가운데 마음맞는 몇몇 의원들이 하숙집을 구해 합숙한 것이 시발점이다.

남부 출신 민주당 의원들(Southern Democrats)로 구성된 '블루독(Blue Dog)' 같은 모임은 당내에서도 상당한 영향력을 갖고 있다. 중도와 보수성향의 21명의 의원으로 구성되어 있는데 1981년에는 공화당의 로널드 레이건 대통령에게 협조, 당시 민주당 지도부를 당혹스럽게 만들기도 했다. 클린턴 대통령이 대의회 정치투쟁을 하기 전에 이들을 꼭 먼저 만나 입장을 설명하고 지지를 호소하고 있을 정도이다.32) 1959년에 민주당 하원의 진보성향 의원들이 주축이 돼 만든 '민주당 스터디 그룹(Democratic Study Group)'이 그 원조로 꼽힌다. 이 그룹은 사안별 정책 보고서 등을 정기적으로 발간했다. 이런 공식기구 결성 움직임은 1970년대 하원에서 본격화되었다.

공화당에서는 1983년 뉴트 깅리치 의원 주도로 만들어진 '보수기회모임(Conservative Opportunity Society)'이 널리 알려졌다. 당시 소수당인 공화당의 입지를 강화하고 민주당의 주요 정강정책을 비판하는 것이 주목적이었다. 양당간의 당파적 경계를 초월한 단체로는 보수 성향의 남부 출신 공화·민주당 의원들이 주로 북부 출신의 민주당 의원들에 맞서 결성한 '보수적 동맹(Conservative Coalition)' 대표적이다. 이들은 1971년 이래로 본회의장에서 회원들끼리 합의한 찬성·반대 노선에 따라 일치된 투표를 함으로써 자신들의 단합과 영향력을 과시하고 있다. 1998년의 경우, 이들은 하원에서 40번, 상원에서는 8번 자신들의 목적을 관철시키는 데 성공했으며, 실패한 것은 하원에서 2번이 고작이다. 이외에도 민주당 초·재선 의원들의 모임인 '뉴 데모크라틱 콜리션(New Democratic Coalition: NDC)', 공화당 동북부주 출신 중도파 의원들의 '매미나방' 등이 있으며 이슈별로도 비공식 모임이 활발하게 구성되어 있다.33)

---

32) 대부분의 의원들은 최소한 4~5개의 의원그룹이나 코커스에 속해 있다. 1998년 11월 선거에 처음 당선된 데니스 무어(Dennis Moore, 민주·캔사스) 의원의 경우, '블루 독 콜리션(Blue Dog Coalition)' '뉴 데모크라틱 콜리션(New Democratic Coalition: NDC)' '사회보장 태스크 포스(Social Security Task Force)' '예산 코커스(Budget Caucus)' 등 4군데에 가입해 있다고 하워드 볼크(Howard Bauleke) 수석보좌관은 말했다. 초선의원들은 대개 지역구 활동에 치중하는 만큼, 상대적으로 재선 이상 의원들이 소그룹 활동을 더 활발하게 하고 있다. 제106대 의회까지 통산 11선을 기록중인 공화당의 더그 뷰라이터(Doug Bereuter, 네브래스카 주) 의원은 1999년 말 현재 모두 8개의 코커스에 가입해 있다.

33) 의회 안팎에는 다양한 모임들이 넘쳐나고 있다. '상원의원 부인들의 모임(Ladies of the Senate)' '동성애 남녀 보좌관들 협회(Lesbian and Gay Congressional Staff Association)' '상원 흑인 입법보좌관 코커스(Senate Black Legislative Staff Caucus)' 등까지 결성되어 있다.

6
보좌관과 로비

1. 선출되지 않은 의원들

1971년 연방상원 의원에 당선되어 중앙정치무대 경력만 30년에 이르는 공화당의 윌리엄 로스(William Roth, 델라웨어 주) 재정위원장이 1999년 3월 말 중국을 방문했을 때다. 같은 해 4월로 예정된 주룽지 총리의 미국 방문과 중국의 세계무역기구(WTO) 가입문제를 포함한 양국간 핵심 현안을 논의하기 위한 일정이었다. 주 총리와의 면담을 비롯한 로스 의원의 대부분 일정에는 아시아 정책담당 보좌관인 대니엘 밥(Daniel Bob)이 시종일관 자리를 함께했다. 로스 상원의원의 발언 내용이나 정책방향은 사실상 밥 보좌관이 대부분 결정한 것이었다고 한다. 밥 보좌관은 "주룽지 총리를 직접 만나 얘기를 나눔으로써 그의 경제관과 미국관을 구체적으로 파악할 수 있는 유익한 자리였다"고 말했다. 예일 대학을 거쳐 하버드 대학 행정대학원(케네디 스쿨)을 졸업한 밥 보좌관은 로스 의원 사무실에서 1991년부터 동아태지역 외교안보 담당 특별보좌관으로 근무하고 있다.

워싱턴 정가에서 의원들이 치열한 경쟁에서 살아남기 위해서는 이처럼 유능한 보좌관의 확보가 필수적이다. 보좌관들은 실제로 의원의 조역에 머물지 않고 정책결정에 상당한 영향력을 행사하는 경우가 많다. 일군의 의회연구학자들은 이런 보좌관들을 가리켜 '선출되지 않은 의원(Un-elected Representatives)'이라고 일컫는다.1) 의원의 보좌관 의존도가 증대하는 것과 비례해, 보좌관의 영향력과 중요성이 높이 평가되고 있는 것이다.

1) 보좌관의 양적 팽창

의회 내 보좌관의 양적 팽창은 20세기 후반 들어 미국 의회에서 일어난 가장 큰 변화상 가운데 하나로 지적된다. 워싱턴D.C.와 지역구의 상·하원 의원 사무실에서 일하는 개인 보좌관들은 1947년에는 2,030명에 불과했지만 1997년말 현재 1만 1,692명으로 늘었다.

위원회 소속 전문보좌관은 1947년 상·하원을 통틀어 399명이었으나 1997년에는 2,252명으로 400% 이상 증가했다. 일례로 리처드 닉슨 전 대통령이 하원의원 시절인 1940년대 후반, 그의 의원 사무실에는 보좌관 1명에 비서 2명이 고작이었다고 한다.2)

보좌관 숫자가 급증한 것은 무엇보다도 입법 관련 사항이 폭증하는데다 고도의 전문성을 띠기 시작했기 때문이다. 선거구민들의 요구사항이 복잡다단해진 것도 한 요인이다. 미국 의회정치사에서 의회보좌관의 양적 팽창은 1960년대 후반부터 1970년대 초반이 분수령으로 지적된다. 베트남전쟁과 워터게이트 사건을 겪으면서 의회의 행정부에 대한 불신이 최고조에 달해, 의회 차원에서 독자적인 정보 수집과 정책 대안 제시의 필요성을 절감했다는 이유에서다. 실제로 1972년에 7,706명이던 의회 내 각급 보좌관

---

1) 대표적으로 Michael J. Malbin, *Unelected Representatives*, New York: Basic Books, Inc., 1980.
2) 상·하원 의원 개인보좌관, 위원회 소속 전문보좌관, 사무국 직원, 의회 지원기구와 경비경찰 등을 모두 합친 의회 보좌관 총인원은 1960년 22,202명에서 1970년 29,636명, 1980년 38,263명, 1990년에는 36,292명으로 늘었다. 그러나 1992년에 37,537명을 기록한 다음 1993년의 제103대 의회부터 감소 추세로 돌아서 1995년에 31,636명, 1997년에는 29,730명이 됐다. Paul E. Dwyer and John Pontius, *Legislative Branch Employment, 1960~1997*, CRS Report, June 6, 1997, pp.4-8.

표 6.1 ■ 상·하원 의원 개인보좌관 현황

연도	하원	상원
1947	1,440	590
1957	2,441	1,115
1967	4,055	1,749
1977	6,942	3,554
1987	7,584	4,075
1997	7,282	4,410

* 자료: *Vital Statistics on Congress*, Washington D.C.: AEI Press, 1998, p.135.

(사무국 직원·경비경찰 등은 제외)은 1985년에 11,526명으로 늘었다.

그런 점에서 의회보좌관은 현대 미국정치에서 각종 정보수집과 정책대안 제시를 하는 유용한 권력수단(instrument of power)으로 출발했다고 해도 과언이 아니다.[3] 동시에 의회의 보좌관 문화는 미국 의회정치의 특수한 면모를 보여주는 한 단면이다. 의회민주주의 선진국인 유럽 각국 의회의 보좌관 인원은 미국에 비해 훨씬 적다. 1980년대 전반까지 프랑스와 독일 의회는 미국 의회의 10분의 1, 영국 의회는 20분의 1에 불과했다.[4] 이 간극은 최근까지 좁혀지지 않고 있다. 이는 미국 의회의 입법과정이 여느 유럽 의회보다 복잡하고 신중하다는 것을 반증하는 것이다. 또 미국 의회 안에서도 많은 보좌관을 두고 있는 의원이나 위원회일수록 활발하고 강력한 권한을 갖고 있는 것으로 인식되는 분위기이다.

의원보좌관 숫자가 가장 많았던 때는 1992년으로 2만명(1만 9,697명) 수준에 육박했다. 당시에 의회 의사당 일대는 자체 교통경찰관이 필요하다는 우스갯소리가 유행했을 정도였다. 그러나 1994년 말 중간선거에서 공화당이 원내 다수당으로 복귀하면서 연방정부와 의회에 대한 대대적인 '군살빼기' 작업의 일환으로 보좌관 감원 작업을 단행했다. 공화당은 특히 위원회 소속 전문보좌관들을 대대적으로 줄였다. 위원회 보좌관들은 1992년의

---

3) Hedrick Smith, *The Power Game: How Washington Works*, New York: Random House, 1988, p.281.
4) Randall B. Ripley, *Congress: Process and Policy*, 3th ed., New York: Norton, 1983, p.3.

3,186명에서 1996년에는 2,070명으로 감소해 1,000명 이상이 의회를 떠났다.5)

의원보좌관들은 자신의 분야에서 참신한 이슈를 발굴, 의원의 명성을 높이고 의원의 재선에 기여하는 것을 일차적인 목표로 한다. 전문지식으로 무장하고 있는 이들은 미국 정치를 이면(裏面)에서 움직이는 인물로 평가된다. '보좌관 정부(staff government)'라는 다소 과장된 의미를 담고 있는 신조어가 이런 분위기를 함축적으로 전달한다.6)

2) 막강한 영향력

한 위원회에 십수년 이상씩 근무하는 전문보좌관들은 의정 경험이나 전문성, 인맥 같은 측면에서 웬만한 의원들을 압도한다. 이들 입장에서 의원들은 보좌관과 일반 시민을 잇는 '중간 역할을 하는 사람(middle man)'에 불과하다는 농담이 워싱턴 정가에 나돌고 있다.7) 보좌관이 막강한 파워를 행

---

5) 보좌관 숫자는 앞으로 당분간 늘어나기 힘들 전망이다. 일례로 1999년 6월 초 하원은 「2000년도 의회 예산안 수정안」을 통과시키면서 의회보좌관 경비 부문에서 5,450만 달러를 삭감했다. Stacey Zolt, "Staff May Bear Brunt of Cuts in Spending Bill," *Roll Call*, June 14, 1999, p.1, 34.
6) 《뉴욕타임스》 워싱턴 지국장 출신의 언론인 헤드릭 스미스(Hedrick Smith)는 보좌관들이 보이지 않는 음지에서 미국 정치를 움직인다는 점에서 미국정치구조를 '그림자 정부(shadow government)'로 규정했다. Hedrick Smith, "Chapter 10: Shadow Government," op. cit., pp.272~328
7) 워싱턴D.C.에서 매주 발행되는 《내셔널 저널(*National Journal*)》은 "The Hill People"이라는 제목의 1999년 6월 19일자 의회 특집호에서 "미국 의회는 보좌관 없이는 기능할 수 없는 존재다. 보좌관들은 음지에서 보스를 위해 일하는 황금 같은 존재"라고 평했다. 이 잡지는 상·하원 위원회 보좌관 가운데 268명과 상·하원 지도부에 있는 20명의 보좌관 등 의사당 내 300여 명의 '노른자위 보좌관'들을 집중분석했다. 이 자료에 의하면, 이들 유력 보좌관들의 평균 연령은 43.1세, 남녀 비율은 73% 대 27%, 위원회 평균 근무경력은 7.4년이었다. 출신 대학으로는 학부의 경우, 하버드 - 위스콘신 - 노트르담 - 캘리포니아 대학 순서였으며 법과대학원은 조지타운 - 하버드 - 조지 메이슨 대학 순서였다. 지역별로는 뉴욕(30명) - 뉴저지(17명) - 오하이오(17명) - 캘리포니아(14명) - 매사추세츠(14명) - 펜실베이니아(12명) 등으로 미국 북동부 지역 출신자가 34%를 차지했

사하는 것은 어제오늘의 일이 아니다. 예컨대 민주당의 린든 존슨 전 대통령이 다수당 리더로 있던 1950년대, 그의 보좌관이던 보비 베이커(Bobby Baker)는 99번째 상원의원으로 불렸다.[8] 또 1950년대 중반부터 1970년대 중반까지 하원 공공사업위원회(House Public Works Committee) 수석보좌관으로 활동했던 딕 설리번(Dick Sullivan)은 공공사업 예산배정과 관련해 여느 의원 뺨치는 해박한 지식과 경험을 바탕으로 막강한 영향력을 휘둘렀다.

1999년 5월 현재 리처드 게파트 민주당 리더의 수석보좌관을 맡고 있는 스티브 엘멘도르프(Steve Elmendorf)를 보자. 그는 1984년 월터 먼데일 민주당 대통령 후보의 선거참모로 정치활동을 시작했다. 당시 월급여는 800달러였다. 1985년에는 쿠오모 뉴욕 지사의 대통령 경선에 핵심 참모로 뛰었다. 그러나 두 차례의 선거에서 모두 패배를 맛본 다음 1993년 당시 다수당 리더였던 게파트 의원의 보좌관으로 자리를 옮겼다.

그는 특별한 일이 없는 한 오전 8시부터 저녁 8시까지 바쁘게 일한다. 주요 의원보좌관은 물론 의원, 로비스트, 백악관 및 부통령실 핵심 참모들과 수시로 전화하거나 만나 정치현안을 의논한다. 대통령 후보 경선 출마를 포기하고 2000년 총선에서 다수당 자리를 탈환, 하원의장직을 겨냥하도록 전략 수정안을 게파트 의원에게 제시해 관철시킨 주인공도 그다.[9]

엘멘도르프 보좌관 같은 이들이 워싱턴 정가에서 맡고 있는 역할은 독특하다. 그것은 대통령·행정부, 업계 및 이익단체를 잇는 '철의 3각 구조(Iron Triangle)'의 한 축을 이루는 것이다. 이들은 학계나 싱크탱크 등을 잇는 가교 노릇도 한다.[10] 또 보좌관직에 오랫동안 머물기보다는 다양한 분야로

다. "The Hill People: The Essentials," *National Journal*, June 19, 1999, p.1640.
8) 당시는 상원의원 정원이 98명이었다.
9) Ethan Wallison, "Elmo's World, Top Gephardt Aide One Key to Democrats, Majority Hopes," *Roll Call*, April 26, 1999, p.1, 18.
10) 철의 3각 구조를 이루는 의회보좌관, 백악관과 행정부의 의회 담당 관리, 로비스트 등은 서로 정보를 교환하며 협력과 상호 효과의 극대화를 꾀하고 있다. 경우에 따라 의회보좌관이 행정부 관료나 로비스트로, 또는 로비스트가 의회보좌관, 행정부 관료가 의회보좌관이 되기도 한다. 직종별 경계를 넘나드는 이같은 활발한 인적 교류로 상징되는 이른바 '워싱턴 회전문(Washington Revolving

옮긴다. 이들은 평소에 서로 긴밀한 유대관계를 구축, 주요 사안이 발생할 때마다 협의하는 '이슈 네트워크(Issue Network)'의 일원들이다.11) 예컨대 북한의 미사일 발사 같은 긴급 사태가 발생하면, 보좌관들은 평소 가깝게 지내던 싱크탱크 연구원이나 행정부 관리, 대학교수 등과 긴밀하게 의견을 교환, 분석자료와 정책 대안까지 제시하는 것이다.

대학 또는 대학원을 갓 졸업한 야심만만한 유능한 젊은이들이 평균 연봉 3만 6,000여 달러의 비교적 낮은 급여에도 불구하고 앞다퉈 보좌관직을 지망하는 것은 이런 매력 때문이다. 당장의 물질적 풍요는 보장받지 못하지만 다른 여느 직업과 비교할 수 없는 경험, 즉 중앙정치의 메커니즘을 현장에서 관찰하고 파악할 수 있는 '기회의 직업'으로 인식하고 있다는 것이다. 소시민적 생활에 만족하지 않는 미래의 야망으로 가득 찬 이들이 워싱턴 정가에서 보좌관 집단의 주류를 형성하고 있다. 실제로 하원 국제관계 위원회에서 공화당 소속 입법관(Legislative Counsel)으로 있던 마크 커크(Mark Kirk)는 1999년 말 보좌관직을 사직하고 고향(시카고)에서 연방 하원의원 출마를 선언했다. 이처럼 보좌관직 경험을 밑거름으로 정치적 도약을 시도하는 사례가 미국에서는 흔하다.12)

미국 의회사에서 보좌관직은 개원 후 첫 1백년 동안 상임위원회 위원장들이 누리는 특전에 가까웠다. 의원들이 요즘과 같은 유급보좌관을 정식으로 둔 것은 1890년대부터이다. 보좌관들은 의원 개인보좌관(personal staff), 위원회 보좌관(committee staff), 의회 부속기관 보좌관 등 세 종류로 구분된다. 위원회 보좌관들은 원칙적으로 법안작성과 입법과정에 직접 관여하고, 의원 개인보좌관들은 이 과정에 참여하지 않았으나 최근에는 양자가 기능

Door)' 현상에 따라 이들 3자 간의 벽은 날로 낮아지고 있다.
11) Hugo Heclo, "Issue Networks and Executive Branch," in Anthony King(ed.), *The New American Political System*, Washington, D.C.: American Enterprise Institute Press, 1978, pp.87-124.
12) 1994년의 하원의원 개인보좌관들을 조사한 통계에 의하면, 그들의 평균 연령은 31세로 매우 젊은 편이다. Guy Gugliotta, "Low Pay, Long Days and Short Stays," *The Washington Post*, December 2, 1994, A29.

을 상호 공유하는 경향이다.13)

의원보좌관들은 의회예산에서 급여를 받는 공식 보좌관들과 의원이 개인 비용으로 부담하는 보좌관의 두 종류가 있다. 후자는 선거 때 고용되었다가 입후보자가 당선된 다음 공식 보좌관으로 신분을 바꾸는 게 보통이다. 위원회 보좌관들은 해당 정당의 입장을 충실하게 반영한다. 또 소속 정당 의원들의 개인적 요청에 따라 의원보좌관과 함께 법안작성 준비 등을 하는 경우가 비일비재하다.

2. 다양한 보좌관과 활동

1) 개인보좌관

대부분의 개인보좌관들은 젊고 야심에 차 있으며 의원들을 위해 충심으로 일하고 있다. 일면 당돌하고 건방져 보이며 자신의 능력을 과시하는 데도 게으르지 않는 편이다. 개인보좌관들은 행정부 주요 부처의 의회 담당관이나 관리로 옮기고 난 다음에야 비로소 그동안 자신들이 얼마나 건방지고 오만했던가를 깨닫게 된다고 한다. 그러나 대체로 의원보좌관들은 의원의 재선과 이를 위해 지역구민의 요구와 문의에 최대한 신속하고 성실하게 임하는 것을 자신들의 임무로 인식하고 있다.

의원보좌관의 규모는 상·하원과 개별 의원에 따라 다르다. 상원의원은 한 주 전체를 대표하고 있는 만큼, 보좌관 채용규모도 출신 주의 인구규모에 따라 상당한 차이가 있다. 인구가 많은 캘리포니아나 텍사스 주 출신의 상원의원은 50~70명의 보좌관을 거느리는 데 비해, 로드아일랜드 주 같은 소규모 주 출신 의원의 보좌관 인원은 13~30명 안팎에 불과하다. 상원의 경우, 평균 34명 정도의 풀타임 정규 보좌관을 두고 있다. 보좌관 급여

---

13) 信田智人,『アメリカをロビーする』, 東京: ジャパンタイムス, 1989, pp.103-105.

는 의원 개인 주머니가 아니라 의회예산으로 지급된다.

1999년의 경우 상원의원들은 최소 120만 달러(인구가 적은 주)에서 220만 달러(캘리포니아처럼 큰 주) 범위에서, 하원의원들은 1인당 연간 보좌관 경비로 63만 2,355달러를 지급받고 있다. 하원의원들은 하원 규정에 따라 이 범위 안에서 최대 18명의 풀타임 보좌관과 4명의 파트타임 보좌관을 고용할 수 있다. 실제로는 평균 14명 정도의 정식 보좌관을 두고 있다. 하원의원들은 이와 별도로 통신비, 컴퓨터장비 구입, 국내여행 같은 사무실 운영비로 20만 달러와 선거구 한 가구당 연간 3통의 비율로 10만 8,000달러의 무료 우편발송비도 지원받는다.[14]

상원에서는 의원들이 보좌관을 두는 데 상한선이 없다. 상원 사무실 운영비는 주의 크기와 워싱턴D.C.와의 거리에 따라 12만 7,000달러부터 47만 달러까지 다양하다. 의원들은 이 범위 안에서 항목별 지출 규모를 적절하게 조정해서 쓴다. 이와 함께 상·하의원들은 매년 평균 9명 정도의 무급 인턴들을 고용, 부족한 경비와 인력문제를 동시에 해결하고 있다.

의원과 보좌관과의 관계는 천차만별이다. 급여나 휴가, 근무시간대 등이 모두 의원의 스타일에 따라 다르기 때문이다. 대개 전체 보좌관의 60~70%는 워싱턴D.C.의 의사당 사무실에, 30~40%는 선거구에 상주한다. 상원의원보다는 하원의원들이 지역구에 더 신경을 쏟는 편이며, 하원의원 가운데도 초·재선의원일수록 불안정한 지역구 기반을 다지는 데 열심이다. 그러나 다선의원이 되면 지역구 활동보다는 워싱턴 정가활동에 더 관심을 갖고 주력하는 경향이다.

두 지역에 근무하는 보좌관들의 차이점이라면, 물가가 비싸고 상류 인사와 접촉 빈도가 높은 워싱턴 지역의 보좌관들이 좀더 많은 급여를 받는다는 것 정도다.[15] 의원들은 선거기간 중에 캠페인 스태프(campaign staff)라는

---

14) Paul E. Dwyer, *Salaries and Allowances: The Congress*, CRS Report, No. RL 30064, Feb. 16, 1999.

15) *Legislative Branch Employment, 1960~1997*, CRS Report, June 6, 1997, pp.4-7. 보좌관들의 평균 급여는 3만 6,728달러다. 그러나 워싱턴 사무실(4만 112달러)과 지역구(3만 2,054달러) 보좌관간에는 8,000달러 정도의 연봉 차이가 난다.

보좌관들을 채용하기도 한다. 이들은 의회예산의 지원을 받을 수 없으며, 의원이 개인적으로 급여와 각종 경비를 지급하는 별도 인력이다.

의원 후보자들의 당선을 위해 열심히 뛴 보좌관들은 선거에서 승리했을 경우, 공로를 인정받아 워싱턴D.C. 의원 사무실에 배속되지만 생활비가 많이 들고 쌀쌀맞은 도회 분위기 때문에 지역구로 돌아오는 사례가 빈번하다고 한다. 의원들은 제각기 자율적으로 의원 사무실을 운영하고 있다. 따라서 사무실의 분위기와 운영 등도 전적으로 의원별로 십인십색이다. 대체로 의원들은 개인보좌관으로 행정총괄보좌관(Administrative Assistant) 1명과 수 명의 입법담당 보좌관(Legislative Assistant), 사건 담당관(Case Worker), 행정비서관(Executive Secretary), 지역구보좌관(District Office Staff), 언론담당 보좌관(Press Secretary) 등을 공통적으로 두고 있다. 이들과 함께 의원 사무실에는 이들과 함께 컴퓨터시스템 관리자, 방문객을 안내하는 보조보좌관, 입법보좌관을 지원하는 보조연구원(Research assistant), 인턴 등이 같이 근무하고 있다.

행정총괄보좌관(Administrative Assistant)

행정총괄보좌관은 의원보좌관 가운데 수석보좌관(Chief of Staff)이다. 다른 보좌관들의 고용과 임금 등도 다루며 업무분장을 총괄한다. 의원이 사무실에 없을 때는 보좌관 회의를 주재한다. 의원과 개인적으로 막역한 관계에 있는 인물이 보통 맡는다. 지역구나 출신주 사정에 정통하며 의원에게 개인적인 조언을 수시로 제공할 수 있는 정치적 감각이 필수적이다. 그런 점에서 행정총괄보좌관은 정무담당 보좌관인 셈이다.

의원과의 신뢰관계가 각별하며 동향 또는 동문인 경우도 있다. 따라서 이들을 만나는 것은 의원들을 직접 면담하는 것과 버금가는 의미를 갖는다. 상·하원 보좌관을 통틀어 가장 많은 연봉(상원은 10만 9,638달러, 하원의 경우, 8만 4,329달러)을 받으며, 보좌관 가운데 의회 근무경력이 가장 오래된 경우가 대부분이다. 1996~97년 조사에 의하면 이들의 평균 의회 근무경력은 상원의 경우 11.0년, 하원에선 10.2년이었다.

그림 6.1 ■ 의원사무실 유형별 운영구조

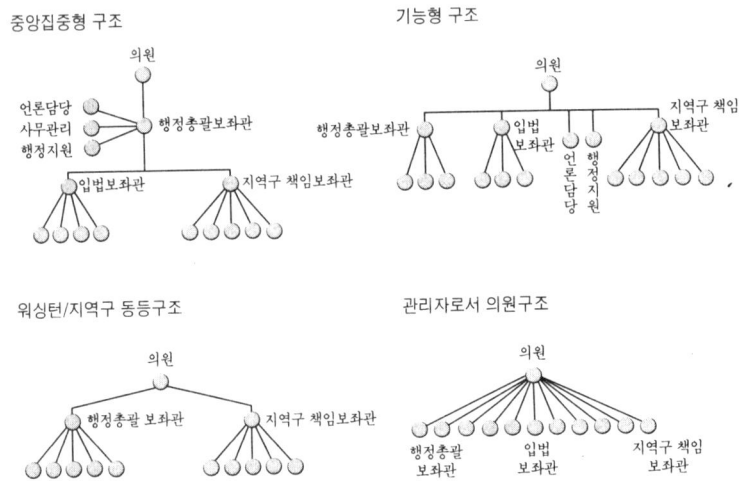

이들은 외부에서 영입되기보다는 다른 분야의 의원보좌관으로 근무하다가 능력과 성실성을 인정받아 옮기거나 내부 승진되는 사례가 더 많다. 평균 연령은 상·하원 각각 44, 40세이며, 석사학위 이상 고학력 출신자들이 전체의 40% 정도를 차지한다. 일부 보좌관들은 의원들의 묵인 아래 의회 내 각종 위원회 등에 적을 두고 급여를 더 받기도 한다. 그래서 하원에서 9만 9,000달러 이상의 연봉을 받는 행정총괄보좌관만도 전체 총괄보좌관의 20% 정도에 이른다.

의원이 다음번 선거에 출마하지 않을 경우, 해당 선거구의 가장 유력한 승계자로 거론된다. 실제로 행정총괄보좌관은 보좌관들 가운데 의원으로 정계에 입문할 확률이 가장 높다. 바쁜 의원들을 대신해 의원 지역구 행사에 수시로 참석하기도 한다.

입법보좌관(Legislative Assistant)
사회복지, 군사, 에너지, 건강 같은 특정 사안과 관련된 정책사안을 담당하며, 해당 문제에 대해 의원들이 지속적인 관심을 갖고 일하도록 보좌한다. 의원이 소속된 위원회 이외의 분야를 담당하는 경우도 자주 있다. 위원회의 전문보좌관들과 의원을 잇는 연결고리로 입법기능에 주력하지만 청문회·표결, 연설 준비 등에도 적잖은 시간을 할애한다. 또 특정 정책사안과 관련해 선거구민들이 보내온 민원 우편도 처리하고 있다.

로비스트들의 대의회 접촉 창구로 개인적으로 로비스트들과 끈끈한 관계를 맺을 가능성이 높은 자리다. 이들의 기능과 판단에 따라 의원들의 입법활동이 좌우되는 만큼 각 의원들은 유능한 입법보좌관을 구하기 위해 힘쓴다. 최소한 의원 사무실마다 평균 3명 정도가 있다.

입법보좌관들을 총지휘하는 것은 입법담당관(Legislative Director, LD) 소관이다. 입법담당관은 행정총괄보좌관과 지역구 담당관(District Director, DD)에 이어 의원보좌관들 가운데 세번째로 많은 연봉을 받는다. 상원에서 수석 입법보좌관의 연봉은 83,156달러, 입법보좌관은 46,717달러이다. 하원 입법보좌관은 평균 52,207달러의 연봉을 받고 있다. 절대 다수가 대학 또는 대학원 졸업 이상의 고학력자이며, 이 가운데 법학 전공자가 20% 이상으로 가장 많다.

언론담당보좌관(Press Secretary, PS)

홍보자료를 작성하고, 신문·방송기자들의 취재에 응하며 수시로 기자회견을 주관한다. 의원의 신문 칼럼·기고문 작성과 TV·라디오 출연 교섭도 책임진다. 의원의 개인 대변인인 셈이다. 지역구민과 이익단체 또는 연방정부 기관이 자신들의 이익과 연관된 특정 문제에 관해 보내온 서한이나 각종 홍보물, 연구자료들을 접수해 처리하며 관련 단체나 선거구 등에 보내는 일도 한다. 보좌관 가운데서 자체 승진되는 경우는 거의 없으며 언론사나 홍보대행사 등 외부에서 채용되는 사례가 더 많다. 여성 보좌관들이 43% 정도를 차지하고 있다.

사건담당관(Case Worker)

선거구민들의 각종 민원 사항에 응하며 이들과 수시로 상의하는 등 지역구 문제를 해결하는 게 주임무이다. 예컨대 지역구의 사업에 연방정부자금을 어떻게 보조받으며 의원들의 활동상황을 어떻게 홍보할 것인가 하는 것들이 중요 과제이다. 따라서 이 분야에 경험이 많은 사람들이 채용된다.

의원들은 워싱턴D.C.와 지역구에 사건 담당관을 모두 채용해놓고 있다. 근래에는 지역구민과 밀접한 관계를 위해 지역구 근무 보좌관들의 비중을 늘리는 추세이다. 거의 모든 의원들이 사건 담당관을 두고 있으며, 한 지역구 사무실당 보통 2~3명이 일한다. 특징적인 점은 지역구와 워싱턴D.C. 모두 여성 담당관들이 평균 70%를 차지한다는 사실이다.

지역구보좌관(District Office Staff)

모든 의원들은 지역구나 출신주(통상 주정부의 수도에 위치한 연방정부 청사)에 지역구 사무실을 두고 있다. 지역구민의 이익과 관련된 문제들을 처리하고, 의원활동을 홍보하기 위해서다. 의원들이 지역구의 각종 행사에 초청되어 연설, 강연회, 세미나 등에 참석할 때 실무를 담당하고, 의원들이 지역구에 있는 공장, 학교, 의료시설 등을 방문하는 경우에도 제반 사항을 모두 챙긴다.

지역구 담당관은 행정총괄보좌관에 이어 두번째로 많은 연봉을 받으며 전체의 절반 정도가 여성이다. 평균 연령이 42세로 보좌관들 가운데 가장 높다. 사건 담당관을 포함해 지역구 사무실에 근무하는 보좌 인력을 지휘하며 의원에게 보고한다. 의원이 참석하지 못하는 행사에도 지역구 사무실 책임자가 대신 참석한다.

행정비서관(Executive Secretary)

의원들의 면담과 관련해 가장 중요한 역할을 한다. 의원의 면담일정과 여행, 서신 작성과 교환, 문서정리 등 갖은 세부 사항을 담당한다. 의원들의 일정을 최종 순간까지 조정하고 있다. 여성이 대부분(95.5%)이며, 평균 연령도 33세 정도로 젊은 편이다.

대부분의 상원의원은 하원의원과 마찬가지로 출신주의 여러 곳에 사건

표 6.2 ■ 하원의원 지역구 사무실 소속 보좌관 현황, 1970~97년

연도	보좌관 수
1970	1,035
1980	2,534
1990	3,027
1995	3,459
1997	3,209

*자료 : Schneider, "Congressional Staffing, 1947~97," Ann Brownson, *Congressional Staff Directory*, Washington D.C.: Congressional Staff Directory, annual editions, 1998.

담당보좌관들을 상주시키고 있다. 상원의원도 지역구 관리에 신경쓰지 않을 수 없기 때문이다. 상원의원 개인보좌관들은 하원보다 인원이 매우 많으므로 서로 잘 알지 못하는 경우가 많다. 보좌관들은 자체 친목모임을 갖고 공동의 이해증진을 도모한다. 행정총괄보좌관협회(Administrative Assistants Association), 입법보좌관협회(Congressional Legislative Staff Association) 등이 그것이다. 민주당 하원 언론담당 보좌관들은 민주당 하원 언론담당 보좌관협회(Association of House Democratic Press Assistants)를 결성해놓고 있다.

인터뷰 개인보좌관 제이슨 콜(Jason Cole)

1973년생인 제이슨 콜 입법보좌관은 1999년 2월 1일부터 캔사스주 제3지구 하원의원인 데니스 무어 의원(Dennis Moore, 민주당)의 워싱턴 사무실에서 재정·무역·금융·사회복지 등 경제전반을 담당하고 있다. 고향에서 캔사스 주립대(정치학)를 졸업한 그는 1994년과 1996년 중간선거에서 이미 캔사스주 제2지구에서 언론 및 재정회계 담당 보좌관으로 정치현장을 경험했다. 1998년 7월 시라큐스 대학 대학원(행정학) 졸업 후 미국 중소기업부에서 근무했다. 1998년 12월 무어 의원실의 총괄보좌관으로 있는 하워드 볼크로부터 같이 일하자는 제의를 받고 입법보좌관으로 전직했다.

● 하루의 주요 일과를 소개한다면?
버지니아 주 알렉산드리아 시에 있는 집에서 나와 오전 7시~7시 30분 사이에

사무실에 도착한다. 퇴근시간은 업무량에 따라 다른데 월, 금요일에는 대개 오후 7시~7시 30분쯤 퇴근한다. 나머지는 보통 밤 10시~11시이다. 주말에도 일거리를 집에서 처리하는 경우가 적지않다. 일요일에는 골프 등을 하며 피로를 씻는다. 하루 평균 14~16시간씩 일하는 고된 일이지만 정말 재미있다.

- 입법 보좌관의 어떤 점이 매력인가?

무엇보다도 값진 경험을 많이 할 수 있으며 유권자나 정책결정자들을 가까이서 만나 그들의 의견을 밀도 있게 들을 수 있다는 점이다. 공적인 영역에서 활동하는 만큼 애써 만든 법안이 정책으로 반영되어 사회적 반향(impact)을 낳을 때 보람을 느낀다. 원래부터 정치를 좋아한다(I love politics)는 것도 한 이유이다.

- 사무실에서 회의는 얼마나 자주 하는가? 로비스트들과의 접촉은?

매일 평균 10여 차례씩 회의를 한다. 총괄보좌관 주재로 6명의 입법보좌관이 모두 참석하는 아침 9시 회의를 시작으로 사안별 회의가 잇따른다. 대부분의 회의는 10~15분을 넘기지 않는다. 형식보다는 회의의 내용, 실질을 중시한다. 경제 관련 법안을 전담하고 있는 관계로 다양한 로비스트들이 찾아온다. 주로 오후 시간에 하루 평균 5~6명 꼴로 로비스트를 만난다. 그들과 특정 법안의 배경이나 흐름, 세부 내용은 물론 의회 주변이나 정치·경제 분야의 화젯거리들도 함께 나눈다. 이를 통해 배우는 점도 많다.

- 그러면 의원의 입법활동 보좌를 위한 시간은 어떻게 내는가?

오전 7시쯤부터 오후 9시까지, 그리고 저녁 6시 이후에 한다. 그때는 로비스트의 방문이나 외부 전화 등도 거의 없기 때문이다. 의회 도서관 자료나 연구서적도 참조하고 의회조사국(CRS)에서 만든 보고서 등도 유용하다. 물론 유권자들의 살아 있는 의견 반영이 기본적으로 중요하다.

- 급여는 얼마나 되는가?

연봉 기준으로 3만 2000달러 정도이다.

- 일하는 강도나 시간에 비해 급여가 너무 적지 않나.

돈 버는 것이 목적이 아니다. 귀중한 것들을 많이 배우고 있기 때문에 만족하고 있다. 입법보좌관이라는 직업은 미래의 가능성으로 충만한 직업이라고 생각한다.

2) 개인보좌관의 실태[16]

급여

개인보좌관의 연봉(1996년 기준)은 하원(평균 36,728달러)과 상원(37,209달러)이 거의 비슷하다. 그러나 연방정부 공무원의 평균 연봉(42,610달러)보다는 16%정도 적다. 하원의원 사무실 1명당 보좌관 수는 1996년 14.8명이다. 1992년(15.5명)과 1994년(15.0명)보다 약간 감소했는데, 하원 예산감축의 영향이라는 분석이다.

하원의원 1명당 연간 보좌관 경비지출 규모는 한도가 있다. 1996년에는 평균 549,300달러가 상한선이다. 초선의원은 53만 432달러, 재선 이상 의원들은 549,300달러였다. 다선 의원일수록 보좌관 경비지출을 많이 하고 있다.

성별·인종

여성이 하원 보좌관 전체를 통틀어서는 여성이 56.3%를 차지한다. 특히 지역구 사무실 보좌관의 65.3%가 여성이다. 그러나 행정총괄보좌관(AA)이나 언론담당보좌관(PS), 입법보좌관(LD), 지역구담당 책임자(DD) 같은 4대 보좌관의 여성 비율은 38%에 불과하다. 상원도 비슷하다. 여성 보좌관의 급여는 남성 보좌관의 평균 86% 수준이다.

흑인들은 전체 보좌관의 6.8%, 히스패닉은 5.2%, 기타 소수민족 출신은 2.4%에 그쳐 모두 합쳐 14.4%에 불과했다. 흑인과 유색인종계의 4대 고소득 보좌관직 점유비율은 9.1%였다. 미국 인구에서 흑인 노동자가 10.6%, 히스패닉과 다른 소수민족계가 8.9%를 차지하는 것과 비교하면 적은 편이다.

---

16) Paul Dwyer and John Pontius, *Legislative Branch Employment, 1960~1997*, CRS Report, June 6, 1997.

표 6.3 ■ 상·하원 보좌관 비교표

보좌관 종류	평균 연봉(달러)		의회내 총근무년수		평균 연령	
	하원	상원	하원	상원	하원	상원
총괄보좌관	84,329	101,835	102	10.3	40	43
지역책임보좌관	54,484	65,392	6.7	8.2	42	44
입법보좌관	52,207	80,138	8.0	10.6	34	38
언론담당보좌관	41,610	55,602	3.5	5.7	31	36

* 자료: Thomas J. Klouda, *1996 House Staff Employment: Salary, Tenure, Demographics and Benefits*, Washington D.C.: Congressional Management Foundation, 1997.

직업 이동

하원보좌관들은 1996년 조사에서 현직에서 평균 3년 정도 근무했으며, 의회 통산 근무경력은 평균 5.1년이다. 직업이동(turn-over)이 매우 활발한데, 특히 행정총괄보좌관의 52%, 입법보좌관의 66%는 현직을 맡은 지 2년 이하였다. 근래 들어 보좌관들의 평균 재임기간은 1992년 3.7년에서 1994년에는 3.2년으로 더욱 짧아지고 있다. 이는 1992년 중간선거를 계기로 초선의원들이 대거 의회에 진출했기 때문으로 해석된다. 하원보좌관 가운데 의회 근무경력이 1년 미만인 경우는 8%에 불과하다. 1994년의 21%에 비교해 많이 줄었다. 이는 상당수 의원들이 자신들의 의회경험이 일천한 점을 보완하기 위해 의회경험이 풍부한 보좌관들을 선호하기 때문으로 풀이된다.

3) 입법전문가로서의 위원회 보좌관

위원회 소속 전문보좌관(Professional Staff)들은 상·하원 의원들의 입법과정에 실질적인 도움을 주고 있다. 의회 내 상임위원회와 소위원회에서 일하는 전문보좌관들의 숫자는 점증하고 있다. 전문보좌관들은 개인보좌관들보다 평균 연령이 높고, 교육수준도 최소한 석사학위 소지자 이상의 고학력자들이 대부분이다. 이들의 평균 근무기간은 5년 정도이지만, 일부는 십년 넘게 한 위원회나 소위원회에서 일하고 있다. 그만큼 의원들이 법안의

내용과 방향을 잡는 데 결정적으로 중요한 조언과 영향력을 행사하고 있는 것이다.17)

이들이 워싱턴 정가의 엘리트로 부상한 것은 1946년 이후다. 위원회 전문보좌관들은 1885년 하원 세입위원회나 상원 재정위원회 등에서 단순 사무관으로 채용되었다. 이후 의원과 위원회의 필요성에 따라 개별 채용되었는데, 1891년의 경우 상원에는 41명, 하원에서 62명이 위원회 보좌관으로 근무했다. 위원회 보좌관제도가 정착한 계기는 1946년의 입법부재조직법으로, 이후 위원회 보좌관제도가 시스템으로 자리잡았다.

1970년의 의회재조직법은 이를 한 단계 발전시켜 보좌관 규모를 정하고 보좌관의 정치화 현상을 차단했다. 다시 말해 위원회 보좌관의 채용시 정치적 고려를 철저히 봉쇄하고 능력본위를 기준으로 삼도록 했다. 이후 1974년 하원은 규칙을 수정해 상임위원회 전문보좌관 채용인원을 상한선을 기존의 6명에서 18명으로 늘렸다. 또 세출위원회에 대해서는 독자적인 보좌관 채용을 허용했다.

1974년 입법부재조직법이 통과되기 전까지 위원회 보좌관들은 위원장의 영향력 아래 다수당의 입장과 정책노선을 반영할 뿐이었다. 현재 모든 상·하원 위원회에는 다수당과 소수당 소속 보좌관들이 공존한다. 그 비율은 2대 1정도로 다수당이 많다. 1977년부터 상·하원 위원회는 소수당 소속 보좌관 몫으로 '3분의 1' 룰을 적용하고 있는 것이다. 다수당 소속 전문보좌관들은 법안 심의시 소수당 보좌관들보다 훨씬 중요한 역할을 한다. 청문회와 법안심사시 의원들을 보좌하며 본회의에서 최종 법안 심의시까

---

17) 제106대 의회 하원 국제관계위원회 공화당측 수석보좌관(chief of staff)인 리처드 가론(Richard Garon, 50)은 1977년부터 벤저민 길먼 현 위원장의 입법보좌관으로 근무하고 있다. 1999년 현재 23년째 의회 보좌관으로 일하는 셈이다. 길먼 의원과 같은 뉴욕 브롱스빌 출신으로 뉴욕 대학에서 정치학 석·박사를 받았다. 1993년 국제관계위원회 공화당 수석 보좌관으로 발탁됐는데 사려깊고 침착한 성격으로 보수·중도적인 성향으로 분류된다. 의사당 안팎에서는 그의 중도적인 스타일이 공화·민주 양당 간의 초당적 협조를 중시하는 길먼 위원장의 위원회 운영방식에 큰 영향을 미치고 있다고 지적한다. *National Journal*, June 19, 1999, p.1705.

표 6.4 ■ 양원 상임위원회 소속 전문보좌관 증감현황, 1914~1997년

연도	상원	하원
1914	198	105
1947	232	167
1970	635	702
1980	1,191	1,917
1990	1,090	1,993
1997	1,002	1,250

* 자료: *Vital Statistics on Congress*, Washington D.C.: AEI Press, 1998, p.139.

지 의원들의 측근 자문을 맡는다. 특정 법안에 대한 의사를 전달하거나 위원회 소속 의원들을 면담할 때 이들과 접촉하는 게 더 효과적인 경우도 더러 있다.

각 상임위원회에는 다수당과 소수당에서 각기 1명씩 수석보좌관(staff director 때로는 chief counsel)을 두고 있다. 보통 30대 후반에서 40대 초반 연령의 이들은 흔히 정치보좌관(Political Staff)이라고 한다. 위원장은 물론 이익집단의 로비스트, 행정부 관리, 다른 위원회 전문보좌관 등과 부단히 만나 법안의 향방을 결정짓는 데 영향력을 미친다는 이유에서다. 또 행정담당보좌관(Administrative Staff)들은 청문회 준비, 위원회 사무실과 출판물 관리, 위원회의 예산과 지출 등이다. 모든 위원회의 언론담당 보좌관(Press Secretary)은 위원회의 심의일정 관련 홍보자료를 만들어 배포하며 청문회 관련 보도를 적극 유도하고 있다.

위원회에 보좌관 숫자는 위원회의 역할이나 위상에 따라 다르지만 보통 40~70명선이다. 제106대 의회에서 보좌관이 가장 많은 상임위원회(소위 포함)는 하원의 경우, 세출위원회(156명)이며 그 다음은 정부개혁(120명)·상업(94명)·법사(85명) 위원회 순이다. 상원에서는 정부활동위원회가 147명으로 가장 많고 법사(141명)·노동·인력(94명)·세출(76명) 위원회가 뒤를 잇고 있다. 위원회 보좌관 숫자는 위원회의 인기나 영향력과 반드시 비례하지는 않는다. 막강한 위원회로 꼽히는 상원 재정위원회의 보좌관은 모두 54명으로 영향력이 상대적으로 낮은 노동·인력위원회에 비해 40명이나 적다.[18]

위원회 보좌관들은 의원들을 보조하고 위원회개최, 각종 섭외 같은 일들을 수행한다. 입법보좌의 경우, 법안작성 및 수정과 관련한 각종 조사와 의안수정, 위원회 보고서 작성 등이 있다. 개별의원이 아니라 전체위원회나 위원장이 다루기로 한 법안은 반드시 위원회 보좌관들이 조사·검토한다. 보좌관들은 이를 위해 현행 법률이나 법원판례, 법률집행실태 등을 조사하며 로비스트들과 접촉하는 등 다양한 채널을 가동해 정보를 수집한다.

또 획득한 정보를 분석·가공해 의원이나 위원회 앞으로 보고서를 제출하며 여기에다 의원들의 견해를 반영해 법안(초안 또는 수정안)을 만든다. 위원회에서 해당 법안이 가결 또는 부결됐다고 해서 보좌관들의 할 일이 없어지지 않는다. 소위원회일 경우 본위원회에, 본위원회일 경우 본회의에 해당 법안의 가결 또는 부결 이유를 밝히는 보고서를 제출해야 한다.

특히 청문회 개최시 보좌관들의 활동이 주목된다. 청문회는 법안작성 전에 현황을 청취하거나 법안작성 후 이에 대한 의견을 듣기 위해 열리는 것이 보통이다. 누구를 증인으로 부르고 어떤 질문을 할 것인가를 결정하고 보도진이나 청문회 불참 의원들에게 자료를 배포하는 일들은 모두 보좌관이 챙겨야 하는 몫이다.

청문회가 끝나면 법안 수정작업 회의를 주관하고, 법안이 위원회를 통과한 다음에는 의원들과 함께 본회의나 양원 합동위원회 협의사항을 확인해야 한다. 위원회 보좌관의 섭외업무는 보도진 이외에 행정부 의회담당관이나 로비스트와의 연락을 포함한다. 이것은 법안심의를 원활하게 하기 위해 필요불가결한 요소이다.

인터뷰 하원 국제관계위원회 보좌관 데니스 맥더너(Dennis McDonough)

데니스 맥더너 보좌관은 1996년 8월부터 하원 국제관계위원회 민주당 소속 전문보좌관으로 중남미 지역을 담당하고 있다. 1996년 5월 조지타운 대학 국제관계

---

18) *Vital Statistics on Congress*, Washington D.C.: AEI Press, 1998, pp.140-142.

대학원에서 정치학 석사학위를 받은 그는 의회지원 싱크탱크인 평화연구소(U.S. Institute of Peace)의 인턴을 거쳤다. 1998년 10월 말 국제관계위원회 민주당 보좌관 사무실에서 그를 만났다.

● 제105대 의회 현재 하원 국제관계위원회의 보좌관 구성은?

다수당인 공화당측이 모두 33명, 민주당은 19명이다. 이 가운데 행정·서무·재정업무를 보는 비전문 보좌관이 공화당은 10명, 민주당은 2명씩 포함돼 있다. 민주당측은 해야 할 일은 많은 데 비해, 보좌관 인력이 부족해 어려움을 겪고 있다.

● 보좌관을 지원한 동기라면? 보좌관 생활의 매력은 무엇인가?

공적인 봉사(public service)를 하는 진정한 기회를 갖고 경험한다는 점이 첫번째 이유다. 두번째는 구체적인 이슈에 대한 전문성과 식견을 쌓을 수 있다는 것이다. 셋째는 정책결정자로서 영향력을 행사할 수 있다는 점이다. 마지막으로 관심 있는 지역을 자주 여행해 현장감 있는 지식을 쌓을 수 있다.

● 전문보좌관 채용기준은 무엇인가?

해당 분야에 대한 전문성(expertise)이 가장 중요하다. 두번째는 해당 위원회의 채용조건에 맞아야 한다. 의원들과의 관계도 중요한데 누가 중간에 소개해준다면 채용될 가능성이 높아진다. 위원회 소속 유력 의원과 같은 대학 또는 고향이라는 끈이 있다면 그것도 유리할 것이다.

● 보좌관들은 이 직업에 얼마나 오래 일하는가? 그들의 학력수준은?

하원 국제관계위원회 소속 보좌관들의 경우 평균 5년 1개월 동안 근무하고 있다. 물론 어떤 이는 15~20년 근무하기도 하고, 어떤 이는 2~3년만에 다른 직업이나 직장으로 옮긴다. 학력은 최소한 석사학위 이상이며 박사학위를 가진 보좌관도 상당수 있다.

● 보좌관이 하는 해외여행을 좀더 구체적으로 설명한다면?

예컨대 내가 담당하고 있는 중남미·라틴아메리카 지역을 최근 8개월여 동안 6번 정도 방문했다. 의회는 보좌관들로 구성된 현장 의회조사단(Congressional Staff Fact-finding Mission)을 수시로 구성해 파견한다. 이 경우에는 의회 예산위원회의 승인과 지원을 받는다. 또 외국 기관이나 단체 또는 국내단체의 지원을 받아 여행할 때는 윤리위원회에 통보해 사전 승인을 받아야 한다. 두 경우 모두 귀국 후 보고서를 내야 하며 영수증도 같이 첨부해야 한다. 현지 여행은 그 지역에 대한 정확한 판단을 내리는 데 매우 중요하다.

3. 부속기관 보좌관

의회 부속기관 보좌관들은 1970년대 중반 이후 가속화된 입법부 기능강화의 핵심 주역들이다. 의회는 닉슨 대통령의 워터게이트 스캔들을 계기로 1940년대 이후 굳어진 '현상유지와 안정의 상징'이라는 이미지를 벗어던지고 정치적 역할 증대와 구조개혁에 발벗고 나섰다.

1970년의 의회재조직법과 1974년의 의회예산지출통제법은 의회가 정책분석능력을 갖춘 조직을 만들고 유능한 보좌관들을 충원하는 밑그림이 되었다. 이는 동시에 의회가 국가정책 결정과정에서 활발하게 정책대안을 제시하는 능동적인 조직으로 변했음을 알리는 신호탄이었다.

그 결과 1972년에는 기술평가처(OTA), 1974년에는 의회예산처(CBO)가 의회 부속기관으로 탄생했다. 의회예산도 1946년 기준으로 1986년에는 2,859%가 증가했다.[19] 이들 기관은 과거 수동적이고 경험에 의존하던 의회의 대행정부 감시방식을 탈피, 독자적인 정보수집과 전문성에 입각한 정책지향적 성취동기와 능력을 강조했다. 이들은 의회와 행정부 그리고 기타 정책기관간에 정책조정자 역할을 자임하고 있다.

일반회계감사원(GAO), 입법조사국(CRS), 의회예산처 등 의회 부속기관에 근무하는 전문 보좌관들은 의원 개인 보좌관이나 위원회 전문보좌관과 비교해 활동분야가 좁다는 한계점을 갖고 있다. 그러나 20세기 후반 미국 의회의 위상강화와 의회의 조사·감시 기능수행에서 힘의 원천이 되고 있다는 데는 이견이 없다. 이들 부속기관은 각자 고유 업무를 갖고 있으나 실제 작업의 상당 부분은 중복되고 있다. 의회 바깥의 비판론자들은 부속기관간의

---

19) Anthony King(ed.), *The New American Political System*, Washington D.C.: AEI Press, 1990, pp.39-42.

표 6.5 ▎ 의회부속기관 보좌관 인력현황, 1947~1997년

연도	의회도서관	CRS	GAO	CBO	OTA
1947	1,898	161	10,695	-	-
1970	3,848	332	4,704	-	-
1980	5,047	868	5,196	218	122
1990	4,659	797	5,066	226	143
1994	4,701	740	4,572	218	143
1997	4,299	747	3,500	232	-

자료: *Vital Statistics on Congress*, 1998, p.143.

불필요한 경쟁심 발생과 인력 및 자원의 낭비 같은 문제점을 지적하고 있다. 의회 관계자들은 이런 주장에 대해, 복수의 기관을 통해 단일 사안에 대한 다양한 시각과 처방전을 갖게 됨으로써 의회의 권위와 품격을 높이는 데 도움이 되고 있다고 강조한다.

1) 입법조사국

입법조사국(CRS: Congressional Research Service)은 1913년에 의회도서관 내 입법참고국으로 출발했다. 1946년까지는 주로 도서관 내 문헌과 입법 관련 정보, 참고자료를 의회에 제공하는 역할을 수행했다. 당초 설립목적은 의회에 각종 정보를 제공하고 행정부에서 거론되는 현안이나 정책을 분석하는 것이었다. 형식상 의회도서관 소속이지만 법적으로나 관리상으로 완전히 독립된 연구기관이다.

1997년 CRS 예산은 6,260만 달러, 근무인력은 747명이다. 1985~87년에는 860명의 직원이 일했으나 예산감축의 영향으로 축소됐다. 전체 직원 가운데 순수 연구인력은 550여 명이다. 의원들과 위원회 소속 보좌관들에게 각종 서비스를 제공하고 있는데 비밀메모(confidential memorandum)나 비공개 자문(confidential consultation)도 하고 있다. 의원이나 보좌관들의 요구사항이 워낙 많고 다양하지만, 신속정확한 자료 제공으로 정평이 나 있다. 의원들의 세세한 질의에 응답한 건수는 1989년 50만 건, 1992년 55만

건, 1995년 70만 건에 달한다. 매년 요청받는 수십만 건 가운데 3분의 2 정도는 당일 안에 처리하고 있다.

국내외 일반정보를 비롯해 참고자료, 정책분석, 세미나 준비자료, 직원 연수자료, 브리핑 자료, 비디오 자료, 기타 분석자료 등을 낸다. 공개자료는 의회는 물론 행정부와 미국 내 각 기관에 배포되어 적지않은 영향력을 갖고 있다. 특히 의원들이 요청한 이슈 브리프(Issue Brief)라는 이름의 보고서는 12쪽을 넘지 않는 간결한 분량이지만 알찬 내용이라는 평이다. CRS는 원칙적으로 각종 보고서를 일반에 공개하지 않고 있다.

CRS의 국장은 의회도서관장이 상·하원의 대표가 참여하는 합동위원회와의 협의를 거쳐 임명한다. 현재 2개의 참고자료실과 정책분석실로 나뉘어져 있다. 참고자료실은 주로 사서들과 서지학자들로 구성되어 있다. 정책분석실은 교육·공공복지, 외교국방, 환경자원정책, 미국법, 과학정책, 경제, 금융 등 7개 정책연구 분야로 나누어져 있다. 직원의 5분의 3 이상이 분석요원으로 근무하고 있는데, 대부분 대학원 이상의 학력 소지자들이다. 3분의 1 정도는 박사학위 소지자들이다. 또 직원의 3분의 2는 10년 이상 근무한 베테랑이라는 사실도 특기할 만하다.

CRS는 비록 의회 부속기관이지만 특정 정파의 이해 관계를 대변하지 않으며 철저히 객관적인 입장에서 연구의 균형감각을 중시한다. "CRS는 오로지 의회만을 위할 뿐 외부단체를 위해 존재하지 않는다"는 말이 이를 상징한다. 연구원들간에는 선후배가 동등한 위치에서 서로 협조하며 경쟁하는 체제이다. 민간연구소와 같은 개방적인 분위기 속에서 창의적인 아이디어와 연구의 정확성과 권위를 존중하는 분위기로 충만해 있다.[20]

---

[20] CRS는 수시로 한반도 문제 관련 정책보고서를 내놓기도 한다. 예컨대 1999년 5월 27일 아시아 외교국방 연구실의 신인섭 연구원이 작성해 제출한 「한국의 햇볕 정책과 그 정치적 맥락(South Korea Sunshine-policy and its Political Context)」이란 보고서는 한국 국내 정치 상황과 '햇볕 정책'의 상관 관계를 분석한 자료로, 미국 의회 내 공화당이 주도하는 대북한 강경기류를 대변했다는 평가를 받았다.

2) 의회예산처

의회예산처(CBO: Congressional Budget Office)는 의회 부속기관 가운데 가장 늦은 1974년에 창설됐다. 의회예산과 입법과정을 지원하기 위해 경제현황과 전망, 예산 관련 정보제공 등이 설립목적이다. CBO의 경제전망수치는 미국 내를 통틀어 다섯 손가락 안에 들 만큼 우수하며 신뢰도가 높다. 미국 연방정부의 예산은 매우 광범위하고 경제에 미치는 영향이 지대하기 때문에, CBO의 분석평가는 세계 경제에도 직·간접적인 파장을 미친다.

CBO의 주요 고객은 상·하원 예산위원회이다. 그래서 CBO 처장은 상·하원 예산위원들의 추천을 받아 하원의장과 상원의장이 공동으로 임명한다. 처장의 임기는 4년이며 연임제한도 없다. 부처장을 비롯한 모든 구성원을 처장이 임명하므로 그 권한이 막강하다. 최고 책임자인 처장은 연방예산편성 관련 업무에 정통한 경제학자 출신들이 맡고 있다. 1999년 2월 제106대 의회에서 5대 처장으로 선임된 댄 크리펜(Dan Crippen)도 경제학자 출신이다.

그는 1980년대 초 하워드 베이커 공화당 상원 리더의 경제담당 보좌관과 레이건 대통령의 국내정치담당 보좌관을 역임한 골수 공화당 인맥으로 1989년 이후 줄곧 로비스트로 활동했다. 때문에 민주당은 연구의 중립성이 훼손될 수 있다면서 우려한 바 있다.[21] 민주당 관계자들은 "정확한 예측과 평가를 위해서는 초당파적이며 독립적인 연구가 보장되어야 하는데 공화당 색채가 분명한 인사를 임명한 것은 부당하다"고 비판했다.

CBO의 업무 내용을 요약하면 다음과 같다. 예산편성업무와 관련해 예산위원회(Budget Committee)에 연례보고서를 제출한다. 특히 행정부가 제출한 연방정부 예산안을 분석해 연례보고서에 포함시키고 있다. 또 행정부의 모든 지출을 추적하고 세수입이 될 만한 사항을 검토해 예산위원회에 그 내용을 빠짐없이 분석·보고한다. 활동내용을 보고서로 제출함은 물론 각종

---

21) George Hager, "New Budget Chief Takes Heat on Hill," *The Washington Post*, March 1, 1999, A17.

청문회에 출석해 증언을 한다. 연방정부기관이 발간하는 자료에 대한 비용 추정과 컴퓨터프로그램 분석도 한다.

의회가 CBO를 창설한 이유는 예산과 경제에 관한 각종 정보를 의회가 독자적으로 확보, 이용하기 위한 것이었다. 이 목적은 상당한 효과를 보았으며 의원들은 실제로 입법활동을 하거나 의사결정을 할 때 또는 행정부를 반박할 때 CBO의 보고서를 적절하게 사용하고 있다. 언론인 헤드릭 스미스는 "행정부와의 권력 싸움에서 의회가 최근 십수년 동안 승리할 수 있었던 힘의 원천은 바로 CBO"라고 말했다.

CBO의 직원 숫자는 매 회계연도의 예산배당액에 따라 증감이 있으나 1990년대 들어서는 220명선을 유지하고 있다. 예산도 210만 달러 수준에 머물고 있다. 처장과 부처장 산하에 예산분석국, 천연자원·상업국, 인적 자원, 지역개발국, 국가안보국, 특수연구국 등 7개 부서와 법무담당관실, 정부관계실 등을 두고 있다.

3) 일반회계감사원

일반회계감사원(GAO: The General Accounting Office)은 1921년 발족된 기관으로 행정부의 예산을 조정하고 회계기능을 개선하기 위해 만들어졌다. 대통령 직속의 예산관리처(OMB : Office of Management and Budget)의 전신인 예산국(Bureau of the Budget)의 역할도 맡고 있다. 그런 만큼 GAO는 대통령의 연방예산집행에 대한 의회의 법적 감시권한을 신장시켰다. 막강한 행정부에 맞서 의회 차원에서 행정부가 국민세금을 어디에 어떻게 사용했는가를 감독하기 위해 탄생된 것이다. 그런 점에서 한국의 감사원과 비슷한 기능을 수행한다. GAO가 '감시견(Watch Dog)'이라는 애칭을 갖고 있는 것은 이런 이유에서다. 반면, 일부에서는 감시기능을 제대로 수행하지 못한다면서 '애꾸눈 감시견(one-eyed watchdog)'이라고 비판하기도 한다.[22]

---

22) Elliot Stanley, *The General Accounting Office: One-Eyed Watch-dog?* Citizens Advocate Center, 1970.

출범 초기 GAO는 주로 각 행정부 업무에 대한 회계 감사에 집중했다. 1946년 창립 첫해에는 1만 4,219명의 직원 대부분이 회계전문가들이었다. 그러나 폭증하는 행정부의 서류를 감독하기에도 일손이 턱없이 모자랐다. 1950년대부터는 연방정부기관들이 자체 영수증 점검과 회계감사를 시작함에 따라, GAO는 회계기준을 만들어 각 기관의 회계담당 부서를 관리 감독하기로 했다.

이에 따라 GAO는 소수의 숙련된 정예 회계전문가들을 채용해 명실상부한 회계감사기능 강화에 역량을 집중했다. 또 1965년부터 1974년까지 직원 숫자를 4,000명선으로 줄여 조직의 군살을 뺐다. GAO의 존재 목적은 단순히 서류상 드러난 문제를 파헤치는 데 머물지 않는다. 행정부의 정책입안자와 집행자들을 감시·감독함으로써 국민세금인 예산이 한푼이라도 낭비되는 것을 막자는 것이다. 따라서 객관적이고 신뢰할 만한 정보와 자료 확보에 노력하고 있다.

1980년대 GAO가 주목을 끈 것은 연방정부의 재정적자 해소방안이었다. 당시 GAO는 연방정부의 재정적자가 장기간 지속되는데 주목, 재정감사에 모든 역량을 투입했다. 그 결과 각 부처가 재정체계를 현대화하고 통합감사기능 체제를 확립하는 성과를 올렸다.

1996년 현재 5,000여 명의 직원 가운데 3분의 2가 워싱턴D.C. 본부에 근무하고 있으며 나머지는 각주의 지소나 2곳의 해외 사무소에서 일하고 있다. 또 일반행정, 국가안보·국제업무, 회계·정보관리, 보건·교육 및 인적 서비스 등 영역별로 조직화되어 있다. GAO의 업무내용은 법에 정해져 있으며 연방수사국(FBI)이나 국세청(IRS) 같은 특수기관도 감사 대상이다.

GAO는 세계 각국의 감사기관 가운데 가장 강력하고 영향력이 있다. 정보교환, 전문가 연수, 상호 교환프로그램, 업무기술지원 등으로 다른 나라에 경험과 노하우(know-how)를 가르쳐주고 있다. GAO가 우월성을 인정받는 것은 직원들의 우수한 자질이 일차적 원인이다. 매년 250명 정도 선발하는 GAO 시험에는 5,000여 명의 엘리트들이 지원하는데, 선발자의 절반 이상은 석사학위 이상 소지자로 명문대학 졸업자들이다. 이들 중 상당수는 변호사, 회계사, 통계학자, 보험계리사, 공공정책 전문가, 컴퓨터 프로그래머 등 각 분야의 전문가들이다.

GAO는 수많은 교육과정을 마련해, 직원들이 끊임없이 최신의 감사기술을 습득할 수 있도록 지원하고 있다. GAO는 또 연례보고서와 일반보고서, 비디오 자료, 비공식 브리핑, 사실 자료(fact sheet) 등을 통해 의회와 행정부에 보내고 일반 국민들의 알권리 충족을 위해 적극적으로 관련 정보를 공개하고 있다.

4) 기술평가국

기술평가국(OTA: The Office of the Technology Assessment)는 국가의 중대 정책이나 사업에 대한 과학적 분석평가를 통해 기술발전을 도모한다는 취지에서 1972년에 설립되었다. 다시말해 상임위원회 같은 곳에 날로 전문화되어가는 과학기술 관련 사안에 대해 객관적인 분석을 제공, 의정활동을 지원한다는 의도였다. OTA의 첫 작품은 약물의 생물학적 균형(Drug Bio-equivalence)을 주제로 한 것이었다. 또 1975년에는 자동차충돌 관련 연구를 발표해 화제를 모았다. 화학자 출신으로 환경보호주의자였던 피터슨이 OTA 처장으로 있을 때는 환경을 중심으로 삶의 질 향상에 깊은 관심을 보였고, 물리학자 출신의 기번스 처장은 에너지 보존과 자원 정책 분야의 연구 수준을 크게 높였다는 평이다.

OTA는 처장과 기술평가 자문위원회 밑에 산업·상업 및 국제안보와 의회 및 대외관계실, 보건·생명과학 및 환경 등 3개의 국과 상·하 의원 12명으로 구성된 이사회를 두었다. 창설 초기인 1975년에는 54명의 직원이 근무했으나 1980년대 중반부터 143명으로 늘었다. 간행물 건수도 매년 증가해 1978~79 회계연도에는 20건이었으나 1988~89년에는 50건, 1995년 이후에는 300건이 넘었다. 그러나 예산부족으로 말미암아 1995년 말 활동을 중지했다.

OTA 직원들은 지적 호기심과 성취욕을 갖고 새로운 분야에 대한 연구

> ## 정부인쇄국
>
> 　정부인쇄국(GPO: Government Printing Office)은 4대 부속기관에는 속하지 않지만 1861년 설립 후 연방의회와 밀접한 관계를 맺고 있다. 의회는 물론 행정부 및 사법부를 포함한 연방정부 전체의 간행물을 발간·배포·판매한다. 창설 초 직원은 350명에 불과했으나 1990년대 들어 5,000명 이상으로 늘었다. 세계 최대 규모의 인쇄공장을 보유하고 있으며, 1895년에 하부 조직으로 마련된 공공문서국(Public Document Division)은 미국 전역에 서점망을 구축하고 있다.
> 　1980년에는 속기록, 의사록 등 의회자료를 신속하게 간행할 목적에서 의회정보국(Congressional Information Division)을 설치했다. 의회에서 간행되는 각종 의사록과 법안, 위원회보고서 등은 물론 미국정부매뉴얼(the United States Government Manual)을 비롯한 각종 정부자료와 팸플릿을 출판하고 있다. GPO 간행물 가운데 상당수는 의회, 정부기관, 민간기구, 공공단체 등에서 무료로 구해볼 수 있다.

를 즐겼다. CRS와 마찬가지로 연구분야가 서로 달라도 교류가 활발하며 상호간의 체제는 철저한 수평적인 평등관계였다. 처훈(處訓)도 "1000송이의 꽃을 각기 피어나게 하라(Let 1,000 flowers bloom)"였다.

4. 제5의 권부, 로비

1) 워싱턴D.C.의 3대 대형산업

　하원 은행위원회나 상원 재무위원회 같은 유력 상임위원회나 소위원회가 청문회를 열 때마다 위원회가 입주해 있는 의사당 건물 안 복도에는 이른 아침부터 장사진이 펼쳐진다. 로비스트들로부터 시간당 20~40달러 정도를 받고 서 있는 사람들의 목적은 단 하나, 보통 10~15개에 불과한 청문회장의 로열석을 차지하기 위함이다.

줄서기 용역업체 직원까지 동원해 맨 앞줄에 앉아야만 청문회 내용은 물론 의원 개개인의 성향이나 핵심 보좌관 등등을 면밀하게 파악할 수 있기 때문이다.23) 로비스트들이 의회에서 활개치는 것은 이 때만이 아니다. 청문회장이나 상·하 양원 합동위원회 회의장 그리고 본회의장을 빽빽하게 채우는 것도 관광객이나 보도진을 제외하면 십중팔구 로비스트들이다.

로비는 이처럼 다른 나라 입법부와 달리 미국 의회에서 유독 활발하다. 이들은 단순히 의사당에 모습을 드러내는 데 그치지 않고 막대한 자금과 정보를 무기로 자신들이 원하는 입법을 추진하기 위해 제 목소리를 공공연하게 높인다. 때때로 로비단체들은 자신들의 주장을 좀더 확실하게 전하기 위해 물량공세도 펼친다. 일례로 환경보호 로비단체인 시에라클럽(Sierra Club) 같은 곳은 가족계획·환경보호 같은 메시지를 강조하기 위해 서한에다 콘돔을 함께 넣어 의원사무실로 발송하곤 한다.

워싱턴D.C.에는 이처럼 다양한 이해관계를 결집하고 대변하는 로비단체가 하루가 멀다 하고 생기고 있다. 현재 워싱턴D.C.의 벨트웨이(Beltway) 안에서 활동하는 로비스트나 변호사만도 8만 명에 이른다는 통계가 있다.24) 실제로 로비업은 워싱턴D.C.에서 행정부와 관광산업에 이어 3번째로 큰 대형 성장산업이다. 일부 미국인들은 입법·사법·행정부와 언론(제4부)에 이어 로비를 '제5부'라고 명명하는 데 주저하지 않는다. 로비업계의 영향력이 그만큼 막강하다는 얘기다. 로비스트들이 1997년 한 해 동안 고객들로부터 의뢰받아 지출한 금액만도 최소 12억 달러(약 1조 3,200억원)에 이른다는 보고서가 있다.25)

---

23) Stephen Labaton, "House Panel Starts Work on Bank Bill," *The New York Times*, May 22, 1991, D3.
24) 미국인들의 단체소속현상(zest for joining groups)은 건국 후 지속된 전통이다. 프랑스의 정치철학자 알렉시스 토크빌은 이미 1830년대에 "(미국인들은) 모든 연령과 심리 그리고 상황별로 단체를 조직하고 사용하는데 익숙하다"고 말했다. Alexis de Tocqueville, *Democracy in America*, Phillips Bradley(ed.), New York: Knopf, 1951, p.119; Richard A. Smith, "Interest Group Influence in the U.S. Congress," *Legislative Studies Quarterly* 20(February), 1995, pp.89-139.
25) Mary Lynn Jones, "D.C. Lobbying Is a $1.2 Billion Industry," *The Hill*,

1990년대에 미국 국민의 65%가 최소한 한 개 이상의 조직에 가입해 활동하고 있으며, 미국 전체에 13만 8,000개의 크고 작은 단체가 번성하고 있는 현실을 감안할 때 의회를 겨냥한 로비활동은 거대한 역사적 뿌리에 기반하고 있음을 알 수 있다.26) 일례로 미국의사협회(American Medical Association)는 1970년대 이전만 해도 수십년 동안 의료·건강 관련 분야의 로비를 주도한 독보적인 이익단체였다. 그러나 1975년 90개이던 의료·건강 관련 로비단체들은 1999년에는 750개로 급증했다. 에이즈(AIDS)나 각종 질병이 사회문제화될 때마다 시민들이 자발적으로 기부금을 내면서 세분화된 이슈를 전문적으로 파고드는 관련 로비단체들이 속속 생겨났기 때문이다.27)

이런 측면에서 로비스트와 이익집단들은 미국 의회의 입법활동에 관여하며 중추적인 역할을 하는 주역 가운데 하나이다. 이들은 막대한 자금을 사용하며 의원에게 협조를 요청, 법안을 성사시키거나 막는다. 예컨대 '나체휴양협회' 같은 단체까지 나체규제법안을 부결시키기 위해 로비스트들을 고용하고 있다.

의원들도 '걸어다니는 백과사전'으로 불리는 로비스트들의 도움을 받지 않고서는 다음 선거에서 승리를 장담할 수 없으므로 로비스트들을 무시할 수 없다. 오히려 어떤 의원들은 법안을 관철시키기 위해 로비스트들을 적극 활용한다. 제104대 의회(1995~96년)에서 공화당 하원 의원총회 위원장이었던 존 보너(John Boehner, 오하이오 주) 의원은 당의 선거공약인 '미국과

December 9, 1998, p.5.
26) Roy Rivenburg, "There is No such Thing as the Odd Man Out," The *Los Angeles Times*, Sept. 25, 1991, A15. 그런 이유에서 백악관이나 의회 의사당, 대법원, 국무부 같은 곳말고 워싱턴D.C.의 K가에 밀집해 있는 평범한 건물들을 주목할 필요가 있다. 이곳은 미국 정치에 막대한 영향력을 발휘하고 있는 수 천 개의 이익단체들이 상주해 있는 총본산이기 때문이다.
27) Andrea Petersen, "Episodic Illnesses: How Rare Ailments Get on Prime Time," *The Wall Street Journal*, April 14, 1998, A1. 미국인들의 자원봉사활동 참여와 자선기부 열기는 좀처럼 시들지 않고 있다. 오히려 치열한 경쟁사회에서도 점증하고 있어 사회적 긴장을 완화시키는 긍정적 요소로 작용하고 있다. Everett C. Ladd, "The American Way: Civic Engagement Thrives," The *Christian Science Monitor*, March 1, 1999, p.9.

의 계약(Contract with America)'을 실천하기 위해 공감하는 로비스트들과 보수성향의 단체들을 한데 모아 '목요일 그룹(Thursday Group)'을 결성했다. 그는 이 모임을 위원회별로 나누어 의원들과 연결시켜주는 한편 매주 회의를 열어 지지여론을 확산시키고 후원금도 챙기는 창구로 활용했다.28)

로비스트들은 이런 과정에서 의원이나 보좌관들과 친밀한 관계를 맺으며 호의적인 의원들이 유력한 위원회에 배정되도록 의회지도부에 유무형의 압력을 가한다. 로비스트들의 활동도 예전보다는 복잡하고 어려워지고 있다. 의원이나 보좌관들을 만나 식사나 선물을 건네주며 등이나 두드리는 식의 로비는 사라졌다. 법안의 자구(字句) 내용과 의회 입법과정, 사안별로 누가 핵심 실력자인지 등에 대해 정통해 있어야만 한다. 이런 문제를 돕기 위해 미국 로비스트연맹 같은 곳은 매년 평가자료를 만들어 회원(로비스트)들이 이용하도록 권장하고 있다.29)

2) 로비스트와 미국 로비의 특징

로비스트(lobbyist)라는 용어는 영국 하원의 복도(lobby)에서 의원들을 만나 취재하기 위해 기다리고 있던 기자들(reporters)에서 유래했다. 미국에서는 의사당 본회의장 주변에 있는 로비 룸에서 청원업자들이 대기하고 있었던 데서 비롯됐다. 로비스트들이 의원들에게 돈이나 각종 선물을 전달하는 행위로 말미암아 이 용어는 금세 부정적인 뉘앙스를 갖게 됐다. 혹자는 로비스트라는 단어의 근원은 백악관 옆에 있는 윌러드 호텔의 로비에 앉아서 수군수군 정치를 의논한 데서 비롯됐다고 하기도 한다.

미국 연방법은 로비스트를 현재 '다른 사람들을 위해 의회와 의사소통을 목적으로 일정한 보수를 지급받는 사람'으로 정의하고 있다. 이들은 미국

---

28) Stephen Engelberg, "100 Days of Dreams Come True for Lobbyists in Congress," *The New York Times*, April 14, 1995, A12.
29) Mary L. Jones, "Survey Says Lobbyists Find Information Rules the Hill," *The Hill*, Nov. 18, 1998, p.8.

로비스트연맹(the American League of Lobbyists:www.alldc.org)을 만들어 놓고 있다.

막상 '누가 로비스트인가'라는 질문에 대해 답을 내리는 것은 쉽지 않지만 대체로 다섯 부류로 나눠진다. 첫째는 미국상공회의소(AMCHAM), 시에라클럽, 전국유선방송협회(National Cable TV Association) 같은 이익단체에 일하고 있는 직원이다. 두번째는 홍보회사나 광고대행사의 홍보전문가들이다. 이들은 1980년대까지 외국정부의 로비업무를 대행하는 경우가 많았다. 세번째는 변호사 로비스트들로 '로비스트의 로비스트'로 통한다. 이들은 법을 해석하고 분석하는 훈련을 받아 어떤 문제에 대한 분석력과 해결책을 제시하는 데 탁월한 솜씨를 발휘하고 있다. 네번째는 전직 의원들이며, 마지막으로 공직자 출신도 상당수 로비스트로 뛰고 있다.

이들은 그러나 엄밀하게 분리되어 있다기보다는 서로 중복되어 밀접하게 연결되어 있다. 예컨대 전직의원이나 공직자들 가운데 상당수는 변호사 자격증을 갖고 있기 때문이다. 이들은 로비회사를 자체 운영하거나 이익단체, 기업 등에 의해 고용되기도 하며, 어떤 경우에는 대학이나 주정부, 외국 정부와 계약을 맺고 활동한다.

하지만 좀더 중요한 것은 신분이나 전직 경험보다는 로비스트로서의 자질이 충분하느냐 하는 점이다. 론 흐레브너(Ron Hrebener) 교수는 '이상적인 로비스트'는 다음 네 가지 사항을 갖추어야 한다고 지적했다. 입법절차와 정치적 흐름, 법과 법적 절차, 로비조직의 주요 관심사, 홍보기술 등이다.[30] 로비스트는 또 감성적인 인물보다는 지성적인 인물로서 광범위한 교육과 훌륭한 판단력, 적극적 태도, 융통성, 원만한 대인관계 등을 겸비해야 한다는 것이다.

상당수 미국 시민들은 로비스트들의 광범위한 활동에 대해 부정적인 시각을 갖고 있다. 1985년의 ≪워싱턴포스트≫와 ABC 뉴스 여론조사에 의하면, 미국인들의 70%는 대부분의 의원들이 특정 이익단체나 집단의 이익

---

30) Ronald J. Hrebenar and Ruth K. Scott, *Interest Group Politics in America*, New Jersey: Prentice-Hall, 1982.

을 옹호하고 있다는 주장에 동의하고 있다. 이런 반감은 곧 1990년대 초반 로비활동규제법안을 만드는 원동력이 되었으며, 대다수 의원들은 비판적인 여론을 의식해 로비활동을 규제하고 개혁하는 데 동의할 수밖에 없었다.

밥 돌 전 상원의원 같은 이는 "미국인들은 정부에 청원(petition)할 수 있는 헌법상의 권리를 갖고 있다. 로비스트들은 그들의 대표기관에 직접 의사전달을 하지 못하는 평범한 수백만 명의 미국인들의 대행자로서 봉사하고 있다"며 로비스트들의 입장을 옹호했다. 헌법이 보장하는 일반시민의 대정부 청원권이야말로 의회나 행정부가 로비활동을 원천적으로 막지 못하는 근본적 요인이다.

많은 비판에도 불구하고 로비가 미국에서 번성하는 데는 여러 원인이 있다. 첫번째는 미국의 독특한 정치사회적 배경이다. 우선 미국의 정치권력은 연방제와 삼권분립제로 나눠져 있어 로비활동의 통로가 다양하게 마련돼 있다. 횡적으로는 입법부와 행정부 심지어는 사법부도 로비대상이 되며 종적으로는 연방정부, 비정부단체(NGO) 그리고 시·군 정부도 이익집단의 교섭대상이다. 표현의 자유가 보장된 가운데 자발적 결사체가 무수히 존재한다는 점도 한 원인이다. 또 미국의 정당체제 역시 중앙당이 아닌 지구당 중심으로 운영되고 있어 의원들은 입법과정에서 당의 지시나 노선보다는 개인적인 판단에 의해 움직이는 성향이 강한 점도 로비활동을 촉진하는 요인이다.

급격한 사회·경제적 변화도 한 원인이다. 최근 수십년 동안 작은 정부(limited government)에서 큰 정부(big government)로 연방정부의 역할이 확대되면서 특정 집단의 이해관계를 효과적으로 전달할 필요성이 강조되고 있다. 이에 따라 특정 로비회사 또는 이익단체의 출현은 그에 반대하는 목표를 가진 로비회사 또는 이익단체의 탄생을 가져오고 있다. 이런 과정에서 의원들과 로비스트들 간에 상호의존도가 높아지고 있는 것이다. 로비스트는 의원에게 자신들의 로비목표를 설득시키려 힘쓰고, 의원들은 로비스트로부터 법안과 관련한 최신 정보나 전략방안의 도움을 받는 '공생관계'가 이뤄지고 있다.[31]

세번째는 중산층의 성장과 과학기술의 발전이다. 중산층은 자신들의 이해관계를 대변하는 로비회사나 이익단체에 기꺼이 회비를 분담하는 회원이 되고자 한다. 또 컴퓨터를 이용한 대량 우편발송과 전자우편 기술의 눈부신 발전도 이익단체 결성과 로비스트들의 활동무대를 더욱 넓히고 손쉽게 만들고 있다.32)

미국 연방정부가 각 부처의 정책결정과정에 시민참여를 의도적으로 장려하는 측면도 작용한다. 이런 경향은 1960~70년대에 두드러졌다. 연방정부는 환경·건강·법률 등 각 분야의 시민단체에게 일정 규모의 예산이나 지원금을 배정해 주고 이들의 의견을 반영하려고 힘썼다. 이런 노력은 결과적으로 의회에 대한 로비의 필요성과 중요성을 부각시켰다. 특정 기업이나 지역의 이익 그리고 시민의 일상생활과 직결되는 법안을 검토하고 최종적으로 완결 여부를 결정짓는 곳은 의회이기 때문이다.

3) 대의회 로비

미국 최초의 로비는 앤드루 잭슨(Andrew Jackson) 대통령 시절 알렉산더 해밀튼(Alexander Hamilton)이 주도한 '필라델피아 전국산업진흥회'가 언론인들을 고용해 합중국 은행설립인가를 받기 위해 뛴 것이다. 로비는 그 이후 대상선정, 접근방법, 전략수립, 대중동원 같은 여러 측면에서 발전을 거듭했다. 예컨대 19세기 후반에서 보편적인 로비방법은 뇌물을 주는 것이었다. 그렇지만 20세기 들어 뇌물 수수에 대한 윤리적 문제점을 질타하는 여론이 고조되면서 다른 방법들이 동원되기 시작했다. 특히 1970년대부터

---

31) Norman J. Ornstein and Shirley Elder, *Interest Groups, Lobbying and Policymaking*, Washington D.C.: CQ Press, 1978, p.224.
32) 미국 조세법 527조는 각종 비영리 민간 이익단체에 헌금을 낸 인사들의 명단을 밝히지 않아도 되도록 허용하고 있다. 또 500달러 정도의 변호사 비용만 들이면 누구나 설립할 수 있다는 점도 로비단체의 번성을 가져오는 요인이다. 그러나 이들 단체들은 선거에서 특정 후보에 대한 지지 또는 반대의 의사를 표시할 수 없다.

뚜렷해진 소위원회 활동강화와 의회보좌관들의 양적 팽창, 의원들의 개인주의화 경향에 맞추어, 로비스트들은 의원 이외에 수많은 보좌관들과 접촉을 시도하고 있으며 소위원회의 움직임에도 촉각을 곤두세우고 있다.

직접 접촉을 중시하는 인사이드 로비

로비스트들은 과거에는 의회 안의 몇몇 중요 의원들을 상대로 직접 접촉하는 방식(face-to-face)의 인사이드 로비(inside lobby)를 주로 했다. 최근 들어는 대중의 지지를 얻는 데 주력하는 아웃사이드 로비(outside lobby)와 대중로비(grass-roots lobby)로 초점을 옮기고 있다.[33]

인사이드 로비가 성공하기 위해서는 해당 사안별로 가장 영향력 있는 의원들과 접촉할 수 있느냐가 관건이다. 이를 위해 로비스트들은 사안별로 중요한 위치에 있는 의원이나 보좌관이 누구인가를 정확히 꿰뚫고 있어야 하며 그들과 평소 친밀한 관계를 다져놓아야 한다. 이들은 또 의원이나 보좌관들과 견주어 뒤지지 않는 전문 식견과 논리로 무장해 있어야 한다. 로비스트들은 이를 위해 관련 전문서적이나 회의기록들을 통해 유용한 정보를 획득하는 한편, 사설 연구기관이나 싱크탱크에 용역을 의뢰하기도 한다.

일부 로비스트들은 청문회장에서 의원들이 질의할 질문서나 연설문 또는 새로운 아이디어를 직접 마련해 의원실에 제공하기도 한다. 로비스트들은 이 경우 해당 의원의 보좌관과 거의 비슷한 연장선상에서 일을 하고 있는 셈이다. 질문서나 연설문의 내용은 물론 로비스트들의 전략적 목표와 일맥상통하는 것이다. 하원의원에 비해 상원의원은 로비스트들이 직접 접촉하기 힘든 관계로 상원에서는 보좌관들이 집중 공략대상이다.

로비스트들은 의원이나 보좌관들을 자기 편으로 만들기 위해 돈과 정보를 '미끼'로 사용한다. 금전은 뇌물로 간주될 위험성이 있기 때문에 매우 조심스럽다. 하지만, 로비스트들은 의원과 부인을 상대로 리셉션이나 만찬,

---

[33] 로비 방식은 Steven Smith, *The American Congress*, 1995, Chap.10; Robert Biersack et al., *After the Revolution: PACs, Lobbies and the Republican Congress*, Boston: Allyn and Bacon, 1999 참조.

오찬, 골프 초대 등을 하거나 고급 리조트 숙박권을 제공하는 식으로 각종 편의를 봐주는 데 인색하지 않다. 특히 선거 유세기간에 로비스트들은 상당한 금액을 정치활동위원회(PACs)에 기부하거나, 유력 재산가들을 특정 정치인에게 기부하도록 권유한다.34)

로비스트들의 정치자금 지원이 얼마만큼 의원들에게 영향을 끼치는지는 측정할 수 없다. 그러나 의원들과 로비스트들이 끈끈한 인간관계를 다지는 데는 더할 나위 없이 좋은 윤활유인 것만은 분명하다. 일부 의원은 로비스트들에게 "선거모금 활동을 해달라"고 노골적으로 요청하기도 한다.35) 로비스트들은 특정 회사나 이익단체 등과 제휴해 관련 정보를 모으거나 별도의 여론조사기관을 통해 상세한 여론조사결과를 의원들에게 전해준다.36)

이것이 가능한 것은 상당수 로비스트들은 웬만한 의원보다 워싱턴 정가 사정이나 의사당 주변 동향에 대해 더 정통하기 때문이다. 의원들이 수시로 교체되는 것과 달리 로비스트들은 수십 년 동안 워싱턴에 머물면서 자신의 주된 관심사만을 파고들고 있다. 따라서 그들의 간단한 지적이나 도움이 정치활동에 결정적으로 중요한 재료로 작용하는 경우가 많다는 것이

---

34) 의회 로비의 꽃은 정치활동위원회를 통한 재정적 후원이다. 미국 연방선거법(FECA)은 기업이나 노동조합의 직접적인 정치헌금은 금지하고 있으나, 정치활동위원회(PACs)를 통한 헌금은 가능하다고 규정하고 있기 때문이다. 그래서 대부분의 이익집단이나 기업들은 대부분 PACs를 만들어 로비의 주된 통로로 삼고 있다. 워싱턴D.C.에만 기업체가 운용하는 PACs는 1,000개가 넘는다. 이 가운데 100명 이상의 로비스트를 고용하고 있는 곳도 적지 않다.
35) 예컨대 제106대 의회에서 공화당 원내총무인 톰 딜레이 의원은 업계 로비스트들과 접촉이 매우 잦다. 딜레이 의원은 로비스트들의 주장을 수용해주는 대신 차기 2000년 선거에서 당선 여부가 불확실한 자기당 의원들을 지원하는 '다수당 확보프로그램(ROMP: Retain Our Majority Program)'에 정치자금 지원을 공공연하게 요청하고 있다. Jim Vande Hei, "DeLay Trying to Protect Majority," *Roll Call*, March 25, 1999, p.1.
36) 대의회 로비를 펼치는 주요 이익단체들은 의원의 재선 여부에 결정적인 영향을 미친다. 특정 의원이나 후보의 재선에 관여하기로 마음을 먹는 경우라면, 이익단체들은 ① 정치활동위원회를 통한 정치자금 지원 ② 특정 후보 이슈에 대한 찬성 또는 반대 캠페인 ③ 후보의 언행과 투표 실적에 대한 자체 평가 같은 다양한 방식을 구사한다. Roger H. Davidson and Walter Oleszek, *Congress and its Members*, 7th edition, op. cit., pp.343-346.

표 6.6 ■ 로비스트들이 사용하는 로비전술 상위 10가지

순위	전술 내용	채택률(%)
1	청문회 증언	99
2	견해 전달을 위해 공직자와 직접 접촉	98
3	각종 회합·오찬 등에서 공직자와 비공식 접촉	95
4	연구결과나 관련 정보 제시	92
5	회원들에게 편지 발송	92
6	다른 로비단체들과 연합결성	90
7	정책수행행태 결정 시도	89
8	언론계 인사들과 접촉	86
9	입법전략 수립을 위한 정부관리들과의 상담	85
10	법안작성 협조	85

* 자료: Kay Lehman and John T.Tierney, "More of the Same: Washington Pressure Group Activity in a Decade of Change," *Journal of Politics*, May 1983, p.35.

다. 버니지나아 주 하원의원인 제임스 모란(James Moran, 민주당)은 "로비스트들은 의정활동제도와 관련된 훌륭한 기억력과 일관성을 의원들에게 제공하고 있다"고 평가했다.

대중로비와 사이버 로비

근래에는 대중로비가 활발해지고 있다. 워싱턴D.C.의 직업 로비스트들에 대한 의존도를 줄이는 대신 불특정 시민이나 회원들의 힘을 빌어 의원들과 직접 접촉을 시도하는 것이다. 상당수 로비회사나 이익단체들은 의원들이 선거구 여론에 민감한 점을 역이용해 선거구민들을 동원하는 데 심혈을 쏟는다. 대표적인 것이 특정 사안과 관련해 선거구민들로 하여금 해당 의원들에게 대량 편지나 엽서, 전보, 이메일을 보내도록 하는 방식이다.

특히 컴퓨터를 이용한 우편발송이 빈번하게 이용된다. 대부분의 의원들은 이를 조직적인 로비활동의 하나로 무시한다고 강조하지만, 선거구민들의 집단여론인 만큼 주의를 기울이지 않을 수 없다. 만약 의원들이 선거구민의 이런 분위기를 가볍게 여긴다면, 그것은 특히 신진 의원들에게서는 정치적 자살행위나 다름없기 때문이다.[37]

---

[37] J. T. Tierney and K. L. Schlozman, "Congress and Organized Interests," in C.

사안의 경중에 따라 차이가 있지만, 웬만큼 중대한 사안이다 싶으면 평균 1,000만 통 가까운 우편물이 대형 트레일러로 의원 사무실에 쏟아지는 게 보통이다. 이런 대량 우편발송은 의원들에게 극도의 심리적 충격을 주기 위해 로비스트들이 의도적으로 꾸며낸 로비전략이다.38) 가정에 전화를 걸어 특정 사안에 대한 지역 주민들의 반응을 떠보는 텔레마케팅이나 신문·방송에 의견광고를 대대적으로 실어 여론조성을 하는 방식도 자주 쓰인다. 일부 로비스트들은 아예 선거유세를 하는 것처럼 구체적인 목표를 정한 다음 여러 방법을 총동원해 해당 의원들을 압박하기도 한다.

대중로비와 달리 해당 의원에게 결정적으로 중요한 인사들을 집중적으로 겨냥하는 상층부 로비(grass tops lobbying)도 최근 유행하고 있다. 이것은 의원들이 '노(No)'라고 말을 하지 못할 정도의 유력인사, 예컨대 대형 정치자금기부자, 선거매니저처럼 의원들이 요구를 거절하지 못하는 영향력 있는 특정 부류의 사람들을 주요 타겟으로 로비하는 방식이다

인터넷의 급속한 확산에 따라 사이버 로비(cyber-lobbying)도 빠르게 확산되고 있다.39) '인 하우스 로비스트(In-House Lobbyist)'라고 하는 소프트웨어 프로그램을 이용하면, 컴퓨터 사용자들은 의원사무실 등에 엄청난 우편과 이메일을 발송할 수 있다.40)

이와 함께 재래식 인사이드 로비와 최신식 아웃 사이드 로비를 함께 취급하는 풀서비스(full service) 로비 회사들이 급증하고 있다. 이들은 홍보 전문가, 그래픽아트 디자이너, 스피치 라이터, 정치자금모금 담당, 컴퓨터 전

J. Deering(ed.), *Congressional Politics*, Chicago: Dorsey, 1989, p.212.

38) Alison Mitchell, "A New Form of Lobbying Puts Public Face on Private Interest," *The New York Times*, Sept. 30, 1998, A14, 대기업들은 뉴스 미디어와 시민단체에 은밀하게 영향력을 행사하기 위해 '은닉 로비스트들(stealth lobbyists)'을 고용하기도 한다.

39) Alice Love, "The Age of CyberLobbying," *Roll Call*, March 13, 1995, p.3; Craig Karmin, "'Third Wave' Lobbyists Battle On-Line over Smut Ban Proposal," *The Hill*, Dec. 20, 1995, p.7.

40) Mary L.Jones, "How to Lobby from Home or Office," *The Hill*, Jan. 7, 1998, p.7.

> ### 미국 노동단체의 로비스트 교육
>
> 미국 최대의 노동조합단체인 미국노동자연맹 - 산업별조합회의(AFL-CIO)는 1997년부터 1년에 네차례 워싱턴D.C.로 노조원들을 초청해 의회 인턴으로 교육시키고 있다. 노조원들은 기간 중 의원들과 보좌관들이 노조 관련 입법을 어떻게 하는지 익히고 의회 전반의 역사와 입법과정강좌를 수강한다. 청문회장이나 정책 관련 모임에도 참가한다. 노조원들은 워싱턴에 머무는 동안 정상 급여 이외에 출장체재비를 지급받는다. 숙식은 호텔에서 해결하며 듀퐁 서클 주변에 있는 철강노동자연맹 건물에 별도 사무실도 제공받는다. 이런 프로그램의 목적은 지방 노조원들도 의회의 작동구조를 정확하게 알아 대의회 로비를 전국적으로 활발하게 전개하기 위함이다. 노조원들을 미래의 '로비스트 일꾼'으로 양성하기 위해 투자하고 있는 셈이다. Matthew Tully, "Union Program Fields Blue-Collar Washington Lobbyists," *CQ Daily Monitor*, March 29, 1999, p.7.

문가, 미디어 스페셜리스트, 여론조사 전문가를 포함한 각 분야의 인물들을 한데 모아 전방위 로비회사를 표방하고 있다.

대표적인 회사가 '힐 & 놀튼 홍보대행사'(Hill & Knowlton Public Affairs)다. 이 회사는 자체 방송 스튜디오까지 만들어놓고 있다. 모두 180명의 상근 직원을 두고 전직 의원들과 보좌관, 공화·민주당 출신의 전직 행정부 관리들을 고용하고 있다. 로비스트들은 실제로 특정 입법안에 대해 의회의 행동이 가시화할 때, 사안에 따라 연합(coalitions)로비를 추진하는 게 일반적이다. 1990년에 결성된 '기술연구협회(Council on Research and Technology, 약칭 Coretech)'를 보자. 이 연합체에는 46개의 기업체와 72개의 대학이 함께 참여하고 있으며, 연방정부가 대학을 중심으로 한 연구개발을 더 지원할 것과 기업의 연구개발비 지출을 위해 연방정부가 세제혜택을 늘리는 것을 공통의 목표로 삼고 있다. 이 연합체의 대표는 변호사이자 전문 로비스트인 케이(K. Kay)가 맡고 있다. 로비자금은 IBM, 휴렛패커드, 디지털 이퀍먼트(Digital Equipment) 같은 정보통신 관련 회사가 내고 있다.

글로벌화 추세를 반영해 로비활동도 세계화되고 있다. 미국 최대의 로비단체 가운데 하나인 전국총기협회(NRA)는 미국 이외에 11개국에 월드포럼(World Forum)이라는 단체를 만들어놓고 해외 각국에서 총기규제 움직임까지 예방하는 노력을 기울이고 있다.41) 일부 로비단체들은 유럽과 아시아 등에 무역·환경·농업 등 관련 이슈별 산하 지부를 만들어놓고 있다.

5. 로비스트들의 파워와 최근 변화상

미국 정책결정 과정에서 로비가 차지하는 힘은 '준정부(sub-government)'라는 용어에서 드러난다. 이 용어는 각종 소규모 이익단체와 로비회사, 의원, 위원회 등이 사실상 정부를 대신하는 준정부로서 각종 정책결정과 입법을 좌지우지하고 있음을 의미한다.

로비활동을 통해 로비집단과 행정부와 의회 간의 인적 교류는 삼자간의 협조관계로 변질되고 그들만의 이해증진을 도모하는 '안락한 삼각구조'로 이어져 사실상 정부기관과 같은 영향력을 행사하게 된다는 설명이다. 여기에서 참여자들은 자신들의 판단과 정보에만 의존할 뿐 외부의 시선을 의식하지 않고 유연성을 잃는다는 지적이다.

아이젠하워 대통령은 1961년 퇴임식에서 군산복합체의 폐해를 경고한 바 있으나 오히려 상·하 양원 의원과 보좌관들이 함께 참여하고 있는 준정부적 삼각구조가 형성되어 있는 것이다.

하지만 의회를 상대로 한 로비스트들의 막강 파워는 1960~70년대에 전성기를 구가한 이후 1980년대 후반 들어 약화되고 있다. 이는 소수의 시민들로 이뤄진 시민단체가 꾸준히 결성되고 언론매체가 추적보도 활동을 적극적으로 벌이는데다, 로비스트들의 주수입원인 외국 정부들마저 로비스트를 통한 대의회 로비활동의 효과와 필요성에 의문을 품고 주문을 줄이고 있기 때문이다.42)

---

41) Katherine Seelye, "National Rifle Association Is Turning to World Stage to Fight Gun Control," *The New York Times*, April 2, 1997, A12.

세계 각국의 정부나 기업체들은 미국의 대외경제, 군사원조, 무역, 관세정책, 인권정책 등을 그들의 이익에 유리한 방향으로 유도하기 위해 막대한 자금을 들여 직·간접적인 로비활동을 펴왔다. 그러나 미국 법무부에 등록한 외국정부와 기업의 로비건은 1991년에 2,079건으로 최고를 기록한 다음 1994년을 전후해 감소세로 돌아섰다. 국내 경제가 장기호황을 보이는 데 비해 외국을 상대 로비가 썰렁해진 것은 미국의 대외원조액이 최근에 급감한 탓이 크다.

후진국이 눈독을 들이는 미국의 대외원조액은 1985년에만도 188억 달러였으나 1997년에는 122억 달러로 35%나 줄었다. 물론 주재 외교관들의 숫자가 턱없이 적은 소국이나 대사와 실무 책임자들이 교체된 지 얼마 되지 않은 대사관은 아직 로비스트들에게 외교기능의 일부를 맡기기도 한다. 하지만 워싱턴에서는 여전히 외국 정부나 기업체를 위해 뛰는 로비스트들이 짭짤한 수입을 올리고 있다.[43] 미국 법무부 자료에 따르면 1997년 상반기에는 577개의 로비회사가 829개의 외국정부나 기관을 상대로 로비를 했으며, 관련 분야에서 활동한 로비스트는 2,783명이었다.[44]

1) 현역 로비스트로 활동하는 핵심 엘리트

상원 공화당 리더를 지낸 밥 돌, 조지 미첼 전 민주당 상원 리더, 클린턴 대통령의 막역한 친구인 버논 조던(Vernon Jordan)등 미국 정계에서 내로라

---

42) Robert H. Salisbury, "Chapter 7: The Paradox of Interest Groups in Washington: More Groups, Less Clout," in Anthony King(ed.), *The American Political System*, Washington D.C.: AEI Press, 1990, pp.203-229.
43) ≪유에스 뉴스 앤드 월드리포트≫(1997년 9월 2일자)의 보도에 따르면, 1996년 한 해 동안 미국에서 합법적으로 가장 많은 로비자금을 쓴 나라는 캐나다(513만 달러)였으며, 멕시코(507만 달러) - 일본(490만 달러) - 영국(437만 달러) - 대만(421만 달러) 순서였다. 6위는 이스라엘(323만 달러), 아이티와 앙골라도 각각 232만, 187만 달러를 뿌려 10위권 안에 들었다.
44) 미국 정치사회의 외국 로비에 대한 연구로는 Lee Chung Hee, Foreign *Lobbying in American Politics*, 서울대미국학연구소, 1988; 이정희, 「외국 로비의 성장과 규제」, 민만식 외 지음, 『현대미국정치의 쟁점과 과제』, 전예원, 1996, 207-241쪽.

하는 인물들의 본업은 현재 로비스트이다. 1999년 2월말 하원의원직을 공식 사퇴한 밥 리빙스턴 전 하원의장 내정자는 고향인 루이지애나 주의 뉴올리언스와 워싱턴에 로비회사를 열어 상임고문으로 취임했다. 뉴트 깅리치 전 하원의장도 로비업무를 포괄하는 종합 컨설팅 회사를 열었다.

밥 돌과 조지 미첼 전의원은 상원에서 공화당과 민주당 리더로 의원시절 서로 반대입장에 있었으나 지금은 '버너 립퍼트 버나드 맥퍼슨 & 핸드(Verner Lipfert Bernhard McPherson and Hand)'라는 로비회사에서 동료로 일하고 있다. 정계를 떠난 의원들이 워싱턴에 남는다면, 이처럼 십중팔구 로비스트로 변신하는 경우가 흔하다. 로비·컨설팅 회사들은 의원의 전문적 식견과 풍부한 경험을 높이 평가해 이들을 영입하기 위해 백방으로 힘쓰고 있다. 그래서 전직 의원들은 마음만 먹으면 별 어려움 없이 로비스트가 될 수 있다.[45]

의원 출신 로비스트들은 특히 외국을 전문으로 하는 로비회사로부터 환영받는다. 카터 행정부에서 국무장관을 지냈던 에드먼드 머스키(E. Muski, 민주당·메인주) 전 상원의원은 한동안 외국 고객들과 환경문제 사항을 함께 취급했다. 윌리엄 풀브라이트 전 상원의원(William Fulbright, 민주당·아칸소주)은 사우디아라비아와 일본, 존 번즈 전 하원의원(John Byrnes, 공화당·위스콘신 주)은 필리핀, 조지 스매더스 전 상원의원(George Smathers, 민주당·플로리다 주)은 남아프리카 공화국 로비스트로 활동했다.

4선 상원의원을 마치고 1996년에 정계를 은퇴한 후 로비스트가 된 존 베네트 존스톤(John Bennett Johnston, 민주당·루이지애나 주)은 1998년 한 해 동안반 자신의 이름으로 200만 달러의 수입을 올렸다. 상원의원 시절 다져놓은 의회 내 인맥과 상원 에너지위원장을 맡은 경험을 밑천으로 눈부신 활동을 했던 것이다. 그가 공동대표로 있는 로비회사(Johnston & Associates) 이름이 워싱턴의 로비업계에서 한동안 회자됐다. 핵 에너지연구소, 록히드 마틴, 노스롭 그루만 등 굴지의 에너지·항공 관련 기업체를 고객으로 두고

---

45) Mary Lynn F. Jones, "Ex-members' expertise in demand on K Street," *The Hill - The Capitol Newspaper*, January 6, 1999, p.6.

있는 그는 정계 은퇴 후 생활이 신바람난다고 말한다. 의원으로서 제도상, 법적인 각종 제약에서 벗어나 마음껏 돈을 벌며 재미를 만끽하겠다는 것이다. 1996년 상·하원 의원직에서 물러난 다음 로비스트로 전직해 K가에서 활동 중인 전직 의원들만도 줄잡아 20여 명에 이른다.

의회 연구가인 레베카 보더스는 "의원으로 오래 활동한 로비스트일수록 의회 안에 아는 사람이 많고 법안 진행과정에 정통하므로 전직 의원들이 로비스트로서 성공하는 것은 지극히 자연스러운 현상"이라고 진단했다.[46] 그래서 워싱턴 일대에는 "의원들은 국정을 하기 위해 워싱턴D.C.로 오지만, 로비를 하기 위해 계속 머문다"는 농담도 나돌고 있다.

1995년부터 워싱턴에서 로비활동을 시작한 마이크로소프트(Microsoft) 사는 1998년 한 해 동안 로비예산으로 370만 달러를 썼다. 이 회사의 로비스트 명단은 공화당 전국위원회 위원장 출신인 해일리 바버와 제105대 의회 민주당 하원 원내총회 위원장을 지낸 빅 파지오(Vic Fazio, 민주당·캘리포니아 주)를 비롯해 빈 웨버(공화당·미네소타 주), 토마스 다우니(민주당·뉴욕 주) 등 4명의 전직 의원과 리처드 아미(공화당·텍사스 주) 하원 다수당 리더의 전직 수석보좌관 등 의회사정에 정통한 호화 멤버들로 가득차 있다.[47]

전직 의원들의 막강한 영향력과 풍부한 인맥 등을 감안해 유력한 전직 의원들이 운영하는 로비 회사를 찾는 고객들은 줄지어 서 있다. 로비스트로서 전직 의원의 강점은 풍부한 현장경험과 지식 그리고 현직 의사결정권자에게 쉽게 접근할 수 있다는 점이다. 토머스 페일즈백(Thomas Failsback, 공화당·일리노이 주) 전 하원의원은 "전직 의원들 앞에는 모든 문이 열려 있으며, 그 대접도 예사롭지 않다"고 말했다.

하지만 전직 의원의 로비가 말처럼 쉬운 것만은 결코 아니다. 오히려 그 반대인 경우가 많다. 로비스트가 하는 일의 극히 일부분만 의원들을 상대

---

46) Mary Lynn F. Jones, "Lawmakers-turned-lobbyists find gold in former contacts," *The Hill - The Capitol Newspaper*, April 21, 1999, p.1, 33.
47) Rajiv Chandrasekaran, "Microsoft's Window of Influence," *The Washington Post*, May 7, 1999, A1, 30.

로 하며 대부분의 일은 의원 보좌관들을 상대하는 것이다. 그렇지만 대부분의 보좌관들은 그들이 의사당에 있을 때는 몰랐거나 상대도 하지 않던 인물들이다. 그래서 퇴임 후 1~2년 정도 로비스트로서 변죽만 울리다가 워싱턴 무대에서 소리소문 없이 사라지는 의원 출신 로비스트들도 적지 않다고 한다.

로비회사는 고액의 연봉과 특별수당을 보상수단으로 내걸고 전직 고위 관료나 의원, 보좌관 영입에도 열심이다. 클린턴 정부에서 백악관 공보비서관을 지냈던 마이클 매커리(Michael McCurry)의 경우, 고객의 주문에 전략적 자문만 한다는 조건으로 퍼블릭 스트래티지 사(Public Strategies Inc.)의 로비스트로 1998년 가을 가세했다. 카터 대통령의 백악관 공보비서관이었던 조디 파월, 레이건 대통령의 수석 홍보담당이었던 톰 그리스콤 같은 이는 캐시디 사(Cassidy & Associates)의 로비스트로 수년째 활동하고 있다. 로비단체의 막강한 힘은 이런 유력 인사들이 막후에 포진해 있다는 사실에서 비롯되는 면이 적지 않다. 실제로 이름 있는 유명 인사일수록 로비스트로서 표면에 나서기보다는 상임고문(senior advisor) 같은 직책을 선호하고 있다.

의원들의 1급 정치참모도 로비스트 영입대상 리스트에는 올라 있다. 깅리치 전 하원의장의 수석 참모였던 레오너드 스와인하트(Leonard Swinehart), 밥 돌 대통령 후보 선거운동본부 대책반장이었던 케이스 허드(Keith Heard), 클린턴 대통령의 의회담당 보좌관이었던 패트릭 그리핀(Patrick Griffin) 등도 K가의 유력 로비스트로 활동하고 있다.[48]

2) 불법 로비 근절노력

20세기 후반들어 로비는 과거와 비교해 깨끗하고 윤리적이라는 평가를 받고 있다. 19세기만 해도 일부 로비스트들은 도박장을 운영하면서 의원들을 도박빚에 빠지게 하는 수법으로 자신들의 이익을 관철시켰다고 한다.

---

48) Bill McAllister, "K Street, First Aide Station," *The Washington Post*, Nov. 12, 1998, A20.

이스라엘과 대만의 의회 로비

미국 의회를 상대로 가장 활발하고 적극적인 로비를 펼치는 국가는 이스라엘이다. 이스라엘 로비의 견인차는 이스라엘의 이익과 정책에 대한 지지 확보를 제1목표로 삼고 있는 '에이팍(AIPAC: American-Israel Public Affairs Committee, 미국·이스라엘 홍보위원회)'이다. 100명의 유급 상근 직원과 5만 5,000명의 회원을 두고 있으며, 연간 예산만 1,420만 달러에 달한다.

회원들은 이스라엘에 대해 강렬한 관심을 갖고 있는 미국 시민이다. 따라서 외국 로비단체로 등록되어 있지도 않다. 에이팍은 이스라엘과 관련 있는 미국 정부관리와 의원, 의회 보좌관들을 이스라엘 현지로 초청하는 데 주력한다. 미국 내 200개 이상 대학과 자매결연 관계를 맺고 청년층과도 끈끈한 유대를 맺고 있다.[49]

이 단체의 모토는 "저변의 뿌리에서부터 로비하라"이다. "미국 선거의 가장 중요한 것은 초반기의 돈, 중반기의 돈, 종반전의 돈"이라며 의회를 상대로 정치자금 동원에 열심이다. 에이팍은 '인맥을 통한 접대'가 아니라, 법 테두리 안에서 행하는 실적 위주의 로비로 정평이 나있다. '미국유태인협회(AJC)' '미국 유태인의회운동(AJ Congress)' 같은 단체의 지원도 받는다.

이스라엘 로비에 필적하는 아시아 국가는 대만이다. 1969년부터 25년 동안 '미국상품 사주기 정책'을 펴면서 120억 달러를 쏟아부었고, 1995년 6월 리덩후이 총통의 미국 방문을 성사시키기 위해 캐시디 사에 450만 달러를 지급했다. 대만의 미국 로비는 특히 의회의원이나 보좌관들을 대만으로 초청해 최고급 접대를 하는 '대만 나들이'로 유명하다.

대만은 1996년에만 20명 이상의 상·하 의원과 124명의 보좌관들을 현지에 초청했다. 이들의 체재 경비는 사실상 대만정부와 국민당이 부담했는데 연간 최소한 100만 달러 이상으로 추정된다. 대만정부의 대미 활동창구인 대만연구소는 1997년 가을 캐시디사와 재계약을 체결, 매월 12만 5,000달러를 지급하고 있다. 대만연구소가 파견한 이사가 캐시디 사에 상주하면서 대미 로비활동을 조율하고 있다.

이에 비해 요즘 로비스트들은 직업 윤리강령에 충실한 편이다. 이런 결과는 의회가 부패한 로비 관행을 자체 고발하고, 로비 행태에 각종 규제를

---

49) Steven Erlanger, "For Forty Seven Years, a Lobby with Muscle Has Tirelessly Tended U.S. - Israeli Ties," *The New York Times*, April 26, 1998, A6.

> ### 워싱턴D.C.의 최대 로비그룹
>
> 워싱턴D.C.의 K가는 의회를 겨냥한 로비의 중심지이다. 여기에서 가장 영향력 있는 로비단체는 어디일까? 경제종합잡지인 《포춘(Fortune)》은 상·하원 의원들과 의회보좌관, 백악관 관리, 로비스트 등 2,691명을 상대로 설문조사한 결과 1997년과 1998년 연속으로 가장 영향력 있는 이익단체·로비단체로 '미국은퇴자협회(AARP: American Association of Retired Persons)'가 선정됐다고 발표했다.
>
> 1947년 전국은퇴교사협회(National Retired Teachers Association)로 출범해 1958년 지금의 이름으로 바꾼 이 단체는 '장·노년의 미국시민들이 독립적이며 기품 있는 삶을 영위할 수 있도록 돕는 것'을 목표로 하고 있다. 사회복지, 노년층 의료문제에 관심을 쏟고 있으며, 만 50세 이상 장년층도 상당수 가입해 있다. 1998년 말 현재 총 회원수는 3,240만 명이다. 은퇴자협회라는 명칭과 달리 실제 정회원의 30% 정도는 현역에서 활동하고 있다. 이런 이유에서 1998년 하반기부터는 'AARP'라는 약칭으로 단체명 바꾸었다. 연회비는 1인당 8달러. "The Influence Merchants," *The Fortune*, Dec. 7, 1998, p.137.

가하는 식으로 부단한 노력을 쏟았기 때문이다.

의회가 로비 규제의 칼날을 처음 꺼내든 것은 1876년이다. 이때 의회는 처음으로 의회에서 활동하는 로비스트들에게 등록을 명했다. 하지만 이 조치는 당시 의회 회기중에만 유효했다. 이어 1938년에는 외국 정부나 외국 기업의 이익 대리인 역할을 할때는 법무부에 반드시 등록하도록 한 외국대리등록법을 제정했다.

1946년 의회재조직법의 일환으로 연방로비규제법(Federal Regulation of Lobbying Act)이 발표됨에 따라 대의회 로비스트들은 의회 상·하원 사무국에 등록해야 한다. 1998년 말 현재 하원에 등록한 로비스트는 1만 1,860여 명, 상원은 2,747명으로 확인됐다. 그러나 등록을 하지 않고 로비활동을 하는 이들도 상당 수임을 감안할 때, 실제 로비스트들은 이보다 훨씬 많다.

1946년의 법안의 골자는 로비스트들에 대해 상·하원 사무총장에게 등록한 다음 3개월에 한 번씩 로비활동 수입현황과 지출보고서를 제출하도록

한 것이다. 당시 법안 작성자들은 로비스트들의 고객명단을 공개하고 그들의 입법활동 내역을 밝힘으로써 의원들과 기자, 일반시민 들이 로비스트들의 활동상을 투명하게 파악할 수 있을 것으로 기대했다.

이 법안은 그러나 1954년 연방대법원의 판결을 계기로 사실상 유명무실화됐다. 대법원은 해리스(Harris)라는 로비회사와 연방정부 간의 소송에서 로비스트 등록과 보고서 제출 의무조항은 외부로부터 로비자금을 지원받아 의원들을 직접 접촉, 입법과정에 영향력을 행사하려는 목적이 명백한 경우에만 적용되며 이 요건에 해당되지 않는 의회 상대 청원(로비)활동까지 제한할 수 없다고 판시했다.

로비활동 규제는 1990년대에 재연됐다. 1991년부터 전직 의원들은 퇴임 후 1년 동안 로비활동을 할 수 없도록 규제하는 조항이 신설됐다. 물론 그들이 직접 로비업무를 맡지 않고 자문 또는 전략을 논의하는 것은 예외로 인정했다. 새로운 규제의 도화선은 1992년 대통령 선거에 출마한 로스 페로(Ross Perot) 후보가 로비스트들의 해악을 공공연하게 제기하고 나선 것이었다. 이어 주요 TV 방송사들의 폭로로 상당수 의원들이 로비스트들의 전액 경비지원을 받아 호화 휴가를 다녀왔다는 사실이 폭로됐다.

공화당 의회는 여론의 집중 포화를 견디다 못해 1995년 6월 11일 뉴햄프셔 주에서 클린턴 대통령과 로비제도 개혁에 의견일치를 보았다. 그 결과 다음해 1월 1일부터 로비활동공개법(Lobbying Disclosure Act)이 발효됐다. 이 법은 1946년의 연방 로비규제법보다 로비스트들의 범위를 훨씬 넓게 규정한 것이 특징이다.[50]

의회나 행정부 등을 상대로 로비활동을 하는 모든 사람은 법무부에 로비활동 등록을 하도록 의무화했다. 또 이 규정을 어길 경우 최고 5만 달러까지 벌금을 부과받는 식으로 엄격한 징벌규정을 마련하고, 로비스트를 한 명이라도 고용하고 있는 모든 조직은 고객과 로비스트의 명단, 로비활동과 관련된 돈의 수입 및 지출내용을 반드시 보고하도록 규정했다.

---

50) 자신의 업무시간에서 20% 이상을 유급 로비활동으로 쓰는 사람을 모두 '로비스트'로 정의했다. *The Washington Times*, Nov. 30, 1995, A14.

표 6.7 ■ 미국 내 10대 로비회사

순위	회사
1	미국은퇴자협회(AARP)
2	미국 - 이스라엘 홍보위원회(AIPAC)
3	전국독립사업자연맹(National Federation of Independent Business)
4	전국총기협회(National Rifle Association of America)
5	미국노동자연맹 - 산업별 조합회의(AFL-CIO)
6	미국법정변호사협회(Association of Trial Lawyer of America)
7	기독교연합(Christian Coalition)
8	전국신용조합협회(Credit Union National Association)
9	전국생명권위원회(National Right to Life Committee)
10	미국의사협회(American Medical Association)

* 자료: *Fortune*, December 7, 1998, p.137.

이에 따라 등록 로비스트 숫자가 급증했다. 의회 부속기관인 일반회계감사원의 조사에 따르면, 1946년 법을 적용할 때는 6,078명이었지만 새 법을 실시하자마자 로비스트가 1만 4,912명으로 늘었다는 것이다.[51] 로비스트들은 6개월마다 고객명단, 영향력을 행사한 법안과 정책, 로비활동으로 지출한 금액 등을 공개해야 한다. 단, 6개월 동안 5,000달러 이하를 지출하는 로비스트와 로비회사는 적용에서 예외이다.

하지만 이 법안도 많은 단점을 갖고 있다. 단적으로 1999년 하반기까지 이 법에 의해 벌금을 내거나 징계를 받은 로비스트가 단 한 명도 없다. 우연이든 고의든 로비활동 보고를 정확하게 하지 않을 가능성이 높음에도 불구하고 한 건의 단속 실적도 올리지 못했다는 사실은 허점투성이 법안이라는 것을 시사한다. 등록 로비스트들은 의원이나 보좌관 들에게 서로 친척이나 가까운 친구가 아닌 한 공짜 식사, 연극·음악회 입장권, 스포츠 경기 티켓, 장거리 출장시 숙박 및 항공편 제공 같은 일체의 선물도 줄 수 없도록 규제하고 있는 부분도 현실적으로 타당한 방안인지 논란이 계속되고 있다.

---

51) Francesca Contiguaglia, "GAO Finds That Lobbyists Registration Has Soared," *Roll Call*, May 14, 1998, p.14.

7
미국 의회 정치와 한국

1. 지한파 의원들의 면면

　상·하원 의원들은 미국 의회의 주인공들이자 현재와 미래의 한·미 관계를 움직여 나가는 데 막중한 역할을 하고 있다. 이들은 미국 대외정책 결정 과정에서 행정부, 백악관, 언론, 각종 싱크탱크를 능가하는 영향력을 행사한다. 때로는 행정부의 결정을 뒤집는 사례도 적지 않다. 1980년대 후반까지만 해도 상·하원에는 한국전쟁 참전 출신 의원들을 중심으로 한국의 입장을 지원하는 이른바 지한파(知韓派) 의원들이 상당수 있었다. 그러나 10여 년이 지난 현재 상황은 그렇지만은 않다. 1997년 말에서 1998년 초 한국에 대한 국제통화기금의 지원 움직임이 논의될 무렵, 의회에서 한국의 입장을 지원하는 우군 의원은 찾을 수 없었다는 해석이 지배적이다.[1]
　지한파 의원들이 자취를 감춘 데는 여러 이유가 있지만 무엇보다 상원의

---

[1] 1998년 1월 초 방한한 제임스 슐레진저 전 미국방장관은 "어느 때보다 인간관계가 필요한 IMF 시대에 미 의회 - 행정부 - 싱크탱크 어느 집단에도 한국에 우호적인 사람이 없다"며 '미국 내 친한파 인맥의 소멸'을 우려했다. 슐레진저는 "한국은 문제가 생길 때 땜질식 외교를 펴는 행태에서 벗어나야 한다"며 "제106대 의회가 개원하는 1월 27일 이전이라도 의회쪽 채널을 빨리 구축하라"고 말했다. 《중앙일보》 1998년 1월 13일자, 5면.

원의 40%, 하원의원 중 절반 이상이 1989년 베를린 장벽 붕괴 이후 당선된 의원이라는 점을 고려해야 한다. 미국의회는 현재 전체 의원의 절반 이상이 냉전 종식 이후 당선된 '탈냉전 의회(Post Cold War Congress)'이다.[2] 따라서 경제나 안보상으로 사활적인 이해 관계가 걸려 있지 않는 한 대외지원에 소극적일 수밖에 없다.

두번째는 많은 미국 의원들이 국내 문제에 관심을 집중하고 있다는 점이다. 의원들은 경제나 사회복지, 안전문제 등 당선과 직결되는 현안에 신경을 쏟을 뿐 대외정책은 부차적인 사안으로 취급하고 있는 것이다. 마지막으로 문민정부 이래로 한국정부가 미국 의회와 접촉을 게을리한 면도 있다. 역대 군사정부는 정통성을 인정받기 위해서라도 미국과 접촉이나 관계 개선에 적극적이었지만 역설적으로 문민정부 이후 한국정부는 정통성을 인정받았기 때문인지 사적인 채널이나 행정부 - 백악관 채널에만 주력했을 뿐 미국 의회와의 관계 발전에 소홀했던 게 사실이다.

이런 배경을 전제로 제106대 의회에서 활동중인 상·하원 의원 가운데 한반도 문제에 관심을 갖고 나름의 시각과 목소리를 내고 있는 이들의 면면을 점검해볼 필요가 있다. 이들은 의회 안에서는 물론 미국 연방정부와 지방 곳곳에 광범위한 인맥을 통해 일개 의원 신분을 넘는 영향력을 행사하는 인물이라는 점에서 주목 대상자들이다.

미국 의회에서 한반도 문제는 1980년대 중반까지만 해도 한국 내 인권·민주화 같은 것들이 주된 이슈였다. 그러다 1990년대 이후에는 북한문제와 한·미통상 문제가 핵심사안으로 부각되고 있다. 구체적으로 1990년대 중반까지 유행했던 북한 조기붕괴론에 이어 미사일·핵개발 같은 북한의 군사적 위협을 여하히 통제할 것인가 하는 군사·정치적 현안이 현재 미국 의회가 한반도에 대해 갖는 초미의 관심사다.[3] 이하에서는 북한문제 등을 중

---

2) 1998년 11월 클린턴 대통령에 대한 탄핵 청문회를 주관했던 하원법사위원회를 보자. 상임위원회 소속 전체 의원 37명(공화당 21명, 민주당 16명) 가운데 1990년 이전에 당선된 의원은 헨리 하이드(Henry Hyde, 일리노이 주) 위원장을 포함해 12명으로 32% 수준에 불과하다. 나머지 25명은 모두 1992년 이후 선거에서 당선된 신예들이다.

심으로 한반도 문제에 관심과 주견(主見)을 갖고 있는 의원들을 살펴본다.[4]

1) 대북강경론의 공화당 의원들

다수당인 공화당의 경우, 북한에 대한 유화정책을 지지하는 민주당과 달리 상·하원 가릴 것 없이 대북 강경정책이 필요하다는 시각을 갖고 있는 의원들이 압도적으로 많다. 상원 최고 사령탑인 트렌트 로트 의원은 반대당인 민주당 의원들로부터도 호감을 살 정도로 부드러운 성품이지만 북한에 대해서는 직설적으로 적대감을 드러내고 있다. 그는 특히 북한을 포함한 적국의 미사일 공격을 방어하기 위한 전천후 요격시스템인 전역미사일방어체제(TMD) 구축에 깊은 관심을 갖고 필요성을 수시로 표명하고 있다. 북한이 1998년 8월 31일 동해상에 다단계 미사일 시험발사를 한 다음에는 TMD 추진을 더 강하게 주장하고 있다. 동시에 대북 강경론도 그 사건을 계기로 한층 굳혔다는 평이다.

하원에서는 데니스 해스터트 하원의장이 앞장서 대북 강경론을 주창하고 있다. 1999년 8월, 행정부나 의회 차원과는 별도로 9명의 공화당 중진의원으로 북한자문위원회(North Korea Advisory Group)를 독자적으로 구성하도록 지시했다. 그는 "북한은 생화학무기, 핵무기 등을 탑재한 미사일로 미국을 가격할 수 있다"며 "북한은 러시아 중국과 더불어 세계에서 미사일 확산위협이 가장 큰 나라"라며 경계론을 숨기지 않고 있다. 행정부의 대북 개입정

---

3) 의회의 북한에 대한 관심은 의회가 1984년 전 세계의 민주주의 활동 지원을 위해 지원해 설립한 민주주의 기금(National Endowment for Democracy)이 1998년 중반부터 북한 내 수용소 실태를 포함한 북한 인권문제를 본격적으로 파헤치고, 1999년부터는 탈북자와 관련한 한국 내 단체들의 활동을 지원하는 데서도 드러난다. 칼 거시먼 NED 회장은 "중국 등의 인권탄압에 항의하는 것처럼 북한에 대해서도 똑같은 요구를 할 것"이라며 "북한 인권문제는 NED의 설립 취지에 가장 부합하는 주요한 사안 중 하나"라고 말했다. ≪조선일보≫ 1999년12월 1일자, 5면.
4) 송의달, 「美 의회의 親韓派 의원들」, ≪월간 북한≫ 1월호, 북한연구소, 1999, 96-101쪽.

책(engagement policy)의 실제 효과에 대해서도 강한 의문을 제기하고 있다. 그는 길먼 국제관계위원장과 함께 하원의 주요 상임위원회별로 북한문제를 최우선 의제로 삼아 행정부의 대북정책의 문제점을 파헤치도록 관련 법안을 제출하는 데 적극적이다.

크리스토퍼 콕스(Christopher Cox, 캘리포니아주) 하원 정책위 의장은 1997년부터 2년 동안 연이어 대북식량지원 삭감을 요구하는 결의안 작성을 주도하는 등 공화당의 대북 정책을 실무 차원에서 총지휘하는 인물이다. 그는 1998년 10월 14일 '북한의 위기(Crisis in North Korea)'라는 정책성명서를 발표 ▲ 미국과 아시아 - 태평양 지역의 동맹국을 보호하기 위한 미사일 전역방어체제 구축에 정책의 최우선 순위를 둘 것 ▲ KEDO를 통한 북한 달래기 정책을 즉각 중단할 것 ▲ 식량지원은 인도적 목적 이외의 전용이나 남용을 못하게 엄격한 조건을 붙일 것 등을 요구했다.

그의 대북정책관은 클린턴 행정부의 북한 달래기 정책은 명백하게 실패했으며, '힘을 통한 평화정책(policy of peace through strength)'으로 전환해야 한다는 것으로 요약된다. 1999년 5월 중국의 핵기술절취 사건을 폭로한 이른바 '콕스보고서'를 주도해 스타 정치인의 반열에 올랐다. 그는 남캘리포니아 대학(USC)을 3년 만에 졸업하고 4년 만에 하버드 대학교 법대와 경영대학원을 마친 전형적인 수재이다.

벤저민 길먼(Benjamin Gilman, 뉴욕주) 하원 국제관계위원장은 제106대 의회에서 공화당의 대북한 강경론을 앞장서서 외치고 있다. 1999년 9월 공개된 페리 보고서에 대해 성명을 통해 강도 높은 비판적 시각을 밝힌 바 있으며, 같은 해 11월 3일, 74쪽 분량의 '대북 정책보고서'를 별도로 내 행정부 논리를 정면으로 맞받아쳤다. 이 보고서의 요지는 "북한은 1994년의 미·북 제네바 합의에도 불구하고 일본과 유럽 등지로부터 핵무기 개발용으로 전용가능한 이중 용도의 시설구입 노력을 계속했으며 우라늄 농축기술 획득과 고폭실험을 1998년 11월에 실시하는 등 핵무기 개발노력을 중단하지 않았다"는 것이다. 이와 함께 "소련 붕괴 후 미국은 북한의 최대 원조국으로 등장했는 바, 북한과의 관계개선을 시도하려는 백악관의 계획은 국제사회를 위태롭게 만드는 북한의 능력을 확대시킬 뿐"이라고 주장했다.

그는 1998년 9월 뉴욕의 미·북 접촉현장에서 북한 외교부 김계관 부상(副相)을 만나기 위해 수시간 동안 기다렸으나 아무 통보도 하지 않는 북한측의 무성의로 접촉을 하지 못했다. 그는 공교롭게도 이 '찬밥 신세' 사건을 계기로 국내정책에 관한 한 중도·진보 성향을 보이면서도 북한문제에서는 강경·보수 시각을 표출하기 시작했다는 후문이다. 1999년 5월 중국으로 탈출한 북한난민 지원을 골자로 하는 '북한위협감축법(North Korea Threat Reduction Act)' 발의와 북한이 핵개발계획을 완전 동결하지 않는 한 일체의 대북제재를 완화시켜서는 안된다는 내용의 법안을 같은 해 8월 민주당의 에드워드 마키(Edward Markey, 매사추세츠 주) 의원 등과 공동 제출했다.[5]

1922년생으로 1999년 현재 14선을 기록, 공화당 당내 서열 4위의 중진 의원이다. 북한문제에 관한 한 여느 소장파 의원보다 정열적이고 적극적이라는 게 워싱턴 외교가의 일치된 평가이다. 김대중 정부 들어서 워싱턴을 방문하는 한국의 주요 정·관계 인사들의 단골 면담 대상리스트에 콕스 의원과 함께 올라있다.

더그 뷰라이터 하원 국제관계위원회 아·태 소위원장은 네브래스카 주 상원의원과 캔자스 주립대학에서 도시계획학 조교수를 지냈고, 미육군 제1보병사단 정보장교로 복무한 다채로운 경력의 소유자다. 1979년부터 하원의원으로 활동 중인 11선 의원으로서 1995년 봄과 가을 두 차례에 걸쳐 클린턴 행정부의 대북 관계 개선노력에 엄격한 제약을 가해야 한다는 내용의 결의안을 제출했다. 반대편 진영에 있는 민주당 하원 국제관계위원회 소속 보좌관들도 그의 국제정치적 식견과 안목을 인정하고 있다.

크리스토퍼 콕스, 벤저민 길먼과 함께 공화당 내 대북 정책을 실질적으

---

5) 북한위협감축법안(North Korea Threat Reduction Act of 1999)은 1999년 5월 18일 하원의 벤저민 길먼(공화당·뉴욕주) 의원 등 11명의 의원이 공동명의로 제출했다. 상원에서는 같은 해 7월 12일 제시 헬름스 의원 명의로 제출됐다. 법안번호는 하원에서는 H.R.1835, 상원에서는 S.1352이다. 이 법안은 하원에서는 그 해 5월 26일 행정부의 의견을 들었고, 상원에서는 같은 해 7월 13일 외교위원회의 독회를 거쳤을 뿐 2000년 2월까지 특별한 진척이 이뤄지지 않고 있다.

로 조율하는 3인방으로 꼽힌다. 이들 3명은 1998년 말 김계관 북한 외교부 부상을 의사당으로 초청, 면담한 자리에서 핵과 미사일개발의 즉각 중단 등을 공개 요구했다.

소장파 공화당 의원 가운데는 1999년 5월, 4명의 동료 의원과 함께 하원 법사위원회 이민소위원회에 한국을 1년 동안 '비자(입국사증) 면제시험계획' 대상에 포함시킬 것을 제안하는 법안을 제출한 개리 밀러(Gary Miller, 캘리포니아 주) 의원이 눈에 띈다. 밀러 의원은 법안에서 "한국은 미국의 가장 중요한 우방국이자 아홉번째로 큰 교역 상대국"이라면서 "우리는 최소한 양국간에 자유로운 여행을 가로막는 장애를 제거해야한다"고 취지를 설명했다. 그는 또 "미국 방문을 희망하는 한국인이 폭증하면서 주한 미국대사관이 신청된 비자 업무를 처리하지 못해 불필요한 지연과 좌절을 야기하고 있다"고 말했다.

1998년 11월 당선된 초선 의원임에도 불구하고 하원의 '노른자위' 위원회인 예산위원회와 교통 및 인프라스트럭처 위원회에 소속되어 있다. 그는 연방 하원의원으로 입문하기 전 캘리포니아 주 의회에서 왕성한 입법활동과 효율적인 예산안 심의로 정치적 입지를 구축했다.

상원 공화당에서는 프랭크 머코우스키(Frank Murkowski, 알래스카 주) 의원이 주목된다. 상원 외교위원회 동아시아 태평양 소위원회 공화당 간사를 역임한 3선의 중진의원인 그는 누구보다도 한국 입장을 비교적 잘 이해한다고 자부한다. 1998년 11월 중간선거 직전에 이홍구 주미대사가 알래스카를 방문해 선거 지원유세를 해줄 만큼 한국 정부·민간과도 친분이 두터운 편이다. 외환위기에 따른 해외공관 축소 방침에 따라 알래스카 주재 한국 총영사관이 폐쇄된 데 대해 섭섭한 감정을 숨기지 않았다고 한다. 최근들어 대북 강경론을 다소 누그려뜨렸다는 평가도 있으나 여전히 미·북 관계 진전에 앞서 남북대화가 우선되어야 한다는 당의 기본 정책노선에 충실하다는 지적이다.

같은 알래스카 주 출신의 테드 스티븐스 상원의원은 105대에 이어 제106대 의회에서도 상원의 '슈퍼 A급 위원회'로 꼽히는 세출위원회 위원장을 맡고 있는 실력자로 비교적 한국측의 입장을 많이 이해하고 있다. 당내 대통령 경선 후보로도 출마했던 존 매케인(John McCain, 애리조나 주) 상원의원도 빼놓을 수 없다. 미국 해군사관학교를 졸업한 해군장교로서 베트남전에 조종사로 참전했다가 포로가 되었던 그는 1981년 미국으로 생환, 전쟁영웅 대접을 받았다. 1983년 하원에 처음 진출했으며 1987년 상원의원이 됐다. 그는 전쟁포로 출신답게 공산주의자와의 협상에서 유약한 면모를 보여서는 안된다면서 북한에 대해서도 '당근'보다는 '채찍'이 유효하다는 것을 일종의 신념처럼 간직하고 있다.

인디애나 주 출신의 리처드 루거(Richard Lugar) 상원 농업위원회 위원장도 외교 분야를 오랫동안 다룬 베테랑으로 한국에 대한 이해의 폭과 깊이가 남다르다. 의사당 안에 있는 그의 의원 사무실에는 노태우 전 대통령을 비롯한 한국정부 고위급 인사들과 찍은 사진이 여러 장 걸려 있다. 한국을 수차례 방문한 바 있으며 국무부와 국방부 등 행정부쪽에도 상당한 끈을 갖고 있다. 그의 국제정치적 식견은 제106대 의회의 상원 외교위원장인 제시 헬름스 의원을 능가한다는 평이다.

제106대 의회 들어 같은 당의 스트롬 서먼드 의원으로부터 상원 군사위원장직을 물려받은 존 워너(John Warner, 버지니아 주) 의원은 한국전쟁 참전 군인이다. 그는 1970년대 닉슨 행정부에서 해군장관을 역임한 군사통으로 분류된다.

2) 한·미 교량역 자임하는 민주당 의원

민주당 의원들 가운데는 대북정책과 관련해 행정부와는 물론 한국측과도 마찰을 빚는 의원은 거의 없다. 과거 한국정부의 인권문제 등을 노골적으로 트집잡아온 도널드 프레이저(Donald M. Fraser) 의원[6]처럼 한국에 대해 '앙심' 비슷한 감정을 갖고 있는 의원도 찾아볼 수 없다. 이는 기본적으로

---

6) 프레이저 의원은 1973년 하원 인권·국제기구소위원회 위원장에 취임, 인권 관련 청문회를 적극 개최하면서 필리핀과 한국정부의 강압통치를 강하게 비판했다.

한국사회의 민주화 수준이 여타 동아시아 국가들을 능가하는데다, 경제규모나 미국과의 교역량 등이 1970~80년대와는 비교할 수 없을 만큼 팽창한 데 따른 것이다. 오히려 민주당 의원들 가운데는 한국과 미국 정부와의 교량 역할을 자임하는 경우가 더 많다.

대표적으로 로버트 토리첼리(Robert Torricelli, 뉴저지 주) 상원의원은 하원의원때부터 한국의 민주화와 인권 문제에 관심을 갖고 이 과정에서 김대중 대통령과 각별한 관계를 유지해온 의원으로 주목된다. 김대중 대통령의 1998년 봄 방미시 뉴욕 교민들과의 간담회장에도 참석하는 등 한국에 대해 적지않은 애정을 보였다. 럿거스 대학에서 법학을 전공한 변호사 출신으로 하버드 대학 행정대학원을 거쳐 월터 먼데일(Walter Mondale) 전 부통령의 비서관으로 근무했다. 그는 대포동 2호 시험 발사설이 나돌던 1999년 2월 북한을 방문해 미국 정부와 의회의 기류를 전달했다.

세계 각국의 기근과 인도적 문제에 각별한 관심을 갖고 있는 토니 홀(Tony Hall, 오하이오 주) 의원은 북한 식량문제에 집중하고 있다. 그는 1998년 11월에 이어 1999년 8월 말에도 식량난 현장조사차 북한을 방문했다. 통산 다섯번째 방북으로 미국 의원들 가운데 흔하지 않은 케이스이다. 그는 1999년 8월 방북에서 김계관 외교부 부상과 만나 북한의 미사일 추가 발사 문제와 관련한 의견을 나누었다. 기본적으로 조건 없이 한국과 일본 등이 인도적 차원의 대북 지원을 활발하게 해야한다는 입장이다.

제105대 의회에서 상원 군사위원회 소수당 간사를 지낸 찰스 롭(Charles Robb, 버지니아 주) 의원도 동아시아·태평양 지역에 많은 관심을 갖고 있다. 상원 군사위원회와 외교위원회에서 활동하면서 비교적 한국의 입장을 많이 이해해주었다는 평이다.

민주당 의원 출신 가운데는 은퇴 후 의회 외곽에서 한반도 문제에 관심을 기울이는 인물들도 적지 않다. 조지아주 출신의 샘 넌(Sam Nunn) 전상원의원이 대표적이다. 24년간의 상원의원 생활의 상당 부분을 군사위원회에서 보낸 그는 1970~80년대 권위주의 정권 시절에도 한국에 대해 깊은 이해를 표시해 한국에 지인이 많다.

1997년 정계은퇴 전에도 클린턴 행정부가 북한과의 협상에서 밀리는 인상을 줄 때에는 비판도 서슴지 않는 등 분명한 시각을 갖고 있다. 고향인 조지아 주 애틀랜타와 워싱턴D.C.에서 법률사무소를 운영하면서 코카콜라, 제너럴일렉트릭(GE), 텍사코 등의 이사를 겸임했던 그는 1999년 1월부터 워싱턴D.C.의 유력 싱크탱크인 국제전략연구소(CSIS)의 이사장으로 활동하고 있다.

1974년 하원의원에 당선된 워터게이트 베이비즈 가운데 한 명으로 하원 국제관계위원회 아·태 위원장, 백악관 외교보좌관 등을 지낸 8선 경력의 스티븐 솔라즈(Steven Solarz) 전의원도 한국에 상당한 관심을 갖고 있다. 한국통으로 알려진 그는 삼성그룹 등과 꾸준한 관계를 가져왔다. 1999년 9월 초 네트워크 장비업체인 한별텔레콤의 회사 고문으로 영입돼 미국 인터넷 시장진출과 나스닥 상장 같은 지원업무를 맡고 있다.

지금까지 살펴본 의원들은 여타 의원들과 비교해 어떤 이유에서든 한국에 대한 애정이 남다르다는 공통점을 갖고 있다. 그러나 이들이 한국에 대해 무턱대고 친밀감을 표시하고 있다고 생각한다면 오산이다. 미국 의원들도 분명한 한계를 갖고 있다. 지역구의 이해관계와 소속 정당의 정책노선이 그것이다.

의원들이 심정적으로 한국정부나 한국민의 입장을 이해한다고 하더라도, 그것이 자신의 지역구 이해관계와 충돌한다면, 십중팔구 지역구 입장 지지로 돌아서는 게 보통이다. 지역구 이익 대변이야말로 자신의 정치생명과 직결되는 최우선 고려 사항이기 때문이다. 또 초·재선이냐, 고참 의원이냐에 관계없이 특수한 예외를 제외하고 당의 정책노선을 무시하면서까지 다른 나라의 이익을 대변하는 데 앞장서는 미국 의원들은 찾기 힘들다. 그런 점에서 친한파 또는 지한파 의원들의 한국에 대한 이해나 지원은 극히 제한적일 수 밖에 없다.

따라서 미국 의원들을 효과적으로 공략하려면 다양한 차원에서 접근할 필요가 있다. 예컨대 의원이나 보좌관 그룹을 정면 상대하는 것 못지않게 측면에서 의원의 지역구 사정 등을 관찰해 지역구에 있는 한국계 정치·사

> ## 한국과 특수관계에 있는 의원들
>
> 한국측과 혈연 관계를 맺고 있는 의원들도 있다. 공화당의 필 그램(Phil Gramm, 텍사스 주) 상원의원은 텍사스 대 교수 출신인데, 그의 부인은 한국계(웬디 리)이다. 필 그램 의원은 제106대 의회에서 은행·주택문제 위원회 위원장을 맡고 있다. 공화당 대통령 후보 지명전이 시작될 때마다 단골 후보 가운데 한 명으로 거론되는 중진급 의원이다. 제106대 의회 상원 재정위원장인 같은 당의 윌리엄 로스(William Roth, 델라웨어 주) 의원은 1994년 일본에 유학 중이던 아들이 한국 여성과 결혼, 한국과 사돈지간의 인연을 맺고 있다. 서울에서 열린 전통 혼례식에도 참석했다. 재정위원회는 외교 문제를 직접 다루지 않는 만큼 한국 관계 발언을 가급적 자제하는 편이라고 한다.
>
> 얼 포메로이(Earl Pomeroy, 노스다코다 주) 의원은 친자녀가 있음에도 불구하고 2명의 한국인 아동을 입양해 키우는 인연으로 한국 상황에 각별한 관심을 갖고 있다. 1992년 하원의원에 처음 당선됐으며 주로 농업위원회와 예산위원회에서 활동하다가 제106대 의회에서는 국제관계위원회로 옮겼다.

회 단체나 유력 기업, 각종 이익단체를 활용하는 것도 한 방법이다. 또 특별한 이슈가 부각되지 않는 평상시에도 초청외교 활동을 지속적으로 펼쳐 상호 공감대와 교류 폭을 넓히고 다지는 것도 바람직한 방법이다. '한국의 우군'이라고 부를 수 있는 미국 의원이라면 때로는 소속 정당의 정책을 일부 거스르면서 한국의 입장을 지지할 수 있어야 한다. 그런 점에서 열쇠는 한국 정부와 민간이 얼마나 세련되고 끈질기게 노력하느냐에 달려 있다.[7]

---

[7] 이런 점에서 한국계 정치인들이 더 많이 미국 의회에 진출해 있다면 하는 아쉬움이 있다. 1999년의 제106대 의회에서 한국계 연방의원은 단 한명도 없다. 이민 1세대로 연방하원의원 3선(1993~98년)을 기록했던 김창준 전의원(공화, 캘리포니아 주) 불법정치자금 문제 등으로 낙마했다. 1998년 11월 중간선거에서 오리건주 연방 상원의원에 출마했던 임용근 씨도 낙선했다. 신호범(미국명 폴 신·민주) 씨와 한인 1.5세인 실비아 장 룩(여·민주) 씨가 워싱턴 주 상원의원과 하와이 주 하원의원으로 활동하고 있는 게 고작이다.

2. 의회 보좌관 그룹

보좌관들은 의원들에게 정책대안과 논리를 제공하며 그들을 사실상 움직이고 있다. 미국의 국가이익이라는 관점에서 아시아·태평양 지역과 한반도·북한문제의 군사·경제적 중요성이 더해가면서 상당수 보좌관들이 1990년대 들어 한반도 문제를 전문적으로 파고들고 있다.[8]

1) CRS와 위원회보좌관

대표적으로 의회 부속연구기관으로 대외문제를 지속적으로 심도 있게 연구하는 의회조사국(CRS) 소속 보좌관들을 들 수 있다. CRS의 아시아 전문가들인 래리 닉시(Larry Niksch), 신인섭(申麟燮), 로버트 서터(Robert Sutter) 등이 이에 해당된다. 의회조사국은 당파에 초연한 의회 직속의 싱크탱크로서 750여 명의 전체 직원 가운데 550여 명의 각 분야 전문가들이 활동중이다.

CRS에서 동아시아 분야 전문분석가로 일하는 보좌관은 6명 정도지만, 한반도 문제를 본격적으로 다루는 연구자는 이들 3명으로 압축된다. 이 가운데 1966년부터 CRS에서 아시아·한반도 문제를 다루고 있는 래리 닉시와 한국인 신인섭 씨의 활약상이 돋보인다. 닉쉬는 오랫동안 한반도 문제를 다뤄 나름대로 깊이를 갖춘데다 미국 의회와 싱크탱크 주변에 많은 지인을 두고 있다. 북한 핵문제, 미사일 발사 등 북한문제를 전담, 관련 이슈 브리프(issue brief)를 직접 작성하고 있다.

프린스턴대와 조지타운대에서 국제정치학을 전공한 신씨는 워싱턴D.C.의 아메리칸 대학 등에서 24년간 교수로 봉직했다. 1991년부터 CRS에 몸담으면서 한반도와 일본 담당 분석가로 근무하고 있는데, 미국 일본 한국 북한의 입체적 시각에서 북한문제와 한국 정치를 해독해 설득력 있는 정책

---

[8] 송의달, 「美의회 북한연구자들의 활약상」, ≪월간 북한≫ 12월호, 북한연구소, 1998, 126-131쪽.

보고서를 쓰고 있다는 평이다. 1980년 미국·북한 학자 교류의 일환으로 북한을 2주일 동안 방문했으며 《로동신문》, 《근로자》 등 북한 원전과 한·미·일 3개국에서 쏟아져나오는 북한 관련 자료를 탐독, 북한의 '속내'를 읽어내는 데 능통하다.

공화당 의회가 최근 주도하고 있는 강도 높은 북한정책 비판론의 산실은 위원회 소속 전문보좌관 그룹이다. 이런 분위기는 특히 공화당 소속 보좌관들이 이끌고 있는데, 피터 브룩스(Peter T. Brookes) 하원 국제관계위원회 동아시아 담당 위원이 선봉장으로 꼽힌다. 미국 해군사관학교와 해군대학, 존스홉킨스 대 석사 출신인 그는 의회보좌관으로 옮기기 전에 해군 정보장교를 거쳐 국무부, CIA와 민간기업에서 폭넓은 경험을 쌓았다. 구소련 정보 수집활동에 상당한 흥미를 가졌으며 북한문제에 관심을 갖고 뛰어든 것은 비교적 최근이다.

그의 북한정책 관련 리포트는 벤저민 길먼 하원 국제관계위원장과 공동 명의로 수시로 발표된다. 1999년 하반기 미 행정부의 윌리엄 페리(William Perry) 대북정책조정관이 발표한 페리 보고서에 대해 공화당 북한자문위원회(North Korea Advisory Committee)의 비판성명 작성도 주도했다. 1997년과 1998년 8월에 의회보좌관들로 구성된 조사단(Congressional Staff Factfinding Mission)의 일원으로 북한을 방문, 대북식량지원 관련 현장조사를 진행했으며 귀국해 "북한이 외부에서 지원된 식량을 군사용으로 전용하고 있다"는 사실을 폭로했다.

또 1998년 가을에 발표한 「북한정책을 재평가할 적기(High Time to Reevaluate North Korea Policy)」라는 논문을 통해 워싱턴 정가에서 대북 강경론자로서의 입지를 굳혔다. 1999년 5월에 제출한 '북한위협감축법(North Korea Threat Reduction Act)' 제안 과정에서 산파역을 담당했다.

소수당인 민주당에서는 같은 위원회의 밥 해서웨이(Bob Hathaway) 보좌관이 맞상대로 있다가, 1999년 1월부터 피터 요(Peter Yeo) 보좌관이 바통을 넘겨받았다. 보스턴 토박이인 피터 요는 1989년부터 1995년까지 국제관계위원회 보좌관으로 활동하다가 1995~98년 3년 동안은 국무부 의회

담당관으로 근무했다. 코네티컷 주 웨슬리언 대학과 하버드 대학에서 아시아학으로 학사와 석사학위를 받았다. 현재 한반도 문제를 포함한 아시아 지역 이슈를 총괄하고 있으며, 같은 위원회 민주당 보좌관 가운데 서열 2위인 차석총괄보좌관(Deputy Chief of Staff)이다.

전임자인 밥 해서웨이는 노스캐롤라이나 대학에서 미국 외교사로 박사학위를 받고 만 12년 동안 하원 국제관계위원회 민주당측 보좌관으로 근무하다 1998년 가을 우드로 윌슨 센터 아시아 연구실장으로 옮겼다. 하지만 언제든지 의회로 복귀해 한반도나 아시아 문제를 다룰 가능성이 높은 인물로 꼽힌다. 그는 한국과 북한을 각각 6회, 2회 방문하는 등 민주당 보좌관들 가운데 한반도 문제를 비교적 깊이 있게 다뤄본 인물이다. 그는 "1993년 첫 방북기간 중 게리 에커만 당시 하원 아태소위원회 위원장과 함께 김일성을 2시간 30분 동안 면담했다"고 말했다.

하원 국제관계위원회에서 공화당 소속 입법관인 마크 커크(Mark Kirk)와 스티븐 레드메이커(Stephen Rademaker)도 북한문제에 관심을 갖고 있다. 조지타운 대학 법대와 영국 런던정경대학(LSE)을 졸업한 커크는 영국 하원의원 보좌관, 세계은행, 법률회사인 베이커 & 매킨지 등에 근무했다. 부시 행정부 시절 국무부 미주 문제(Inter-American Affairs) 담당 부차관보였던 버나드 아론손의 특별보좌관을 역임한 다음 하원 국제관계위원회에서 대외원조 입법문제를 전담했다. 1999년 말 보좌관직을 사직하고 고향인 시카고에서 2000년 11월 하원의원 출마를 준비하고 있다. 북한을 두차례 방문했으며 1998년 방북 후에는 식량위기로 북한에서 최근 3년 동안 30만~80만 명이 아사했다는 내용의 보고서를 냈다. 기본적으로 미국 - 북한 간의 경제제재 해제와 각종 경제협력 방안 등 경제관계에 초점을 맞추고 있다.

버지니아 대학 법학박사 출신의 전직 변호사인 레드메이커는 의회 보좌관으로 근무하기 이전에 평화봉사단, 부시 대통령 비서관, 부시 행정부 국가안보회의(NSC) 법률자문관 등으로 활동했다. 원래는 니카라과 등 중남미 문제 전문가로 20여 차례 현지 방문을 한 바 있으나 북한 핵문제의 중요성을 감안, 북한 핵개발의 과거와 미래 그리고 미사일 등 대량파괴무기의 개발과 수출문제에 촉각을 곤두세우고 있다. 이외에도 하원 국제관계위원회에서 인권문제를 담당하는 민주당 소속 마리아 피커 전 보좌관(Maria Pika, 여성)도 한반도 사정에 민감하다. 그녀는 1998년 8월 피터 브룩스, 마크 커크 등과 함께 방북했다.

상원 외교위원회에서 한반도 문제를 담당하는 전문보좌관은 제임스 도란(James Doran, 공화당)과 프랭크 야누치(Frank Jannuzi, 민주당)이다. 도란은 콜로라도 대학, 버지니아 대학에서 학부와 석사과정을 마쳤으며 1998년부터 헬름스 위원장 휘하에서 동아시아지역을 맡고 있다. 하버드 대학 케네디 스쿨 출신인 프랭크 야누치는 1997년 4월부터 현직에 있다. 의회보좌관으로 근무하기전 국무부에서 9년 동안 아시아·태평양 지역안보 이슈를 맡았다.

위원회 보좌관들은 의회조사국 소속 전문보좌관들과 긴밀하게 협조하면서 많은 도움을 받는다고 말했다. 보좌관들이 한반도 문제에 전적으로 매달리는 경우는 드물고 아시아 지역전체를 담당하는 업무의 일부분으로 한반도를 다루고 있는 게 대부분이다. 북한문제는 여타 아시아 국가들과 달리 의회 내에서 공화당과 민주당이 현격하게 인식을 달리하는 첨예한 사안으로, 양당의 위원회 보좌관 간에 정보교류나 토론 등은 거의 없다고 양 정당 보좌관들은 말했다.

위원회 보좌관들은 하나같이 한국어 구사나 해독 능력이 없고 1990년대 중반 이후 한반도 문제에 관심을 갖기 시작했기 때문에 분석과 예측능력에 한계가 있다. 프랭크 야누치 보좌관은 "솔직히 북한을 방문하기 이전에는 관심이나 사전 지식이 거의 없었다"면서 "한반도는 다른 아시아 국가들과 공통점이 거의 없는 만큼 별도로 많은 연구가 필요하다"고 말했다.

2) 개인 보좌관들

상·하 의원들의 개인보좌관들도 나름대로 의회의 대한반도 정책 결정과 분위기 형성에 한몫한다. 윌리엄 로스 상원의원의 동·아태 담당 특별보좌관인 대니엘 밥과 케이 베일리 허치슨(Kay Bailey Hutchison, 텍사스 주) 상원의원의 국방·대외정책 입법보좌관인 데이비드 데이비스(David Davis)가 대표적이다.

데이비드 데이비스는 주한미군으로 한국에 근무한 적이 있으며 한국의 육군대학 정규과정을 마쳐 한국어와 한국사정에 익숙하다. 댄 밥은 한국과 중국, 일본 등을 함께 다루고 있다. 아시아소사이어티(The Asia Society) 같은 단체에도 열심히 참여해 관련 논문을 발표하며 동아시아 국가들을 수시로 찾고 있다.

1997년 초부터 민주당의 토니 홀 의원실에서 근무하고 있는 데보라 드영(Deborah DeYoung) 보좌관도 눈여겨볼 만하다. 홀 의원 사무실에서 기근·인도문제 특별보좌관이 공식 직함인 그녀는 홀 의원이 주도하는 '기근 특별프로젝트'의 팀장으로 실무 총책을 맡고 있다. 또 북한에 대한 인도적 식량지원과 핵·미사일 개발 및 수출문제는 별개로 다뤄져야 한다는 입장을 견지하고 있다.

홀 의원실 합류 이전에 하원 상업위원회 등의 보좌관으로 7년 여 동안 활동해 의회 사정에도 밝은 편이다. 그녀는 "남북한 관계를 개선, 증진하기 위해서는 농업이나 관광같은 비정치적 분야에서부터 교류를 늘리는 게 바람직하다"고 말했다. 그는 "북한에 대해서는 일방적인 제재나 규제를 하는 것보다는 숨통을 열어 국제사회로 단계적으로 이끌어내는 방안이 더 적합하다"는 입장이다. 1999년 7월까지 북한을 세차례 방문했다.

하원 공화당 정책위원회의 국방·외교담당 보좌관인 척 다운스(Chuck Downs)도 한반도 문제 전문가로 분류된다. 국방부 관리 출신인 그는 워싱턴D.C.의 보수 성향 싱크탱크인 미국기업연구소(AEI)에서 1년 여 간 근무했으며 1998년 여름 의회의 정책보좌관으로 전직했다. 1999년 5월 휴전협상부터 최근의 4자 회담까지 북한의 협상전략을 시대적, 이슈별로 정리해 분석한 『오버 더 라인(Over the Line)』이라는 저서로 워싱턴 외교가의 주목을 받았다.

이들 보좌관들은 코리어 소사이어티 등이 주관하는 '의회원탁회의(Congressional Staff Roundtable)' 등에 멤버로 참석하거나 주미 한국대사관 소속 외교관들이 수시로 접촉하는 창구가 되고 있다. 이들은 공식적인 만남의 차원을 넘어 좀더 긴밀한 상호 이해를 위해 정계, 재계 등 다양한 차원의 한국 관계자들과 교류를 희망하고 있다. 하지만 워싱턴 주재 한국 정부관리들의 경우, 국무부 - 상무부를 중심으로 한 행정부와 백악관, 민주당 의원 측과의 접촉은 용이한 반면, 비집권당인 공화당 의원들과의 심도 있는 막후 접촉은 다소 껄끄러운 편이다.9)

한국인 스스로 미국 정계의 독특한 '보좌관 문화'의 파워를 정확하게 파악하지 못하고 있는 점도 한 장애물로 지적된다. 미국 조야의 대한반도 정책을 자율적이면서 주체적인 방향으로 이끌어내기 위해서는 고관 중심 사고를 탈피해 보좌관그룹에 대한 체계적이고 심도 있는 관리가 시급하다.10)

3) 한국계 미국 의회 직원

3만 명에 육박하는 미국 의회 직원 가운데 한국계 미국인들도 10여 명

---

9) 그런 점에서 한국에 관심 있는 미국 전문가나 보좌관들을 자연스럽게 참여시키는 각종 모임이 더 활발해져야 한다는 지적이 설득력을 얻고 있다. 워싱턴D.C.에서는 1963년부터 여름 휴가철 등을 제외하고 매월 한 차례씩 의회 도서관에서 '한국관련 화요 오찬 모임(Tuesday Lunch Group on Korea: 약칭 TLG)'이 열려 한·미 관계자들간의 '정보교환과 사교광장'으로 자리매김해왔다. 이 모임은 1970년대 후반까지만 해도 각계 인사들이 앞다퉈 참석하려고 줄을 설 정도로 인기였지만, 1997년 IMF 쇼크 이후 국내 지원이 대폭 축소되면서 활동이 위축되었다. 이 모임이 수행하던 역할의 상당 부분은 코리아소사이어티(The Korea Society)가 매달 개최하는 '코리아 클럽(Korea Club)' 등이 대신하고 있다. 코리아 클럽은 1997년 말 현재 정규 회원이 140명이라고 밝혔다.
10) 의원들과 보좌관들을 나름대로 관리할 수 있는 방법으로는 여러 가지가 있으나 고전적인 '초청 외교'의 효력이 여전하다는 분석이다. 의원 및 보좌관들에게 현지 상황을 실감나게 확인시켜주면서 '제편'으로 끌어들이기 용이한데다 의원들로서도 공무 관련 현장조사활동을 한다는 명분이 그럴듯하기 때문이다. 더욱이 한반도 등 특정 지역을 다루는 소속 의원이나 보좌관들은 현지 방문을 의정활동의 '필수 과정'으로 간주하고 있다. 한국도 이들을 상대로 더욱 조직적이고 활발한 초청외교 활동을 펼칠 필요가 있다.

있다. 자신이 한국계라는 사실을 드러내지 않고 일하고 있는 2, 3세 한국계들까지 합하면 그 숫자는 훨씬 많을 것으로 추산된다. 이들은 이민 1세대 또는 2, 3세 한국계로 모두 미국시민권을 갖고 있다. 하지만 한국어를 능숙하게 구사하는 1세대를 제외하면 대부분의 한국계 직원들은 자체 연락망도 갖고 있지 않다.

1세대군에서 최고참자는 의회 법률도서관(Law Library)에서 만 40년 이상 근무하고 있는 조성윤 박사로 1999년 말 현재 만 71세이다. 서울대 법대 졸업 후 미국 튤레인 대학에서 법학박사를 받은 다음 줄곧 미국 의회도서관에서 일하고 있다. 주로 의원들의 법률입안·정책판단과 관련해 한국과 일본의 법률사례를 찾아 정리, 평가·분석하고 있다. 일본어에 능통해 한·일 법률과 판례 사례에 해박하다. 그는 의회도서관과 한국 국회도서관 간의 교류를 활성화하는 가교 노릇도 하고 있다. 의회 도서관 사서로 있는 피터 권(Peter Kwon)도 한국계 2세이다.

의회조사국(CRS)에는 1세대로서 아시아·외교국방 연구실의 신인섭 박사가 있으며, 2, 3세로는 줄리 킴(Julie Kim)과 마가렛 미경 리(Margaret Mikyung Lee)가 있다. 줄리 킴은 외교국방연구실에서 코소보 지역을 담당하고 있다. 독일어가 유창해 1999년 봄 미국의 코소보 공습 및 파병결정 과정과 관련해 의회의 입장을 결정짓는 데 상당한 역할을 했다고 한다. 웨슬리언 대학을 거쳐 버지니아 주 윌리엄앤메리 대학 법대를 수료한 변호사인 마가렛 미경은 CRS의 미국정부·법연구실 연구원이다. 이들은 미국 사회에 깊숙하게 동화되어 있어 한국어를 거의 구사하지 못한다. 하지만 이들은 아버지 또는 할아버지 나라인 한국에 대해 관심과 애정을 간직하고 있다고 말했다.

1995년 봄부터 1999년 말까지 미국 의회도서관 한국 담당관으로 근무한 김주봉 박사는 1985년부터 1992년까지 한국 국회도서관장을 역임하고 은퇴한 다음 미국 의회도서관에 공채됐던 케이스다. 칼럼비아 대학 동아시아연구소를 거쳐 영국 런던 대학에서 정치학 박사학위를 받았다. 그는 미국 의회도서관에서 소장하는 한국(북한 포함) 관련 서적이나 자료, 각종 정기 간행물들을 수집하고 구입할 뿐 아니라, 한국 국회도서관과 실무 차원의 연락역도 맡았다. 그의 전임자인 양기백 씨는 의회도서관 아시아 담당 부장으로 2년간 재임하는 것을 비롯해 미국 도서관에서만 45년 동안 근무해 미국내 '한국학의 대부'로 불린다.

1세대 한국계 의회 직원들은 한국어와 한국문화를 그대로 간직하고 있으며 한국 정부, 학계 등과 돈독한 관계를 유지하며 상호 협력과 발전에 기여해왔다. 그러나 이들 대부분은 현재 60대 후반 또는 70대의 고령으로 은퇴를 눈앞에 두고 있다. 이들은 후배인 2~3세들의 모국 관념이 지극히 희박한데다 특별한 유대관계도 형성되어 있지 않아 의회 차원의 한·미 관계가 퇴보할지 모른다고 우려하고 있다. 실제로 이들은 자신들이 담당했던 자리의 후임을 한국계 교포나 한국인들이 계승해주기를 바라고 있지만, 희망하는 한국계 젊은이들이 눈에 띄지 않아 안타깝다고 말했다.

이런 상황이 지속된다면 한국과 미국 의회를 잇는 연결고리들이 하나둘씩 사라져 버릴 가능성이 높다. 그런 점에서 2~3세 한국계 젊은이들을 발굴해 원로세대와 접목시키는 방안을 모색할 필요가 있다.

3. 대미 의회로비의 경험과 교훈

1) 실패로 얼룩진 대미 의회로비사

'미국을 움직이는 것은 1개 사단'이라는 말이 있다. 군대 얘기가 아니고 워싱턴D.C. 일대에 포진해 있는 로비스트들을 지칭하는 얘기이다. 공식적으로 미국 의회에 등록된 로비스트들은 1999년 현재 1만 5천 명에 달한다. 여기에다 미등록 로비스트들을 합치면 줄잡아 3만 명 가까이 된다. 상·하원 의원 한 사람당 50여 명의 로비스트가 활동하고 있는 셈이다. 미국 의회나 정부와 원만한 관계를 형성하고 유지하는 데는 성공적인 대미 의회로비가 필수 사항이다.

하지만 한국의 경우, 건국 이후 최근까지 대미 의회 로비분야에서 성공보다는 실패로 얼룩진 경험을 갖고 있다. 이른바 '코리아 게이트(Koreagate)' 또는 '박동선 사건'이라고 불리는 한국 정부의 대미 불법로비활동 스캔들이 대표적인 케이스이다. 이 사건은 한국 정부와 민간의 대미 로비 추진에 살아 있는 귀감이 되고 있다. 한국 정부가 시도한 최초의 조직적인 대미 의회 로비인 이 사건은 1976년 10월 24일자 ≪워싱턴포스트≫의 보도로 처음 공개됐다.

이 신문은 "한국 정부의 대리인들이 한국에 우호적인 분위기를 조성하기 위해 미국 의원들에게 연간 50만~1백만 달러를 현금 또는 선물 형식으로 지급했다"고 보도하고 가장 핵심적인 대리인으로 조지타운 사교클럽 운영자인 박동선 씨를 지목했다.11) 이를 기폭제로 미국 언론의 취재경쟁은 불뿜기 시작했으며 워터게이트 사건을 본떠 코리아게이트라는 별명이 붙었다.12)

미국 주요 언론들의 보도 요지는 주한미군 철수를 공약한 닉슨 행정부에 불안감을 느낀 한국 정부가 박동선 씨를 사주했으며, 박씨는 미국 농산물을 한국에 수입하는 과정에서 챙긴 커미션으로 연방의원들을 현금이나 선물, 고급 파티 등으로 매수해왔다는 것이다. ≪워싱턴포스트≫와 ≪뉴욕타임스≫가 후속 보도경쟁을 벌였으며 기타 신문, 통신, 시사주간지, 방송사 등도 연일 지면과 화면을 장식했다. 이에 따라 하원 윤리위원회와 미국 법무부 - 국무부 등이 경쟁적으로 수사에 착수했으며 115명의 전현직 의원이 연루되었다는 보도까지 흘러나왔다.

1976년 12월 6일자 ≪뉴욕타임스≫는 "한국인들이 미국 의회에서 벌인 5년 동안의 로비활동은 지난 봄 한국에 불리한 조항이 삭제된 군사원조법

---

11) 박동선 씨가 30대 시절에 설립한 조지타운 사교클럽은 코리아게이트 당시에는 부패정치인들의 소굴처럼 매도됐지만 지금도 워싱턴 사교계에서 성황을 이루고 있다. 조지타운 클럽의 단골 멤버 중에는 하원 국제관계위원장인 벤저민 길먼, 15선 하원의원인 찰스 랭글(Charles Rangel, 민주당·뉴욕 주) 등 거물급 정치인들도 다수 포함돼 있다.
12) 박동선사건의 전모에 관한 간략하면서 요령 있는 설명은 Nancy Lammers(ed.), *The Washington Lobby*, Washington D.C.: Congressional Quarterly, 1982의 마지막 장을 참조할 것.

안이 통과됨으로써 충분한 대가를 거둬들였음이 분명하다"고 주장하고 한국을 지지하는 표를 던진 240명의 의원 가운데 60명이 한국 로비스트들로부터 한두 가지 혜택을 입었다고 보도했다. 이 기사에 오른 하원의원들은 클레멘트 자블로키, 윌리엄 브룸필드, 에드워드 더윈스키 의원을 포함해 하원 국제관계위원회의 중진들이었다.

또 민주당의 칼 앨버트(Carl Albert) 하원의장, 토머스 팁 오닐 다수당 리더, 캘리포니아 출신의 존 맥폴(John McFall) 원내총무도 포함되어 있었다. 수사가 진행되면서 캘리포니아 출신 리처드 한나(Richard Hanna) 하원의원이 박동선 씨의 쌀 수입사업의 비공식 동업자 자격으로 3년 동안 6만~7만 달러를 받은 것이 확인됐다. 알래스카 주의 테드 스티븐스 의원은 정치헌금을 받았다가 돌려주었으며, 존 머피, 톰 폴리, 멜빈 프라이스 하원의원 등은 정치헌금을 받았다고 밝혔다.

이들은 그러나 헌금을 받은 대가로 호의를 베풀었다는 사실은 일제히 부인했다. 게다가 박동선 씨와 한국 정부와의 관계가 감추어져 있었기 때문에 그같은 헌금은 불법행위로 규정할 수만도 없었다. 우여곡절 끝에 하원 국제관계위원회는 워터게이트 사건 수사로 명성을 떨친 레온 자워스키(Leon Jawoski) 특별검사에게 수사를 위촉했으며 김동조 전 주미대사의 의회 청문회 증언출석을 한국 정부에 강력 요구했다. 하지만 법무부는 3년간의 조사 끝에 결국 한나 하원의원 1명의 유죄판결과 오토 패스만(Otto Passman) 하원의원의 기소면제조치를 받아내는 보잘것없는 성과에 그쳤다.

현직 의원들에게 구속영장을 발부할 구체적인 증거가 없었기 때문이다. 다만, 맥폴 하원의원은 이 사건으로 인해 다수당 원내총무 자리에서 물러났다. 하원 윤리위원회는 맥폴 의원과 3명의 현직 하원의원들에게 징계조치를 취하기로 결의했다. 최종수사결과 박동선 씨는 리처드 한나 의원에게 26만 달러, 코넬리우스 갤러거(Cornelius Gallagher, 뉴저지 주) 전 하원의원에게 22만 1천 달러, 오토 패스만 전 하원의원에게 24만 7천 달러를 준 것으로 밝혀졌다. 이들은 모두 쌀 무역에 관여하고 있었다. 애당초 115명의 의원이 관련됐다고 주장했던 언론보도와 비교하면 수사결과는 너무나 초라했다.

박동선사건의 진상은 당시 미묘한 관계를 보였던 한·미 관계의 전체 맥락과 핵심 당사자들의 허심탄회한 증언을 통해서만 좀더 명쾌하게 밝혀질 수 있다.13) 여기서 지적할 수 있는 것은 한국측의 아마추어 로비활동으로 말미암아 득보다는 오히려 실이 많았다는 점이다. 특히 미국 언론의 일방적인 공격에 내몰리면서도 당당하게 반박조차 제대로 하지 못함으로써 "한국이라는 나라는 일방적으로 몰아부쳐도 되는 나라로구나"하는 인상을 미국 주류사회에 심어주었다는 점이다.14)

2) 장기전략과 발상의 전환

그로부터 10여 년이 지난 1986년 8월 11일자 ≪뉴욕타임스≫는 "디버 파문 아시아로 확대"라는 제목의 특집기사를 게재했는데, 박동선사건의 부활을 예고하는 듯 했다. 제목은 아시아였지만 본문 길이만 1m를 넘는 장문의 심층 추적기사는 일본에 관한 짤막한 부분을 제외하고는 온통 한국 정부의 로비행태를 조목조목 꼬집어 비판하는 것이었다.

디버 파문은 박동선 사건과는 달리 당시 레이건 대통령의 최측근으로 통하던 마이클 디버(Michael Deaver) 전 백악관 비서실차장의 처신, 즉 불법 로비에 따른 공무원윤리법 위반과 의회 위증이 문제의 발단이었다. 특히 한국 정부는 72만 5,000달러라는 거금을 디버에게 쥐어주고 얻은 것도 없이 무슨 큰 죄나 지은 양 미국 언론의 표적이 되었던 것이다. 여기에는 디버를 거물급이라고 무조건 믿고 홍보책임자로 선정, 이미지 개선을 노리다 체면을 잃고 만 한국측의 실책도 상당한 원인이 되었다. 레이건의 최측근으로 회자되던 디버 전 백악관 비서실차장을 로비스트로 채용해 대미 로비의 모든 것을 맡겨놓고, 최고위층 한 사람만 통하면 모든 것이 형통할 것으로 생각하는 한국식 사고방식이 명백하게 실패했음이 드러난 것이다.15)

---

13) U.S. Government Printing Office, *Investigation of Korean-American relations*, Washington D.C.: 1977.
14) 김종환, 『로비: 워싱턴 파워게임 그 실상과 전략』, 교보문고, 1987, 326쪽.

때늦은 감은 있지만 박동선사건과 디버 파문 등이 던지는 교훈점을 의미심장하게 받아들여 새로운 로비전략 수립을 체계화해야 한다. 더 시급한 것은 어떤 큰 사건이 빚어질 때만 반짝 집중하는 '소방관식' 땜질 로비와 한국식의 고관 중시·워싱턴 편중 로비를 지양해야한다는 점이다.

박동선 사건으로 대홍역을 치렀음에도 불구하고 한국의 대미 의회로비는 여전히 워싱턴 중심에서 맴도는 중앙집중형 사고를 탈피하지 못하고 있다. 실무자보다는 거물급 고관만을 대상으로 접촉하려는 한국식 사고를 여전히 고집하고 있는 것이다.

의회 차원에서 한국 국회의원들의 대미 의원외교 역시 실질적인 내용이 있는 외교가 아니라 겉만 번지레한 외유에 가까운 일회용 행사로 끝나는 스타일을 벗지 못하고 있다.16) 새로운 대미 의회로비 방법 가운데 하나는 행정부보다는 의회를, 워싱턴보다는 지방의 저변을 파고드는 것이다. 행정부는 의회에 약하지만, 의원들은 자신의 선거구가 있는 지방에 특히 취약하기 때문이다. 의원들 각자가 합중국 전체의 이익보다는 사실상 출신 지방의 이익을 우선시하는 점을 역이용하자는 발상이다. 가령 짐 리치(Jim Leach) 하원의원은 한국문제에 대해 이해가 많은 편인데, 그것은 출신지역인 아이오와 주에 한국기업들이 많이 진출해 있기 때문이지 별다른 이유가 없다. 바로 이런 지역을 개척해야 하는 것이다.

같은 동아시아 국가인 대만과 일본은 통상관계로 연결된 지방의 끈을 잘 관리하고 있다는 평이다. 특히 대만은 워싱턴이나 뉴욕 같은 대도시보다는

---

15) 변용식, 「코리아게이트 망령(亡靈)」, ≪조선일보≫ 1986년 8월 13일자, 2면.
16) 한 연구에 의하면 대미 의원외교 방문단의 활동내용을 종합 검토한 결과, 해외사정 인지 활동이 전체의 절반에 이르며, 의원외교 활동이라고 할 수 있는 대외교섭을 펼친 경우는 전체의 3분의 1에 지나지 않았다. 따라서 국회의 대미 의원외교는 위원회 시찰단, 한국동란참전의원친목회, 의장단 방문 같은 양식보다는 한미의원외교협의회나 개별의원 방문단의 형식에 주력하되 정책적 과제 중심으로 추진해야 교섭효과가 크다는 분석이다. 최소한 의원 외유와 의원 외교를 구분해 관리하려는 국회 내부의 노력이 절실하다는 지적이다. 박재창, 「대미 의원외교의 논리와 한계」, 대한민국 국회개원 50주년 기념학술대회 발표논문, 1998, 15-16쪽.

지방 곳곳에 뿌리를 내리는 로비로 정평이 나 있다. 한국기업들도 미국 각 지역의 상공회의소 참여나 교육·자선 프로그램 실시, 기부행위 같은 방식으로 지방을 공략하는 노력이 절실하다. 지방 저변을 꾸준히 파고드는 것이야말로 워싱턴을 움직이는 데 둘도 없이 유용한 지렛대가 될 수 있기 때문이다.

두번째는 일관성 있고 장기적인 대미로비를 추진해야 한다는 점이다. 한국의 대미무역수지가 흑자를 기록하고 통상마찰이 일어나기 시작한 1980년대 중반만 해도 현대 대우 LG 등 재벌그룹들은 워싱턴D.C.에 사무소를 열고 거물급 로비스트들을 고용해 대미 의회로비전선을 구축했다. 그러나 미국 시장에서 한국상품의 경쟁력이 떨어지자 재벌들의 워싱턴 사무실은 썰물처럼 자취를 감췄다. 국내 대기업의 대표적인 이익단체인 전국경제인 연합회조차 워싱턴에 로비나 시장조사를 담당하는 직원을 파견하지 않고 있다.17)

그런 이유에서 워싱턴D.C. 같은 정치 도시에서 한국의 재벌(대기업)들이 미국 주류언론과 행정부, 의회로부터 집중적인 몰매를 받고 비판받지 않는다면 오히려 그것이 이상한 일인지도 모른다. 아울러 장기적으로 대미 로비를 전개함에 있어서 검토해볼 만한 것은 무형자산을 이용한 문화 로비이다. 미국의 각 지역사회에 우리의 독특한 문화 이벤트를 만들어 우리 문화를 소개하면서 한국을 이해시키려는 장기적인 노력이 요청된다.

우리의 대미 로비는 돈이 없거나 거물을 못 만나서 실패한 것이 아니라 세월과 승부하려는 자세, 꾸준한 노력이 부족했기에 성공보다는 좌절을 더 자주 반복했던 것이라는 지적도 유념할 필요가 있다.18)

---

17) 이런 경향은 한국이 최근 IMF 위기를 겪은 다음에도 완전히 개선되지 않고 있다. 미국의 경제정책을 좌지우지하는 곳은 백악관이나 행정부가 아니라 의회와 업계라는 사실을 쉽사리 수긍하지 않으려 한다는 것이다. 미국 경제관리들은 "행정부는 업계의 불만을 접수하고 처리하는 역할에 충실하지 않을 수 없다"고 입버릇처럼 말한다. 그런 점에서 이제부터라도 백악관이나 행정부 고위 인사에만 로비하는 방식을 바꿔 미 업계와 의회의 저변을 착실히 공략하는 외교전략이 필요하다. 강효상, 「21세기 韓·美 관계<下>, 백악관만 쳐다보다 '月街'에 당한다」, ≪조선일보≫ 1998년 6월 1일, 3면.

마지막으로 대미 의회로비의 밑바탕은 한국민 각자의 '미국 공부'가 자리잡고 있어야 한다. 미국 공부는 반드시 학문적 연구만 지칭하는 것이 아니라 각계각층의 국민 각자가 자기 분야에서 미국을 배우고 그들의 논리와 주장을 비판적으로 해석하며 주체적으로 활용할 수 있는 능력을 키우는 일이다. 미국에서 공부한 사람은 많지만 정작 미국 각주의 특성을 파헤치는 각론별 지역연구는 거의 전무하며 법·정치·경제·사회 등의 세세한 측면에 정통한 전문가들을 찾기 힘든 게 우리의 현 주소이다.

한국에 대한 오해를 불러일으키거나 국익을 침해하는 기사가 게재될 때, 즉각적으로 반박문을 투고할 수 있는 국민들이 늘어나야만, 대미 의회로비의 위상과 힘도 배증할 것이다. 미국 경제의 부침에 따라 국내의 미국 연구 열기가 뜨거워졌다가 식었다 한다든가 일시적인 필요에 따라 반짝하다가 그치는 연구로는 미국에 대한 주체적인 로비는커녕 미국의 실체조차 영원히 파악하지 못할 것이다.

3) 대한(對韓) 로비스트들

미국에서 한국을 위한 로비활동을 하는 주역들의 면면은 시대에 따라 바뀌고 있다. 1970년대 박동선 - 김한조 라인에서 1980년대에는 국내 대기업이나 한국 정부의 산하단체들로부터 자금을 지원받는 로비 전문회사로 교체됐다. 한국경제연구소(KEIA), 한국국제무역협회, 한국관광공사 지부 같은 미국 내에 진출한 정부유관단체들은 요즘도 일부 직접 로비를 하지만 주로 미국 회사에 로비 업무를 의뢰하고 있다. LG전자 현대전자 같은 대기업들도 반덤핑 판정 같은 일이 터질 때면 로비회사들과 계약을 맺어 대응전략을 협의하곤 한다. 아태평화재단 같은 곳도 미국 내에서 자체 로비스트를 고용한 적이 있다.

한국과 예전부터 인연을 맺어온 미국 내 유력 인사들은 언제든지 로비스

---

18) 김종환, 앞의 책, 1987, 336-337쪽.

트로 유용하게 활동할 준비가 되어 있다. 레이건 정부 초기 백악관 안보보좌관을 지낸 리처드 앨런도 그 중 한 명이다. 그는 김대중 대통령이 1980년 당시 신군부에 의해 사형선고를 받았을 때 구명운동에 일조한 인연으로 각별한 관계를 맺고 있다. 스티븐 솔라즈 전 의원도 '인권 활동' 전력을 바탕으로 김대중 정부와의 관계가 돈독하다. 클린턴 2기 행정부에서 한반도 문제 실무담당자인 스탠리 로스(Stanley Roth) 국무부 동아태차관보가 그의 입법보좌관 출신이라는 점도 작용한다.

평화봉사단원으로 한국에 근무했던 대릴 플렁크는 1980년대 주미대사관 공보관실을 도와 대미 홍보활동을 하면서 연간 30만 달러의 수임료를 챙긴 바 있다. 또 데이비드 모리는 1986년 서울 동교동 자택에서 김대중을 만난 후 선거 때마다 그에게 각종 캠페인 슬로건을 만들고 선거전략 구상에 도움을 주었다. 현재 워싱턴D.C.에서 홍보전략회사를 운영 중이며 유종근 전북지사와 친분관계가 두텁다.[19]

1999년 6월 하순 방한했던 밥 돌 전 상원의원은 한국을 무대로 직접 로비활동을 펼쳤다. 그의 공식 직함은 타이거펀드와 비아그라로 유명한 화이자의 수석고문이다. SK텔레콤의 증자를 반대하는 타이거펀드의 입장을 관계 장관과 김대중 대통령에게 전달하고 발기부전치료제인 비아그라의 한국 시판을 도와달라는 로비를 했다.

이외에도 미국의 전직 관리들이나 정치인들이 한국 기업의 로비스트 역할을 맡았던 사례는 적지않다. 리처드 홀부르크 전 국무부 동아태 차관보는 현대그룹, 알렉산더 헤이그 전 국무장관과 헨리 키신저 전 국무장관, 칼라 힐스 전 무역대표부(USTR) 대표도 한때 대우그룹 자문역을 맡아 로비활동을 했다.

문제는 이들이 거액의 로비자금을 받고도 기대만큼의 구실을 하지 못한 사례가 적지 않고 미국의 국가이익과 직결되는 사안이 발생할 때 그들의 태도가 표변한다는 점이다. 칼라 힐스 같은 이는 한국을 위한 로비스트였

---

19) 길정우, 「美 로비스트, 한국 일감 따내자」, 《중앙일보》 1998년 5월 6일자, 6면.

다는 전력이 무색하게 외교적인 수사도 생략한 채 한국시장 개방의 당위성을 직사포식으로 쏘아붙이며 자국 이익주장에 열을 올렸다. 한때 대우그룹 자문역이었던 마이클 디버 전 백악관 비서실차장도 한국 영화시장개방을 위한 미국측의 공격수로 돌변해 최선봉에 섰다.[20]

국내기업이나 민간이 이들에게 들였던 공이 무색함을 절감한 순간들이었다. 이런 점에서 미국 내 유력 인사를 대한 로비스트로 활용하려면 '돈만 주면 되겠지' 또는 '인간적인 관계를 맺었으니 도움이 될 것'이라는 안이한 발상보다는 심모원려(深謀遠慮)를 바탕으로 냉정한 접근이 더 필요하다.

4. 한반도정책 관련 상임위원회[21]

1) 상원 외교위원회[22]

연혁·활동

외교위원회(Committee on Foreign Relations)가 상임위원회 조직으로 탄생한 것은 1816년 12월이다. 4년 전 발발했던 영미전쟁의 수습을 위한 외교적 사안들을 본격적으로 다루기 위해서였다. 초대위원회는 버지니아 주 출신의 제임스 바부어(James Barbour) 위원장을 비롯해 모두 5명으로 구성되었다. 1946년에는 소속 의원이 23명에 이르기도 했지만 보통 소속 의원은 15~18명이다. 존 F. 케네디를 포함해 6명의 대통령과 17명의 국무장관을 배출했다.

1999년도 외교위원회의 예산은 291만 달러로 17개 상원 상임위원회 가

---

20) 임을출, 「그들이 한국을 주무른다, 화려한 전직 앞세워 정·관계 전방위 로비에 나서는 미국의 로비스트들」, ≪한겨레 21≫ 1999년 12월 6일, 24-25쪽.
21) 송의달, 「美 대외정책의 산실, 하원 국제관계위원회」, ≪월간 북한≫ 5월호, 북한연구소, 1998, 128-133쪽; 「美상원 외교위원회와 한반도」, ≪월간 북한≫ 6월호, 북한연구소, 1999, 126-131쪽.
22) www.senate.gov/~foreign/

한국 관련 법안심의구조

·1975년의 제94대 의회부터 1994년 제103대 의회 종료 시기까지 미국 의회에서 한국문제를 다룬 법안은 모두 468건이었다. 이중 최종적으로 가결된 법안은 결의안 등을 포함해 전체의 26.5%인 124건이었다. 양원 가운데는 상원(39.9%)보다 하원(60.1%)이 더욱 빈번하고 폭넓게 한국 관련 안건을 다루었다. 상임위원회별로는 한국 관련 문제가 외교적 과제인 만큼, 외교 관련 위원회가 가장 빈번하게 취급하고 있다.

하원의 경우, 국제관계위원회의 한국 관련 안건 심의비율이 하원 전체의 18.4%로 선두였으며, 그 다음으로 군사위원회(6.9%) - 세출위원회(3.9%) - 세입위원회(3.9%) 순이었다. 상원에서는 외교위원회가 11.9%로 가장 많았으며 군사위원회(7.7%) - 세출위원회(4.1%) 등의 순이었다. 하지만 안건의 가결률은 상원과 하원 모두 세출위원회를 제외하고는 군사위원회가 가장 높았다. 세출위원회가 높은 가결률을 보인 것은 세출위원회의 성격상 이미 배정된 안건에 대한 지출승인법을 다루기 때문에 특별한 경우가 아닌 한 가결을 미루지 않기 때문이다. 제안된 안건은 한 달 정도 심의되는 예가 가장 많았지만, 통과된 안건들의 경우 보통 1년 남짓 정도 심의되는 경향이다.

운데 9위이다. 총 보좌관 숫자는 51명으로 7위이다. 공화당 10명, 민주당 8명 등 총 18명의 의원이 속해 있다. 초선이 8명, 재선이 4명, 3선 이상 의원은 6명이다. 의원의 평균 재임기간은 10.4년이다. 의원들을 출신 지역별로 보면 미국 북서지역이 6명, 남부가 5명, 서부 4명, 북동부 3명이다.

19세기 중반까지 외교위원회와 행정부는 밀월 관계였다. 1816~77년에 재직했던 18명의 국무장관 가운데 16명이 상원의원을 지냈고 9명은 위원회 소속 의원으로 활동해 서로의 처지를 잘 이해했기 때문이다. 반면, 1860년부터 1897년까지는 외교위원회가 독자적인 발언권을 행사한 기간이다. 이 시기 동안 외교위원회는 10개의 조약에 대한 비준을 거부했다. 외교위원회의 독자 행보는 1919년 베르사유조약 비준 거부에서 절정에 달했다. 우드로 윌슨 대통령은 외교위원회 설득을 포기하고 국민들을 상대로 직접 연설홍보를 시도했지만 결과는 베르사유조약 비준 실패로 인한 외교위원회 압승으로 나타났다. 제1차세계대전 이후 외교위원회의 전반적인 분위기

표 7.1 ■ 미국 의회에서 한국 관련 안건심의구조

위원회	제안율(%)	통과율(%)
하원 국제관계위원회	18.4	11.9
하원 군사위원회	6.9	44.8
하원 세출위원회	3.9	700.0
하원 세입위원회	3.9	9.1
상원 외교위원회	11.9	17.7
상원 군사위원회	7.7	34.3
상원 세출위원회	4.1	400.0

* 자료: 박재창·최신융, 「미국 의회의 한국 관련 案件심의구조」, ≪지역연구≫ 5권 4호(겨울), 1996, 29~56쪽.

는 고립주의였으나 일본의 진주만 폭격과 제2차세계대전 참전을 계기로 국제주의로 선회했다.

1947년 외교위원회 위원장을 맡은 공화당의 아서 반덴버그 의원(Arthur Vandenberg, 미시간 주)은 초당적 외교정책을 추진한 선구적 인물로 의회사에 기록되어 있다. 그는 1949년 의회에서 통과된 북대서양조약기구(NATO) 결의안을 냈다. 이후 미·소간에 냉전 심화와 대결구도가 굳어지자 신속하고 일관성 있는 외교정책 집행을 위해 외교위원회는 행정부와 대통령에 외교정책 주도권을 넘겨주고 이를 지지하는 역할에 만족했다.

반전이 이뤄진 것은 베트남전쟁이 한창이던 1960년대 후반이었다. 민주당의 풀브라이트 외교위원장(J. W. Fulbright, 아칸소 주) 등은 일련의 청문회를 통해 존슨 행정부의 외교정책 실정과 베트남전쟁 정책결정과정의 비공개 밀실행정을 강도높게 비판했다. 1973년 의회가 제정한 전쟁권한법(War Powers Act)은 이런 맥락에서 이뤄진 것으로, 외교정책분야에서 행정부의 독주에 맞서 의회의 참여의지와 권한을 대내외에 공식 천명한 결정판이다.23) 1999년 10월 13일 미국 상원이 80년 만에 처음으로 대통령이 제안한 중요한 조약비준안(포괄적 핵실험금지조약, CTBT)을 부결시킨 사례도 사실은 상원 외교위원회의 영향력이 반영됐다는 평이다. 제시 헬름스 외교위원

---

23) United States Senate, *Committee on Foreign Relations, 170th Anniversary 1816~1986*, Washington D.C.: Government Printing Office, 1986. pp.2-3, 16-20.

장은 수년 동안 이 법안의 상정을 지연시켜왔다. 결과적으로 비준안의 부결은 국내정치, 구체적으로는 의회가 미국의 대외정책 수행을 결정짓는다는 사실을 다시금 보여주었다.

외교위원회는 매월 화요일 정기회의를 열고 있다. 3명 이상의 의원이 특별회의 소집을 요구할 경우, 위원장은 특별한 사정이 없는 한 회의를 연다. 상원 외교위원회가 부여받은 특별한 책무는 조약비준과 대외정책 담당 행정부 고위간부 임명시 행정부에 대해 '충고와 동의(advice and consent)', 즉 조약비준권과 인준청문회권이다. 청문회에 참석하는 증인들은 최소한 출석 48시간 전에 증언 관련 내용을 서면으로 제출해야 한다. 또 청문회 일정은 위원장이 특별한 사유를 인정하지 않는 한 최소한 1주일 전에 공고된다.

주요 의원·보좌관

제106대 의회에서는 모두 18명의 의원이 활동하고 있다. 10명의 공화당 의원 중에 7명이 초선 의원이다. 공화당 내에선 제시 헬름스 위원장과 리처드 루거 의원이 영향력과 권위를 인정받고 있다. 두 사람은 같은 당 동료 의원인데 외교위원장직을 놓고 경합을 벌이고 각종 외교현안에서 마찰을 빚는 '앙숙관계'로 유명하다. 루거 의원은 제99대 의회(1985~86)에서 외교위원회 위원장을 지낸 의회 내 손꼽히는 대외정책전문가이다. 코소보, 미·중 관계 등 주요 현안이 터질 때마다 자신의 입장을 확실하게 밝힌다. 현재 연장자 우선원칙에 따라 헬름스 의원에 밀려 외교위원회 서열 2위 겸 농업위원회 위원장으로 있다.

헬름스 위원장은 냉전시대에 통용되던 구식 국제정치감각을 갖고 있는데다, 국제정치적 판단력보다는 지역구 사정에 더 민감하게 반응하며 외교정책을 국내정치의 잣대로 재단한다는 비판을 받고 있다. 그의 지역구인 노스캐롤라이나 주는 미국 최대의 담배생산지로 담배업체들의 입김이 강하게 작용하고 있다. 헬름스는 신고립주의자로, 루거는 국제주의자로 각각 분류된다. 같은 당의 척 헤이글(Chuck Hagel, 네브래스카 주) 의원은 무역·국제금융 이슈에 관심을 집중시키고 있다.

대부분의 상원의원들은 보통 3~4개의 상임위원회에 소속되어 있으며 위원회에 상관없이 각종 법안을 낼 수 있다. 그런 점에서 존 매케인, 허치슨, 머코우스키 등은 상원 외교위원회 소속은 아니지만 한반도 문제에 관여하는 의원들이다.

민주당 의원 가운데 좌장격인 조지프 바이든(Joseph Biden, 델라웨어 주) 수석 간사 의원 역시 20여 년 전 한국을 처음 방문한 이래로 한반도 문제에 적지않은 애정을 갖고 있다. 비즈니스맨 출신으로 정계에 입문한 크레이그 토머스(Craig Thomas, 와이오밍 주) 동아·태소위 위원장은 1994년 상원의원에 처음 당선됐지만 방미중이던 김대중 대통령에게 직접 면담신청을 하는 등 한반도 문제에 상당한 의욕을 보이고 있다.

전문보좌관들은 공화당(13명)과 민주당(12명)의 규모가 엇비슷하다. 한반도 문제 담당자는 제임스 도란과 프랭크 야누치이다. 위원회 소속 전문보좌관들은 여느 이익단체에 소속되어 활동할 수 없으며 보좌관 총책임자(staff director)의 승인이 없으면 외교 분야와 관련된 대중연설이나 공개 기고 등을 할 수 없다. 외교위원회 규칙에 따르면 보좌관은 비공개회의 내용이나 비밀정보를 타인에게 공개할 수 없으며 누설할 경우에는 보좌관 총책임자의 승인을 받아야 한다.

활동 내역

제105대 의회의 외교위원회 활동내역은 정리해보면 다음과 같다. 법률안은 81개, 공동결의안은 121개가 각각 제출됐는데, 이 중에 통과된 법률 17개, 합의된 결의안은 27개였다. 상원 비준을 받기 위해 제출된 조약은 104개였으며 이 가운데 승인된 조약은 53개, 제105대 의회 종료시점까지 계류 중인 것이 51개였다. 고위 인사 지명·인준 제출건수는 총 209개였고 이중 187개는 승인되었다. 또 18개는 반려, 4건은 대통령이 자진 철회했다.[24]

---

24) U.S. Senate, *Legislative Activities report of the Committee on Foreign Relations, 105th Congress*, Washington D.C.: GPO, 1999, pp.3-19.

상원 외교위원회 산하 소위원회는 아프리카, 동아시아·태평양, 유럽, 근동 및 남아시아, 서반구 소위원회 등 5개의 지역별 소위와 국제경제정책·수출 및 무역증진, 국제활동 소위원회를 합쳐 모두 7개이다. 외환위기와 같은 경제문제는 국제경제정책 소위원회가 맡고 있는데 실질 권한이 막강하다는 평이다.

2) 하원 국제관계위원회[25]

연혁·구성

1822년 하원 상임위원회로 설립된 국제관계위원회의 처음 명칭은 외무위원회(Committee on Foreign Affairs)였다. 1990년대 들어 상원 외교위원회와 차별성을 부각시키기 위해 국제관계위원회(Committee on International Relations)로 바꾸었다.[26] 현재 공화당 의원(26명)과 민주당 의원(23명)을 합쳐 모두 49명의 의원이 활동중이다. 6선 이상의 중진급이 20명으로 가장 많고 2~3선 의원은 15명, 4~5선이 11명, 초선 의원은 3명이다. 소속 의원 가운데 31%인 15명이 북동부지역 출신이다. 하원 상임위원회 전체를 통틀어 북동부지역 출신 의원 비율이 가장 높다.

5개의 소위원회를 두고 있는데, 지역별 소위가 아프리카, 아시아·태평양, 서반구 3개이며 국제경제정책·무역, 인권·국제활동 소위원회가 있다. 유럽·중동 지역은 소위원회가 별도로 구성되어 있지 않으며 위원회 전체가

---

25) www.house.gov/international_relations/
26) 하원 국제관계위원회가 하원에서 이뤄지는 대외관계 법안을 독점하는 것은 아닙니다. 무역정책 관련 법안이 국제관계위원회로 가거나, 국제경제정책 법안이 상업위원회에 배정되는 등 관할 위원회가 달라지는 예가 숱하다. 무역관련 법안은 하원 국제관계위원회와 상업위원회, 세입위원회가 모두 관할권을 주장할 수 있다. 실제로 1998년 가을, 행정부의 북한 관련 예산집행은 북한이 핵무기의 획득과 개발을 추구하지 않고 미사일 수출활동 등을 하지 않는다는 것을 대통령이 보장할 수 있을 때까지 동결시킨다는 내용의 수정안은 하원 국제관계위원회가 아닌 세출위원회가 제출했다. 1999년 11월 한·미 범죄인인도조약을 심의·통과시킨 위원회는 상원 외교위원회였다.

관장한다. 위원회는 대외활동 전반에 대한 입법과 행정부 감시기능을 수행하고 있다. 하원이 개원중일 때에 한해 매월 첫번째 화요일을 정기 회의일로 정해놓고 있다. 그러나 위원장이나 적정한 인원 이상의 소속 의원들이 회의 소집을 요구할 때도 회의는 수시로 열린다.27) 1999년도 자체 예산은 570만 달러로 19개 하원 상임위원회에서 7번째를 차지한다.

주요 의원·보좌관

제106대 의회 상임위원장은 벤저민 길먼 의원이, 소수당 간사는 샘 기든슨(Sam Gejdenson, 코네티컷 주) 의원이 맡고 있다. 소수당 간사는 해당 위원회의 소수당 소속 의원 가운데 최다선 중진의원이 맡는다.

길먼 위원장은 상임위 위원장의 임기를 6년으로 제한한 공화당 내부 규정이 발효할 경우, 2001년에 위원장직을 물러나야 한다. 그러나 그는 "다른 위원회로 옮기는 것은 생각조차 해본 적이 없다"고 말하고 있다. 2000년 선거에서 공화당이 다수당 지위를 유지하고 길먼 위원장이 퇴임한다면, 후임으로는 뷰라이터 아태소위원장이 유력시된다. 위원장은 원내 다수당 의원총회에서 내정한 다음 본회의 투표를 통해 공식 선임된다.

클린턴 탄핵청문회를 주도했던 공화당의 헨리 하이드(Henry Hyde, 일리노이 주) 법사위원장, 짐 리치 은행·재정위원장, 민주당의 개리 애커만(Gary Ackerman, 뉴욕주) 의원과 얼 포메로이 의원 등이 이 위원회의 정규 멤버이다. 위원회 소속 전문보좌관 인원은 공화당 17명, 민주당 8명이다. 예산담당관, 서기, 공보비서, 행정담당, 부(副) 보좌관 등 지원조직과 소위원회 보좌관을 합치면 국제관계위원회 소속 보좌관은 67명으로 19개 하원 상임위원회 가운데 9번째로 크다.

공화·민주당 각기 수석 보좌관과 법률입안에 정통한 법제관, 정책보좌관 등을 두고 있다. 소위원회도 별도의 사무실, 조직, 보좌관을 보유하고 있다.

---

27) U.S. House of Representatives, *Rules of the Committee on International Relations* (Adopted January 19, 1999), Washington D.C.: Government Printing Office, 1999. pp.1-6.

아·태소위원회에는 공화당(3명)과 민주당(1명) 소속 보좌관을 합쳐 모두 4명의 보좌관이 있다. 이중 동아·태소위 수석 보좌관인 마이클 에니스(Michael Ennis)는 2000년 1월 초 한미의원친선협회 초청으로 방한하는 등 한반도 문제에 상당한 관심을 갖고 있다.

상원 외교위원회 대 하원 국제관계위원회

외교위원회와 국제관계위원회와 차이점은 다음 세가지로 요약된다. 첫째, 하원이 개별 지역이나 협소한 이슈에 치중하는 데 비해 상원은 전략적·거시적 시각을 강조한다는 점이다. 상원은 1998~99년의 경우, NATO 확장, IMF 구제금융, 미사일 위협 같은 거시적인 주제에 관심을 집중시킨 데 비해, 하원은 개별 국가나 지역의 미시적 영역에 치중했다는 분석이다. 둘째, 조약비준이나 주요 대사급 등 고위직 인사의 인준청문회 같은 상원 고유의 독점적 권한을 외교위원회가 갖는다는 사실이다.

마지막으로 상원의원은 하원의원에 비해 언제든지 고위 각료나 주요국 대사로 임명되거나 대통령, 부통령 출마가 가능한 직위라는 사실도 차이점이다. 전통적으로 의회는 20세기 들어 전쟁에 관한 권한행사보다는 조약체결과 관련된 권한행사에 높은 비중을 두었기 때문에 상원 외교위원회가 더 많은 영향력을 행사했다. 그러나 1970년대 이후 외교정책에서 의회의 권한회복 노력이 본격화되면서 하원 국제관계위원회의 중요성이 크게 부각되고 있는 추세다.

8
미국 의회 연구와 활용법

1. 의회 관련 연구서

미국 의회에 관한 최초의 본격 연구서는 우드로 윌슨(Woodrow Wilson) 전 대통령이 존스홉킨스 대학 대학원생 시절이던 1883~84년에 쓴 『의회정부론(Congressional Government)』이다. 그는 이 책에서 "미국 의회는 우수한 의원들로 가득차 있는데다 무수히 많고 복잡미묘한 사실들로 말미암아 어떤 한 시각이나 한 입장에서 보면 제대로 평가하기 힘들다"고 지적했다. 그로부터 115년이 경과한 1999년 말 현재 미국 의회를 다루고 있는 영문서적만 1만 권이 넘는다.[1]

이 가운데 의회의 전모를 일목요연하면서도 간결하게 설명하는 단행본을 구하는 일은 매우 어렵다. 미국 의회는 2백년 이상 숱한 경험과 관례를 축적해왔고 지금도 끊임없이 새로운 역사를 만들어내고 있기 때문이다. 현재 유통되는 상당수 서적은 분야별 각론이나 개인적인 경험에 치중하는 편

---

[1] 1999년 12월 말 현재 대형 인터넷서점인 www.amazon.com에 들어가 미국의회(U.S. Congress)를 클릭하면 1만 3,794권이 나온다. 품절 또는 절판된 것을 빼도 대략 1만 여 권이 유통되고 있는 셈이다. 지금 이 순간에도 정치학자, 진·현직 정치인, 역사학자 등이 쓴 의회 관련 서적이 쏟아져 나오고 있으며 각종 정기 간행물과 인터넷에는 미국 의회 관련 자료가 봇물을 이루고 있다.

이다. 또 종합적인 개괄서적은 지나치게 일반적이라는 한계점을 갖고 있다.

의회와 관련된 각종 정보나 규칙 등은 시대별, 회기별로 수시로 바뀌고 있기 때문에 자칫 구문(舊聞)을 최신 정보로 착각하기 십상이다. 따라서 미국 의회의 전모를 한두 권의 책으로 이해하겠다는 생각은, 윌슨 전 대통령의 지적처럼 애당초 접어두어야 할지도 모른다. 오히려 미국 의회에 대한 개괄적인 이해를 바탕으로 각론별 주제에 대한 실용적인 접근이 바람직할 것이다. 각론별 접근을 할 때는 탐색 주제어를 세밀하게 나누고 사전 준비를 통해 자료와 접근방법을 숙고할 필요가 있다.2) 한 예로 다룰 주제가 제도적 성격인가 또는 법률적 성격에 속하는가 또는 미국 국내 이슈인가 국제문제인가 하는 거시적 분류부터 정치, 법, 경제·통상, 역사 등 분야별, 시기별 구획에 따라 정보의 질과 양이 판이하게 달라지기 때문이다. 나아가 단편적인 사항이라도 최신 자료를 통해 확인·검증하려는 노력이 수반되어야 한다.

미국 의회에서 생산된 각종 정보자료는 미국 국내정세뿐 아니라 개별 국가나 세계 상황을 이해하는 데 도움이 된다. 행정부나 입법부 전문가들이 참여해 만드는 각종 자료와 보고서, 증언집 등은 최고의 정보 네트워크를 통해 이뤄진 것이다.3) 미국 의회에 대한 이해와 연구에는 문헌 서지류 이외에도 데이터베이스(DB), 저널·신문, 인터넷 등 다양한 방법이 동원된다.4)

2. 문헌·서지류와 주요 검색소스

1) 연감(almanac)류

***Congressional Quarterly Almanac*, Washington, DC: Congressional Quarterly, 1945~.**

---

2) Fenton S. Martin, *How to Research the Congress*, New York: St. Martins, 1997.
3) 市川雄雄, 『アメリカ議會で 世界を 讀む』 東京: 洋泉社, 1988, pp.286-303.
4) 미국 의회에 관해 일반 시민들이 궁금해하는 정보들을 모아놓은 유용한 사이트로는 http://clerkweb.house.gov/histrecs/library/info.htm의 "Commonly Requested Informations"이 있다.

매년 간행되는 연감으로 지난 해 의회에서 벌어졌던 활동을 요약 정리하고 있다. 제정된 주요 입법안을 설명하며 대통령과 대법원에서 행해진 각종 결정과 판결, 연방 차원의 각종 선거결과, 로비활동실태와 기타 특별보고서 등까지 소개하고 있다.

Congressional Yearbook, Washington, DC: Congressional Quarterly, 1994~.
 지난 한 해 동안 의회에서 벌어졌던 중요한 이슈, 실적, 정치 및 선거 관련 이벤트를 소개하고 있다. 특정 사건이나 정책, 입법안, 이슈에 대한 연구를 시작하는 데 유용하다.

Congress and the Nation, vols.8, Washington, DC: Congressional Quarterly, 1945~1993
 4년마다 추가로 발간되고 있으며 의회와 백악관, 대법원에서 이뤄진 모든 법안과 이슈를 연대별로 추적하는 데 도움이 된다. 선거 이슈와 사법부의 판결, 의원들의 투표에 대한 정보와 인적 사항 자료도 싣고 있다.

 2) 인물 자료집(Biographical directories)

 전현직 의원과 각종 보좌관, 고위 정부관리 등에 대한 인물 정보를 담고 있는 자료집으로는 다음이 많이 활용된다.

Biographical Directory of the United States Congress, 1774~1989, Bicentennial Edition, Washington, D.C.: U.S. Government Printing Office, 1989.
 회기별, 날짜별, 알파벳 순으로 1774년부터 1989년까지 재임했던 역대 의원들의 명단과 간단한 경력 사항을 적고 있다. 같은 기간의 행정부 고위 관리들의 명단 등도 포함하고 있다. 제헌의회 이전에 대륙의회 대표들의 명단도 있다.

Barone, Michael and Grant Ujifusa, *The Almanac of American Politics*, Washington, D.C.: National Journal, 1972~.

2년마다 간행되는데 알파벳 순서에 따라 각 주별로 배열되어 있다. 해당 주의 정치적 배경에 대한 간략한 설명에 이어 각 주별로 연방 상·하원의 인적 사항, 이념, 위원회 활동, 투표기록, 선거구와 관련된 각종 통계수치, 이익단체와 의원과의 연관성 등을 담고 있다. Lexis/Nexis, LEGI-SLATE 등 컴퓨터 데이터베이스를 통해서도 볼 수도 있다.

Congressional Staff Directory, Mount Vernon, VA: Staff Directories, Ltd., 1959~.

매년 5월과 10월에 발간되며 상·하 의원의 개인보좌관과 위원회 소속 보좌관 명단과 주요 보좌관들에 대한 경력을 간략하게 적고 있다. 보좌관별로 위원회 및 소위원회 활동 현황을 확인할 수 있다. CD롬으로도 구입 가능하며 Lexis/Nexis 등 데이터베이스를 통해서도 검색할 수 있다.

이와 함께 2년마다 제작되는 *U.S. Congress: Official Congressional Directory*(Washington, DC: U.S. Government Printing Office, 1809~)와 *Politics in America: Members of Congress in Washington and at Home*(Washington, DC: Congressional Quarterly, 1980~)도 유용하다는 평이다.

3) 사전

미국 의회에서 사용되는 독특하고 복잡한 용어의 정의, 시기별 사항, 의사 규칙 등에 대한 의문을 해소하는 데는 사전류가 도움이 된다. 이와 관련해서는 Paul Dickson and Paul Clancy, *The Congress Dictionary: The Ways and Meanings of Capitol Hill*(New York: Wiley, 1994)과 Walter Kravitz, *Congressional Quarterly's American Congressional Dictionary*(Washington, DC: Congressional Quarterly, 1993)가 유용하다.

백과사전으로는 Donald C. Bacon, Roger H. Davidson and Morton

Keller(eds.), *Encyclopedia of the United States Congress*, vols.4(New York: Simon and Schuster, 1995)와 *Congress A to Z: Congressional Quarterly's Ready Reference Encyclopedia*, 2nd ed.(Washington, DC: Congressional Quarterly, 1993)가 완결판에 속한다. 전자는 의회 역사와 구조, 정치, 문화 등을 다루는 4권 분량의 백과사전이며, 후자는 30여 개의 에세이를 곁들여가면서 의회의 조직과 지휘부·역사·용어·예산편성과정·재정 등에 대한 포괄적인 설명을 하고 있다.

4) 서지류와 통계자료

미국 의회에 관한 각종 연구성과를 설명 소개하고 있는 문헌해제자료집(annotated bibliography)을 참고할 경우, 시간과 정력의 낭비를 막을 수 있다. 이런 측면에서 주목할 만한 것이 Robert U. Goehlt와 Fenton S. Martin이 함께 쓴 *The United States Congress: An Annotated Bibliography, 1980~1993*(Washington, DC: Congressional Quarterly, 1994)이다. 이 책은 1980년부터 1993년까지 발간된 3,200건의 의회 관련 각종 단행본과 기사, 보고서 등을 14개 분야별로 나누어 상세하게 해설하고 있어 초심자들도 손쉽게 접근할 수 있다.

1980년부터 2년마다 미국기업연구소(AEI)가 간행하는 *Vital Statistics on Congress*가 가장 권위 있는 것으로 평가된다. 의회의 기구제도적 측면과 의원보좌관 등 인적 측면, 각종 선거관련 자료, 정치(선거)자금, 투표분석 등 미국 의회를 통계적인 각도에서 해부하고 있다. 같은 곳에서 발간하는 *Vital Statistics on American Politics*는 의회와 함께 대통령, 대법원 등에 대한 각종 통계자료를 함께 싣고 있다.

5) 1차 자료 검색소스

의회의 각종 법안은 복잡할 뿐더러 분량도 방대한 경우가 많다. 따라서 의회 관련 1차 자료에 접근하기 위해서는 시기별, 분야별로 나눠놓고 있는 검색소스를 먼저 찾아보는 게 현명하다. 1차 자료검색에 많이 쓰이는 소스 (source)로는 다음이 대표적이다.

CIS/Index: Congressional Information Service/Index to Publications of the United States Congress

월간 단위로 발행되며 모든 의회출판물에 대한 인덱스를 제공하고 있다. 건명별, 법안번호별, 위원회명별, 주제(타이틀)별로 검색이 가능하다. 입법과정과 내용을 추적하는 데 시간을 절약할 수 있다. 계간, 연간으로도 발행된다. 미국 의회활동을 시대별로 추적하는 데도 유용하다는 평이다. 위원회 문서, 특별조사 보고서, 기록류, 청문회 보고서도 담고 있다. 1970년부터 발간을 시작했다.

Calendars of the United States House of Representatives and History of Legislation

1951년부터 정부인쇄국(GPO)에서 펴내고 있다. 캘린더는 하원이 개원 중 일때 발간되는 의사일정목록집이다. 월요일마다 상원과 하원에서 통과되거나 심의중인 모든 법안을 법안번호에 따라 주제별로 모아 발간하고 있는데, 이들을 종합해 모은 자료집이다. 법안이 처음 제안되어서 성안되기까지의 과정별로 그 변화상을 파악하는 데 도움이 된다.

Congressional Record Index(CRI), Congressional Record(CR)

CRI는 상·하 양원이 개회하고 있을 때 매일 의사당에서 진행된 모든 내용을 생생하게 담고 있는 1차 자료집인 의사록(Congressional Record, 이하 CR)의 색인집이다. CR은 당일 밤 인쇄되어 다음날 오전 의회를 비롯한 주요 공공기관과 도서관 등에 배포된다. 하루 평균 9,000부를 찍는데, 이를 위한 1997년도 회계연도 예산은 총 1,890만 달러였다. 장기보관용 하드커버 본도 있다.

CR은 의사당 안에서 오고 간 발언내용을 모두 담을 뿐만 아니라, 의회

그림 8.1 ■ 미국 의회 의사록 (1999년 1월 26일자)

Vol. 145   WASHINGTON, TUESDAY, JANUARY 26, 1999   No. 14

Congressional Record

United States
of America

PROCEEDINGS AND DEBATES OF THE 106th CONGRESS, FIRST SESSION

United States
Government
Printing Office
SUPERINTENDENT
OF DOCUMENTS
Washington, DC 20402

OFFICIAL BUSINESS
Penalty for private use, $300

PERIODICALS
Postage and Fees Paid
U.S. Government Printing Office
(USPS 087-390)

00648
E CR   SUPER316S JCP 021 F 30
SUPERINTENDENT
SENATE PRESS GALLERY
U S CAPITOL S316
WASHINGTON   DC   20510

에 제기된 각종 법안과 위원회 회의내용, 법안 원문과 회의록을 포함한다. 의원들이 만장일치로 동의할 경우 관련 신문기사, 행정부 보고서, 학술연구 내용 등도 기록한다. 그래프나 도표 등은 보통 싣지 않지만, 만장일치 동의가 있을 경우 이들도 싣는다. 의회에서 벌어진 활동내용의 전모를 담고 있는 사초(史草)인 셈이다.

그래서 의원들은 자신들이 한 발언을 유리하게 고치려고 하지만, 원칙적으로 문맥이나 어법상의 오류를 고치는 것만 허용된다. 부득이한 경우, 문장이나 단어를 삽입할 때는 반드시 별도의 표시를 해야 한다. 상원보다 하원의원들이 자신의 발언내용을 수정하려는 경향이 심한데, 의원들이 발언하지 않은 내용을 첨가하고자 할 경우, 신문기사나 관련 내용을 삽입해 실제 의사당에서는 말하지 않았음을 밝히고 있다.

하원은 의원들의 이런 움직임을 강력하게 제한하기 위해 좀더 엄격한 규정 마련을 검토중이다. CR 1부당 가격은 2.50달러이며, 연간구독료는 295달러이다. 인터넷상에서 무료 검색도 가능하다.5) 인덱스는 주제별, 개별 항목으로 분류되며 법안과 의결번호에 따라 정리하고 있다. 특히 의원 각자의 표결 현황과 발언 내용, 법안·결의안의 내용을 검색하는 데 손색이 없다. 매 회기가 종료될 때마다 수정, 인쇄를 거쳐 외부에도 판매한다.

Congress in Print

CQ사가 1977년부터 연 평균 48회 정도 발간한다. 지난 주에 발간된 모든 위원회의 청문회와 보고서, 인쇄물, 의회 관련 자료, 법안 등을 담고 있다. CQ사의 데이터베이스인 Washington Alert를 통해 검색해볼 수도 있다.

United States Code Index

U.S. Code는 미국에서 현재 시행되고 있는 연방법률을 총괄해 묶어 펴낸 것이다. 전문을 50장으로 나누어 주제별로 관계 법률을 싣고 있다. 처음

---

5) www.access.gpo.gov와 http://thomas.loc.gov 모두 가능하다.

> ### 국립문서보관소의 기능
>
> 의회에서 개최되는 각종 청문회나 토론 자료, 법안 원본, 결의안, 외국과의 조약, 상원 인준청문회 자료, 공문서 등은 모두 워싱턴D.C.의 국립문서보관소(National Archives)로 옮겨 보관한다. 이들 자료와 문서는 상·하원의 별도 규칙에 따라 관리한다. 정보자유법의 적용을 받아 상원 자료는 20년 후에, 하원 자료는 30년이 경과하면 자동 공개한다. 국립문서보관소가 1936년에 문을 열기 전에는 의사당 건물에서 보관했다. 상·하원들의 서류와 공문서 등은 개인재산으로 간주되지만 역사연구단체나 지역구 도서관에 보내는 게 관례로 굳어져 있다. 최근에는 마이크로 필름화하거나 컴퓨터로 영구보관하는 추세다.

6개 장에는 일반 법률과 정치에 관한 법률을 정리하고 나머지 44개 장에 모든 법률을 알파벳순으로 싣고 있다. 인덱스는 모든 법률을 주제와 제목에 따라 분류해놓고 있어 이용하기 쉽다.

의회투표정보(Congressional Roll Call) 인덱스

법안의 현황을 투표 번호에 의해 주제별과 법안 요지별로 정리한 것이다. 모든 종류의 투표에 대한 의원의 동향을 상세하게 기록하고 있어 의원의 정치적 신조를 연구·분석하는 데 유용하다. 상·하원 저널과 함께 이용하면 편리하다.

의회활동 보고서(US at large Index) 인덱스

의회 개원 중에 최종적인 형태로 정리되며 의회활동과 결의안 전문을 담고 있다. 공법과 사법으로 구별되어 인덱스로 출판되는 것이 특징이다. '정부출판목록' 가운데 수록되어 있는데 'US at Large: containing the larges & concurrent resolutions enacted'라고도 불린다.

3. 데이터베이스와 매체 저널

1) 데이터베이스

컴퓨터를 이용해 즉석에서 검색이 가능한 데이터베이스는 정보의 신속성과 정확성, 절대적으로 방대한 양이라는 측면에서 유용한 첨단 자료이다. 온라인 상태에서 컴퓨터를 이용해 관련 정보를 탐색할 수 있는 안내서들도 몇 개 있다.6) 그러나 데이터베이스를 통해 정보를 검색할 경우, 보통 상당한 비용을 지불하는 만큼 문헌자료를 먼저 살펴보는 것도 한 방법이다. 대표적인 의회 관련 전문 데이터베이스는 다음의 세 가지다.

CQ's Washington Alert

워싱턴D.C.에 있는 의회전문 언론·출판사인 컨그레셔널 쿼털리(이하 CQ) 사가 마련한 것이다. 의회에서 만들어진 각종 법안이나 결의안, 위원회 보고서 같은 것은 물론 의회조사국(CRS)에서 준비중인 법안 개요도 구해볼 수 있다. CQ사가 발행하는 CQ Weekly Report, CQ's Congressional Monitor, CQ Fax Report, CQ Researcher 등도 이곳을 통해 접근할 수 있다.

LEGI-SLATE

의회전문연구기관인 레지슬레이트(Legislate) 사가 운영하는 데이터베이스다. 의사록(Congressional Record) 전문과 결의안, 법안 등을 제공한다. 위원회의 최근 일정과 의원들의 투표 기록을 담고 있으며 특이하게도 마크업을 마친 위원회 보고서도 싣고 있다. 레지슬레이트 사는 1978년 텍사스 주 댈러스에서 출범해 입법문제와 정부의 각종 규제 관련 정보를 전문적으로 취급하고 있다. 1983년 워싱턴포스트 사의 자회사가 되었으며 정확하면서도 편리한 정보제공으로 성가가 높다. ≪워싱턴포스트≫와 ≪내셔널저널(Na-

---

6) 의회 법안 추적 방법론으로는 Carold D. Davis, *How to Follow Current Legislation and Regulation* 96-473c, CRS Report, May 20, 1996이 유용하다.

tional Journal)≫의 의회 관련 기사도 서비스한다.

LEXIS/NEXIS

국내에도 비교적 널리 보급된 종합 데이터베이스이다. 의회와 관련해 각종 법안의 추적과 위원회 및 의원선거구 관련 자료, 의원 프로필, 연방선거관리위원회(FEC) 자료는 물론 CNN, ABC, ≪뉴욕타임스≫ ≪워싱턴포스트≫ 등 주요 언론기사를 추적할 때 유용하다. ≪내셔널저널≫과 의사록(Congressional Record), 연감(the Almanac of American Politics)의 전문도 서비스한다.

2) 전문 저널류

학술적인 각도에서 의회를 연구하는 전문 저널로는 *American Political Science Review*, *American Journal of Political Science*, *American Politics Quarterly*, *Journal of Politics*, *Political Research Quarterly*, *Polity* 등이 있다. 이들보다 덜 학술적인 시각에서 의회를 대상으로 하고 있는 전문 저널들은 다음과 같다.[7]

Congressional Quarterly Weekly Report

1945년부터 주간 단위로 발간되고 있는 워싱턴 일대의 권위 있는 의회 전문지이다. 상주 기자들이 의회를 직접 취재해 기고하는 각종 기사와 중요 법안내용 요약, 법안채결 기록, 청문회, 로비스트의 활동상, 이익단체와 투표와의 상관 관계, 분석자료 등을 담고 있다. 워싱턴D.C.에 있는 의회 관계자들과 로비스트, 정부 각 부처의 의회담당관들이 읽거나 보관하고 있는 필독지이다.

---

7) 인터넷 홈페이지는 *Congressional Quarterly*가 http://www.cq.com, *National Journal*은 http://www.nationaljournal.com이다.

National Journal: The Weekly on Politics and Government

1969년부터 매주 발행되고 있으며 연방정부 전 분야를 대상으로 한다. 특히 의회 활동 분석에 정통하다. 워싱턴이 어떻게 움직이며, 주요 정책결정 과정이 어떻게 이뤄지고 있는지에 관심 있는 분석가라면 반드시 참조하고 있는 전문지이다. 매주 의회에서 벌어지는 정치활동 관련 기사를 몇 개씩 실어 워싱턴 정가 분위기를 탐지하는 데 도움이 된다. 매호 권말에 색인을 곁들여 지난 호 기사도 참조할 수 있다. 청문회에서 심의된 법안 관련 기사는 정치사적인 자료인 동시에 생생한 미국 정치의 현장분석에 도움이 된다.

Congress and the Presidency: A Journal of Capitol Studies

워싱턴D.C.에 소재한 아메리칸 대학 부설 '의회 및 대통령학 연구소(Center for Congressional and Presidential Studies)'가 1983년부터 1년에 2차례 발간하는 전문저널이다. 대통령과 의회를 각각 다룰 뿐 아니라 양자의 상관 관계, 국가적 정책결정 과정 등을 소개하고 있다. 정치학, 역사학 관련 연구논문과 서평 등도 싣는다.

Legislative Studies Quarterly

아이오와 대학의 비교입법연구소(Comparative Legislative Research Center)가 1976년부터 계간으로 발행하고 있다. 의회 관련 연구전문저널로 미국 의회의 정치과정과 입법 행태, 역사 등을 포괄한다. 미국정치학회 연례학술회의 등에서 발표된 의회 관련 연구논문도 싣고 있다.

3) 전문 언론매체

일간 또는 주간 단위로 발행되는 신문도 의회의 역동적인 모습을 파악하는 중요 소스이다. 일간지로는 《뉴욕타임스》와 《워싱턴포스트》가 정확하고 풍부한 정보를 제공한다는 측면에서 독보적이다. 이외에도 다음의 의회 관련 전문매체들도 주목할 만하다. 의원이나 보좌관, 대의회 로비스트들이 관심 있게 읽는 것들이다.

Roll Call : The Newspaper of Capitol Hill since 1955

1955년부터 이름 그대로 의회를 전문적으로 취재하는 타블로이드판 신문이다. 8월과 12월의 휴가 시즌을 제외하고 매주 월요일과 목요일 2회씩 발행된다. 풍부한 각종 이슈 발굴 기사와 고정 칼럼, 사설 등으로 의회 관계자뿐만 아니라 로비스트, 언론매체, 의회에 관심 있는 일반 시민들도 즐겨 찾는다. 발행 부수는 2만 부 정도다. 워싱턴 시내 주요 서점에서도 판매된다.

1998년 12월 중순 밥 리빙스톤 당시 하원의장 내정자의 혼외정사 사실을 특종보도해 유명세를 탔다. 인터넷(http://www.rollcall.com)으로도 볼 수 있다. 취재 기자 9명과 6명의 편집자가 신문을 만들고 있다. 1964년부터 공화·민주 양당 의원들 간의 친선 도모를 목적으로 '의원 야구대회(Congressional Baseball Game)'를 매년 6월 중순 개최해 높은 호응을 얻고 있다.8)

The Hill: The Capitol Newspaper

1994년 창간된 의회 전문 주간신문으로 "의회를 위한, 의회에 관한 신문"을 표방하고 있다. 타블로이드판으로 매주 수요일 발행되며 1999년 현재 발행 부수는 2만 2,000부라고 주장한다. 주로 의회 의원사무실과 보좌관, 부속기관 등과 백악관 등에 배포되어 Roll Call지와 경쟁한다. 후발 신문인 만큼 마케팅 차원에서 일부는 의사당에 무료 배포하기도 한다. 의회 관련 뉴스를 저변에서부터 샅샅이 다루고 있으며, 보좌관 채용광고나 의회를 겨냥한 기업과 이익단체들의 광고가 빠지지 않는다.9)

---

8) Roll Call, June 28, 1999, pp.1, 27-29.
9) 인터넷 주소는 http://www.hillnews.com이다.

Congress Daily AM

내셔널저널(National Journal) 사가 1991년부터 발행하고 있는 일간 뉴스레터. 매번 10~15쪽 분량으로 의회가 개원중일 때 월요일부터 금요일까지 나오며 오전에 배달된다. 이메일 또는 직접 배달되며 웹을 통한 인터넷이나 팩시밀리 서비스는 하지 않는다. 의회 뉴스와 각종 행사, 금융·에너지·정보통신·국방·우주항공 등 분야별 현안도 점검한다. 1999년 현재 매일 1만 부를 발행하고 있다. 2주에 1회꼴로 *Legislative Focus*라는 정책분석 보고서도 내고 있다.

팩시밀리 신문

≪내셔널저널≫의 *Congress Daily*가 이 유형에 속한다. 그날의 의회 관련 뉴스를 5쪽 안팎 분량으로 다루고 있다. 정기 구독자들에게는 팩시밀리 제공 서비스도 한다. *Congress Daily AM*과의 차이점이라면 분량이 적고 오후판이라는 점이다. 원할 경우 이메일이나 인터넷 웹사이트(http://www.cloakroom.com)로 이용가능하며 Lexis-Nexis를 통해 검색할 수도 있다. 콩그레셔널 쿼털리사도 입법동향과 의원들의 성명서, 의회 관련 최신 뉴스 등을 담은 *CQ Fax Report*와 *CQ Hill* 등 두 종류의 팩시밀리물을 발행하고 있다.

The Hotline

내셔널저널 사가 인터넷 웹사이트 또는 팩시밀리로 매주 월요일부터 금요일까지 5일 동안 서비스하고 있다. 의회 전반에 대한 관심보다는 의원이나 대통령 선거, 유세, 백악관 등의 활동에 분석의 초점을 맞추고 있다. ≪뉴욕타임스≫ ≪워싱턴포스트≫ 등 유력 일간지에서 다룬 관련 기사를 모아 매일 40쪽 분량으로 제공한다. 가입자들은 핫라인이 구축하고 있는 방대한 의회 및 미국 정치 관련 데이터베이스도 이용할 수 있다. 현재 유료가입자는 주로 워싱턴D.C.에 거주하고 있는 의회보좌관, 정치컨설턴트, 백악관 직원 등으로 수천 명에 이른다고 주장한다. 흔히 *National journal Daily Briefing*이라고도 한다.

인턴십[10]

미국 젊은이들의 의회 인턴직(자원봉사직 포함) 근무 열기는 매우 뜨겁다. 인턴 경험을 쌓은 다음 졸업 후 의회보좌관이나 의원으로 진출하는 경우도 종종 있다. 매년 여름방학 기간을 이용한 정기 인턴 이외에 개별 의원사무실이나 정당조직에서는 부정기적으로 인턴을 채용하고 있다. 인턴으로 근무하려면 영향력 있는 의원이나 자신의 지역구 의원 등 개인적인 친분을 통해야 하는 경우가 대부분이다.

1960년대 중반부터 정착된 의회 인턴직은 다양하게 진행되고 있다. 이 중 미국정치학회가 주관하는 콩그레셔널 인턴십 프로그램이 가장 유명하다. 일부 인턴은 후원단체나 의원사무실에서 급여를 받는다. 보통은 무급이다. 인턴들이 하는 일은 의원 취향이나 의원사무실 사정에 따라 다르지만, 전화응대, 우편물, 회계장부정리, 방문객 접대, 지역구 업무보좌, 의원연설문이나 입법안 작성보조 같은 것들이다. 일부 대학은 인턴십 참가를 학점으로 인정한다. 인턴들은 대개 큰 기대를 안고 업무를 시작하지만 막상 하는 일은 잡다한 잔일이 많아 실망하는 경우가 적지 않다.

Congressional Monitor

의회 전문기관인 CQ사가 개원중일 때 매일 발간한다. 해당 날짜의 청문회 리스트와 위원회 심의 예정표는 물론 향후 청문회 스케줄, 각종 기자회견과 이익단체들의 모임, 매일의 위원회 심의 예정표, 그 전날 이뤄진 주요 의회 입법사항에 대한 요약본과 보좌관들의 변동사항 등 의사당 이면에 숨어있는 뉴스들도 때때로 전한다. 위원회의 청문회 자료는 연구자나 분석가들이 광범위하게 참조하고 있다.

---

10) 의회 인턴십과 펠로우십에 대한 종합 안내서로는 Barbara Hillson, *Internship and Fellowship: Congressional, Federal and Other Work Experience Opportunities*, Congressional Reference Division, June 2, 1997.

4. 인터넷과 미국의회 관련 정보

미국 의회 관련 정보는 연방정부나 의회, 대학, 민간회사 등이 운영하는 인터넷 웹사이트를 통해 대부분 무료로 검색할 수 있다. 이들 웹사이트는 상·하원에 채택된 법안 전문과 의원들의 투표기록, 정치자금 관련 정보, 청문회 일지와 내용, 조사 보고서 등까지 포괄해 정보의 보고(寶庫)나 마찬가지다. 이 가운데 가장 견실한 내용을 담고 있는 웹사이트는 의회도서관이 운영하는 토머스(THOMAS: http://thomas.loc.gov)다. 미국 3대 대통령인 토머스 제퍼슨의 이름을 딴 토머스는 1989년 이후 의회에 제안된 모든 법안(bills)의 전문과 의사록(Congressional Record), 1973년 이후 제안된 모든 법안의 요약 정보와 현재 상태를 담고 있다. 또 위원회 보고서와 현재 의회에 계류 중인 법안 가운데 주목되거나 곧 채택될(approved) 예정인 법안도 검색할 수 있다. 의회 정보 관련 질의 - 응답(Q & A) 코너도 있다.

상·하원의 의사진행규칙(rules manual)이나 상·하원의 선별된 보고서 전문 또는 청문회 회의록 등을 열람하려면 의회부속기관인 정부인쇄국(U.S. Government Printing Office)의 웹사이트(http://www.access.gpo.gov/congress/index.html)에 들어가면 된다. 이 웹사이트는 각 위원회의 규칙이나 의원 구성, 제반 법률사항 등을 담고 있다.

상·하원에 있는 모든 상임위원회와 관련 기관도 나름대로 인터넷 웹사이트를 갖고 일반 서비스를 하고 있다. 인터넷 분야에서는 상원보다 하원이 훨씬 활발하다. 하원과 관련된 기본 정보는 하원 웹사이트(http://www.house.gov)에서 찾을 수 있다. 하원이 검토하고 있는 법안, 결의안의 일정 등 모든 입법 관련 이슈들을 다루고 있으며 상임위원회 일정도 소개하고 있다. 하원의원 명단과 위원회 배정 현황은 물론 하원의 윤리규정, 의사일정, 관련 인터넷 웹사이트 등을 소개하고 있다.

1920년대부터 최근까지 의회 선거 관련 통계자료를 검색하거나 역대 하원의장의 인적 사항, 1917년 이후 여성 의원들의 진출상황 등을 알고 싶으면 하원 사무처(http://clerkweb.house.gov)가 적격이다. 이곳에는 1990년 이후 의원들이 행한 모든 호명투표 기록과 의회의 각종 규칙이 총망라되어 있다.

의회에서 제정된 공법이나 국제조약, 협약 등을 찾아보려면 의회 법률도서관(law library)(http://law.house.gov)을 들어가면 된다. 이곳에서는 관련 인터넷 사이트를 풍부하게 연결해놓고 있어 각론별 후속 연구를 하는 데 좀더 도움을 얻을 수 있다.

상원 관련 정보의 추적을 위해서는 상원 웹사이트(http://www.senate.gov)가 기본이다. 이곳은 1989년 이후 상원에서 이뤄진 모든 호명투표 기록을 담고 있다. 또 최근 몇 주 동안 상원에서 채택된 결의안이나 법안의 간략한 개요와 위원회별 청문회 일정 등도 싣고 있다. 또 상원의 의사진행 규칙이나 상원의원 명단, 위원회 배정 현황, 대통령이 상원 승인을 받기 위해 제출한 고위 공직자 임명리스트와 상원의 각종 위원회와 의원 홈페이지도 연결해 놓고 있다.

의회 부속기관의 웹사이트를 잘 이용하는 것도 효과적인 방법이다. 정부 예산이나 경제전망과 관련해서는 의회예산처(congressional budget office) 홈페이지(http://www.cbo.gov)가 유용하다. 대통령의 예산 관련 제안과 향후 10년간 경제전망, 역대 예산관련 통계, 직원들의 의회증언록, 해외원조 동향을 함께 소개하고 있다. 일반회계감사원의 웹사이트 (http://www.gao.gov)에서는 미국 정부와 의회가 1996년 이후 추진해온 주요 주제에 대한 관련 자료를 구해볼 수 있다. 컴퓨터 2000년 인식문제(Y2K), 자금세탁, 의료보험, 마약, 전자전쟁, 테러리즘, 핵폐기물 등 다양한 이슈를 망라하고 있다. 일반회계감사원이 발간하는 일일책자(Daybook)를 구독하려면 'subscribe daybook'라는 내용을 적어 majordomo@www.gao.gov 앞으로 이메일을 보내면 된다. 이 일일 책자는 일반회계감사원이 발행하는 모든 보고서와 증언자료의 리스트를 담고 있다.

입법조사국(CRS)은 1999년 말 현재 의회 부속기관 가운데 인터넷을 통한 정보공개에 가장 소극적이다. CRS는 의회를 위해 존재한다는 창립 목적에 충실할 뿐, 자료가 외부에 공개되면 여러 문제가 발생할 소지가 크다는 이유에서다. 상원에서 CRS 자료의 인터넷 공개를 의무화하려는 입법

노력이 진행되고 있지만 일부 CRS 자료만 인터넷에서 공개되고 있다.[11]

정치자금 문제와 정치활동위원회(PACs: political action committees)에 관심이 있다면 연방선거관리위원회(Federal Election Commission)의 홈페이지(http://www.fec.gov)를 참고하는 게 좋다. 여기에는 1996년 5월 이후 하원의원과 대통령 후보, 정치활동위원회, 각 정당의 해당 위원회가 보고한 정치자금 지출 관련 사항이 포함되어 있다. 또 1974년 이후 정치활동위원회의 증감 현황을 자세히 소개하고 있으며 1976년 이후 연방선거법과 관련된 법원의 판결 내용 요약본도 자세히 적고 있다.[12]

인터넷을 이용해 개별 의원들의 투표기록과 특정 이슈에 대한 입장을 검색해 보려면, 의회전문기관인 콩그레셔널퀴털리 사의 웹사이트 보트워치(Vote Watch: http://pathfinder.com/CQ)나 아메리컨보터(American Voter: http://voter.cq.com)가 유용하다. 보트워치는 최근 18개월 동안의 투표기록을 담고 있으며 의원별, 키워드(key word)별, 주제별 검색이 가능하다.

아메리칸 보터는 의원에 관한 구체적인 신상 정보를 담고 있다. 의원의 인적 사항은 물론 예비선거와 본선거 결과, 의회 안에서 행한 연설원고 전문, 주요 보좌관명단, 주요 투표내용 등을 총망라하고 있다. 의원 관련 정보는 해당 의원의 이름이나 소속 주 명단 또는 우편번호로도 접근이 가능하다. 투표행태분석과 의회에서 진행되는 뉴스와 각종 증언을 검색하려면 레지슬레이트 사의 홈페이지(http://www.legislate.com)를 참조할 만하다.

의원 활동을 감시하는 각종 시민단체들은 인터넷상에 좀더 많은 의회 자료들을 실을 것을 희망하고 있다. 예컨대 이들은 아직까지 일부 공개되지

---

11) 1998년 일부 상원의원들은 CRS에 인터넷상에 보고서 공개를 요청했다. 그러나 CRS는 보고서가 특정 그룹에 이용될 경우 관련자들의 소송이 제기되는 등 문제가 복잡해진다는 이유를 들며 반대했다. 소수당 리더인 민주당의 톰 대슐을 비롯한 몇몇 상원의원들은 의원 홈페이지에 CRS 보고서를 일부 올려놓고 있다. 의원들은 1999년 2월 상원에 CRS 보고서 공개 촉구 법안을 제출한 바 있다.
12) 최근 미국 정치에서 쟁점이 되고 있는 소프트머니 현황을 집중 추적하는 데는 대의정치센터(Center for Responsive Politics)의 홈페이지(www.crp.org)가 좋다. 의원선거 전반과 관련해서는 《캠페인 앤드 일렉션스(Campaigns and Elections)》의 홈페이지(www.camelect.com)도 도움이 된다.

않고 있는 위원회 보고서를 인터넷상에 100% 게재할 것을 요구하고 있다. 인터넷을 통한 의회 탐구는 각종 전문서적과 정기간행물 등을 이용한 재래식 연구기법과 함께 급변하는 미국 의회의 실상을 신속하게 추적하는 방법으로 앞으로 그 활용도가 더욱 높아질 전망이다.[13]

5. 의회연구기관과 의회감시 시민단체

1) 의회전문 연구기관

의회연구소(The Congressional Institute)

워싱턴 D.C 펜실베이니아가에 자리잡고 있는 비영리 의회연구기관으로 당파적 활동을 배격한다. 다른 일반 공익단체들이 수행하는 의회 관련 활동을 반복하지 않으며 철저히 비정치적 활동에 집중한다. 1987년 의원들과 보좌관, 일반 시민과 각계 인사들을 대상으로 의회 관련 회의나 브리핑, 세미나 등을 열어 효율적인 의회 활동을 지원하며 의회 관련 시민교육과 정보 공유, 건전한 사회적 관심 제고 등을 목적으로 하고 있다.

'미래의 미국 의회' '21세기 여성의 역할'과 같은 주제로 회의를 개최했으며 1997년 봄 펜실베이니아주의 휴양지 허시에 공화·민주 양당 하원의원들을 가족 동반으로 불러 초당파적 단합행사를 주관했다. 이외에도 수시로 환경문제, 정치자금 개혁, 의회구조, 의료, 사회복지 등 분야별로 소규모 토론회를 수시로 열고 있다.

---

13) 의회 관련 주요 인터넷 사이트는 다음과 같다. 미국 의회 전반을 다룬 것에는 http://lcweb.loc.gov/global/legislative/congress.html이 있으며, 의원 주요 경력은 http://bioguide.congress.gov/biosearch/biosearch.asp, 제106대 의회 의원 명단은 http://www.lib.umich.edu/libhome/Documents.center/congress/sen99.txt와 http://www.lib.umich.edu/libhome/Documents.center/congress/conemail.txt, 의원별 위원회 및 소위원회 배정 현황은 http://www.visi.com/juan/congress/committees.html, 하원 상임위원회별 규칙 현황은 http://www.house.gov/rules/welcome2.htm이 있다.

현재 회장은 20여 년 동안 의회보좌관으로 활약했던 제롬 클라이머 전미 농무부 부차관보이며, 18명의 민간 인사가 이사진으로 참여하고 있다. 이사장은 니콜라스 칼리오, 사무국장은 에드워드 헴버그이다. 인터넷을 활용한 웹 활동도 추진중이다. 홈페이지는 www.conginst.org이다.

의회운영재단(The Congressional Management Foundation)
비영리, 비당파적인 의회활동 전문연구재단으로 의회가 생산적이고 효과적인 입법기관으로서 기능을 다할 수 있도록 지원하는 게 설립 목적이다. 그러나 방법론상에서 다른 일부 기관처럼 외형상의 제도 개혁을 촉구하는 것이 아니라 의원 사무실, 위원회, 정당지도부 등 의회의 내부 경영관리와 시스템 개선에 초점을 맞춰 의회의 실질적인 기능 향상과 쇄신을 도모하는 점이 특징이다.

1977년 출범한 이래로 민간부문의 기부금으로 운영되고 있다. 의회보좌관들을 상대로 한 경영운영 프로그램, 개별 의원 사무실이나 위원회 요청에 응해 실시하는 비공개 컨설팅 사업, 보고서와 연구서적 출간, 의회보좌관의 공적 업무와 관련한 무료 자문·연구·상담 사업 등 4가지 분야에 주력하고 있다. 예컨대 의원들이 워싱턴D.C.와 지역구의 사무실을 어떻게 운영하고 관리할 것인가, 의원들이 컴퓨터 홈페이지를 어떻게 꾸미면 유권자로부터 높은 호응을 받을 수 있는가 하는 식의 실용적인 주제가 이 단체의 관심사다. 릭 샤피로 사무국장을 포함해 상근 직원은 모두 7명이다. 설립 이후 의원 사무실 운영 가이드북, 인턴 핸드북, 상·하원 보좌관 고용 자료집, 웹 사이트 구축법 등 11개 종류의 자료집을 출간했다. 그러나 일반 서점에서는 구입할 수 없으며 인터넷(www.cmfweb.org)으로 주문하거나 직접 방문해야만 한다.

기타
미국 전역을 통틀어 의회를 연구하는 단체는 무수히 많다. 각 대학이나 민간연구소 등에서 나름대로 의회 관련 연구인력을 두고 있는 것이다.[14]

이 가운데 주목할 만한 곳은 인디애나 대학의 의회연구센터(the Center on Congress), 덕슨 의회연구센터(Dirksen Congressional Center), 콩그레스링크(Congress Link) 등이 있다.15)

의회연구센터는 인디애나 대학 부설 기관으로 일반시민들이 의회를 좀 더 폭넓고 깊게 이해하는 것을 목적으로 탄생됐다. 의회에 대한 일반인들의 냉소적 시각을 완화하고 미국 내에서 의회의 역할을 제대로 인식하고 그 장단점을 깨우치는 것이 연구소의 목적이다. 인디애나 주 출신의 리 해밀턴(Lee Hamilton) 전 하원의원이 소장으로 있다. 각급 학교가 의회를 소재로 하는 교육을 적극 개발·지원하는 프로그램으로 유명하다.

덕슨 의회연구센터는 에버렛 매킨리 덕슨(Everett McKinley Dirksen, 일리노이 주) 전 상원의원의 이름을 따 1989년 설립된 비영리, 비당파적인 의회연구교육기관이다. 의회에 대한 좀더 나은 이해와 연구·교육·문헌 프로그램을 통해 의회 지도자가 될 인물들을 육성하고 교육시키는 데 목적을 두고 있다. 연구센터는 개인이나 기업 공익재단의 지원을 받아 운영함으로써 독립성과 질을 유지하고 있다. 일리노이 주에 위치해 있으며 인근 브래들리 대학과 연계해 창설 이래로 '교실 속의 의회(Congress in the Classroom)'라는 의회교육 프로그램을 개설, 매년 4~5일 일정으로 30~35명 정도의 중등학교와 커뮤니티 칼리지 교직원들을 대상으로 워크숍을 개최하고 있다.

콩그레스링크는 덕슨 의회연구센터에 의해 개발된 인터넷을 이용한 의회교육 및 연구전용 사이트이다. 예컨대 미국 내 각급 학교 교사들이 온라

---

14) 1988년 의회 입법에 근거해 의회 지원으로 창설된 존 스테니스 센터(John C. Stennis Center for Public Service)도 그 가운데 하나이다. 미시시피 주립대학 캠퍼스 가까이 있는 이 센터는 매년 30만 명의 고교생들을 대상으로 전국학생의회(National Student Congress) 대회를 열고 있으며, 25명의 뛰어난 의회보좌관을 초당적으로 선발, 재교육 프로그램을 운영하고 있다. 또 전직의원연합의 협조를 받아 매년 2명의 전직의원들로 하여금 전국을 순회하면서 학생들을 만나 공공활동(public affairs)의 중요성을 설파하는 프로그램도 갖고 있다. 상세한 내용은 인터넷 홈페이지(www.stennis.gov) 참조.
15) 세 곳의 인터넷 홈페이지는 순서대로 http://congress.indiana.edu/, www.pekin.net/dirksen, www.congresslink.org이다.

인회의나 이메일 교류를 통해 서로 협조하거나 또는 의회에서 다룬 정책과정에 대한 최신 자료를 받아볼 수 있도록 돕고 있다. 학생들 입장에서도 컴퓨터를 이용한 인터넷상의 유용한 의회 학습장소가 되고 있는 셈이다.

2) 의회 감시 시민단체들16)

미국에서는 1970년대부터 시민사회단체가 주도하는 의정감시가 활발하게 이뤄지고 있다. 대표적인 의회활동 감시 시민단체로는 퍼블릭 시티즌스 콩그레스 워치(Public Citizen's Congress Watch), 커먼코즈(Common Cause: 공동전선), PVS(Project Vote Smart) 등이 있다.

퍼블릭 시티즌스 콩그레스 워치는 의회가 본연의 역할을 제대로 수행하고 있는지 여부를 제도적 차원에서 감시하고 시민들이 원하는 바를 갖고 의원들을 직접 접촉, 설득해 관철시키는 것을 목표로 하고 있다. 예컨대 의정활동 감시에서 각 20개씩 주요 개혁법안을 선정해놓고 의원들이 찬성할 경우 가산점을 주고, 반대할 경우 감점을 줘 총점을 계산한 다음 이를 바탕으로 전체 의원들의 성적표를 공개하는 방식을 채택하고 있다. 1978년 창설돼 1990년대 들어 의회에 실질적인 영향을 미치고 있다. 이 단체는 정부나 기업으로부터 일절 후원금을 받지 않아 공정성과 중립성을 확보하고 있다는 평가를 받고 있다.

커먼코즈는 1970년 8월 당파를 초월한 비영리 시민조직으로 출발, 1999년 현재 25만 명의 회원을 보유한 전국적인 조직으로 성장했다. 회원의 80% 이상이 대학졸업자이며, 고학력 고소득층이 조직원의 상당 부분을 차지하고 있다. '커먼코즈'라는 단체 이름부터 중요 정책들은 시민 공동의 합의된 의견으로 발의되어야 한다는 의미를 담고 있다. 주로 회의내용과 자료 공개, 의원들에 대한 로비 및 일반인 대상 여론조성, 정치자금에 대한

---

16) 주요 의회 관련 단체 인터넷 주소로는 다음과 같은 것이 있다. Project Vote Smart: www.vote-smart.org, Common Cause: www.commoncause.org, Congress Handbook: www.congresshandbook.com, Net. Capitol: www.netcapitol.com

대대적 감시, 공직자의 높은 윤리적 기준 설정 및 법률 반영 같은 것들을 추진하고 있다.17)

'워싱턴 감시견(washington watch-dog)'을 자임하면서 소프트머니를 포함한 정치자금법 개혁에 주력하고 있다. 1979년부터 최근까지 정치자금법 추이와 상·하원의 관련법안 내용과 진행상황을 상세하게 다루고 있으며 소프트머니 최대 기부자와 기부 기업, 지역까지 총망라한 데이터베이스도 인터넷 홈페이지를 통해 24시간 공개하고 있다.

PVS는 1990년 유권자들이 '추한 후보'를 골라낼 수 있도록 후보와 현직 선출직에 대한 정보를 제공하기 위해 출범했다. 대통령, 부통령과 의원·주지사 등 1만 3,000여명에 달하는 정치권 인사들의 개인 신상명세, 선거자금 지출내역, 기부금 현황, 각 단체의 의정활동 평가내용, 주요 현안에 대한 단체의 입장 등을 낱낱이 공개하고 있다.

인터뷰　미국 의회 연구전문가 노먼 온슈타인 박사

미국 기업연구소(AEI)의 상임연구위원(Resident Scholar)으로 재직하고 있는 노먼 온슈타인(Norman Ornstein) 박사는 미국 의회에 관한 한 세계 최고의 권위를 인정받고 있다. 그는 의회 관련 저작만 11권을 저술했다. 특히 의회 관련 각종 통계를 상세하게 다루고 있는 *Vital Statistics on Congress*는 1980년 첫판이 나온 이래로 현재 10판을 기록중인 세계적인 베스트 셀러로 미국 학생들과 의회 연구자, 관심 있는 일반 시민들의 필수교재로 꼽힌다. 온슈타인 박사는 미네소타 대학 정치학과를 거쳐 미시간대 대학원에서 의회정치 전공으로 정치학 박사학위를 받았다. 1999년 6월 12일 AEI 연구실에서 그를 만났다.

● 평생을 미국 의회연구에 바치고 있는데 특별한 동기가 있는가?
개인적으로나 가족적으로 정치현상에 관심이 많았던 게 일차적 이유다. 1968년

---

17) 커먼 코즈의 상세한 활동내용과 전략은 Andrew S. McFarland, *Common Cause: Lobbying in the Public Interest*, New Jersey: Chatam House, 1984 참조.

부터 1년 동안 콩그레셔널 펠로(Congressional Fellow) 자격으로 워싱턴D.C.와 의회현장에서 살아 있는 공부를 한 것이 결정적인 계기였다. 박사학위 논문을 의회 분야로 잡은 것도 이 때문이었다. 미국 의회는 '세계 최대의 민주적 입법부(greatest democratic body)'라는 점 때문에 연구과정에서 항상 희열을 느끼고 있다.

● 1974년 워터게이트 사건 이후 이뤄지고 있는 미국 의회의 변화상을 요약한다면?

의회 내부적으로 민주화와 탈중앙집중화가 활발해지고 있다는 점이다. 상임위원회나 소위원회 위원장의 권한이 대폭 줄어들고 신참 의원들의 거침없는 발언과 진출이 두드러진다. 하원의장을 비롯한 의회 지도부의 역할은 여전히 중요하지만 상대적으로 그들의 목소리는 깅리치 의장 이래로 감소하고 있다. 의회 활동은 워터게이트 직후인 1970년대에 절정기에 이르렀으나 1980~90년대 들어 외형상 그때 치솟던 열기는 다소 가라앉고 있다. 보좌관 숫자가 근래 감소추세인 것도 이런 맥락이다. 하지만 개별 법안의 분량은 계속 증가하고 있는데, 그만큼 의회도 전문화되고 있음을 의미한다.

● 미국 의원들의 상당수는 여권(Passport)을 갖고 있지 않다고 한다. 의원들의 관심사가 국제적인 것보다는 국내문제 지향으로 과도하게 편중되는 것은 아닌가?

최소한 의원들의 30% 정도는 해외여행에 필요한 여권을 갖고 있지 않는 것으로 파악하고 있다. 이것은 의원 스스로가 국제문제에 관심이 희박하다는 사실을 증명하고 있다. 의원들이 해외 여행을 많이 한다는 것은 지역구 구민 입장에서 볼 때 특별한 용무가 없는 상태라면 쉽게 용납할 수 없으며 따라서 재선에 불리한 행동이다. 의원들로서는 대외 문제에 개인적인 관심을 갖지 않는 한 지역구 구민들을 의식해서라도 불요불급한 해외여행은 하지 않는 게 보통이다.

● 대외문제와 관련해 미국 의회의 역할은 21세기에 증가할 것인가 또는 감소할 것으로 보는가?

현재 제106대 의회에 활동중인 하원의원의 3분의 2 정도는 1989년 베를린 장벽 철거 이후 시기에 당선된 사람들이다. 한마디로 탈냉전 의회(Post-Cold war Congress)다. 따라서 1970~80년대나 1990년대 초의 의회와는 구성원들의 면면이나 관심사가 판이하다. 이들의 특징은 국내문제 우선이며 대외문제는 무역 등 구체적으로 피부에 와닿는 분야에만 관심이 국한되어 있다. 국제문제 분야에서는 소수의 의원들만이 관심을 갖고 있다. 이같은 경향은 21세기에도 기본적으로 변화 없이 지속될 것으로 본다. 의회 지도부를 보더라도 깅리치 전 하원의장 정도가 국제문제에 관심과 식견을 가졌을 뿐 현재의 트렌트 로트 상원 다수당 리더, 톰 대슐 상원 소수당 리더(민주당), 리처드 게파트 하원 소수당 리더(민주당), 딕 아미 하원 다수당 리더(공화당), 톰 딜레이, 보니어 하원 원내총무 등은 모두 대외문제에 그다지 적극적인 관심이 없다. 또 헬름스 상원 외교위원장이나 길먼 하원 국제관계위원장 모두 의회에서 대외정책 분야에서 리더십을 제대로 행사하고 있다고 보기 힘들다.

● 한국은 1970년대 박동선사건으로 미국 의회와의 관계에서 석연치 않은 경험을 했다. 현재 시점에서 한·미 의회관계는 어떻게 재정립해야 할 것으로 보는가?

다행스럽게도 현재 미국 의회 안팎에서는 대부분 박동선사건, 즉 코리아게이트의 나쁜 기억을 잊었다. 기껏 야심만만한 젊은이가 우연히 한국정부 자금을 갖고 자신의 목적을 달성하기 위해 비정상적인 방법을 동원해 물의를 일으켰다는 기억 정도가 남아 있을 뿐이다. 그런 점에서 한국 정부나 한국민은 미국 의회에 대해 보다 과감하게 접근, 한국의 입장을 열심히 이해시키는 게 바람직하다고 생각된다. 앞서 말한 대로 상당수 하원의원들은 군복무나 참전 경험이 없는 새로운 세대이며 공산주의에 대한 관념도 예전과 많이 다르다. 만약 한국이 자신을 이해시키고 설명할 필요가 있다면 미국 의원들을 만나고 교육시키는 데 주저하지 말아야 한다. 따라서 하원의장이나 상임위원장 등 일부 의원의 협소한 울타리를 벗아나 좀더 광범위한 의원과 보좌관들을 상대로 접촉반경(outreach)을 넓힐 것을 주문한다.

● 미국 의회는 역설적으로 미국 시민들로부터는 좋은 평가를 받지 못했다. 오히려 불신의 대상이 되는 경우가 빈번했다. 앞으로도 이런 경향은 계속 될 것으로 보는가?

최근 2~3년 동안 의회에 대한 일반 국민들의 평가는 많이 호전되었다. 아마 경제를 비롯해 미국 사회 전반의 분위기가 1990년대 초반과 비교해 훨씬 좋아졌기 때문일 것이다. 미국 정치에서는 정치인을 기본적으로 신뢰하지 않는 것이 일종의 전통이다. 하지만 시민들은 자신의 지역구에 출마한 복수의 후보자 가운데 마음에 드는 이에게 표를 찍는다. 즉, 제도 자체가 마음에 썩 들지 않는 것과 선호하는 개별 의원에 대한 지지는 분명히 별개인 것이다. 현역 의원들의 재선 비율이 매우 높은 것이 이를 증명한다. 21세기에도 이런 기본적인 패턴은 계속될 가능성이 높다고 본다.

● 한국인이 미국 의회를 제대로 이해하는 것은 매우 힘든 일로 보인다. 그 이유는 무엇이며 효과적인 접근 방법은 무엇이라고 생각하는가?

개인주의와 가족집단주의로 각기 특징지어지는 구미권과 아시아권 간의 문화적 장벽, 엄청나게 다른 정치문화와 오랜 경험적 전통이 가장 큰 장애물이라고 본다. 미국 의회를 직접 몸으로 경험하고 부딪치는 게 가장 좋은 방법이다. 아울러 미국 의회의 역사를 다룬 서적을 많이 읽는다면 그런 괴리감을 줄일 수 있을 것이다.

참고문헌

1. 국내문헌

김종환. 1987, 『로비 - 워싱턴 파워게임, 그 실상과 전략』, 교보문고.
민만식 외. 1996, 『현대 미국정치의 쟁점과 과제』, 전예원.
서정갑. 1998, 『不調和의 정치』, 법문사.
함성득·남영진. 1999, 『미국정치와 행정』, 나남.
≪조선일보≫ ≪중앙일보≫ ≪한겨레 21≫ ≪월간 북한≫ 기타 논문

2. 의회관련 영문 단행본

Baker, R. K. 1989, *House and Senate*, New York: W. W. Norton & Company.
Cheney, R. B. and Lynne V. Cheney. 1996, *Kings of the Hill: Power and Personality in the House of Representatives*, New York: Touchstone Book.
Congressional Quarterly. 1998, *How the Congress Works*, Washington D.C.: CQ Press.
CQ's Political Staff. 1996, *Congress and the Great Issues 1945~1995*, Washington D.C.: CQ Press.
Davidson, R. H. 1969, *The Role of the Congressman*, Indianapolis: Bobbs-Merrill.
Davidson, R. H. and W. J. Oleszek. 1999, *Congress and its members*, 7th ed., Washington D.C.: CQ Press.
Davidson R. H. et al., 1998, *Masters of the House*, Boulder: Westview.
Deering, C. J. 1989, *Congressional Politics*, Chicago: Dorsey.
Deering, C. J. and Steven S. Smith. 1997, *Committees in Congress*, 3rd ed., Washington, D.C.: CQ Press.

Felten, Eric. 1993, *The Ruling Class-Inside the Imperial Congress*, Washington D.C.: The Heritage Foundation.

Halamandaris, V. J.(ed.). 1994, *Heroes of the U.S. Congress: a Search for the 100 Greatest Members of Congress*, Washington D.C.: Caring.

Hrebenar, R. J. and R. K. Scott. 1982, *Interest Group Politics in America*, N.J.: Prentice-Hall.

Kessler, Ronald. 1997, *Inside Congress*, Pocket Books.

Killian, Linda. 1998, *The Freshmen: What Happened to the Republican Revolution?* Boulder: Westview Press.

Malbin, M. J. 1980, *Unelected Representatives*, New York: Basic Books Inc.

Mann, T. E. and Norman J. Ornstein(eds.). 1998, *Vital Statistics on Congress, 1997~98*, Washington D.C.: American Enterprise Institute.

_____. 1994, *Congress, the Press and the Public*, Washington D.C.: AEI and The Brookings Institution.

Martin, F. S. 1997, *How to Research the Congress*, New York: St. Martins.

Martin, J. M. 1994, *Lessons from the Hill*, New York: St. Martin's Press.

Oleszek, W. J. 1996, *Congressional Procedures and the Policy Process*, 4th edition, Washington D.C.: CQ Press.

Ornstein, N. J. and Elder S. 1978, *Interest Groups, Lobbying and Policy-Making*, Washington D.C.: CQ Press.

Peters, R. M. et al. 1997, *The American Speakership: the Office in Historical Perspective*, Baltimore: The Johns Hopkins University Press.

Ripley, R. B. 1983, *Congress: Process and Policy*, 3rd ed., New York: Norton.

Smith, S. M. 1994, *The American Congress*, New York: St. Martin's Press.

Thurber, J. A. and Roger H. Davidson. 1995, *Remaking Congress: Change and Stability in the 1990s*, Washington D.C.: CQ Press.

U.S. Capitol Historical Society. 1991, *We, the People the Story of the United States Capitol*, Washington D.C.: U.S. Capitol Historical Society.

Wilson, Woodrow. 1885, *Congressional Government: A Study in American Politics*, Boston: Houghton Mifflin(Cleveland: Meridian Books, 1956).

3. 의회 관련 영문사전·연감류

Bacon D., R. Davidson and M. Keller(eds.). 1995, *Encyclopedia of the United*

States Capitol, New York: Simon & Schuster.

Christianson, S. G. 1996, *Facts About the Congress*, New York.: H. W. Wilson company.

Congress A to Z: CQ's Ready Reference Encyclopedia, Washington D.C.: CQ Press, 1988.

Congressional Quarterly's Guide to Congress, Fourth edition, Washington D.C.: CQ, 1991.

Congressional Yellow Book, Spring 1999, Washington D.C.: A Leadership Directory, 1999.

Dickson, Paul and Paul Clancy. 1993, *The Congress Dictionary: The Ways and Meanings of Capitol Hill*, New York: John Wiley & Sons.

Goehlt, R. U. and Fenton S. Martin. 1994, *The United States Congress: An Annotated Bibliography, 1980-1993*, Washington, D.C.: CQ.

The 1999 U.S. Congress Handbook, 106th Congress, VA, McLean, 1999.

4. 영문 보고서

Davis, C. D. 1996, *How to Follow Current Legislation and Regulation 96-473c*, CRS Report(May 20).

Dwyer, P. and J. Pontius. 1997, *Legislative Branch Employment, 1960~1997*, CRS Report(June 6).

Dwyer, P. E. 1999, *Salaries and Allowances: The Congress*, CRS Report, No. RL30064(Feb. 16).

Huckabee, D. C. 1998, *House Apportionment Following the 2000 Census*, CRS Report, No.98-135(Dec. 31).

Pontus, J. S. 1997, *Congressional Mail: History of Franking Privilege and Options for Change*, CRS Report No.96-101(March 11).

Richardson, S. P. 1998, *Term Limits for Members of Congress: State Activity*, CRS Report.

Rosenberg, M. 1995, *Investigative Oversight: An Introduction to the Law, Practice and Procedure of Congressional Inquiry*, CRS Report.

Tong, L. H. 1999, *Asian-Pacific Americans in the United States Congress*, CRS Report(April 29).

5. 미국정치 전반

Blake, Eskin. 1998, *The Book of Political Lists*, New York: Villard.
King, Anthony(ed.). 1990, *The New American Political System*, 2nd version, Washington D.C.: AEI Press.
Lamb, Brian. 1999, *Book Notes Life Stories: Notable biographers on the People who shaped America*, New York: Random House.
Smith, Hedrick. 1988, *The Power Game: How Washington Works*, New York: Random House.
Tocqueville, Alexis de. 1971, *Democracy in America*, vol.1-2, New York: Vintage Books.

6. 영문 신문·잡지

Congressional Quarterly Weekly Report
CQ Monitor
National Journal
Roll Call
The Christian Science Monitor
The Los Angeles Times
The Hill
The New York Times
The Wall Street Journal
The Washington Post
The Washington Times
USA Today
인터넷 웹사이트 다수

6. 일본 문헌

市川雄雄. 1988, 『アメリカ議會で世界を讀む』, 東京: 洋泉社.
信田智人. 1989, 『アメリカをロビーする』, 東京: ジャパンタイムズ.

부록 1 ■ 20세기 미국의회 정당 구도와 대통령, 1901~2000년

의회 회기	연도	대통령	상원 민주	상원 공화	상원 기타	하원 민주	하원 공화	하원 기타
57	1901~1903	W. McKinley/ T. Roosevelt	31	55	4	151	197	9
58	1903~1905	T. Roosevelt	33	57	-	178	208	-
59	1905~1907	〃	33	57	-	136	250	-
60	1907~1909	〃	31	61	-	164	222	-
61	1909~1911	W. Taft	32	61	-	172	219	-
62	1911~1913	〃	41	51	-	228	161	1
63	1913~1915	W. Wilson	51	44	1	291	127	17
64	1915~1917	〃	56	40	-	230	196	9
65	1917~1919	〃	53	42	-	216	210	6
66	1919~1921	〃	47	49	-	190	240	6
67	1921~1923	W. Harding	37	59	-	131	240	3
68	1923~1925	C. Coolidge	43	51	2	205	225	5
69	1925~1927	〃	39	56	1	183	247	4
70	1927~1929	〃	46	49	1	195	240	3
71	1929~1931	H. Hoover	39	56	1	167	267	1
72	1931~1933	〃	47	48	1	220	214	1
73	1933~1935	F. Roosevelt	60	35	1	313	117	5
74	1935~1937	〃	69	25	2	319	103	10
75	1937~1939	〃	76	16	4	331	89	13
76	1939~1941	〃	69	23	4	261	164	4
77	1941~1943	〃	66	28	2	268	162	5
78	1943~1945	〃	58	37	1	218	208	4
79	1945~1947	H. Truman	56	38	1	242	190	2
80	1947~1949	〃	45	51	1	188	245	1
81	1949~1951	〃	54	42	-	263	171	1
82	1951~1953	〃	49	47	-	234	199	1
83	1953~1955	D. Eisenhower	47	48	1	211	221	1
84	1955~1957	〃	48	47	1	232	203	-
85	1957~1959	〃	49	47	-	233	200	-
86	1959~1961	〃	65	35	-	284	153	-
87	1961~1963	J. Kennedy	65	35	-	263	174	-
88	1963~1965	Kennedy/ Johnson	67	33	-	258	177	-
89	1965~1967	L. Johnson	68	32	-	295	140	-
90	1967~1969	〃	64	36	-	247	187	-
91	1969~1971	R. Nixon	57	43	-	243	192	-
92	1971~1973	〃	54	44	2	254	180	-
93	1973~1975	Nixon/ Ford	56	42	2	239	192	1
94	1975~1977	G. Ford	60	37	2	291	144	-

부록 1 계속

95	1977~1979	J. Carter	61	38	1	292	143	-
96	1979~1981	〃	58	41	1	276	157	-
97	1981~1983	R. Reagan	46	53	1	243	192	-
98	1983~1985	〃	45	55	1	-	267	168
99	1985~1987	〃	47	53	-	252	183	-
100	1987~1989	〃	55	45	-	258	177	-
101	1989~1991	G. Bush	55	45	-	260	175	-
102	1991~1993	〃	57	43	-	268	166	1
103	1993~1995	B. Clinton	56	44	-	258	176	1
104	1995~1997	〃	47	53	-	204	230	1
105	1997~1999	〃	45	55	-	207	227	1
106	1999~2000	〃	45	55	-	211	223	1

* 자료: Donald C. Bacon, Roger Davidson and Morton Keller, *Encyclopedia of the United States Congress*, New York: Simon and Schuster, 1995, pp.1556~1558.

부록 2 ■ 미국의회 역대 하원의장, 1789~2000년

회기	연도	하원의장	회기	연도	하원의장
1	1789~1791	Frederick A. Muhlenberg	54	1895~1897	Thomas B. Reed
2	1791~1793	Jonathan Trumbull	55	1897~1899	〃
3	1793~1795	Muhlenberg	56	1899~1901	David B. Henderson
4	1795~1797	Jonathan Dayton	57	1901~1903	〃
5	1797~1799	〃	58	1903~1905	Joseph G. Cannon
6	1799~1801	Theodore Sedgwick	59	1905~1907	〃
7	1801~1803	Nathaniel Macon	60	1907~1909	〃
8	1803~1805	〃	61	1909~1911	〃
9	1805~1807	〃	62	1911~1913	James B. Champ Clark
10	1807~1809	Joseph B. Varnum	63	1913~1915	〃
11	1809~1811	〃	64	1915~1917	〃
12	1811~1813	Henry Clay	65	1917~1919	〃
13	1813~1814 1814~1815	Henry Clay Langdon Cheves	66	1919~1921	Frederick H. Gillett
14	1815~1817	Henry Clay	67	1921~1923	〃
15	1817~1819	〃	68	1923~1925	〃
16	1819~1820 1820~1821	Henry Clay John W. Taylor	69	1925~1927	Nicholas Longworth
17	1821~1823	Philip P. Barbour	70	1927~1929	〃
18	1823~1825	Henry Clay	71	1929~1931	〃
19	1825~1827	John W. Taylor	72	1931~1933	John Nance Garner
20	1827~1829	Andrew Stevenson	73	1933~1935	Henry T. Rainey
21	1829~1831	〃	74	1935~1936 1936~1937	Joseph W. Byrns William B. Bankhead
22	1831~1833	〃	75	1937~1939	Bankhead
23	1833~1834 1834~1835	Andrew Stevenson John Bell	76	1939~1940 1940~1941	Bankhead Sam Rayburn
24	1835~1837	James K. Polk	77	1941~1943	Sam Rayburn
25	1837~1839	〃	78	1943~1945	〃
26	1839~1841	Robert M. T. Hunter	79	1945~1947	〃
27	1841~1843	John White	80	1947~1949	Joseph W. Martin
28	1843~1845	John W. Jones	81	1949~1951	Sam Rayburn
29	1845~1847	John W. Davis	82	1951~1953	〃
30	1847~1849	Robert C. Winthrop	83	1953~1955	Joseph W. Martin
31	1849~1851	Howell Cobb	84	1955~1957	Sam Rayburn
32	1851~1853	Linn Boyd	85	1957~1959	〃
33	1853~1855	〃	86	1959~1961	〃
34	1855~1857	Nathaniel P. Banks	87	1961 1962~1963	Sam Rayburn John W. McCormack

부록 2 계속

35	1857~1859	James L. Orr	88	1963~1965	John W. McCormack
36	1859~1861	William Pennington	89	1965~1967	John W. McCormack
37	1861~1863	Galusha A. Grow	90	1967~1969	〃
38	1863~1865	Schuyler Colfax	91	1969~1971	〃
39	1865~1867	〃	92	1971~1973	Carl Albert
40	1867~1868 1868~1869	Schuyler Colfax Theodore M. Pomeroy	93	1973~1975	〃
41	1869~1871	James G. Blaine	94	1975~1977	〃
42	1871~1873	〃	95	1977~1979	Thomas P. O'Neill
43	1873~1875	〃	96	1979~1981	〃
44	1875~1876 1876~1877	Michael C. Kerr Samuel J. Randall	97	1981~1983	〃
45	1877~1879	Samuel J. Randall	98	1983~1985	〃
46	1879~1881	〃	99	1985~1987	〃
47	1881~1883	Joseph Warren Keifer	100	1987~1989	Jim Wright
48	1883~1885	John G. Carlisle	101	1989 1989~1991	Jim Wright Thomas S. Foley
49	1885~1887	〃	102	1991~1993	Thomas S. Foley
50	1887~1889	〃	103	1993~1995	〃
51	1889~1891	Thomas Brackett Reed	104	1995~1997	Newt Gingrich
52	1891~1893	Charles F. Crisp	105	1997~1999	〃
53	1893~1895	〃	106	1999~2001	Dennis Hastert

* 자료: *1989~1990 Congressional Directory, 101st Congress*, Washington D.C.: GPO, 1989, pp.520-529; Congressional Quarterly Weekly Report.

부록 3 ■ 역대 하원 리더, 1899~2000년

회기(연도)	하원 리더	
	다수당(Majority)	소수당(Minority)
56(1899~1901)	Sereno E. Payne(R. 뉴욕 주)	James D. Richardson(D. 테네시 주)
57(1901~1903)	Sereno E. Payne	James D. Richardson
58(1903~1905)	Sereno E. Payne	John S. Williams(D. 미시시피 주)
59(1905~1907)	Sereno E. Payne	John S. Williams
60(1907~1909)	Sereno E. Payne	John S. Williams/ Champ Clark
61(1909~1911)	Sereno E. Payne	Champ Clark(D. 미주리 주)
62(1911~1913)	Oscar W. Underwood(D. 알래스카 주)	James R. Mann(R. 일리노이 주)
63(1913~1915)	Oscar W. Underwood	James R. Mann
64(1915~1917)	C. Kitchin(D. 노스캐롤라이나 주)	James R. Mann
65(1917~1919)	C. Kitchin	James R. Mann
66(1919~1921)	Franklin W. Mondell(R. 와이오밍 주)	Champ Clark(D. 미주리 주)
67(1921~1923)	Franklin W. Mondell	C. Kitchin(D. 노스캐롤라이나 주)
68(1923~1925)	Nicholas Longworth(R. 오하이오 주)	Finis J. Garrett(D. 테네시 주)
69(1925~1927)	John Q. Tilson(R. 코네티컷 주)	Finis J. Garrett
70(1927~1929)	John Q. Tilson	Finis J. Garrett
71(1929~1931)	John Q. Tilson	John N. Garner(D. 텍사스 주)
72(1931~1933)	Henry T. Rainey(D. 일리노이 주)	Bertrand H. Snell(R. 뉴욕 주)
73(1933~1935)	Joseph W. Byrns(D. 알래스카 주)	Bertrand H. Snell
74(1935~1937)	William B. Bankead(D. 테네시 주)	Bertrand H. Snell
75(1937~1939)	Sam Rayburn(D. 텍사스주)	Bertrand H. Snell
76(1939~1941)	Sam Rayburn/ John W. McCormack	J. W. Martin Jr.(R. 매사추세츠 주)
77(1941~1943)	John W. McCormack (D. 매사추세츠 주)	J. W. Martin Jr
78(1943~1945)	John W. McCormack	J. W. Martin Jr
79(1945~1947)	John W. McCormack	J. W. Martin Jr
80(1947~1949)	Charles A. Halleck (R. 인디애나 주)	Sam Rayburn(D. 텍사스 주)
81(1949~1951)	John W. McCormack	J. W. Martin Jr
82(1951~1953)	John W. McCormack	J. W. Martin Jr
83(1953~1955)	Charles A. Halleck	Sam Rayburn
84(1955~1957)	John W. McCormack	J. W. Martin Jr
85(1957~1959)	John W. McCormack	J. W. Martin Jr
86(1959~1961)	John W. McCormack	Charles A. Halleck(R. 인디애나 주)
87(1961~1963)	John W. McCormack/ Carl Albert(D. 오클라호마 주)	Charles A. Halleck
88(1963~1965)	Carl Albert	Charles A. Halleck
89(1965~1967)	Carl Albert	Gerald R. Ford(R. 미시간 주)
90(1967~1969)	Carl Albert	Gerald R. Ford
91(1969~1971)	Carl Albert	Gerald R. Ford
92(1971~1973)	Hale Boggs(D. 루이지애나 주)	Gerald R. Ford

부록 3 계속

93(1973~1975)	Thomas P. O'Neill(D. 매사추세츠 주)	Gerald R. Ford/ John J. Rhodes
94(1975~1977)	Thomas P. O'Neill	John J. Rhodes(R. 애리조나 주)
95(1977~1979)	Jim Wright(D. 텍사스 주)	John J. Rhodes
96(1979~1981)	Jim Wright	John J. Rhodes
97(1981~1983)	Jim Wright	Robert H. Michel(R. 일리노이 주)
98(1983~1985)	Jim Wright	Robert H. Michel
99(1985~1987)	Jim Wright	Robert H. Michel
100(1987~1989)	Thomas S. Foley(D. 워싱턴 주)	Robert H. Michel
101(1989~1991)	Thomas S. Foley/ Richard A. Gephardt(D. 미주리 주)	Robert H. Michel
102(1991~1993)	Richard A. Gephardt	Robert H. Michel
103(1993~1995)	Richard A. Gephardt	Robert H. Michel
104(1995~1997)	Dick Armey(R. 텍사스 주)	Richard A. Gephardt(D. 미주리 주)
105(1997~1999)	Dick Armey	Richard A. Gephardt
106(1999~2000)	Dick Armey	Richard A. Gephardt

* R: 공화당, D: 민주당

부록 4 ▮ 역대 상원 리더, 1911~2000년

회기(연도)	상원 리더	
	다수당(Majority)	소수당(Minority)
62(1911~1913)	Shelby M. Cullom(R. 일리노이 주)	Thomas S. Martin(D. 버지니아 주)
63(1913~1915)	John W. Kern(D. 인디애나 주)	Jacob H. Gallinger(R. 뉴햄프셔 주)
64(1915~1917)	John W. Kern	Jacob H. Gallinger
65(1917~1919)	Thomas S. Martin	Jacob H. Gallinger/ Henry Cabot Lodge(R. 매사추세츠 주)
66(1919~1921)	Henry C. Lodge(R. 매사추세츠 주)	Thomas S. Martin/ Oscar W. Underwood(D. 알래스카 주)
67(1921~1923)	Henry C. Lodge	Oscar W. Underwood
68(1923~1925)	Henry C. Lodge/ Charles Curtis(R. 캔사스 주)	Joseph T. Robinson(D. 아칸소 주)
69(1925~1927)	Charles Curtis	Joseph T. Robinson
70(1927~1929)	Charles Curtis	Joseph T. Robinson
71(1929~1931)	James E. Watson(R. 인디애나 주)	Joseph T. Robinson
72(1931~1933)	James E. Watson	Joseph T. Robinson
73(1933~1935)	Joseph T. Robison(D. 아칸소 주)	Charles L. McNary(R. 오리건 주)
74(1935~1937)	Joseph T. Robison	Charles L. McNary
75(1937~1939)	Joseph T. Robison/ Alben W. Barkley (D. 켄터키 주)	Charles L. McNary
76(1939~1941)	Alben W. Barkley	Charles L. McNary
77(1941~1943)	Alben W. Barkley	Charles L. McNary
78(1943~1945)	Alben W. Barkley	Charles L. McNary
79(1945~1947)	Alben W. Barkley	Wallace H. White Jr.(R. 메인 주)
80(1947~1949)	Wallace H. White Jr.(R.메인 주)	Alben W. Barkley(D. 켄터키 주)
81(1949~1951)	Scott W. Lucas(D. 일리노이 주)	Kenneth S. Wherry(R. 네브래스카 주)
82(1951~1953)	Ernest W. McFarland (D. 애리조나 주)	Kenneth S. Wherry/ Styles Bridges(R. 뉴햄프셔 주)
83(1953~1955)	Robert A. Taft(R. 오하이오 주)/ William F. Knowland(R.캘리포니아 주)	Lyndon B. Johnson(D. 텍사스 주)
84(1955~1957)	Lyndon B. Johnson(D. 텍사스 주)	William F. Knowland(R. 캘리포니아 주)
85(1957~1959)	Lyndon B. Johnson	William F. Knowland
86(1959~1961)	Lyndon B. Johnson	Everett McKinley Dirksen(R. 일리노이 주)
87(1961~1963)	Mike Mansfield(D. 몬태나 주)	Everett McKinley Dirksen
88(1963~1965)	Mike Mansfield	Everett McKinley Dirksen
89(1965~1967)	Mike Mansfield	Everett McKinley Dirksen
90(1967~1969)	Mike Mansfield	Everett McKinley Dirksen
91(1969~1971)	Mike Mansfield	Everett McKinley Dirksen/ Hugh Scott(R. 펜실베이니아 주)
92(1971~1973)	Mike Mansfield	Hugh Scott
93(1973~1975)	Mike Mansfield	Hugh Scott

부록 4 계속

94(1975~1977)	Mike Mansfield	Hugh Scott
95(1977~1979)	Robert C. Byrd(D. 웨스트버지니아 주)	Howard H. Baker Jr.(R. 테네시 주)
96(1979~1981)	Robert C. Byrd	Howard H. Baker Jr.
97(1981~1983)	Howard H. Baker Jr.(R. 테네시 주)	Robert C. Byrd(D. 웨스트버지니아 주)
98(1983~1985)	Howard H. Baker Jr.	Robert C. Byrd
99(1985~1987)	Bob Dole(R. 캔사스 주)	Robert C. Byrd
100(1987~1989)	Robert C. Byrd	Bob Dole(R. 캔사스 주)
101(1989~1991)	George J. Mitchell(D. 메인 주)	Bob Dole
102(1991~1993)	George J. Mitchell	Bob Dole
103(1993~1995)	George J. Mitchell	Bob Dole
104(1995~1997)	Bob Dole(R. 캔사스 주)/ Trent Lott(R. 미시시피 주)	Tom Daschle(D. 사우스다코다 주)
108(1997~1999)	Trent Lott	Tom Daschle
109(1999~2000)	Trent Lott	Tom Daschle

* R: 공화당, D: 민주당.

찾아보기

ㄱ

개리 밀러(Gary Miller) 246
개인 보좌관 194
거부권 121
거주관리관(resident commissioner) 48
결의안(Resolution) 89
공동결의안(Concurrent Resolution) 89
공동 코커스 189
구두표결(Voice Vote) 118
국립문서보관소(National Archives) 283
규칙위원회(Rules Committee) 99
규칙유예(suspension of rules) 101
글래스-스티걸 법(Glass-Steagall Act) 44
기록표결(Recorded Vote) 118
기립표결(Division or Standing Vote) 118
기술·커뮤니케이션 위원회(Technology and Communication Committee) 187
기술평가처(OTA) 219
김계관 248
김주봉 257
김창준 250
깅리치 복제(Gingrich Clone) 그룹 62

ㄴ

내셔널 저널(National Journal) 288
노먼 온슈타인 297
뉴 데모크라틱 콜리션(New Democratic Coalition: NDC) 192
뉴트 깅리치 162

ㄷ

다니엘 이노우에(Daniel Inouye) 60
다수당 리더 172
다이앤 파인스타인(Dianne Feinstein) 65
대니엘 밥(Daniel Bob) 193, 255
대릴 플렁크 265
대미 의회로비 264
대의정치센터(Center for Responsive Politics) 84
대중로비 229
대타협(The Great Compromise) 31
댄 버튼(Dan Burton) 74
댄 크리펜(Dan Crippen) 216
더그 뷰라이터(Doug Bereuter) 245
더 휩 와인드업(The Whip Wind-up) 174
덕슨의회연구센터(Dirksen Congressional Center) 295
데니스 맥더너(Dennis McDonough) 211

데니스 해스터트(Dennis Hastert) 171, 243
데보라 드영(Deborah DeYoung) 255
데이비드 데이비스(David Davis) 255
데이비드 보니어(David Bonior) 176
도널드 프레이저(Donald Fraser) 247
딕 아미(Dick Armey) 174

ㄹ

래리 닉시(Larry Niksch) 251
래리 크레이그(Larry Craig) 70
레베카 펠튼(Rebecca Felton) 56
레이번 빌딩 19
로버트 미첼(Robert Michel) 173
로버트 버드(Robert Byrd) 180
로버트 서터(Robert Sutter) 251
로버트 토리첼리(Robert Torricelli) 188, 248
로비 규제 238
로비스트(lobbbyst) 223
로비스트 교육 231
로비전술 229
로비활동공개법(Lobbying Disclosure Act) 239
로툰다(Rotunda) 홀 15
롱위스 빌딩 19
리더십 PACs 84
리처드 게파트(Richard Gephardt) 173
리처드 닉슨(Richard Nixon) 45
리처드 루거(Richard Lugar) 247, 269
리처드 앨런 265
리처드 한나(Richard Hanna) 260
리 해밀턴(Lee Hamilton) 39

린든 존슨(Lyndon Johnson) 180

ㅁ

마가렛 미경 리(Margaret Mikyung Lee) 257
마이크로소프트(Microsoft)사 235
마이크 맨스필드(Mike Mansfield) 180
마이클 디버(Michael Deaver) 261
마이클 매커리(Michael McCurry) 236
마이클 애니스(Michael Ennis) 273
마크업 96
마크 유달(Mark Udall) 52
마크 커크(Mark Kirk) 198, 253
마틴 프로스트(Martin Frost) 185
모닝 아워 비즈니스 108
미국은퇴자협회(AARP) 238
미국의사협회(American Medical Association) 222
미치 매코넬(Mitch McConnell) 188
민원조사관(Ombudsman) 69

ㅂ

바바라 미쿨스키(Barbara Mikulski) 185
박동선사건 259, 299
밥 돌(Bob Dole) 181, 225, 265
밥 해서웨이(Bob Hathaway) 252
버논 조던(Vernon Jordan) 233
법안 89
법안 배정 94
법안 제출 92
법제관 23
법제실(Legislative Counsel) 22
벤저민 길먼(Benjamin Gilman) 244,

272

보수기회모임(Conservative Opportunity Society) 192
보수적 동맹(Conservative Coalition) 192
보좌관 정부(staff government) 196
복수배정(multiple referral) 94
본회의장 매니저(floor manager) 105
북한문제 242
북한위협감축법(North Korea Threat Reduction Act) 252
북한위협감축법안(North Korea Threat Reduction Act) 150
북한 조기붕괴론 242
블루독(Blue Dog) 191
빌 브래들리(Bill Bradely) 52

ㅅ

사건담당관(Case Worker) 203
사이버 로비(cyber-lobbying) 230
상원 리더 179
상원 사무총장 22
상원 외교위원회 266
상원 원내총무 182
상원의장 177
상층부 로비 230
샘 넌(Sam Nunn) 248
샘 레이번(Sam Rayburn) 168
선거위원회 188
선출되지 않은 의원 194
세입위원회(Committee on Ways and Means) 143
세출위원회(Appropriations Committee) 137

세출위원회(Committee on Appropriations) 143
소위원회 130
소프트머니(soft money) 83
수권위원회(Authorizating Committee) 137
슈퍼 A위원회 145
스태추터리 홀(statutary hall) 18
스탠리 로스(Stanley Roth) 265
스토름 서먼드(Strom Thurmond) 178
스티브 라전트(Steve Largent) 63
스티븐 솔라즈(Steven Solarz) 249
스티픈 레드메이커(Stephen Rademaker) 253
시련의 과정(grinding process) 88
시민입법가(citizen legislator) 49
시에라 클럽(Sierra Club) 221
C-SPAN 24
시티즌즈 콩그레스 워치(Public Citizen's Congress Watch) 296
신경제(New Economy) 36
신인섭 251
심사청문회 152

ㅇ

아무일도 하지 않는 의회(Do-Nothing Congress) 36
알렉시스 토크빌(Alexis de Tocqueville) 31
애꾸눈 감시견(one-eyed watchdog) 217
앤드루 잭슨(Andrew Jackson) 226
앤드루 존슨(Andrew Johnson) 43
앤소니 레이크(Anthony Lake) 156

양기백　258
언론담당 보좌관(Press Secretary)　203
얼 포메로이(Earl Pomeroy)　250
에드먼드 버크(Edmund Burke)　30
에드워드 마키(Edward Markey)　245
에드워드 케네디　126
에버레트 덕슨(Everett Dirksen)　179
에이팩(AIPAC)　237
연방로비규제법(Federal Regulation of Lobbying Act)　238
연방선거관리위원회　292
연방선거운동법(Federal Election Campaign Act)　79
연방준비제도이사회　43
연장자(seniority) 우선원칙　130
예산위원회(Committee on Budget)　142
예산편성과정　123
오스카 언더우드(Oscar W. Underwood)　172
오토 패스먼(Otto Passman)　260
오픈 룰(open rule)　103
옴니버스 법안(omnibus bill)　91
우드로 윌슨(Woodrow Wilson)　30, 275
우편물 발송특전(franking privilege)　68
운영위원회(Steering Committee)　186
워츠(J.C. Watts)　63, 184
워터게이트 베이비즈　61
워터게이트 사건　36
워터게이트 스캔들　213
워터게이트 청문회　158
원내총무(whip)　174
원내총무통지문(whip notices)　107, 174
원내총회　184
윌리엄 로스(William Roth)　193, 250
위원회 보고서(committee report)　97
위원회 전문보좌관　209
윌리엄 로스(William Roth)　193
윌리엄 페리(William Perry)　252
유럽식 의회(Parliament)　27
의사당 건물(Capitol Hill Building)　15
의사록(Congressional Record)　280
의사진행방해(filibuster)　106
의원 급여　73
의원 야구대회　287
의원 윤리규정　76
의원 특전　78
의원 출신 대통령　122
의원 평균 연령　54
의회 경비경찰　21
의회 법률도서관(law library)　291
의회연구센터(the Center on Congress)　295
의회연구소　293
의회 예산　21
의회예산지출통제법(Congressional Budget and Impoundment Control Act)　91
의회예산처(CBO)　38, 216
의회운영재단(Congressional Management Foundation)　67, 294
의회원탁회의(Congressional Staff Roundtable)　256
의회재조직법(Legislative Reorganization Act)　38, 130
이란·콘트라 청문회　158

이슈 네트워크(Issue Network) 198
이슈 브리프(Issue Brief) 215
인사이드 로비(inside lobby) 227
인준청문회 155
인턴십 289
일반 캘린더(Calendar of General Orders) 107
일반회계감사원(GAO) 217
1분 연설 117
임기제한연맹(USTL: U.S. Term Limits) 72
임시위원회(ad hoc committee) 142
입법관 23
입법보좌관(Legislative Assistant) 202
입법서비스기구(LSO) 190
입법조사국(CRS) 214, 291
입법청문회 150

ㅈ

자넷 란킨(Jeannette Rankin) 55
잭 킹스턴(Jack Kingston) 51
저널(Journal) 115
전국위원회 188
전국총기협회(NRA) 232
전원회의(Committee of the Whole on the State of the Union) 103
정보위원회(Intelligence Committee) 140
정부인쇄국(GPO) 220
정책위원회 185
정치보좌관(Political Staff) 210
정치자금 78
정치활동위원회(Political Action Committees) 80

정회(adjournment) 107
제3의 원 112
제5부 221
제시 헬름스(Jesse Helms) 65, 269
제이슨 콜(Jason Cole) 205
제임스 도란(James Doran) 254, 270
제임스 모란(James Moran) 229
제임스 클리번(James Clyburn) 59
제한 룰(restrictive rule) 103
조사청문회 154
조성윤 257
조지 미첼(George Mitchell) 163, 181
조지타운 사교클럽 259
조지프 바이든(Joseph Biden) 270
조지프 캐논(Joseph Cannon) 44, 168
존 매케인(John McCain) 247
존 베네트 존스톤(John Bennett Johnston) 234
존 보너(John Boehner) 222
존 애덤스(John Adams) 40
존 워너(John Warner) 247
존 컨(John Kern) 179
주머니 거부권(pocket veto) 122
줄리 킴(Julie Kim) 257
지도부 정치활동위원회(Leadership PACs) 163
지역구보좌관(District Office Staff) 204
지한파 의원 241
짐 라이트(Jim Wright) 75, 169

ㅊ

찰스 롭(Charles Robb) 248
척 다운스(Chuck Downs) 255

척 헤이글(Chuck Hagel) 269
철의 3각 구조(Iron Triangle) 197
청동자유상(statue of freedom) 14
청문회 95
초청외교 250

ㅋ

칼라 힐스 265
캐논(Cannon) 빌딩 19
캐롤 모슬리 브라운(Carol Mosely Braun) 56
캐시디사(Cassidy & Associates) 236, 237
캐피틀 힐(Capitol Hill) 13
캠페인 스태프(campaign staff) 200
커렉션스(Corrections) 캘린더 100
커먼코즈(Common Cause) 82, 296
코넬리우스 갤러거(Cornelius Gallagher) 260
코니 맥(Connie Mack) 185
코리아 게이트(Koreagate) 259
코커스 189
콩그레스(Congress) 27
콩그레스 링크(Congress Link) 295
크레이그 토머스(Craig Thomas) 270
크리스토퍼 콕스(Christopher Cox) 140, 185, 244
클로처 109
클로크 룸(cloak room) 116

ㅌ

탄핵권(power of impeachment) 29

탈냉전 의회 242
태스크포스(task force) 위원회 142
테드 스티븐스(Ted Stevens) 246
토니 홀(Tony Hall) 248
토머스 만(Thomas Mann) 85
토머스(THOMAS) 290
토머스 리드(Thomas Reed) 168
토머스 오닐(Thomas O'Neill) 165, 169
톰 대슐(Tom Daschle) 181
톰 데이비스(Tom Davis) 188
톰 딜레이(Tom Delay) 164, 176
톰 유달(Tom Udall) 52
트렌트 로트(Trent Lott) 182, 243
특별법안(privileged matters) 102
특별위원회 140

ㅍ

패트릭 케네디(Patrick Kennedy) 52, 188
페이지(page) 26
폐회(Adjournment Sine Die) 121
포크 배럴 폴리틱스(Pork Barrel Politics) 72
표결정족수(Quorum) 123
프라이비트(Private) 캘린더 100
프랭크 머코우스키(Frank Murkowski) 246
프랭크 야누치(Frank Jannuzi) 254, 270
프레드 그랜디(Fred Grandy) 52
프레드릭 뮬렌버그(Frederick A. C. Muhlenberg) 168
피에르 랑팡(Pierre Charles L'Enfant) 14

피터 브룩스(Peter T. Brookes) 252
피터 요(Peter Yeo) 252
필 그램(Phil Gramm) 250
필리버스터 109

ㅎ

하드머니(hard money) 83
하우스(House) 캘린더 100
하워드 베이커(Howard Baker) 181
하원 국제관계위원회 271
하원 사무처(Office of the Clerk) 21, 290
하원 사무총장 22
하원의장 166
하원 캘린더 101
하원 코커스 189
하트(Hart) 빌딩 15
한센 플랜(Hansen Plan) 135
합동결의안(Joint Resolution) 89
합동위원회(Conference committee) 112
합동위원회 심의위원(conferee) 113
해리스(Harris) 239
행정부 캘린더(Executive Calendar) 107
행정비서관(Executive Secretary) 204
행정총괄보좌관(Administrative Assitant) 201
헨리 클레이(Henry Clay) 41, 128
헨리 하이드(Henry Hyde) 272
호명표결(Roll Call Vote) 119
홀드(holds) 108
홈리스(homeless) 의원 50
확인관표결(Teller Vote) 119
휴회(recess) 107

찾아보기 319

■ 지은이

송의달(宋義達)

1963년 경북 영주 출생

안동고, 서울대 외교학과와 동대학원을 졸업했으며(1998년), 미국 조지타운 대학 국제관계대학원(School of Foreign Service)을 수료했다(1999년). 1998년 8월부터 1년 동안 미국 워싱턴D.C. 소재 국제전략연구소(CSIS)에서 방문 연구원으로 활동했다.

1989년 11월 중앙일보 입사(27기) 후 1990년 12월 조선일보(28기)로 옮겨 정치부·경제부·사회부·주간조선부·사장실 기자 등을 거쳤다. 현재 조선일보 경제과학부 기자로 금융감독위원회와 주한미국상공회의소(AMCHAM), 해양수산부 등을 주로 취재하고 있다.

전자우편 : edsong@chosun.com

한울아카데미 338
세계를 움직이는 미국 의회

ⓒ 송의달, 2000

지은이 | 송의달
펴낸이 | 김종수
펴낸곳 | 도서출판 한울

초판 1쇄 발행 | 2000년 4월 30일
초판 3쇄 발행 | 2009년 7월 25일

주소 | 413-832 파주시 교하읍 문발리 507-2(본사)
        121-801 서울시 마포구 공덕동 105-90 서울빌딩 3층(서울 사무소)
전화 | 영업 02-326-0095, 편집 02-336-6183
팩스 | 02-333-7543
홈페이지 | www.hanulbooks.co.kr
등록 | 1980년 3월 13일, 제406-2003-051호

Printed in Korea.
ISBN 978-89-460-4085-4 93340

* 가격은 겉표지에 있습니다.